Winfried Nerdinger

Vom Klassizismus zum Impressionismus

Eine Kunstgeschichte des 19. Jahrhunderts in Einzelinterpretationen.

Bearbeiter
Karl Clausberg, Malerei
Ute Hünigen, Plastik
Gottlieb Leinz, Architektur

Verlag Martin Lurz München

CIP-Kurztitelaufnahme der Deutschen Bibliothek

Vom Klassizismus zum Impressionismus :
eine Kunstgeschichte des 19. Jh. in Einzelinterpretationen / Winfried Nerdinger. Bearb. Karl Clausberg . . . – München : Lurz.
NE: Nerdinger, Winfried [Hrsg.] ; Clausberg, Karl [Bearb.]

ISBN 3-87501-065-5

Satz und Klischees: Karl Wenschow GmbH, München
Druck: EOS Druck, St. Ottilien
Umschlag: Hagen Nerdinger, München
ISBN 3-87501-065-5

Vorwort

Das vorliegende Lehrbuch ist der dritte Band eines auf vier Bände angelegten Werkes zur Kunstgeschichte. In dem 1976 vom Bayerischen Staatsministerium für Unterricht und Kultus genehmigten Curricularen Lehrplan für Kunsterziehung in der Kollegstufe, dessen Lernbereich »Analyse und Interpretation« hier abgedeckt wird, ist das 19. Jahrhundert als exemplarischer Vertiefungsbereich herausgehoben. Das Lehrbuch gibt einen detaillierten Überblick über die Geschichte der Kunstgattungen vom letzten Drittel des 18. bis zum Ende des 19. Jahrhunderts, wobei auch spezifische Sonderformen wie Karikatur *, Photographie oder Trivialkunst behandelt werden. Künstler, deren Werk die Grundlage für Entwicklungen im 20. Jahrhundert bildet (Cézanne – Kubismus; Gauguin, van Gogh – Fauvismus, Expressionismus) werden im vierten Band behandelt.

Um 1800 erfolgte der radikalste Umbruch in der Geschichte des Abendlandes seit dem Ausgang der Antike; es bildete sich die neue Wirklichkeit heraus, in der wir heute leben. Eine »Explosion der Reichweite« von Verkehrsnetz (Dampfschiff, Eisenbahn) und Information (Telephon, Telegraphie) bewirkte ein neues Verhältnis zu Entfernung und Geschwindigkeit, zu Raum und Zeit und veränderte den Lebensrhythmus. Die Prozesse der Demokratisierung, Industrialisierung und Vermassung, der Sieg des Bürgertums, der Durchbruch des Subjektivismus sowie neue Produktions- und Reproduktionstechniken führten im Bereich der Kunst zu einer Entfremdung von Künstler, Auftraggeber und Publikum. Die Hierarchie der Themen und Wertbegriffe zerbrach, die verpflichtende Kraft der alten Mythologie und Symbolik erlosch, handwerkliches Können verfiel, das ideale Menschenbild ging verloren. Diesen vielfältigen Prozessen entspricht ein vielschichtiger Verlauf der Kunstentwicklung. Die ohnehin heute kaum mehr sinnvollen Epocheneinteilungen sind deshalb für das 19. Jahrhundert nahezu unbrauchbar. Die Wissenschaft kommt jedoch ohne Hilfskonstruktionen oder Gliederungsgerüste nicht aus. Begriffe wie Klassizismus, Romantik oder Realismus werden deshalb nur mit Vorsicht gebraucht.

Die notwendige Auswahl aus der unübersehbaren Stoffülle geschah im Hinblick darauf, die wichtigsten Entwicklungslinien herauszuheben. Die Begrenzung auf 45 Einzelwerke dient der breiteren Darstellung und damit Vertiefung des Ausgewählten im Gegensatz zu reinen stilgeschichtlichen Überblicken. Die Auswahl des Lehrbuchs rückt von dem lange üblichen Schema einer absoluten Vorrangstellung der französischen Kunst im 19. Jahrhundert etwas ab und versucht, im Sinne der neueren Forschung der Eigenentwicklung einzelner Richtungen gerecht zu werden.

Im Lehrbuch ist jeweils ein Kunstwerk in die Mitte einer Interpretation gestellt und durch Texte und Vergleiche erläutert. Diese Methode des »Art in Context«, d. h. einer detaillierten Einzeluntersuchung unter Heranziehung des verfügbaren Materials und der Rekonstruktion des künstlerischen, historischen, geistigen und sozialen Rahmens – im Gegensatz zur ahistorischen subjektiven Assoziation wie bei den sogenannten Bildbetrachtungen –, ist heute kunsthistorisch international gültig. Die beim einzelnen Kunstwerk behandelten Probleme sind der Interpretationseinheit in Form von Thesen vorangestellt, die jeweilige Fragestellung ist damit vorgegeben. Die einzelnen Thesen behandeln also Teilaspekte, erst ihre Summe ergibt einen Einblick in die Kunst des 19. Jahrhunderts. Durch diese Einteilung in »Unterrichtseinheiten« kann jedoch nötigenfalls auch leicht eine Auswahl getroffen werden.

Zur Interpretation sind Texte unterschiedlichster Art herangezogen worden, wie Aussagen der Künstler, zeitgenössische Meinungen oder kunstgeschichtliche Untersuchungen verschiedener Zeiten. Die Textsammlung führt damit zu den Möglichkeiten einer eigenen Auf- und Weiterbearbeitung des kunsthistorischen Materials und liefert darüber hinaus einen Querschnitt durch die kunsthistorischen Methoden. Die unterschiedliche Arbeitsweise und Brauchbarkeit der Texte soll auch vermitteln, daß es keine allgemein verbindliche Methode gibt. Die heutige Kunstwissenschaft arbeitet stets mit einem Methodenbündel, d. h. sie sucht von den verschiedensten Ansatzpunkten her Fragen an das Kunstwerk zu stellen. In diesem Sinn sind auch die hier versammelten Methoden (historisch, biographisch, geistesgeschichtlich, formal, stilistisch, ikonographisch, typologisch, motivgeschichtlich, psychologisch usw.) als Werkzeuge zu verstehen, mit denen jeweils nur ganz bestimmte Aspekte erfaßt werden können. Mit der Kenntnis der Methoden ist eine Sammlung von Werkzeugen gegeben, mit denen an Kunstwerke herangetreten werden kann. Im Lehrbuch sind auch bewußt zum Teil sich widersprechende Interpretationen nebeneinander gestellt worden. Gerade das Wissen vom Wandel und der Widersprüchlichkeit der Deutungen, vom Prozeß des Erkennens, das Wissen, daß das Wesen der Kunst nicht restlos in Texten und Deutungen aufgeht, ist Grundlage für jede Auseinandersetzung mit Kunstwerken. Jede künstlerische Gestaltung ist offen für Deutungen, auch für zukünftige, denn wirkliche Kunstwerke haben jeder Generation Neues und Anderes zu sagen. Deshalb können Bilddeutungen auch nie abgeschlossen sein, sondern sollen hinführen zum immerwährenden, bewußten Dialog mit der Kunst, denn erst »in der Kenntnis liegt die Vollendung der Anschauung«.

Der Herausgeber

Inhalt

1. Umbruch der Wert- und Kunstvorstellungen in der zweiten Hälfte des 18. Jahrhunderts

Friedrich Wilhelm Freiherr von Erdmannsdorff: Schloß und Park Wörlitz (1769–73)

1. Klassizistischer Schloßbau

2. Englischer Garten

Friedrich Wilhelm Freiherr von Erdmannsdorff (*1736 in Dresden, † 1800 in Dessau) kam 1757 an den Hof des Fürsten LEOPOLD FRIEDRICH FRANZ VON ANHALT-DESSAU, mit dem ihn eine bis ans Lebensende währende Freundschaft verband; zahlreiche England- und Italienaufenthalte; 1765 lernte er in Rom die Altertumsforscher CHARLES LOUIS CLÉRISSEAU (1722–1820) und JOHANN JOACHIM WINCKELMANN kennen; errichtete mehrere Bauten in Wörlitz und Dessau (Hoftheater); auch in Berlin tätig.

1. Klassizistischer Schloßbau. Die Epoche von 1760 bis 1830, die in Reaktion auf die Prachtentfaltung des Rokoko auf die schlichtere griechische und römische Architektur zurückgriff, wird mit dem Oberbegriff Klassizismus* zusammengefaßt. Die erneute Wertschätzung der antiken Denkmäler hatte der in Rom lebende Altertumsforscher JOHANN JOACHIM WINCKELMANN (1717–68; vgl. S. 28ff.) eingeleitet. Er verkündete, daß die intensive Beschäftigung mit dem antiken Formengut den Zeitgenossen zu höherer Bildung und zu ethischer Bereicherung führe. »Wer also die künstlerische Absicht der Griechen erforschen ... und sie zum Nutzen der Liebhaber und Kunsthandwerker wieder zur Geltung bringen will, muß vom Begrifflichen bis zum sinnlich Wahrnehmbaren gelangen, und dies nicht mit vagen, unbestimmten Redensarten, sondern mit einer genauen Charakterisierung der Umrisse und Linienführung, aus denen jene Erscheinungen entstehen, die wir die schönen Formen nennen« (Winckelmann: Dell'arte del disegno de'greci e della bellezza. 1767; zitiert nach: Il bello nell'arte. Turin 1943, S. 125).

Dieses neue Antikenverständnis war die Grundlage der klassizistischen Architektur. Archäologisches Studium verband sich dabei mit klassisch empfundenen Stilregeln, wie sie exemplarisch etwa der italienische Architekt ANDREA PALLADIO (1508–80) realisiert hatte. Englische Architekten, die diesen sog. Palladianismus* bereits seit dem 17. Jahrhundert gepflegt hatten, wurden die Vorbilder der frühen klassizistischen Baukunst. Vor allem das Schloß bzw. die Villa des gebildeten Fürsten spiegelt diese Stiltendenz, als deren frühestes Beispiel in Deutschland das Schloß Wörlitz gilt.

Fürst LEOPOLD FRIEDRICH FRANZ VON ANHALT-DESSAU ließ sich 1769–73 bei Wörlitz einen Sommersitz errichten und den umliegenden französischen Park als Englischen Landschaftsgarten (um 1800 vollendet) umgestalten. »Der in seinen Proportionen wohlabgewogene zweigeschossige Bau bildet einen geschlossenen Rechteckblock mit einem säulengeschmückten Innenhof. Der Eingangsseite ist ein viersäuliger Portikus* korinthischer Ordnung vorgelagert. Die sonst bei ähnlichen Aufgabenstellungen übliche barocke Fülle dekorativen Beiwerks wurde auf bescheidene Fenstereinfassungen und wenige fein profilierte Gesimse* eingeschränkt. Obwohl die nach dem Muster antiker Grotesken-und Arabeskenornamentik ausgeführte Innenraumdekoration, wie ERDMANNSDORFF sie in England kennengelernt hatte, noch in mancherlei Hinsicht dem Anmutigen und Spielerischen des Rokokos verbunden ist, gewann der Bau doch in der Auseinandersetzung mit der barocken Tradition eine entscheidende Bedeutung. Erdmannsdorff und seinem Bauherrn ging es nicht mehr nur um die Verkleidung eines

Mit * versehene Begriffe werden im Fachwortverzeichnis (S. 200ff) erläutert.

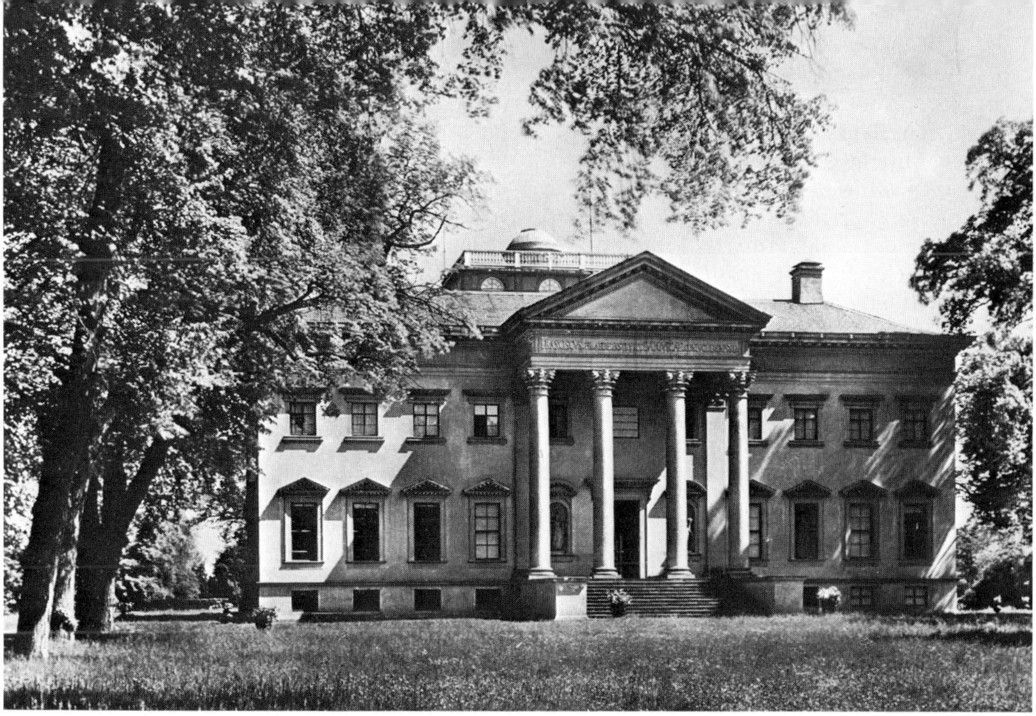

F. W. von Erdmannsdorff: Schloß Wörlitz bei Dessau; 1769–73

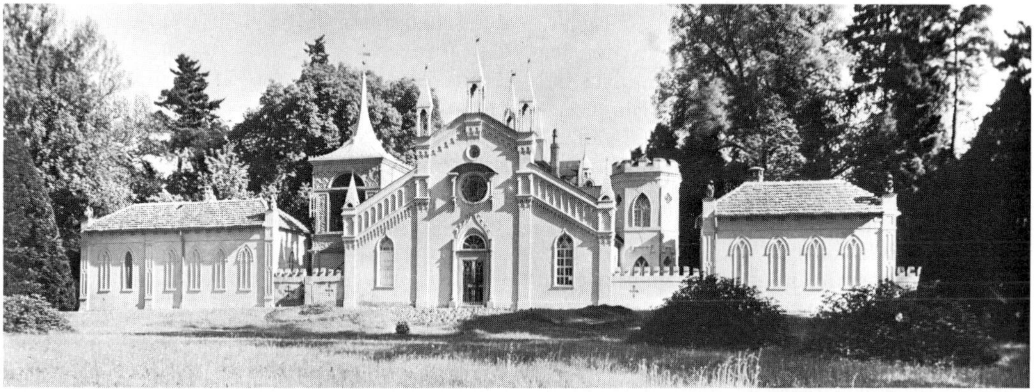

F. W. von Erdmannsdorff: Gotisches Haus im Wörlitzer Schloßpark (von Norden); ab 1773

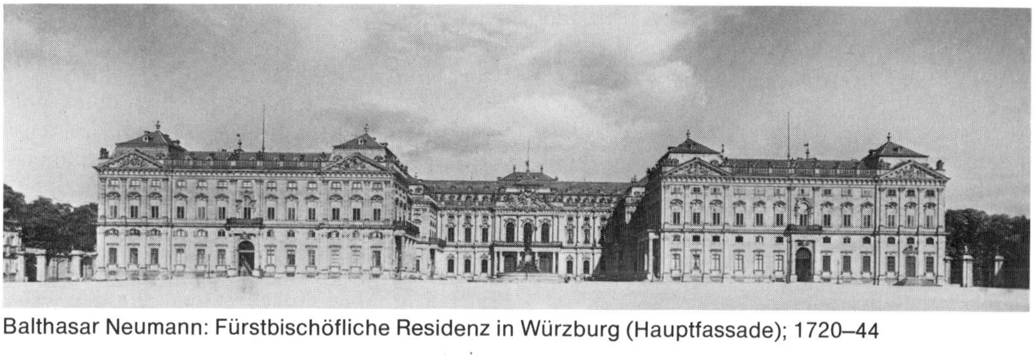

Balthasar Neumann: Fürstbischöfliche Residenz in Würzburg (Hauptfassade); 1720–44

nach barock-absolutistischer Überlieferung geschaffenen Baukörpers mit neuartigen dekorativen Mitteln, sondern um die Verwirklichung eines völlig neuen Schloßtyps. Diesem fehlen die raumgreifenden Flügelbauten und der von ihnen umklammerte Ehrenhof; es mangelt ihm überhaupt an der repräsentativen Weitläufigkeit absolutistischer Schloßbauten. Das Wörlitzer Schloß zeigt in seiner übersichtlichen Grundrißorganisation, in seinem einfachen und geschlossenen Baukörper in Deutschland erstmalig mit aller Deutlichkeit den Einfluß der unzeremoniellen, schlichten und bequemen bürgerlichen Lebensweise auf höfisch-aristokratische Baugepflogenheiten« (A. Jericke/D. Dolgner: Der Klassizismus in der Baugeschichte Weimars. Weimar 1975, S. 40).

Der einschneidende Wandel, der sich im Wörlitzer Schloß dokumentiert, wird erst im Vergleich mit einer barocken Anlage deutlich: »In Würzburg, dem klassischen Beispiel auf deutschem Boden (1720–1744) ordnet das Ganze sich um die große Hauptachse, genauso wie sich der Idee nach auch Hofgesellschaft und Staat auf den Fürsten hinordnen, der der Bewohner und Beherrscher des Schlosses ist. In der plastisch reichgegliederten Ehrenhofhauptfront sind die Hauptakzente des ganzen Schmucksystems auf den Mittelaussprung mit den großen Portalen gelegt. Von hier aus staffelt es sich dem Range nach bis zu den am wenigsten geschmückten Wandteilen abwärts über alle Flächen des Baues hinweg, und zwar derart, daß um die Hauptmitte Nebenmitten sich ordnen, um diese dann wieder weitere plastische Aussprünge, wobei schon die gewöhnlichen Fensterachsen des Haupttrakts denen der flankierenden Trakte überlegen sind und so fort. Jede Teilordnung vertritt und spiegelt in sich mehr oder weniger die Gesamtordnung, indem noch bis ins Kleinste stets das Mittlere herrscht. Nichts kann fortgedacht werden in dieser rhythmisch gegliederten und bis ins letzte ausgewogenen Formenhierarchie, in der stets das Seitliche und das Mittlere wechselseitig einander im Gleichgewicht halten und das Höhere immer nur durch sein Herrschen über das Niedere sein Dasein behauptet ...

Diese barocken Ordnungsvorstellungen sind seit dem ausgehenden 18. Jahrhundert zersprengt worden. Für GOETHE etwa gibt es, so sehr auch er überzeugt von der göttlichen Einheit des Naturganzen ist, eine Mehrheit von Urphänomenen, Grunderfahrungen, bei denen man dann freilich bis zu dem gemeinsten Fall der täglichen Erfahrung herabsteigen kann. Der Rationalismus wird endgültig überwunden. Das einzelne beginnt sich aus einer Ordnung zu lösen, die bisher als unauflöslich gegolten hatte ...

Der alte Herrschaftsanspruch des barocken Machthabers ist preisgegeben. Der neue Anspruch, der jetzt erhoben wird, ist nur noch ein allgemein-menschlicher. Auch der Fürst zeigt, daß er den Ideen der Freiheit und des Natürlichen Raum zu geben gewillt ist. Die Mächte, denen er nunmehr seinerseits huldigt, heißen Natur und Bildung ...

In dem Bereiche des Schloßbaues wurde die erste und entscheidende Lösung der alten strengen Herrschaftsordnung vollzogen mit dem Aufkommen des englischen Parks“ (H. Beenken: Das 19. Jahrhundert in der deutschen Kunst. München 1944, S. 16–18).

2. Der englische Garten. »Der englische Garten kultiviert keineswegs die wilde, sich selbst überlassene Natur. Der Eindruck, daß es sich um natürliche Freiheit und Wildheit handle, wird künstlich hervorgerufen. Wege schlängeln sich durch den Garten, auf denen der Beschauer wandeln soll, das Natürliche wird in wohlabgewogenen Blicken und Bildern geboten. Diese Bilder sind individuell, jeder einzelne hat die Freiheit, sich seine Lieblingsplätze und Lieblingsstücke zu wählen und, wie er mag, zu verweilen, zu schauen oder wandelnd zu sinnen – das Spazierengehen wird erst jetzt zum Genuß, ja geradezu zu einer Kunst ausgebildet –, während im französischen Garten Normalsichten herrschten, indem die großen Symmetrieachsen alles auf sich zu sammeln und die Herrschaft des zentralen Schloßbaues und des Machthabers sichtbar zur Geltung zu bringen suchten.

Natur und Freiheit sind es, die man im englischen Park zu genießen wähnt, beide sind ein Unendliches, das den Menschen der Welt seiner Schranken enthebt. Gerade in den welligen Parklandschaften Englands mit ihren vereinzelten Baumgruppen wird der Blick, zumal bei leichtem Nebel, immer nur ein mehr oder weniger Nahes wirklich erkennen. Um so mehr Spielraum hat die Phantasie, sich das Ferne selbst auszumalen, das Unendliche ist damit gleichsam näher gerückt. Die Frühzeit vor 1800 liebte es, den Park auch mit künstlichen Wasserfällen, Ruinen, empfindsamen Kleinbauten und Stätten besonderer Erinnerung und Besinnung lebendig zu machen. Die Empfindung des einzelnen wird überall angesprochen, oft fordern ihn noch ausdrücklich Inschriften zum verweilenden melancholischen Nachsinnen auf.

Dieser Appell an den einzelnen, an das Subjektivste im einzelnen, seine Empfindung, war den älteren Zeiten und noch dem Barock völlig fremd. Der einzelne wird als frei gedacht, ebenso wie auch in der Natur ihm gegenüber keinerlei Zwang herrscht. Von der Idee des Barockschlosses her durfte solche Freiheit nicht sein. Alles unterstand der Herrschaftsordnung, die letztlich auch den Menschen selber in ihren Bann zwang, indem sie seinen Blick immer wieder auf das Zentrum, den Ausgang und Quell aller Macht hinzulenken vermochte. Das Begrenzende, Ordnende zog das Auge auf sich, nicht das Freie und Unbegrenzte« (H. Beenken, a. a. O., S. 17–18).

Auch in dem ebenfalls nach englischem Vorbild (Gärten in Stowe und in Kew) angelegten WÖRLITZER PARK, zu dessen Durchwandern oder Durchschiffen man etwa drei Stunden brauchte, dominierte nicht mehr die Ordnung und Regelmäßigkeit des französischen Gartens. Typisch war vielmehr die Weitläufigkeit einer unüberschaubaren Landschaft mit gewundenen Wegen, Wald- und Wiesenstücken, Kanälen, Brücken mit Durchblicken auf freistehende Einsiedeleien und Erinnerungspavillons (engl. *fabrics)*. Es gab eine rustikale Stufenbrücke mit weißem Holzwerk, eine Quellengrotte (Nymphäum), einen Flora- und Venustempel und einen Rundtempel (Monopteros). Dieses neuartige romantische Naturgefühl schilderte GOETHE anläßlich seines Besuches in Wörlitz: »Hier ist's jetzt unendlich schön, mich hat's gestern Abend, wie wir durch die Seen, Kanäle und Wäldchen schlichen, sehr genährt, wie die Götter dem Fürsten erlaubt haben, einen Traum um sich herum zu schaffen. Es ist, wenn man so durchzieht, wie ein Märchen, das einem vorgetragen wird, und hat ganz den Charakter der elysäischen Felder; in der sachtesten Mannigfaltigkeit fließt eines ins andere; keine Höhe sieht das Auge und das Verlangen [ruht] an einem einzigen Punkt, man streicht herum ohne zu fragen, wo man ausgegangen ist und hinkommt« (Brief Goethes an Frau von Stein vom 14. 3. 1778).

Das Hauptstück des Wörtlitzer Parks war das GOTISCHE HAUS mit spitzen Türmchen, Fialen* und bunten Glasfenstern. Ebenfalls nach englischem Vorbild erbaut, war es das erste neugotische (vgl. S. 107ff.) Denkmal in Deutschland. Es nahm die Kunstsammlungen des Fürsten auf und diente dem leitenden Gärtner als Wohnung. Der Bauherr verteidigte neben der Gartenanlage auch diese kühne Rückkehr zur mittelalterlichen Bauweise, sogar gegenüber Autoritäten wie Goethe: »In den Grundsätzen und Ansichten von der schönen Baukunst und ihren Werken waren wir nicht immer einig ... Nur, was die gotische Baukunst und die schöne Gartenkunst anlangt, da mußte er mir den Preis zugestehen und vor mir die Segel streichen. Er hatte ja England nicht gesehen!« (Fürst Franz von Anhalt-Dessau in einem Brief an Friedrich Reil über Goethe, um 1778).

Der antike Stil der Pavillons kontrastierte mit dem mittelalterlichen Formempfinden des Gotischen Hauses, eine für viele Zeitgenossen ungewohnte Seherfahrung, worin sich jedoch die Stilfreiheit der Folgezeit ankündigte. Von großer Bereicherung für den Städtebau sollte der Typus des englischen Gartens werden, der wie in München (1789 begonnen) im 19. Jahrhundert allgemein zum öffentlichen Stadtpark bzw. Erholungszentrum des Bürgers erweitert wurde.

Jean-Antoine Houdon: Voltaire (1778)

1. Der Beginn des Geniekults im Denkmal

2. Das Problem der Gestaltung von Zeitlichem und Überzeitlichem im Denkmal

Jean-Antoine Houdon (*1741 in Versailles, †1828 in Paris) war u. a. Schüler von JEAN-BAPTISTE PIGALLE (1714–85); Studium der antiken Skulptur und Anatomie in Rom; Reisen und Aufträge für Deutschland und die USA. Mit seiner Porträtkunst durchbrach er die festgelegten Typen des Barockporträts; auf Grund intensiver Naturbeobachtung wies er der Darstellung individueller Physiognomie neue Wege. – *Hauptwerke:* Muskelmann (1767), Diana (1776), Voltaire (1778), Frierendes Mädchen (1781).

1. Der Beginn des Geniekults im Denkmal. Schon zu Lebzeiten wurde VOLTAIRE kultartige Verehrung zuteil, nicht nur als Philosoph, Dichter und Freigeist, sondern auch wegen seines Einsatzes für ungerecht Verfolgte und Unterdrückte. Er wurde öffentlich mit Lorbeer bekränzt und seine Büste wie ein Denkmal gefeiert. Dennoch war der aus dem Kreis der ›philosophes‹, der sogenannten Aufklärer, stammende Beschluß von 1770, ihm noch zu Lebzeiten ein Denkmal zu errichten, kühn und sensationell: »Es ist nicht üblich, in Frankreich Denkmäler für die großen Generäle oder berühmten Männer zu errichten; nur die Könige erlangen diese Auszeichnung« (Patte: Monuments érigés en France à la gloire de Louis XV, 1765). Diese Polemik gibt zu verstehen, daß andere Länder nicht so rigoros in der Einhaltung dieses dynastischen Privilegs waren. England errichtete Denkmäler nicht nur für seine Generäle und Staatsmänner, sondern auch für seine Dichter; und das englische Modell begann das restliche Europa zu beeindrucken. Etwa zehn Jahre nach PATTES Forderung, daß Denkmäler nur Königen vorbehalten sein sollen, trat ANTON WILHELM GOTTLIEB BECKER in seinem Pamphlet ›Vom Costüm an Denkmälern‹ (1776) für die Gegenseite ein: ›Man fährt itzt beynahe in allen Ländern begieriger als jemals fort, den Fürsten Statuen oder Denkmäler zu errichten; und es wäre zu wünschen, daß sich dieser Gebrauch wie in England auch auf Gelehrte, Künstler oder andere verdiente Männer des Staates erstreckte, welches bei uns nur selten geschieht.‹ Den Wunsch, die Funktionen des Denkmals zu ›humanisieren‹, hatte die neue Philosophie der Empfindsamkeit hervorgerufen, die in England von SHAFTESBURY begründet, in Frankreich von ROUSSEAU zu ihrem Höhepunkt geführt und in Deutschland von HERDER in einen Kult des Dichter-Genies umgeformt wurde« (A. Neumeyer: Monuments to »Genius« in German Classicism. In: Journal of the Warburg Institute. London 1938/39, S. 159).

Im vorrevolutionären Europa waren Denkmäler für Männer des Geistes an sich schon eine Seltenheit und immer nur postum errichtet worden. Die Forderung der Aufklärer nach einer Statue des lebenden VOLTAIRE ging aber noch weit über die bis dahin bekannten Ehrungen hinaus. Voltaire sollte wie ein König gewürdigt werden. Ende des 18. Jahrhunderts setzten sich dann Statuen für die sog. »grands hommes« allgemein durch. Der Personenkult im Denkmal nahm seinen Anfang. Bis in die 70er Jahre des 19. Jahrhunderts blieben Denkmäler hauptsächlich Berühmtheiten des politischen und geistigen Lebens reserviert. Im Zuge der Demokratisierungsbestrebungen des ausgehenden 19. Jahrhunderts trat eine inflationäre Entwicklung ein, die jeder Lokalberühmtheit eine Statue zubilligte. Die Säkularisierung und Verbürgerlichung einer ursprünglich sakralen bzw. herrscherlichen Darstellungsform erreichte damit ihren Höhepunkt und Abschluß.

2. Das Problem der Gestaltung von Zeitlichem und Überzeitlichem im Denkmal. HOUDON erhielt den Auftrag zu der Statue Voltaires, nachdem er ihn als letzter Künstler noch kurz vor seinem Tod 1778 porträtiert hatte. Für ihre Ausführung lieferten ihm die wenigen Modellsitzungen für die Büste und diese selbst Anhaltspunkte. Das erste Porträt (Gipsmo-

J.-A. Houdon: Voltaire; 1778, Marmor, Comédie Française, Paris ▶

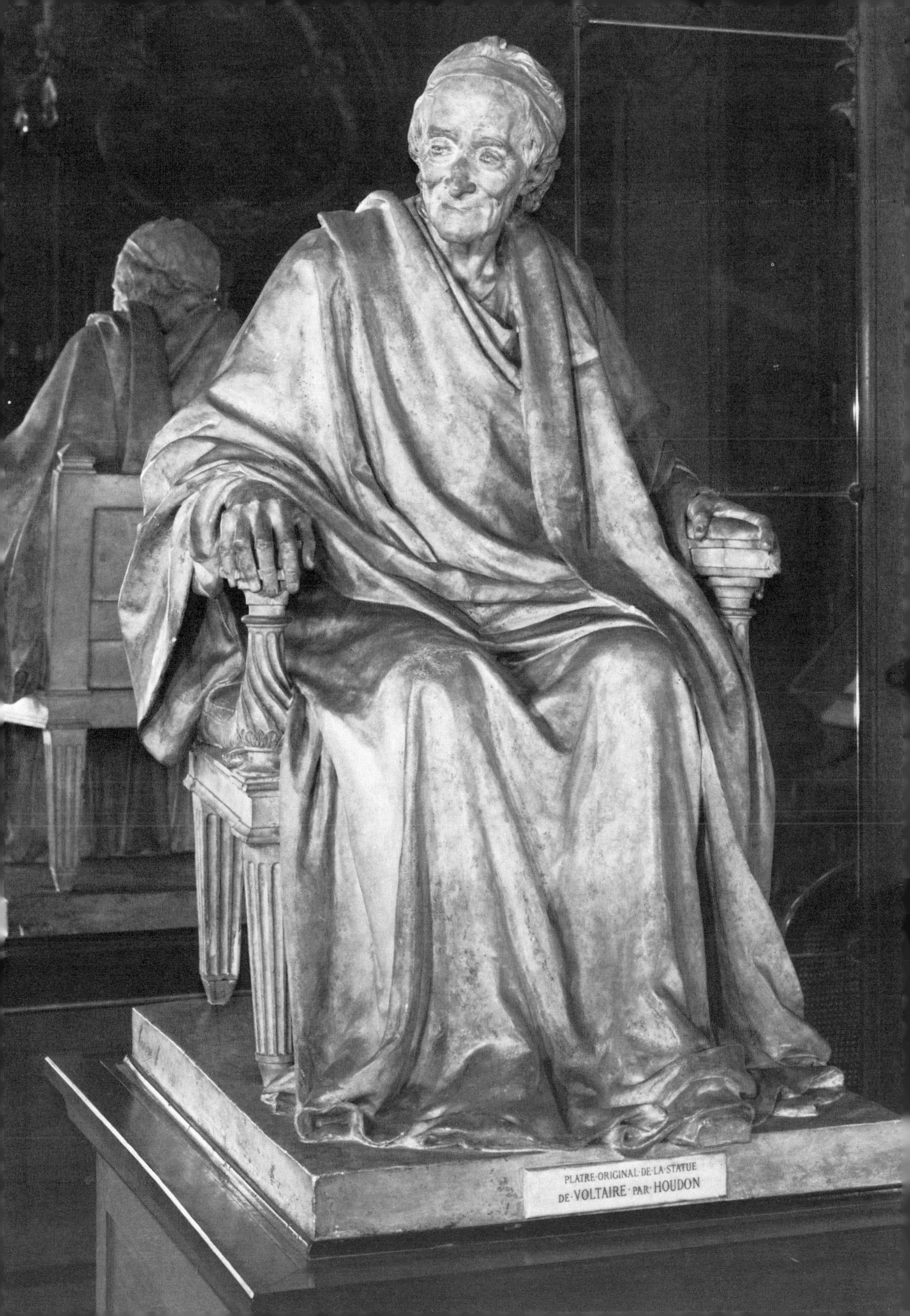
PLATRE·ORIGINAL·DE·LA·STATUE
DE·VOLTAIRE·PAR·HOUDON

dell, heute im Gothaer Schloßmuseum) stellt Voltaire schlicht, ohne Pose und Perücke dar, während spätere Varianten ihn entweder barockisiert mit Perücke und Drapierungen oder antikisiert wie in der Statue der Comédie Française zeigen. Im Hinblick auf die ursprünglich geplante Aufstellung der Statue im Foyer der »Académie Française« stellte Houdon Voltaire als Philosophen dar. Um eine Überhöhung und Verklärung zu erreichen, griff er auf antike Vorbilder zurück, indem er Voltaire nach dem Beispiel antiker Philosophendarstellungen sitzend zeigt, bekleidet mit einem Überwurf, dem sog. Philosophenmantel. Mehr noch als dieser dient die um die Stirn gelegte Binde, die antike Herrscherbinde – von Houdon als Binde der Unsterblichkeit gedeutet –, der Verherrlichung Voltaires; mit ihr kommt das Zeichen des Göttlichen zum Mantel des Weisen hinzu.

Houdon ging von der alltäglichen, natürlichen Erscheinung Voltaires aus. Doch löste er sie aus der historischen Gebundenheit heraus und erhöhte sie zu überzeitlicher Wirkung durch den in Falten gelegten Mantel und den Verzicht auf ein der Zeit entsprechendes Kostüm. Das Ergebnis ist eine Mischung von wahrheitsgetreuem Porträt und von der Antike inspirierter Idealisierung. Das Spannungsverhältnis zwischen diesen beiden Komponenten bringt Voltaires Geistigkeit in ihrer ganzen Größe ohne Heroisierung zum Ausdruck. In dieser Hinsicht wurde die Statue für die Entwicklung des »Geistesdenkmals« im 19. Jahrhundert beispielhaft. Den Zeitgenossen war diese neue Art der Darstellung jedoch noch problematisch. An ihr und insbesondere an der Frage des Kostüms entzündete sich die Diskussion über die überzeitliche Darstellung einer Persönlichkeit, die noch das ganze 19. Jahrhundert die Auseinandersetzung mit Denkmälern beherrschte.

»Das ›Journal de Paris‹ von 1781 übte scharfe Kritik am Kostüm der Houdonschen Voltaire-Statue: ›Sophokles in Perücke oder Vergil in moderner Gewandung würden kaum weniger grotesk erscheinen als der Verfasser von Mahomet – d. h. Voltaire – ohne Attribute auf einem Stuhl mit einer Konsularrobe und einer Binde im Haarkranze, welchen er gar nicht besaß.‹ Vier Jahrzehnte später hat

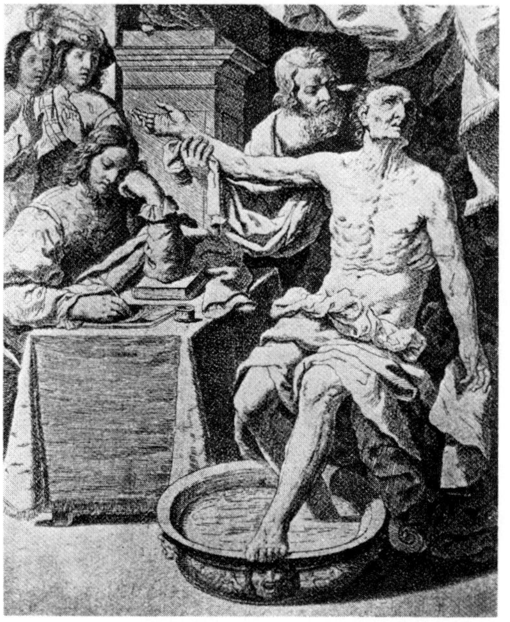

L. Lana: Der sterbende Seneca; Sassuola

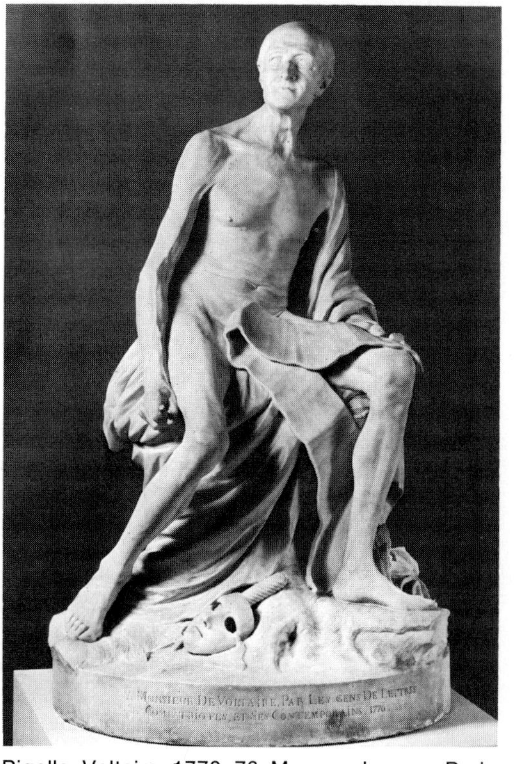

Pigalle: Voltaire; 1770–76, Marmor, Louvre, Paris

JOSEPH DE MAISTRE in seinen 1821 erschienenen ›Soirées de Saint-Pétersbourg‹ in einer Tirade gegen Voltaire ebenfalls der Statue Houdons Erwähnung getan, aber nun mit einer, was das Verhältnis von antik und modern angeht, gerade umgekehrten Blickrichtung: ›Geht in die Eremitage, um seine Statue zu betrachten. Niemals sehe ich sie, ohne mich zu beglückwünschen, daß sie uns nicht von einem dem Erbe der Griechen verpflichteten Meißel hinterlassen worden ist, der vielleicht eine gewisse ideale Schönheit über sie auszugießen gewußt hätte. Hier dagegen ist alles natürlich. Dieses Haupt ist veristisch wie eine Totenmaske.‹ Diese beiden sich widersprechenden Urteile, von denen das frühere noch den Standpunkt des ›Louis-Quinze‹, das zweite jenen des voll ausgebildeten Klassizismus vertritt, kennzeichnen genau die Stillage des Werkes: unter dem ersten Anfluge, dem Mantel des Antikischen, hat sich das Momentane, zur Kulmination Gesteigerte, barocker Bewegtheit erhalten. Houdons Voltaire-Statue hat so auf einzigartige Weise die würdevolle Erhabenheit des klassischen ›Lykeions‹ und die geistvolle Grazie eines zeitgenössischen Salons ineinander aufgehen lassen... Er brachte daher mit seiner Sitzstatue das Wunder zustande, daß die höchste und augenfälligste Gegenwart der Gestalt Voltaires ohne jeden Anschein der Gezwungenheit in dem Bilde eines Weisen ›à l'antique‹ aufgeht, so daß die Nachwelt sich streiten konnte, ob der Dargestellte in eine Toga oder in seinen Morgenrock gekleidet sei, und der Betrachter leicht versucht ist, den schlichten Louis-Seize-Stuhl als einen ehrfurchtsgebietenden Thron anzusehen» (W. Sauerländer: Jean-Antoine Houdon, Voltaire. Reclams Werkmonographien zur Bildenden Kunst Nr. 89, Stuttgart 1963, S. 18f.).

JEAN-BAPTISTE PIGALLE hatte 1770 als erster den Auftrag für eine Voltaire-Statue zugesprochen bekommen, stieß aber mit seiner 1776 fertiggestellten Version auf Ablehnung. Mit seiner Gestaltung Voltaires als Aktfigur hatte er das gebräuchlichste Mittel zur Darstellung heroischer Überzeitlichkeit verwendet. Auf Vorschlag DIDEROTS hin nahm er sich Darstellungen des sterbenden Seneca, wie das Gemälde von LODOVICO LANA, zum Vorbild, um im Vergleich mit diesem verleumderisch angeklagten und von Nero zum Freitod gezwungenen antiken Philosophen Voltaires literarische Leistungen, aber vor allem seinen moralischen Einsatz zu glorifizieren. Hinter dieser Konzeption stand eine deutliche Polemik gegen die Angriffe seiner Kritiker und Feinde. Anders als Houdon, der ausgehend von der Natur seine Statue mit frei empfundenem Antikischem umgab, orientierte sich Pigalle an einem moralisch beispielhaften stoischen Thema. Er löste die Figur des sterbenden Seneca aus ihrem ursprünglichen Zusammenhang, veränderte die Beigaben und zwängte seinen Voltaire in die pathetische Pose des im Tode Erkennenden und in ungeahnte Weiten Schauenden, um Inspiration und Genialität auszudrücken.

Zwischen diesem Anspruch des allegorischen Porträts, das Voltaire als neuen Seneca vorstellte, und seiner künstlerischen Verwirklichung tat sich jedoch ein deutlicher Widerspruch auf. Pigalle hatte sich in der anatomischen Gestaltung genau an sein Modell, einen greisenhaften, ausgezehrten Veteranen, gehalten. Dieser Naturalismus stand in einem fast peinlichen Gegensatz zu dem Pathos und ideellen Anspruch. Um so mehr überzeugte Houdons Konzeption, die den Körper Voltaires mit der Drapierung verdeckte und dadurch das Geistige steigerte.

Jacques-Louis David: Der Schwur der Horatier (1784)

1. Römisch-republikanische Vorbilder für Staat und Gesellschaft in Frankreich

2. Davids Verhältnis zur französischen Maltradition

3. Die Übertragung christlicher Bildmotive zur Nobilitierung* der französischen Revolution

Jacques-Louis David (* 1748 in Paris, †1825 in Brüssel) war am Übergang vom 18. zum 19. Jahrhundert der gefeiertste Maler Frankreichs. Nach dem Zusammenbruch des ersten Kaiserreichs ging er ins Exil nach Brüssel. David gilt als der Begründer des französischen Klassizismus*. – *Hauptwerke:* Schwur der Horatier (1784), Tod des Sokrates (1787), Brutus und seine toten Söhne (1789), Tod des Marat (1793), Raub der Sabinerinnen (1799), Bonaparte, die Alpen überschreitend (1799), Madame Recamier (1800), Krönung Napoleons (1806/07).

1. Römisch-republikanische Vorbilder für Staat und Gesellschaft in Frankreich. Ganz Europa horchte 1784 auf, »als der große, schon als der Wiederhersteller der französischen Malerei gefeierte JACQUES-LOUIS DAVID im Auftrag des Königs in Rom seinen ›Schwur der Horatier‹ malte. Ein eiskalter Schauer ergriff WILHELM TISCHBEIN, als er den Ernst der Schwörenden sah; ganz Rom hatte sich in Parteien getrennt; es kam zu Schlägereien in den Schänken über die Frage, ob Davids Bild über oder unter Raffael zu stellen sei« (C. Gurlitt: Die deutsche Kunst des Neunzehnten Jahrhunderts. Berlin 1899, S. 41).

Vor dem Abtransport nach Paris hatte David das Gemälde in seinem Atelier an der Piazza del Populo zur öffentlichen Besichtigung ausgestellt. In Paris wurde das Werk zur Sensation des Salons*. »Nach der römischen Sage hatten die Horatier, Drillingssöhne des Publius Horatius, zur Zeit des Tullus Hostilius (672–640 v. Chr.), um den Kampf zwischen Rom und Albalonga zu entscheiden, mit den albanischen Curiatiern, gleichfalls Drillingsbrüdern, einen Sechskampf auszufechten. Die Mütter der Curiatier und Horatier waren Schwestern, welche an demselben Tag Drillinge geboren hatten. Es ist nun der Moment dargestellt, in dem der Vater der Horatier ... mit der Linken die drei Schwerter den kampfbereiten Söhnen übergibt, während er mit der Rechten auf sie und ihre Waffen den Segen der Götter herabfleht. Hinter ihm sitzen Kamilla und Sabina, in Tränen gebadet, während die Großmutter einen Enkel umarmt« (Fr. Haack: Die Kunst des 19. Jahrhunderts. Esslingen 1907, S. 35).

»... vor dem Gemälde selbst [steht man] sehr zurückhaltend ... Man erblickt eine gelbbraune Bildfläche, ruhige, flächenhaft hingestrichene Töne, nur an einer oder der anderen Stelle, z. B. im Mantel des Vaters, durch ein ... lokalfarbenes* Rot stark betont. Man sieht ... die drei Horatier im Profil hintereinander gereiht in Schrittstellung, den Arm zum Schwur gegen die drei Schwerter erhoben, die der alte Horace ihnen feierlich entgegenhält. Gegen diese an sich durchaus männliche, ausdrucksstarke und plastisch durchgearbeitete Gruppe sind die beiden im Konflikt ihrer Gefühle halb zusammengebrochenen Frauen als stillbewegtes und schönstilisiertes Gegenspiel ganz an die Seite gerückt. Diese wenigen Figuren, zu denen noch die Hintergrundfigürchen der beiden Kinder und ihrer Pflegerin sich gesellen, stehen auf breiter Bühne, die

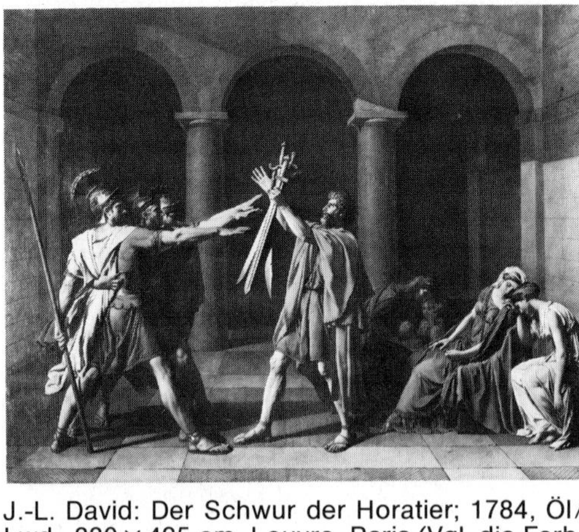

J.-L. David: Der Schwur der Horatier; 1784, Öl/Lwd., 330 × 425 cm, Louvre, Paris (Vgl. die Farbtafel auf S. 161!)

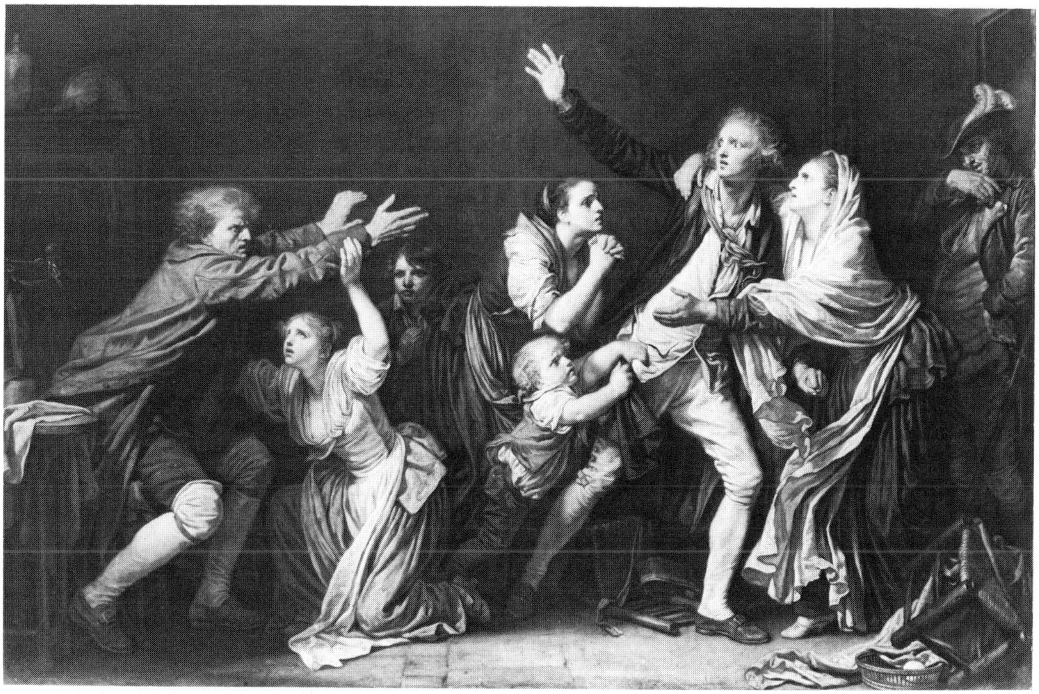

J. B. Greuze: Der Fluch des Vaters; 1777, Öl/Lwd., 130 × 162 cm, Louvre, Paris

nach hinten durch eine Arkatur* abgeschlossen wird – Bogen auf schweren basislosen dorischen Säulen. Sicher ein auch heute noch trotz mancher toten Stelle und einiger Fehler – wie z. B. des nicht ganz gelösten Hintereinanders der drei Krieger – eindrucksvolles Bild. Woraus erklärt es sich aber, daß mit diesem Bild alle künstlerische Sehnsucht der Zeit erfüllt zu sein schien? ... Was alle Künstler, Kritiker, Publikum an Davids Gemälde hinriß, war, daß hier zum ersten Mal erhabenes und patriotisches Gefühl in einer den Anforderungen klassizistischer Theorie genügenden Form zur äußersten Konzentration gelangte. Keiner der anderen [Maler] hätte es vermocht ... die Schwertgriffe so eindrucksvoll als Zentrum der Aufmerksamkeit in die Mittelachse zu legen ... Alles ist präzis, unzweideutig. Einheit des Ortes, Einheit der Zeit, Einheit der Handlung ... Der Schwur der Horatier ist Ausdruck der Vaterlandsliebe, die sich über alles Persönliche hinwegsetzt ... spartanisch-römischer Heldenmut und höchste Bürgertugend in einem. Also etwas im höchsten Grade Politisches in aufgeregtester Zeit – vier Jahre vor Ausbruch der Revolution« (W. Friedländer: Von David bis Delacroix. Köln ^{2}1977, S. 29f, 1. Auflage 1930).

2. Davids Verhältnis zur französischen Maltradition. War die Art der Darstellung wirklich ebenso antikisch wie das Thema, und war in der vereinten, gleichartigen Aussage von Thema und Stil die Bildwirkung begründet? »[Zwar] spielt sich die Szene des Schwures der Horatier wie ein antikes Relief ... vor einer kahlen tönenden Säulenhalle ab. Aber was ... aus der Antike gemacht wird, ist ... die Weiterführung der sentimentalen Kunst [der vorausgehenden französischen Malerei] und ein Weg in die historische Anekdote des 19. Jahrhunderts. Nicht ... lebende Bewegungen verbinden die Figuren ... sondern psychisch-anekdotisch verknüpft stehen die drei Gruppen im Bühnenraum ... Selbst die strammen Gebärden der soldatischen Jünglinge sind nicht Körperentfaltung, Plastik, sondern innerlich gemeint, Ausdruck des moralischen Entschlusses ... Es ist Greuzesche Theatralik antik verbrämt. Wie bei GREUZE ist die vor-

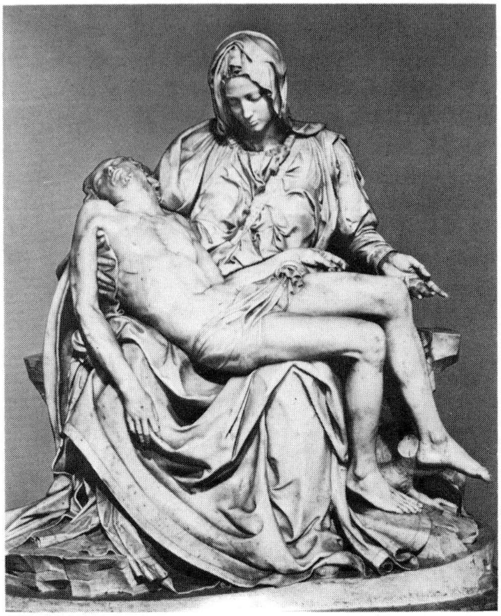

Michelangelo: Pietà; 1498–1500, Marmor, St. Peter, Rom

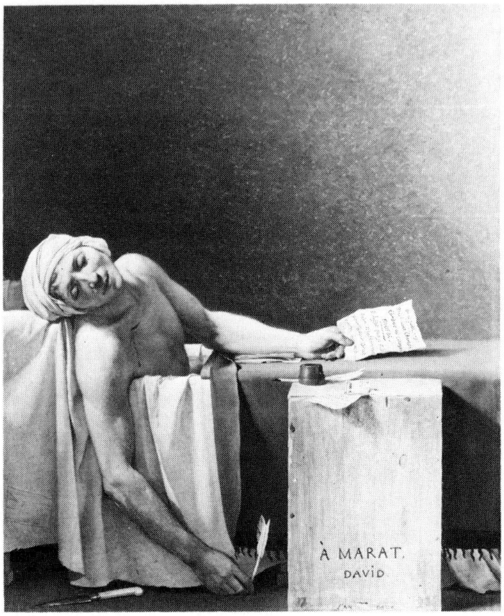

J.-L. David: Der Tod des Marat; 1793, Öl/Lwd., 162 × 128 cm, Musées Royaux des Beaux-Arts de Belgique, Brüssel

bildliche Gebärde in dieser Zeit Ausdruck einer innerlichen moralischen Haltung, nicht sinnlich, sondern sittlich gemeint« (R. Hamann: Geschichte der Kunst. Berlin 1933, S. 749f.)

J. B. GREUZE, dreiundzwanzig Jahre älter als sein Landsmann David, malte Szenen wie den »Väterlichen Fluch« (1777), die der Kunsthistoriker R. HAMANN im Sinn hatte, als er schrieb: »Es sind pathetisch rührselige Geschichten, neu dadurch, daß sie nicht mehr bei den Heroen der Geschichte: Alexander, Dido, Kleopatra (wie es zuvor üblich war) spielen ... Es ist alles so unmäßig und übermäßig, so pathetisch und aufdringlich, weil es nicht nur dasein, sondern zugleich empfohlen werden soll als ein Vorbild (oder Abschreckungsbeispiel) wahrer Menschlichkeit« (R. Hamann, a. a. O., S. 750).

Der Kunsthistoriker FRANZ KUGLER meinte jedoch: »Gegen die süßliche Frivolität [solcher] Vorgänger aber bildet die kühle Strenge, das leidenschaftliche Pathos der Bilder Davids, selbst wo letzteres, wie meistens, theatralisch wird, einen großen, ewig dankenswerten Fortschritt« (F. Kugler: Geschichte der Malerei. Berlin 1837, S. 237).

3. Die Übertragung christlicher Bildmotive zur Nobilitierung* der französischen Revolution. Die Deutungen von Davids weit zurückgreifenden »Historienbildern« schwanken: die einen sehen in ihnen den *Fortschritt,* die anderen die *Tradition* vorherrschen. Davids Ruhm gründete sich jedoch nicht allein auf Gemälde dieser Art, in denen die innere Erregung der Revolutionszeit römisch eingekleidet zum Ausdruck kam, er schuf auch »aktuelle« Bilder, die die politischen Ereignisse direkt zum Bildthema machten. Nach der Ermordung des Jakobiners MARAT im Sommer 1793 wurde sein Freund David, der im Nationalkonvent der radikalen Bergpartei angehörte, öffentlich aufgefordert, diesem Märtyrer ein Denkmal zu setzen. David malte seinen Freund so, wie er ihn am Abend vor seinem Tode angetroffen hatte: in der Badewanne beim Schreiben.

»Wie ein Lazarus aus dem Sarge, so ragt der Oberkörper des Ermordeten – die Brust mit der schmalen Wunde im Schatten – aus dem engen langen Kasten hervor. Unter einer Art weißgrauem Turban, mit dem der Kopf Marats, im Todeskampf zurückgesunken, umwunden ist, kommt sein Gesicht, um das Licht und Schatten kämpfen, mit den gebrochenen Augen, dem schmerzlichen und doch halb lächelnden Mund plastisch ... und zugleich unendlich rührend [heraus]. Alles ist von einer grandiosen Einfachheit« (W. Friedländer, a. a. O., S. 38).

»Letztlich ... läßt sich die Suggestionskraft, ja die geheime Sakralität dieses revolutionären Gemäldes nur daraus verstehen, daß dem Künstler für die Bildform des Toten die Vision des antiken Helden und sogar des christlichen Erlösers vor dem inneren Auge gestanden hat: Der tote Heiland der Pietà des MICHELANGELO in St. Peter gehört in die Ahnenreihe des so unchristlichen ›Marat‹ « (K. Lankheit: Revolution und Restauration. Baden-Baden 1965, S. 109).

In NAPOLEON, dem Vollender und zugleich Überwinder der Revolution, fand David die Idealgestalt eines Helden und einen mächtigen Schirmherrn, den er in mehreren Herrscherbildern glorifizierte. 1804 wurde David zum »Ersten Maler des Kaisers« ernannt. Als Begründer der klassizistischen Maltradition wurde er zum Lehrmeister mehrer Generationen von französischen Malern; sein bekanntester und einflußreichster Schüler war J. A. D. INGRES (1780–1867).

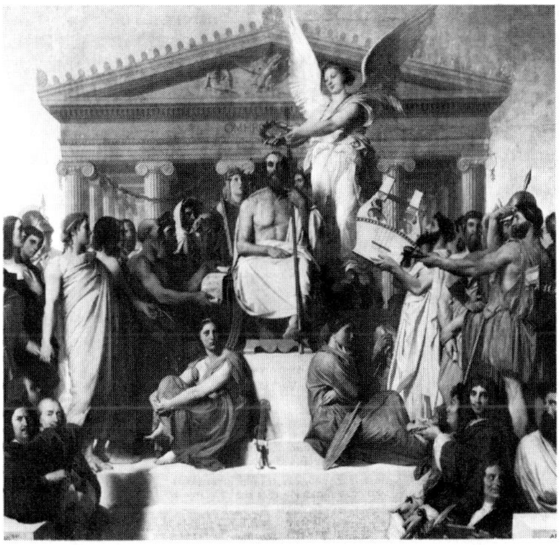

J. A. D. Ingres: Apotheose Homers, 1827; Öl/Lwd., 386 × 515 cm, Louvre, Paris

Johann Heinrich Füßli: Die Nachtmahr (1781)

1. Die Nachtseite der Romantik*

2. Eine individualpsychologische Erklärung

3. Bildsprache zwischen Ironie und Triebhaftigkeit

Johann Heinrich Füßli (* 1741 in Zürich, † 1825 in London) eignete sich in jungen Jahren umfassende Kenntnis der Literatur an: Homer, Dante, Shakespeare, Milton sowie der nordischen Sagenwelt; mußte 1763 seine Vaterstadt verlassen; nach einigen Jahren in Italien verbrachte er sein weiteres Leben in England und bekleidete dort u. a. das Amt eines Professors für Malerei an der Königlichen Akademie. – Füßli ist der Hauptvertreter der frühen Romantik. Besonders bekannt wurden seine Gemälde nach literarischen Themen.

1. Die Nachtseite der Romantik*. »Trotz der ungeheuersten Mißgestalt und der Leerheit in den auf Größe ausgehenden Linien, ein Künstler, der auf sich selbst begründet war. Sein Sinn stand auf das Phantastische, auf das mystisch Tiefe und, wie beides damals erfaßt wurde, auf das Erregen von Schauder, von Schrecken ... man sehe sein Alpdrücken, welches 1781 für 400 Mark verkauft wurde, während der Bildnismaler LAWRENCE im selben Jahr 300 000 Mark verdiente: Ein Mädchen schläft in schlechter Lage, der Kopf [ist] tief [hintenübergesunken]; auf ihr sitzt der Alp, ein Klumpen mit großen Ohren, ein phantastischer Viehmensch. Hinter einem Vorhang hervor schaut die Nachtmahr, die Stute mit glotzenden und doch blinden Augen, wiehernd, gespenstig; da ist echte Poesie in dem Bilde, eine Erfindung, die aus der Seele, nicht aus dem Verstand kam, sinnliche Wiedergabe eines innerlich Erschauten. Daß so etwas ein Mann malen konnte, der aus Italien kam, der klassischer Gelehrsamkeit voll war, das ist eine Tat freier, tiefer Erfindung, das war aber doch auch nur in England möglich, im Lande der aufwachenden Romantik« (C. Gurlitt: Die deutsche Kunst des 19. Jahrhunderts. Berlin 1899, S. 56).

Schon die Zeitgenossen, die dem gebürtigen Zürcher begegneten, hatten dessen eigenartige Persönlichkeit bemerkt: Füßli ist »in allem Extrem, immer Original«, schrieb LAVATER 1773 an HERDER. »Sein Blick ist Blitz, sein Wort ist Wetter – sein Scherz Tod und seine Rache Hölle. Er kann nicht *einen* gemeinen [gewöhnlichen] Odem schöpfen.« Und GOETHE schrieb 1775 an HERDER: »Was für eine Glut und Ingrimm in dem Menschen ist!«

»So paradox es klingen mag, was die Breitenwirkung und die heute noch nachfühlbare Faszination dieses Bildes begründet, ist die Wirklichkeitssuggestion, die Füßli dem phantastischen Geschehen mitzuteilen gewußt hat. Die vom Alpdrücken Befallene ist keine schwächliche Hysterikerin, sondern ein wohlgebildetes, gesundes junges Weib. Zwar ist ihr Lager schmal und keineswegs luxuriös, aber Polster und Decken sind aus gutem Stoff, die Toilettenmöbel sind elegant, und ihr Nachtgewand ist von exquisitem Schnitt. Ihr gequälter Leib ist gepflegt, das Haar glänzt feucht wie von einem kostbaren Öl ... Füßli erspart der schönen Person keine der durch ihre unnatürliche Schlafhaltung ... verursachten Entstellungen: weder die prallen Halsschlagadern noch den halbgeöffneten röchelnden Mund, die geschwollenen Unterlider und die Verfärbung von Wangen und Stirn infolge des Blutandranges. Was nützt ihr jetzt ihre geordnete, müßige und gepflegte Existenz, was nützen ihr ihre Gesundheit und Tugend: All das Häßliche, wovon sie ihr waches Leben so sorgsam ferngehalten und so sorglos frei geglaubt hat,

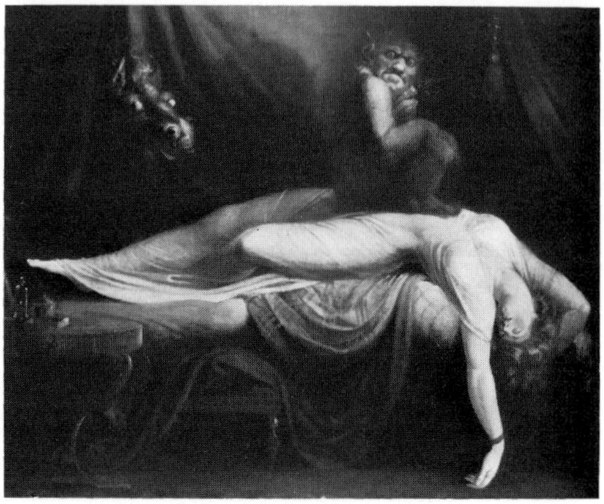

J. H. Füßli: Die Nachtmahr; 1781, Öl/Lwd., 102,5 × 128 cm, The Detroit Institute of Art, Detroit (Vgl. die Farbtafel auf S. 162!)

steigt auf und verkörpert sich in dem Monstrum, das auf ihrer Magengrube sitzt ... Der Maler zeigt uns also die verleugnete Unterwelt der Triebe in zwar märchenhafter, aber niederziehend gewöhnlicher Gestalt. Was ihn auf diesen Gegenstand gelenkt hat, ist unbekannt« (G. Schiff: Johann Heinrich Füßli. Zürich 1973, S. 153).

2. Eine individualpsychologische Erklärung. »Nun ist vor einigen Jahren, als man das Gemälde von einer ihm unterlegten zweiten Leinwand löste, auf seiner Rückseite das faszinierende Portrait eines eleganten jungen Mädchens zum Vorschein gekommen. Mit der Schläferin [im Nachtmahr-Gemälde] hat sie die langen Glieder gemeinsam ... Sie könnte stolz sein auf ihr braunes Haar und ist es wohl auch, denn ihre Linke nimmt über der Schulter die überschüssigen Flechten hoch, und sie beäugt sie mit einem Anflug von Lächeln. Hübsch ist sie und sichtlich standesbewußt, sicher eigensinnig und vielleicht auch hart; eine feine Bosheit scheint in ihren unergründlichen Augen zu lauern ... Die Tatsache, daß Füßli dieses Portrait ... unübermalt auf der Rückseite der ›Nachtmahr‹ gelassen hat, fordert zu Mutmaßungen über einen Zusammenhang zwischen dem Bildnis und dem Spuk heraus. Schon die Medizin des 15. bis 18. Jahrhunderts wußte um die von der modernen Seelenkunde erhärtete sexuelle Bedeutung des Alpdrückens. ROBERT BURTON nennt in seiner

›Anatomy of Melancholy‹ (1621) Jungfrauen, Nonnen und Witwen als bevorzugte Opfer der Plage, Heirat als Heilmittel. Fraglos waren derartige Deutungen des Phänomens Füßli bekannt« (Schiff, a. a. O., S. 153).

Der Kunsthistoriker H. W. JANSON verknüpft diese Momente mit einigen einschneidenden Tatsachen aus Füßlis Biographie. Als Füßli 1778 aus Italien nach Zürich zurückkehrte, lernte er dort die einundzwanzigjährige Nichte Lavaters, ANNA LANDOLDT VOM RECH, kennen und verliebte sich leidenschaftlich in sie. Doch ihr Vater verweigerte sein Einverständnis zur Heirat. Diese Zurückweisung scheint nicht nur der Grund für Füßlis endgültige Übersiedlung nach England gewesen zu sein, sondern scheint auch den Sinn des Doppelbilds zu erhellen: »Wahrscheinlich hat die von Füßli mehrmals wiederholte Darstellung des Alpdrückens für ihn den geheimen und persönlichen Sinn, daß seine Eifersucht und unterdrückte Begierde nach der mittlerweilen Verheirateten sie nun in Gestalt böser Träume heimsuchten« (Schiff in: Ausstellungskatalog J. H. Füßli. Hamburg 1975, S. 149).

»Ließe diese Hypothese sich belegen, so erwiese sich Füßlis Präokkupation mit Träumen, Bezauberungen, Dämonen und Hexen, die ja die ganze Produktion dieses Jahrzehnts durchzieht, als sehr persönlich begründet« (Schiff: a. a. O, S. 154).

3. Bildsprache zwischen Ironie und Triebhaftigkeit. »Der neue Themenbereich, den Füßli in diesem Jahrzehnt gewonnen hat, ist die volkstümliche Dämonologie ... Das läßt uns fragen, ob Füßli nicht ... ausging von magischen Praktiken, die, wenn auch in einem sehr andersartigen Milieu, tatsächlich betrieben wurden, ob er sich nicht anregen ließ von Manifestationen der Geisterwelt, die in seinem Umkreis weithin kolportiert und geglaubt wurden ... Gerade um 1780 hatte sich überall in Europa in der Weltanschauung der Gebildeten ein Umschwung vollzogen. Die Skepsis galt als überlebt, statt dessen wurde es Mode, dem Übersinnlichen auch in seinen abstrusesten Manifestationen prinzipielle Glaubwürdigkeit einzuräumen. Was die Aufklärer und Enzyklopädisten der dogmatischen Religion

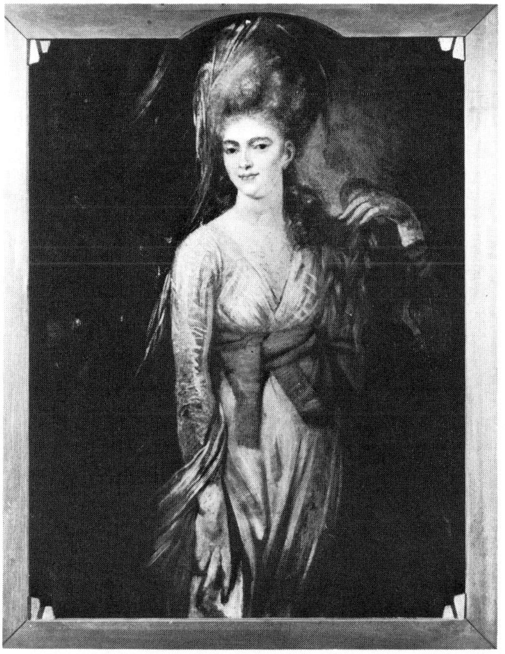

Füßli: Bildnis einer Frau (Anna Landolt?), Rückseite des Detroiter Nachtmahr-Gemäldes, The Detroit Institute of Art, Detroit

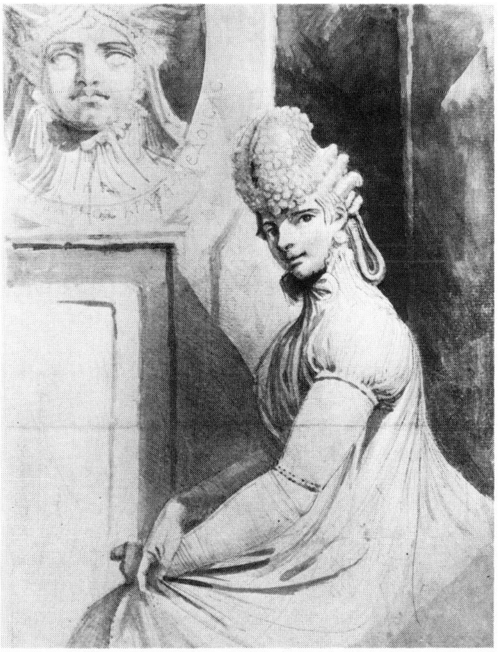

Füßli: Mrs. Füßli vor dem Kamin, darüber Relief-Medaillon mit ihrem Kopf als Medusa; 1799, Aquarell, 36,6 × 20 cm, Germ. Nat.-Mus., Nbg.

an Kraft entzogen hatten, führten Theosophen und Illuminaten dem religiösen Bewußtsein in Gestalt visionärer Jenseitsspekulationen wieder zu. Frommen und subtilen Geistern boten ein ›Seher‹ wie Swedenborg und nach ihm Lavater etwa eine bis ins einzelne ausgearbeitete himmlische Physiologie des verklärten Leibes nach der Auferstehung. Rosenkreuzer und Martinisten nährten den Jenseitsdurst immer breiterer Schichten mit Endzeiterwartung und Seelenwanderungslehren. Neben die hohe weiße Magie, die auf Kommunion mit den himmlischen Mächten zielte, trat ... die schwarze, die sich mit den irdischen und unterirdischen Geistern einließ. Nekromantie, Divination, Alchemie, Hexerei, die ganze zwielichtige Hinterlassenschaft des Mittelalters kam in bestimmten mondänen Zirkeln zu neuen Ehren ... Füßli in seiner intellektuellen Neugierde und mit seinen weitreichenden gesellschaftlichen Informationen war ohne Zweifel wohlunterrichtet über alle Symptome dieser in ganz Europa grassierenden Verwirrung der Geister. In schärfstem und wiederholt ausgesprochenem Gegensatz zu Lavater stellte er sich von Anfang an gegen den Wunderglauben ... Aber gerade diese Einstellung scheint seine Darstellung der Spukwesen in Zeitmoden zu erklären: ist es nicht ein Mittel drastischer Ironie, wenn er den okkulten Damen ihre Feen und Hexen ganz nach ihrem eigenen Bilde gemodelt vor Augen führt ...? Von nun an bleiben für ihn die Sphären des Volksaberglaubens und des Zeitgenössisch-Weiblichen unauflöslich verbunden. Er wird in seinen ersten Ehejahren [in London] die Freuden wie die leisen Konflikte seiner häuslichen Intimität solcherart märchenhaft einkleiden; er wird weiterhin die Gefahren und Verlockungen des Aberglaubens ironisieren; und er wird die Verknüpfung von Erotik und Phantastik gelegentlich nutzen, um Untiefen des Seelischen zu erleuchten wie schon in der ›Nachtmahr‹ « (Schiff: a. a. O., S. 157).

Im Hamburger Katalog zur Füßli-Ausstellung 1975 (S. 65) heißt es dagegen in der Rubrik »Zu Füßlis Bildthemen« unter dem Stichwort »Sadistische Erotik«: »Darstellungen dieser Spielart der zwischenmenschlichen Beziehungen sind für Füßli kein privates Ventil, keine abseitige Themenkategorie, sondern Teil des physischen Aktionsradius des Menschen. Deshalb führen fließende Übergänge vom Sadismus zum Spiel, zum Kampf und der Gewalttat.«

Die Interpretationen schwanken also: die einen nehmen eine ironische Distanz Füßlis zum weiblichen Geschlecht, die anderen eine elementare Triebhaftigkeit des Künstlers an. Wie auch immer – es ist von einem tiefgreifenden Zwiespalt Füßlis gegenüber den Frauen auszugehen. So, wie Füßli seine Frau unter anderem in einer Zeichnung in zweifacher Gestalt – als wohlfrisierte Dame am Kamin und daneben als haarsträubendes Medusenhaupt – darstellte, so scheint er zwischen Hörigkeit und Angst, zwischen Unterwerfung und Aggression geschwankt zu haben, oder, um es mit zwei Hauptmomenten der Tiefenpsychologie SIGMUND FREUDS zu benennen: zwischen der Sehnsucht nach Geborgenheit im Mutterleib und Kastrationsangst wegen der nicht mehr erlaubten erotischen Rückwendung zur Mutter. Im Nachtmahr-Gemälde hätten sich demnach solche Komplexe mit sehr persönlichen Anliegen verbunden. (Bezeichnenderweise hing ein Stich nach Füßlis Gemälde in Freuds Wiener Ordinationszimmer.)

2. Entfaltung des Klassizismus zur beherrschenden Kunstrichtung

J. H. W. Tischbein: Goethe in der Campagna (1787)

1. Entstehungs- und Wirkungsgeschichte
2. Ikonographie* der Geschichtsvorstellungen
3. Die Antike als Vorbild

Johann Heinrich Wilhelm Tischbein (* 1751 in Haina, † 1829 in Eutin) entstammte einer hessischen Künstlerfamilie; Ausbildung bei Verwandten in Kassel und Hamburg. Nach Aufenthalten in Holland, Berlin, Italien und Zürich übersiedelte er 1783 nach Rom; 1789 wurde er Direktor der Akademie für schöne Künste in Neapel. Nach dem Einmarsch der Franzosen 1799 kehrte er nach Deutschland zurück; von 1808 bis zu seinem Tode lebte er als Hofmaler in Eutin.

1. Entstehungs- und Wirkungsgeschichte. »Unübertroffen blieb Goethe in der Campagna, das erste Bild eines Weltbürgers; im Geiste der Aufklärung wurde Bildung als Macht empfunden, der Gebildete in der Pose des Mächtigen dargestellt. Tischbeins Bild wirkte als Vorbild weiter – es bestimmt maßgebend die bildhafte Vorstellung, die sich die Nation von ihrem größten Dichter machte, bis heute« (R. Klöckner in: Kindlers Malerei Lexikon im dtv. München 1976, Bd. 12, S. 23).

Am 30. Juni 1787 schrieb ein Schüler Tischbeins, LUDWIG STRACK, aus Rom: »Ein anderes Stück, in dessen Vollendung Tischbein begriffen ist ... ist das Bildnis des Herrn von Goethe. Dieser Lieblings-Schriftsteller unserer Nation, der sich seit einem halben Jahr in Rom aufhält, teilt Tisch und Wohnung mit unserem Künstler. Tischbein hatte also alle Muße, die Züge und den Charakter seines Gastfreundes zu studieren, um ein würdiges Bildnis dieses großen Mannes zu entwerfen. Man sieht den Dichter eingehüllt in einen weißen Mantel, den Hut auf dem Kopf, in der Stellung zwischen Sitzen und Liegen, mit dem tiefdenkenden Blick über die Vergänglichkeit der Dinge, auf einem umgestürzten und in Trümmer übergegangenen Obelisken ruhen. Die darauf eingegrabenen Hieroglyphen zeugen, daß er aus dem höchsten Altertum der ägyptischen Kunst ist. Daneben liegt ein verstümmeltes Basrelief*, woraus man aber noch die beste Zeit der griechischen Kunst wahrnimmt, und das die Erkennung des Orest von seiner Schwester Iphigenia vorstellt; ein Gegenstand, den unser Dichter seit mehreren Jahren für die Bühne bearbeitet hat ... Eine gebrochene Säule, deren Kapitell* von der Ionischen und Korinthischen Ordnung* zusammengesetzt ist, erinnert uns, daß sie ein Werk der Römer unter den Kaisern ist. In der Ferne sieht man die Campagna di Roma mit den vielen, an der Appischen Straße verstreuten Grabmälern.«

»Tischbein malt mich in Lebensgröße, im weißen Mantel, auf Ruinen sitzend«, schrieb Goethe selbst am 10. Februar 1787. »Es gibt ein glückliches Bild, er nimmt zur Ausarbeitung seine ganze Kunst zusammen, da die Idee glücklich ist.« In der Tat entsprach der Bildgedanke in idealer Weise sowohl den Wunschvorstellungen des Malers wie auch denen seines berühmten Gastes, den die ewige Stadt mit ihren Kunstschätzen tief bewegte.

2. Ikonographie* der Geschichtsvorstellungen. Die zugrunde liegende Bildidee war nicht gänzlich neu; das Bild sollte offenbar zwei Vorstellungen vereinen, die der Maler schon zuvor, jede für sich, verwirklicht hatte: den Dichter in idyllischer Landschaft und den Reisenden auf den Ruinen der Antike. Um diese Gedanken ins Bild umzusetzen, hatte sich Tischbein formale Anregung von einer Radierung des Niederländers NIKOLAUS BERCHEM (1620–83) geholt. Berchems Radierung zeigt einen nach links gewandten Hirten. Tischbein dagegen rückt Goethe an den lin-

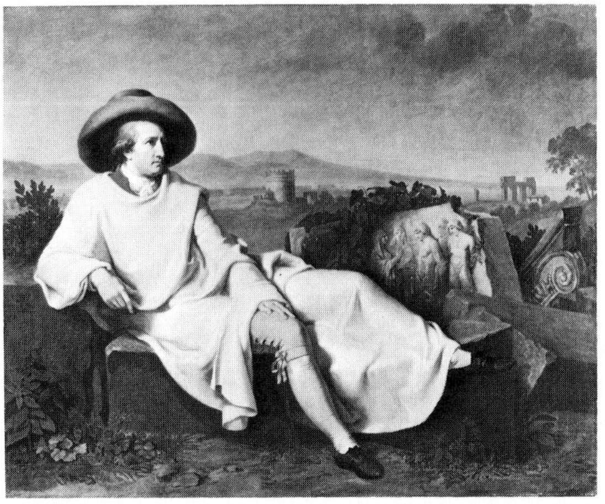

J. H. W. Tischbein: Goethe in der Campagna; 1787, Öl/Lwd., 164 × 206 cm, Städelsches Kunstinstitut, Frankfurt/M. (Vgl. die Farbtafel auf S. 163!)

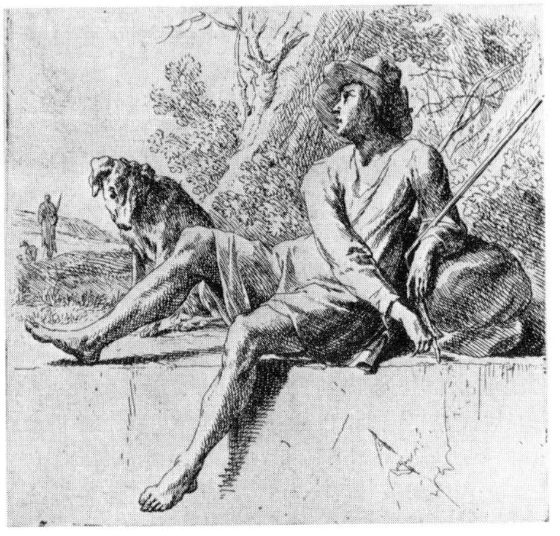

N. Berchem: Titelblatt der Animalia; um 1660, Radierung, 10,2 × 11,5 cm, Städelsches Kunstinstitut, Frankfurt/M.

ken Bildrand und läßt ihn nach rechts schauen. Dafür gibt es folgende Erklärung: »Hätte er die ursprüngliche Richtung bewahrt, so wäre unser Blick, da wir gewohnt sind, von links nach rechts zu sehen, über die Ruinen in das Bild eingetreten, hätte sich in der Landschaft ergangen und wäre zuletzt an der Gestalt des Dichters emporgeführt worden bis zu seinem Antlitz ... Jetzt finden wir unmittelbar zu ihm hin, und wie des Dichters Blick über Ruinen und Landschaft schweift, soll auch unser Blick die Dinge aufnehmen. Wir sollen mit Goethes Augen sehen« (Ch. Beutler: Goethe in der Campagna, in: Reclams Werkmonographien zur bildenden Kunst Nr. 83, Stuttgart o. J., S. 20f.).

Für Tischbeins Zeitgenossen war es ein neuartiges Bild der Antike, das im Blickfeld des Dichters zum Vorschein kommt. Wie aus den Zeilen des Tischbeinschülers zu entnehmen ist, machte man sich über die zeitliche Zuschreibung der antiken Trümmer Gedanken: den gestürzten Obelisk, dessen Hieroglyphen in der Endfassung des Bildes wieder übermalt wurden, rechnete man dem »höchsten Altertum« zu, das Relief der »besten Zeit der griechischen Kunst«. Eine so sorgfältige Unterscheidung zwischen griechischer und römischer Kunst hatte man zuvor nicht gekannt. Sie war das Ergebnis eines kulturwissenschaftlichen Interesses, das zu einer »zweiten Wiedergeburt der Antike« führte. Diese zweite

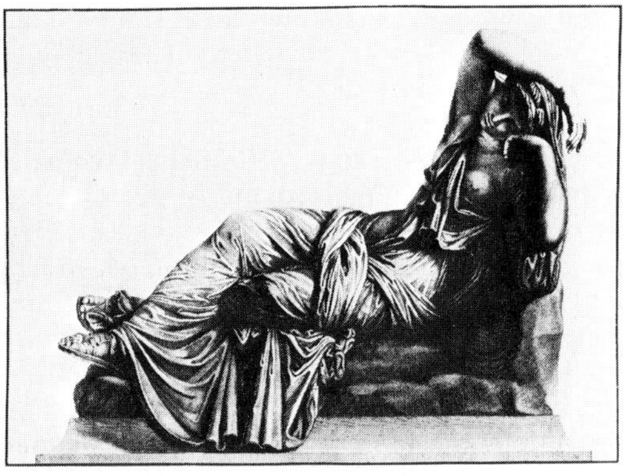

G. B. Piranesi: Ariadne; 1781, Kupferstich

Wiedergeburt bezeichnet sowohl den Beginn des Klassizismus* wie auch der modernen Kunstwissenschaft.

Nehmen wir zum Vergleich das Bildnis JOHANN JOACHIM WINCKELMANNS, des Vaters der Kunstgeschichte, wie er häufig genannt worden ist, das der seinerzeit berühmte Maler ANTON RAPHAEL MENGS (1728–79), ein Freund und Geistesverwandter Winckelmanns, anfertigte. Auf den ersten Blick mutet das Winckelmann-Porträt gar nicht so klassisch an. Die großen, lebhaften Augen, der bewegte Mund scheinen nur wenig der »edlen Einfalt und stillen Größe« zu entsprechen, die Winckelmann – im Gegensatz zur Kunst des Barock und Rokoko – als besondere Wesensart der alten Griechen ansah. Erst im Goethebild

Tischbeins treten antikische Züge im Gesichtsschnitt und Faltenwurf hervor.

3. Die Antike als Vorbild. »Vergleicht man die Figur mit einer der damals berühmtesten Bildwerke in den vatikanischen Sammlungen, der ›Schlafenden Ariadne‹ (3. Jahrhundert v. Chr.), so ergeben sich viele Übereinstimmungen. Sie treten besonders deutlich im Vergleich mit einem Stich hervor, der 1781 in einer Serie der beliebtesten antiken Bildwerke erschien. Es handelt sich vor allem um das Sitz-Liege-Motiv der Ariadne auf dem Felsen und um den Reliefstil, der im Stich entschieden herausgearbeitet wird. Auch Einzelheiten, wie die Kontur* des rechten Beines und die überlängten Gliedmaßen Goethes scheinen direkt auf die Skulptur zurückzugehen. Über die Orientierung an einem Einzelstück hinaus bezeugen die wesentlichen formalen Merkmale – das Gewand und sein Verhältnis zum Körper, die idealisierten Gesichtszüge – die Auseinandersetzung Tischbeins mit der antiken Kunst. Tischbein und mit ihm Goethe stellten Kopf-Profil- und Mundstudien nach antiker Plastik her und eigneten sich auf diesem Weg die Formen der Idealvorbilder an, die Tischbein dann auf die eigenen Werke übertragen konnte. Der Porträtkopf Goethes entspricht der so gewonnenen Norm. Auch seine Gestalt wurde kaum durch die Beobachtung des Modells geprägt. Tischbein benutzte beim Malen eine kleine Tonfigur, die mit einem Mantel drapiert war und nach der er, wie der Dichter erzählt, fleißig arbeitete. Der oft gerügte verzeichnete (›falsche‹) Fuß Goethes entstand wohl aufgrund allzu großer Treue gegenüber dem Tonfigürchen. Die in Rom erlernten Gestaltungsmittel verwertet Tischbein mit dem Ziel, den Dargestellten zu erhöhen. Er faßt die Beispiele antiker Skulptur als Modell auf, dem er, ohne die Haltung und Gewandung entscheidend zu verändern, einen neuen Sinn gibt. Durch den Anklang an das Vorbild erhält Goethe eine Würde, die weit über sein natürliches Dasein hinausgeht. Anleitungen zu diesem Verfahren hatte der englische Maler J. REYNOLDS in seiner Porträt-Theorie gegeben: ›Wenn der Dargestellte erhöht und veredelt werden soll, muß er einem Typus angenähert werden; dies bedeutet ein Weglassen der unbedeutenden Züge und die Änderung des modernen Kleides in eines, das nicht dem Wechsel der Mode unterliegt und uns nicht allzu vertraut und alltäglich erscheint.‹ In Übereinstimmung damit ist auch das Verhältnis der Figur zu ihrer Umgebung ein wichtiger Bestandteil der Heroisierung Goethes. Die Figur dominiert durch Größe, formale Auffassung und Farbgebung über die antiken Fragmente im Vordergrund und die Landschaft mit den Albanerbergen und den Bauwerken aus dem Altertum« (E. Spickernagel: Goethe gemalt von Tischbein – ein Porträt und seine Geschichte. Katalog. Frankfurt a. M. 1974, S. 17f.).

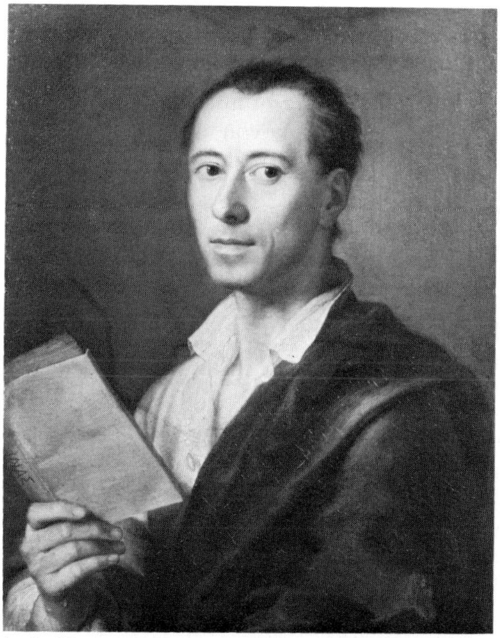

A. R. Mengs: Johann Joachim Winckelmann, um 1765; Öl/Lwd., 63,5 × 49 cm, Metropol. Museum of Art (Harris Brisbane Dick Fund), New York

Johann Gottfried Schadow: Grabmal des Grafen Alexander von der Mark (1789/90)

1. Das Grabmal Alexanders von der Mark als Beispiel eines klassizistischen Grabmonuments

2. Die Todesvorstellung im Klassizismus

Johann Gottfried Schadow (* 1764 in Berlin, † 1850 in Berlin) machte in Rom 1785–87 Zeichenstudien nach der Antike; Freundschaft mit ANTONIO CANOVA; 1788 wurde er Leiter der Berliner Hofbildhauerwerkstatt; 1815 Berufung zum Direktor der Berliner Akademie der Künste; war auch als Zeichner und Verfasser theoretischer Werke tätig (»Polyklet oder von den Maßen der Menschen nach dem Geschlecht und Alter«, 1834). – Schadow durchsetzte vollendet klassizistische Formen mit traditioneller rokokohafter Grazie und realistischen Momenten im Sinne HOUDONS. Statt des schönen Scheins des Rokoko und dem unverbindlichen Pathos des Klassizismus erstrebte er Wirklichkeitstreue, wodurch er die Berliner Bildhauerschule des 19. Jahrhunderts nachhaltig beeinflußte. – *Hauptwerke:* Grabmal des Grafen von der Mark (1790); Quadriga auf dem Brandenburger Tor (1793); Standbild Friedrichs d. Gr. für Stettin (1793); Prinzessinnengruppe (1797, erstes lebensgroßes Doppelstandbild des Klassizismus).

1. Das Grabmal Alexanders von der Mark als Beispiel eines klassizistischen Grabmonuments. Am Anfang von Schadows Werk steht das Grabmal des Grafen von der Mark; es wird als seine bedeutendste Arbeit und als der Wendepunkt der deutschen Plastik zum Klassizismus angesehen. König Friedrich Wilhelm II. hatte diese für ein Kind ungewöhnlich monumentale Ehrung in Auftrag gegeben, als 1787 sein illegitimer Sohn aus der Verbindung mit Wilhelmine Enke, nachmals Gräfin Lichtenau, den er besonders geliebt hatte, noch nicht ganz neunjährig starb.

Schadow ließ in sein Grabmal gleichermaßen seine Kenntnisse antiker Sarkophage und Grabaltäre wie florentinischer Quatrocento-Grabmäler (15. Jh.) einfließen. Er wollte damit verwirklichen, was WINCKELMANN und LESSING über die antiken Bildhauer feststellten: sie hätten die Natur nachgeahmt und sie zugleich verschönt, so daß sie den Tod als einen Zwilling des Schlafes vorstellten.

Innerhalb eines in mehrere Zonen und Raumschichten gegliederten Aufbaus steht vor einer 6 m hohen blaßroten Rückwand mit Inschrifttafel, Lünetten*-Feld und abschließendem schwarzen Dreiecksgiebel der blauschwarze Marmorsarkophag mit der aus weißem Marmor gearbeiteten Gestalt des Knaben. Seine Aufstellung auf zwei niedrigen Stufen ermöglicht dem Betrachter, nahe an das Grabmal heranzutreten und dadurch beim Anblick der figürlichen Darstellung intensiver am Schicksal des früh verstorbenen Grafen Anteil zu nehmen.

»Alexander von der Mark . . . scheint dargestellt als ein überaus schönes schlafendes Kind, jedoch fehlt das natürlich Ungeordnete, das an schlafenden Kindern, die Barockkünstler schufen, augenfällig ist. Seine Lage ist nämlich nicht bequem, und Helm und Schwert liegen nicht wie im Einschlafen vergessen, sondern sie sind bedeutungsvoll angeordnet. Sie sind auch nicht zeitgenössisch, ebensowenig wie das Gewand und die Sandalen. Der Knabe erscheint so wie ein Heros und wird durch sie wie durch seine Lage, seinen Körperbau und seine Züge der Wirklichkeit des Daseins, des Schlafes und des Todes gleichermaßen entrückt. Auch in der Struktur der Oberfläche hat Schadow jenen idealen Bereich kenntlich gemacht, in dem Lebenswärme und Marmorkälte nicht ausgetauscht werden, wie vordem und nachher, sondern zur Synthese geführt werden. Die Wimpern stehen einzeln ausgebohrt, und die Schwebungen gleichsam atmender Haut sind tastbar. Dennoch sind die Bögen der Brauen und der Lippen streng abgekantet, und das Haar ist so zusammengefaßt, daß die Rundung des Kopfes hervortritt. Es ist die empfindsame Lieblichkeit des verklingenden Rokoko und die abstrakte Strenge des Klassizismus in diesem Bildwerk. Aber wird darin nicht auch so viel

J. G. Schadow: Grabmal des Grafen von der Mark, 1789/90; Marmor, Höhe ca. 6 m, Staatl. Museen zu Berlin (Ost), Nationalgalerie ▸

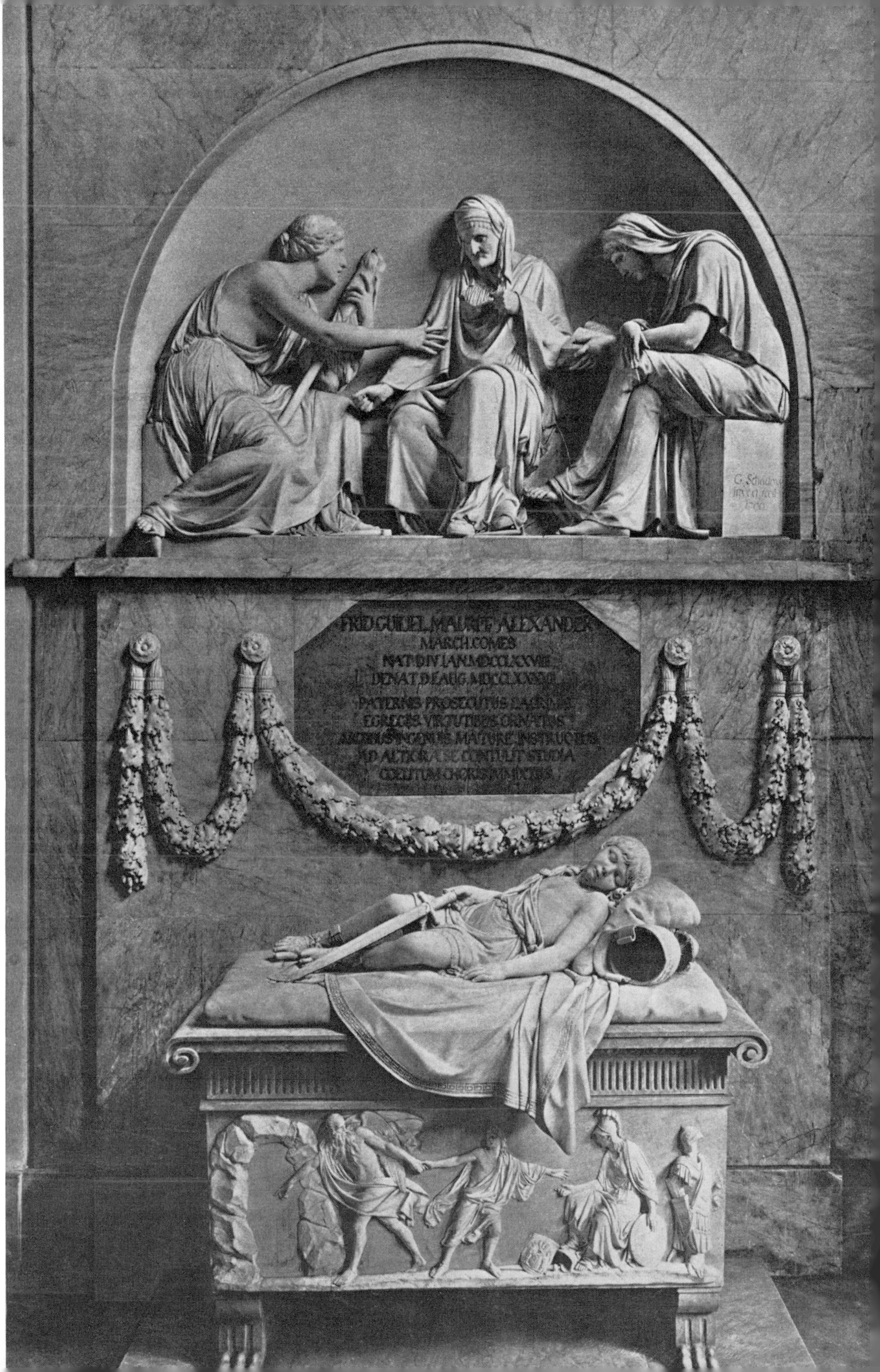
MARCH.COMES
EGREGIIS VIRTUTIBUS ORNATUS
AD ALTIORA SE CONTULIT STUDIA

von kindlicher Persönlichkeit begreifbar, daß man die Kinder aus biedermeierlichen Bildern schon ahnen kann?« (J. Menzhausen: Versuch über den Bildhauer Schadow, in: Johann Gottfried Schadow 1764–1850. Bildwerke und Zeichnungen. Ausstellungs-Katalog Berlin 1964, S. 14f.).

Der reliefhafte Figurenschmuck auf dem Sarkophag sowie das Tympanon*-Relief der Parzen setzen die Sterbeszene allegorisch um. Die Vorderseite der Tumba* ist Sinnbild eines unvollendeten Heldenlebens: Chronos (Gott der Zeit) reißt den Knaben, der auf die Kriegsgöttin Minerva mit den bereitgehaltenen Siegestrophäen zustrebt, zum Felstor der Unterwelt fort. Die Stirnseiten zeigen Hypnos, den Genius des Schlafs, an einen mohnberankten Baumstumpf gelehnt, und Thanatos, den Genius des Todes, mit Kranz und verlöschender Fackel an einem efeubewachsenen Baumstumpf. In der halbrunden Nische über dem Sarg beschließen die Parzen das unheilvolle Schicksal: links spinnt Klotho den Lebensfaden, den Atropos, als Greisin in der Mitte, zerreißt, rechts beugt sich Lachesis über das Buch des Schicksals. Mit diesen Gestalten, die der Idee des »Holen-ins-Totenreich« der antiken Mythologie folgen, ist der klassizistische Rahmen gegeben. Seine Strenge wird durch die Gestalt des Knaben gemildert, der antiken Darstellungen des schlafenden Amor verwandt ist. Schadow macht dadurch sein besonderes Anliegen geltend, Anmut und Gemütsbewegungen als vorrangig anzusehen. Denn seiner Auffassung nach beginnt Kunst erst da, »wo Gemütsbewegungen dargestellt werden«. Mit dieser Wertschätzung einer das Innere im Äußeren spiegelnden Charakterisierung wandte er sich gleichermaßen gegen eine Steigerung ins Heroische wie eine überlebensgroße Darstellung. Schadow versuchte, so in die Natur einzudringen und die Gesetzmäßigkeiten ihrer Organismen kennenzulernen, daß davon Gesetze der Ästhetik abzuleiten und das bildnerische Gestalten vom bloßen schöpferischen Zufall zu befreien wären. Zu diesem Zweck nahm er Messungen an Menschen jeder Altersstufe und antiken Skulpturen vor, worin »alle Maße mit den Gesetzen der Natur übereinstimmen«, um das Typische zu erfassen. Äußerer Anlaß zu seiner

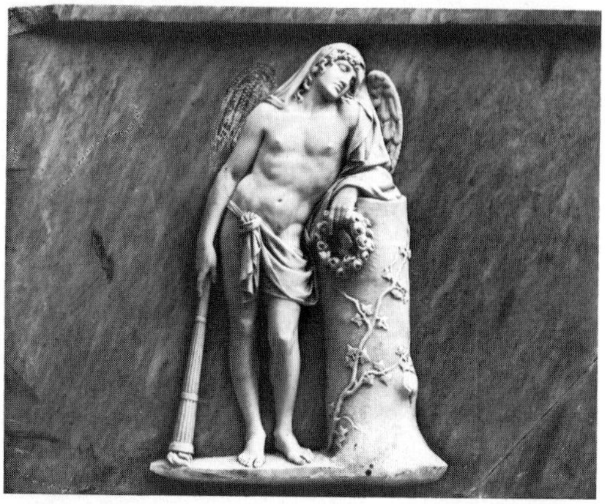

Thanatos (Genius des Todes), Seitenteil an der Tumba* des Grafen von der Mark, Marmorrelief, Höhe 60,5 cm, Breite 78 cm

Proportionslehre war die vorgeschriebene Liegefigur des kleinen Grafen, für die er wegen des jugendlichen Alters des Toten auf kein passendes Akademiemodell zurückgreifen konnte.

2. Die Todesvorstellung im Klassizismus. Schadows Grabmonument weist sowohl formal als auch ikonographisch* einen Bruch mit der barocken Tradition auf. Anstelle szenischer Skulpturenanordnung fällt nun die beherrschende Aufgabe dem tektonischen Aufbau zu. Der figürliche Bildschmuck, auf wenige Personen beschränkt und hauptsächlich an der Antike orientiert, ist nicht länger mit der Architektur verschmolzen, sondern klar abgesetzt. Dieser neue Grabtypus, der nicht mehr an den Kirchenraum oder den spärlich bepflanzten Gottesacker um die Kirche gebunden ist, schuf die Voraussetzung für die moderne Friedhofsgestaltung. Durchdrungen von Natursehnsucht griff man um die Wende vom 18. zum 19. Jahrhundert auf das antike Vorbild der Gräberstraßen und heiligen Haine zurück und errichtete das Grabmal unter freiem Himmel, im Wald, Park oder eigens angelegten Friedhöfen außerhalb der Stadt.

Prägnanter noch als im Formalen ist der Gegensatz zwischen barockem und klassizistischem Bildwerk in ikonographischer Hinsicht. Nicht mehr christliche Symbolik, sondern die antike Mythologie bestimmt die Gestaltung. Diese neue Grabikonographie, deren Charakteristikum die Trauer über den Verstorbenen statt seiner Erlösung ist, zeigte sich erstmals an den von ANTONIO CANOVA kurz hintereinander vollendeten Grabmonumenten für die Päpste Clemens XIII. und Clemens XIV. und verbreitete sich seit Ende des 18. Jahrhunderts in ganz Europa.

»Dient die barocke Sterbeszene allein dem Ruhm des Toten und der Kunde von seinem dem christlichen Glauben entsprechenden Weiterleben in der Ewigkeit, so zeigt die klassizistische Verbildlichung des Themas nur die unabänderliche Gegebenheit des Todes, dessen gefaßtes und schmerzloses Hinnehmen durch den Sterbenden die edle menschliche Größe des Verewigten noch einmal dartut. Eine derart nur auf den Sterbenden bezogene Todesdarstellung war dem Barock noch fremd. Seine Vorstellung vom Tod steht daher in stärkstem Gegensatz zum Klassizismus. Dies verdeutlichen die Gerippe und Totenköpfe, wie wir sie immer wieder bei BERNINIS Papstgräbern und noch an PIGALLES 1776 vollendetem Grabmal d'Harcourt in Notre Dame finden. Sie bezeichnen den Tod als Inbegriff der Vergänglichkeit und mahnen den Betrachter, sich der Kürze seines irdischen Daseins bewußt zu sein und hierdurch all sein Handeln auf die Ewigkeit hin auszurichten. In graueneinflößender Zurschaustellung menschlicher Verwesung erläutern sie somit einen christlichen Anspruch und geben hierbei eine Vorstellung vom Tode, die schrecklich und furchtbar ist.

Beim klassizistischen Grab hingegen liegt kein verwesender Leichnam mehr im Sarkophag, statt dessen erscheint hier die wohlgebildete, entspannt schlummernde Gestalt des Verstorbenen; Gerippe und Totenkopf sind getilgt. Sie werden durch den Todesgenius abgelöst ... [wie] bei Schadows Grabmal von der Mark ... Nach antikem Vorbild verweilt er als nackte, ästhetisch schön gebildete Jünglingsgestalt, gleich einem Freund und stillen Boten aus einer überirdischen Welt beim Verstorbenen. Seiner inhaltlichen Bedeutung nach geht er auf GOTTHOLD E. LESSING zurück: Thanatos kommt lautlos und plötzlich. Da sich der eigentliche Übergang vom Leben zum Tod rasch vollzieht, hat er nichts Schreckliches und ist nicht so sehr Ursache für das Sterben als vielmehr Erlösung davon.

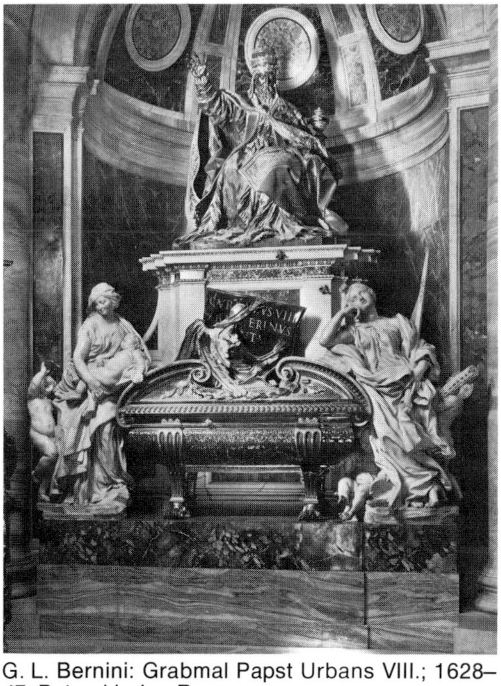

G. L. Bernini: Grabmal Papst Urbans VIII.; 1628–47, Peterskirche, Rom

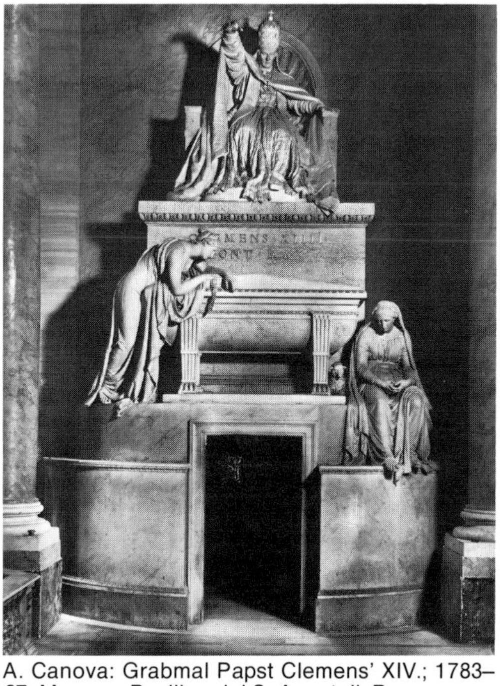

A. Canova: Grabmal Papst Clemens' XIV.; 1783–87, Marmor, Basilica dei S. Apostoli, Rom

Diese Auffassung macht uns verständlich, daß der Klassizismus dem Tod alles bedrohliche nimmt und ihn als etwas Natürliches, ja Schönes begreift. Weitere religiöse Inhalte werden daher nicht mehr zugelassen« (P. A. Memmesheimer: Das klassizistische Grabmal. Eine Typologie. Bonn 1969, S. 186–188).

Das klassizistische Grabmal ist nicht wie das barocke auf dramatische Sterbeszenen und Todesdarstellungen sowie den Triumph über den Tod ausgerichtet. Trauer und Sterben, die ohne religiösen Hintergrund als ein allen Menschen auferlegtes Schicksal dargestellt werden, sollen den Betrachter hinführen zur Meditation über den Tod und die menschliche Größe des Verstorbenen. Vergleiche mit dessen vorbildlichem Leben und dem eigenen sollen zur Selbsterkenntnis führen. Aus dieser Absicht folgt, daß ein solches Monument nur einem tugendsamen Menschen gebührt. Eindringlicher als in den unmittelbar vorausgegangenen Epochen ist das klassizistische Grabmal Trauer- und Tugendmal; es dient dem Betrachter als moralische Mahnung, ohne direkt religiöse Aspekte einzubeziehen, nur auf die guten Kräfte im Menschen bauend.

Bertel Thorvaldsen: Jason (1800–1803)

1. Winckelmann und die Wiederentdeckung der Antike

2. Jason und die Antikenrezeption

3. Die Institutionalisierung des Klassizismus* durch die Akademien

4. Das Problem klassizistischer religiöser Skulptur

Bertel Thorvaldsen (* 1768 in Kopenhagen, † 1844 in Kopenhagen); Studium an der Kopenhagener Akademie; während seines jahrzehntelangen Romaufenthalts (1797–1838) Beschäftigung mit der Antike und Begegnung mit dem klassizistischen Maler A. J. CARSTENS; künstlerischer Durchbruch mit der Statue des Jason 1803; anfangs hauptsächlich Sujets* aus der antiken Mythologie, dann auch christliche Themen sowie Darstellungen historischer und zeitgenössischer Persönlichkeiten. – Maßvolle Formung, klare Umrißlinien, stilisiert ebenmäßige Gesichtsbildung, Handlungsarmut und dadurch bedingte statuarische Würde sowie kühle Distanz der Figuren kennzeichnen Thorvaldsens Klassizismus. Neben dem Italiener ANTONIO CANOVA (1757–1822) war er der bedeutendste und einflußreichste Bildhauer der Zeit. – *Hauptwerke:* Jason (1803), Alexanderfries im Quirinalspalast in Rom (1811), Drei Grazien (1819), Löwendenkmal in Luzern (1822–27), Reiterdenkmal Kurfürst Maximilians in München (1833–35), Grabdenkmal Pius' VII. in Rom (1824–31), Christus in Kopenhagen (1821–39).

1. Winckelmann und die Wiederentdeckung der Antike. Der Klassizismus entwickelte sich in der zweiten Hälfte des 18. Jahrhunderts als Reaktion auf die Leichtigkeit und Verspieltheit des Rokoko. Seine geistigen Voraussetzungen schuf die Aufklärungsphilosophie, seine Basis bildeten Kunst und Kunstvorstellung der griechischen Antike, die man allerdings nur römisch gefiltert kennengelernt hatte. In der abendländischen Kunst gab es zu allen Zeiten – unterschiedlich intensive – Rückbezüge auf die Antike. Selbst im christlichen Kunstschaffen des Mittelalters lebt sie weiter. Mit JOHANN JOACHIM WINCKELMANN (1717–1768) setzte jedoch unter dem Einfluß der geschichtsphilosophischen und kunsttheoretischen Werke der französischen Aufklärung sowie der archäologischen Ausgrabungen in Italien eine neue wissenschaftliche Betrachtung der Antike ein, die den Beginn der Archäologie und Kunstgeschichte markiert. Er entwickelte ein Programm, das die bedingungslose Nachahmung der Antike sowohl in ethischer als auch stilistischer Hinsicht forderte. Sein Ziel war, über die Kunst die Vernunft und nicht die Sinnlichkeit des Menschen anzusprechen. Er sah ihre Aufgabe nicht länger in ihrer dekorativen, sondern ihrer erzieherischen Funktion. Die Nachahmung der Antike schien ihm der einzige Weg, der Kunst neue Größe zu geben. Dem idealistischen Schönheitsbegriff der Antike entsprechend sollte sich in der Kunst das Geistige vergegenwärtigen. Besondere Bedeutung kam dabei der Skulptur zu, vor allem der Gestaltung des menschlichen Körpers als verkleinertem Bild der Erde und des Universums. Ähnlich formulierte GOETHE in den ›Propyläen‹ 1798: »Der Mensch ist der höchste, ja der eigentliche Gegenstand der bildenden Kunst.« In seinem Hauptwerk »Geschichte des Altertums« (1764) setzte WINCKELMANN an die Stelle der bis dahin üblichen biographisch-chronistischen Kunstschriftstellerei eine umfassendere philosophisch-historische Betrachtung, der es statt auf einzelne Künstlerpersönlichkeiten oder Werke auf die Darstellung der gesetzmäßigen Ausbildung und Entwicklung des künstlerischen Stils als Einheit von Inhalt und Form ankam. Somit kann Winckelmann als der Begründer der Stilkritik angesehen werden.

2. Jason und die Antikenrezeption. Die intensive Auseinandersetzung mit Winckelmanns Schriften und der Antike veranlaßte THORVALDSEN 1800 in Rom zur Konzeption des Jason. Ein Auftrag lag nicht vor, wohl aber galt für ihn die ethische Forderung der klassizistischen Kunsttheorie, mit Hilfe der Skulptur, und zwar der Einzelfigur, humanistische Ideen zu vermitteln. Diese Aufgabe war für ihn nur nach dem Vorbild der griechischen Antike zu lösen. Das klassische Ebenmaß sollte Würde und Größe zum Ausdruck bringen, ein ruhiges Standmotiv den Charakter der Seele zeigen, wie es WINCKELMANN postuliert hatte: »Das allgemein vorzügliche Kennzeichen der griechischen Meisterwerke ist eine edle Einfalt und stille Größe, sowohl in der Stellung als im Ausdruck. Je ruhiger der Stand des Körpers ist, desto geschickter ist er, den wahren Charakter der Seele zu schildern. Kenntlicher und bezeichnender wird die Seele in heftigen Leidenschaften, groß aber und edel ist sie im Stande der Ruhe.« Als 1803 das Tonmodell fertiggestellt war, brachte es ihm unmittelbaren Erfolg sowie finanzielle Absicherung durch den Auftrag zu einer Marmorausführung ein. Der Jason erschien als neues Kunstideal, das die barocken Antikenanklänge durch die reineren Formen der griechischen Klassik überwand und ein neues Menschenbild sichtbar machte.

THORVALDSEN hat den Führer der Argonauten als Einzelfigur aus dem mythologischen Zusammenhang gelöst. Im Kontrapost* erstarrter Schreithaltung und in idealisierter Nacktheit – nur die Attribute von Helm, Schwert, Speer und erbeutetem goldenem Vlies weisen ihn aus – wird er zur Verkörperung des musterhaften, distanzierten Helden. Er steht isoliert da als autonomes Kunstwerk, dessen Aufgabe die Veranschaulichung der reinen Idee, des Vollkommenen und ewig Gültigen, in der Gestalt des Menschen ist. Schon in der Antike wurde der Jasonmythos mit Bezug auf die Gegenwart gedeutet und blieb auch über die Jahrhunderte bis zum Barock lebendig. An diese Art sinnbildlicher Darstellung knüpfte Thorvaldsen jedoch nicht an. Mit seiner konsequenten Umsetzung von WINCKELMANNS Theorien wollte er keine Handlung mehr zeigen, sondern allein die Existenz des Helden. Er ging damit über das bedeutendste Vorgängerwerk des Jason, den »Perseus« von CANOVA (1801), hinaus, der mit seiner ausgreifenden Bewegung noch auf ein Ziel außerhalb seiner Person gerichtet war. Maßgeblich für Thorvaldsens Konzeption waren die Studien klassischer antiker Skulpturen. Die von ihnen abgeleiteten Regeln vereinte er im Jason zu einer Synthese, wobei der »Doryphoros« des Polyklet bestimmendes Vorbild war. Im Vergleich mit der antiken Statue lassen sich die Unterschiede zwischen klassischer und klassizistischer Skulptur ablesen:

»Die Klassizität des ›Doryphoros‹, in der seine Bedeutung als Kanon begreifbar wird, liegt in der Ausgewogenheit der Proportionen und Bewegungen. Stand- und Spielbein, Hal-

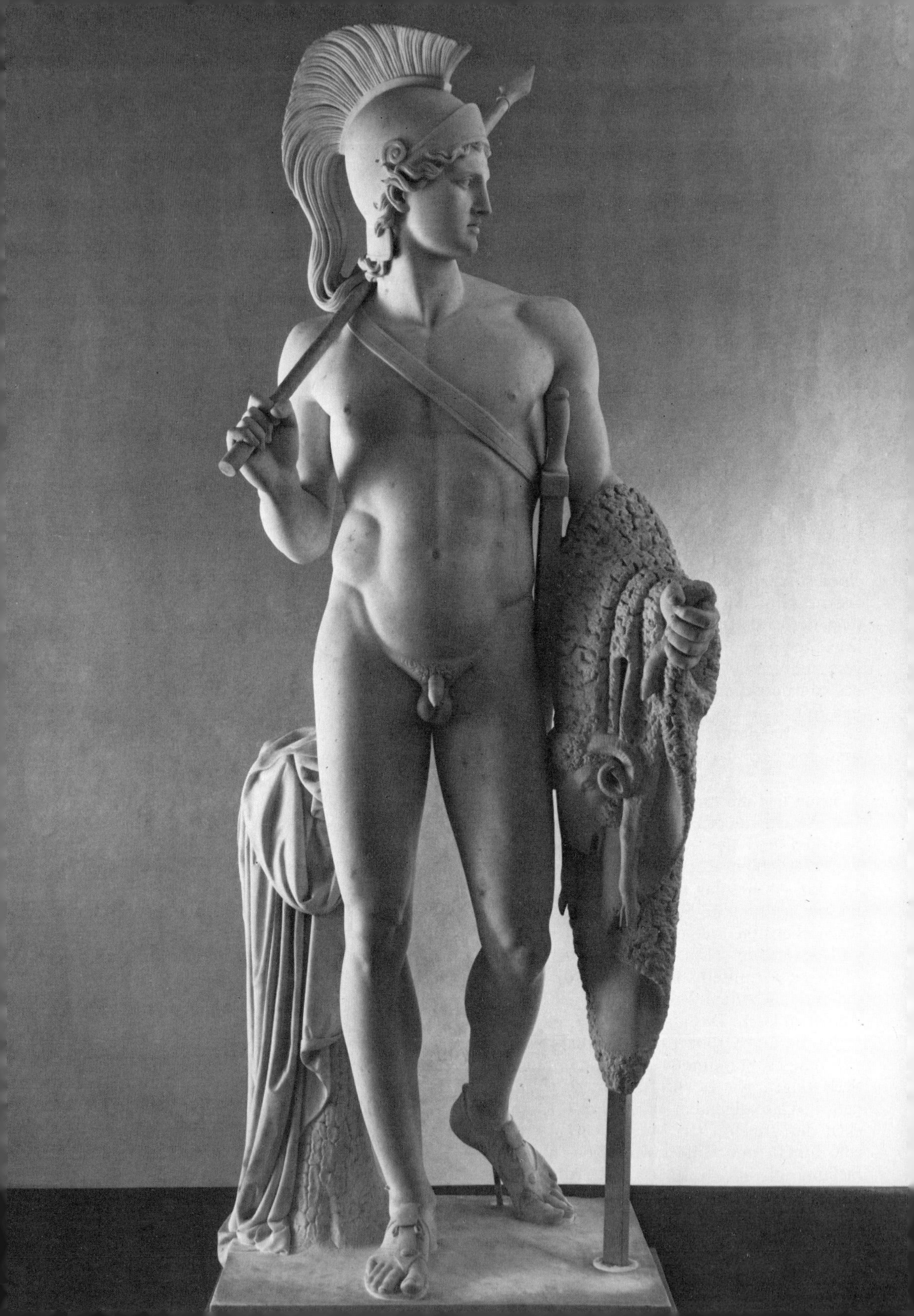

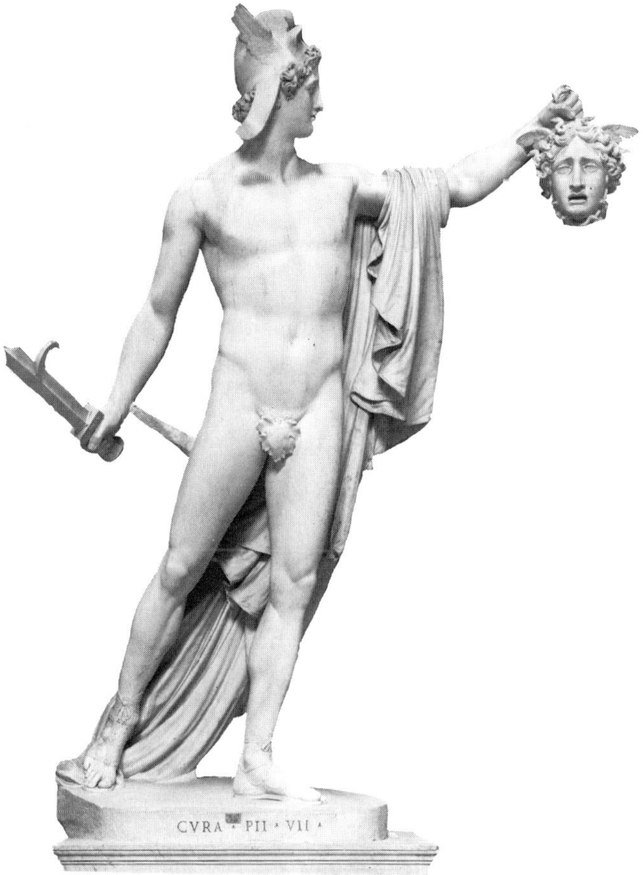

A. Canova: Perseus; 1797–1801, Marmor, Höhe: 235 cm, Vatikanische Museen, Rom

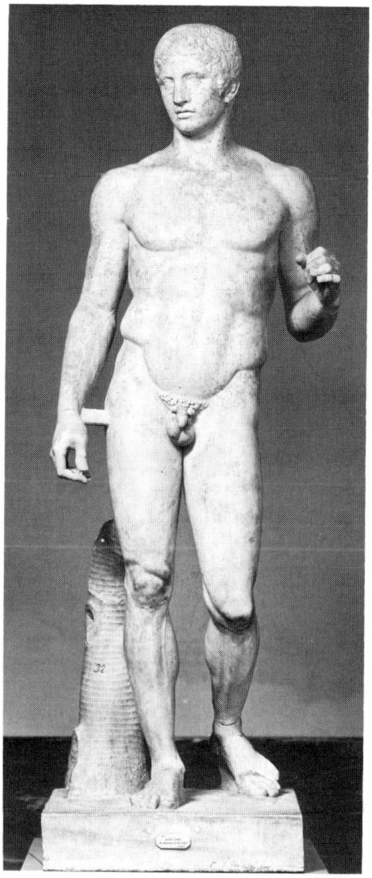

Röm. Kopie n. Polyklets Doryphoros (»Speerträger«, um 440 v.Chr.); Marmor, H. 212 cm, Nat.-Mus. Neapel

tung der Arme, Wendung des Kopfes stehen in genauem, man möchte sagen, rhythmischem Bezug. Der Umriß der Figur ist zugleich geschlossen und bewegt. Hier knüpfte Thorvaldsen an, ohne indes dem Vorbild sklavisch zu folgen. Ja, wir beobachten eine deutliche Korrektur. Während beim ›Doryphoros‹ Standbein und Streckung des rechten Armes, Spielbein und Beugung des linken Armes zusammen gesehen werden müssen, sucht Thorvaldsen gerade hier den Kontrast. Auch Wendung und Schräge des Speeres nach der offenen Seite geben dem ›Jason‹ eine Spannung, die die antike Figur nicht hat. Man könnte hier sogar an ein letztes Nachklingen barocken Bewegungsdranges denken – aber gegenüber den besprochenen Vorgängerwerken [›Perseus‹ von Canova] wird doch deutlich, daß die klassische Ausgewogenheit den Vorrang hat. Der Vergleich mit dem ›Doryphoros‹ zeigt die Freiheit des Künstlers. Indem Thorvaldsen sich aus dem Überlieferungsschatz der Antike einem neuen Vorbild zuwandte, hat er sich doch zugleich hoch über das Niveau einer bloßen Antikenkopie erhoben.

Dennoch wird im Vergleich mit dem ›Doryphoros‹ eine Schwäche des Werkes deutlich, die dem Zeitgenossen nicht bewußt geworden ist. Der ›Doryphoros‹ ist eine Freifigur. Er ist von einer herrlich körperhaften Plastizität, die nicht allein vom Auge aufgenommen werden soll, sondern sich ganz erst der tastenden Hand erschließt. Die Nachbildung Thorvald-

◀ B. Thorvaldsen: Jason; Modell 1800–03, Ausführung in Marmor 1803–28, Höhe: 242 cm, Thorvaldsens Museum, Kopenhagen

sens, so sehr sie gerade das Klassische und mit ihm die sich selbst genügende Autonomie der Gestalt sucht, bleibt im Umriß befangen ... Der Verlust an Plastizität (auch dem Barock gegenüber), die dünne Luft des Klassizismus ist unverkennbar. Der hohe Anspruch darf aber nicht verkannt werden« (H. von Einem: Thorvaldsens »Jason«. Versuch einer historischen Würdigung. Bayerische Akademie der Wissenschaften. Sitzungsberichte, Jg. 1974, Heft 3, München 1974, S. 33f.).

3. Die Institutionalisierung des Klassizismus durch die Akademien. Der Klassizismus bestimmte die Skulptur des 19. Jahrhunderts in entscheidender Weise, da er zur vorherrschenden Lehre der Akademien wurde. Als Institutionen der offiziellen Kunstlehre diktierten sie den öffentlichen Geschmack und machten den Klassizismus zum letzten verbindlichen europäischen Stil.

»Die letzten Jahrzehnte des 18. und die ersten des 19. Jahrhunderts waren überreich an Neugründungen von Akademien, und die schon bestehenden wurden sorgsamst ausgebaut ... Der Unterricht begann mit Zeichnen nach Gipsmodellen, die teils Abgüsse griechischer und römischer Bildwerke, teils solche nach der Natur waren. So lernte der angehende Künstler auch die Natur zunächst nur im Vergleich mit der ›idealen Natur‹ kennen und nur gleichsam als Form an sich, farblos, mit anderen Lichtern und Schatten, als die beseelten, von Blut und Säften durchströmten Gebilde der Menschen-, Tier- und Pflanzenwelt zeigten. Die Erziehung zum Maler ward in der ersten, so oft entscheidenden Lehrzeit auf die Erziehung zum Bildhauer zugeschnitten. Erst in den höheren Klassen folgte das Zeichnen nach dem lebenden, meist nackten Modell. Aber auch hier leitete die Rücksicht auf die Antike den Unterricht. Künstliche Posen führten Helden aus Dichtung, Mythologie und Geschichte des Altertums vor. Mit dem Handwerkszeug des Malers, oft genug selbst mit dem des Bildhauers, wurde der junge Akademiker erst später vertraut gemacht – mancher zu spät für den Rückweg aus aufgedrungener Manier. Preisaufgaben sorgten für Anspornung der Reifenden. Wiederum wurden die Stoffe, man kann wohl sagen, ausschließlich der Antike entlehnt unter spitzfindigster Gedankenarbeit zwecks Aufspürung immer neuer, verwickelter Themen. Dies galt sogar für die Preise in den Klassen für Landschaftsmalerei. So lenkte man das Streben von der heimischen Landschaft hinweg der komponierten ›idealen‹, also mit Motiven des Südens und Ostens ausgestatteten, Landschaft zu. Auch das Weimarer Programm des Goethekreises, das so bewußt auf Veredelung und Vergeistigung der deutschen Kunst abzielte, kannte zur Erreichung dieses Zwecks kein untrüglicheres Mittel, als den jungen Künstler zu möglichst vollkommener Darstellung antiker Stoffe anzufeuern. Um die Phantasie in die gewollte Richtung zu lenken, führte man Geschichte und Mythologie des Altertums als Lehrfächer in die Akademien ein. J.-L. David hielt sogar Latein für unerläßlich. Bedenkt man endlich, daß der Abschluß der Lehrzeit gerade für die Begabtesten, auf denen die Zukunftshoffnungen auch der einstigen Kunsterziehung ruhten, die Romfahrt als Preis winkte, so erkennt man, wie folgerichtig der Klassizismus für sein Fortbestehen als offizielle Kunst zu sorgen wußte. Ein Umschwung trat denn auch erst ein, als ein junges Künstlergeschlecht, das die Welt mit anderen Augen betrachtete, Sturm lief gegen eine Lehrmethode, die es als unzeitgemäß verwarf« (H. Hildebrand: Die Kunst des 19. und 20. Jahrhunderts. Wildpark-Potsdam 1924, S. 62).

Für die Skulptur behielt der Klassizismus nachhaltigere Gültigkeit als für die Architektur und Malerei; er hielt sich hier, immer stärker von naturalistischen* Tendenzen durchsetzt, noch bis zum Ende des 19. Jahrhunderts.

4. Das Problem klassizistischer religiöser Skulptur. THORVALDSENS Orientierung an antiken Gestaltungsprinzipien wirkte sich besonders problematisch bei religiösen Themen aus. Zwar erlangte sein »Christus« für die Kopenhagener Frauenkirche (1821–39) ungeheure Popularität und wurde zum Vorbild für die meisten Christusdarstellungen im 19. Jahrhundert, doch war sich Thorvaldsen selbst einer gewissen Widersprüchlichkeit bewußt: »Ich weiß wohl, wenn ich tot bin, wird man von meinen christlichen Figuren sagen, daß sie griechisch sind – und man hat recht, denn ohne die griechische Schule kann man nicht richtig und verständlich arbeiten. Und von meinen griechischen Figuren wird man sagen, daß sie christlich sind, und man hat recht, denn ich konnte mich bei der Arbeit unmöglich dazu bequemen, andere Gedanken zu hegen als die, auf die mein ganzes Streben ausgeht.« Grund für diesen Zwiespalt war seine Konversion zum Katholizismus, bald nachdem er die Gipsfassung des Jason beendet hatte. Von dessen Künstlichkeit und nichtchristlichem Charakter distanzierte er sich nun und gab zu, ihn nur im Wettstreit mit der Antike und CANOVA geschaffen zu haben, ohne das Geringste seiner eigenen Gedanken hineinzulegen. Zwar blieb er weiterhin stilistisch der Antike verpflichtet und behandelte antike Themen, sah aber sein Spätwerk des »Christus und die zwölf Apostel« als Erfüllung seiner künstlerischen Mission an. Er zeigte den »Christus« in schlichter Gewandung mit ausgebreiteten Armen, nicht in einem Augenblick seines Lebens, sondern als göttliche Erscheinung, als »Christus steht über den Jahrtausenden« – wie er sich ausdrückte. Dem Betrachter ist die Möglichkeit des Miterlebens damit genommen.

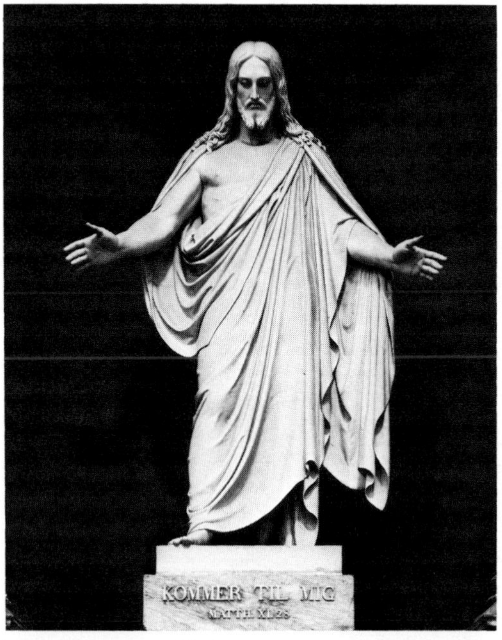

B. Thorvaldsen: Christus; Modell 1821, Ausführung in Marmor 1821–39, Höhe: 345 cm, Frauenkirche in Kopenhagen

In diesem »Christus« deutete sich bereits die Gefahr trockener verstandesmäßiger Formelhaftigkeit an, ohne daß eine geistige und gefühlsmäßige Vertiefung erreicht wurde. Noch deutlicher sichtbar wurde diese Problematik in den zahllosen Kopien der aus dem übergeordneten Programm herausgelösten Christusfigur sowie in den mehr oder weniger abgewandelten Nachfolgewerken, die in hohlem Pathos und nichtssagendem Ausdruck erstarrten.

Peter Speeth: Frauenzuchthaus in Würzburg (1811–14)

1. Architektur am Ausgang des 18. Jahrhunderts

2. »Architecture parlante«

Peter Speeth (* 1772 in Mannheim, † 1831 in Odessa) war 1807–15 in Würzburg als Baudirektor tätig; 1826 wurde er von Zar Nikolaus I. nach Bessarabien berufen. Zu seinen Hauptwerken gehören das Frauenzuchthaus und das Wacht- und Zollhaus vor dem Zeller Tor in Würzburg, ferner die Pfarrkirche St. Johannes in Unterhohenried in der Nähe Haßfurts (Unterfranken).

1. Architektur am Ausgang des 18. Jahrhunderts. Der Begriff »Revolutionsarchitektur« oder »Autonome Architektur« wurde erst 1929 in die Kunstgeschichte eingeführt. Man

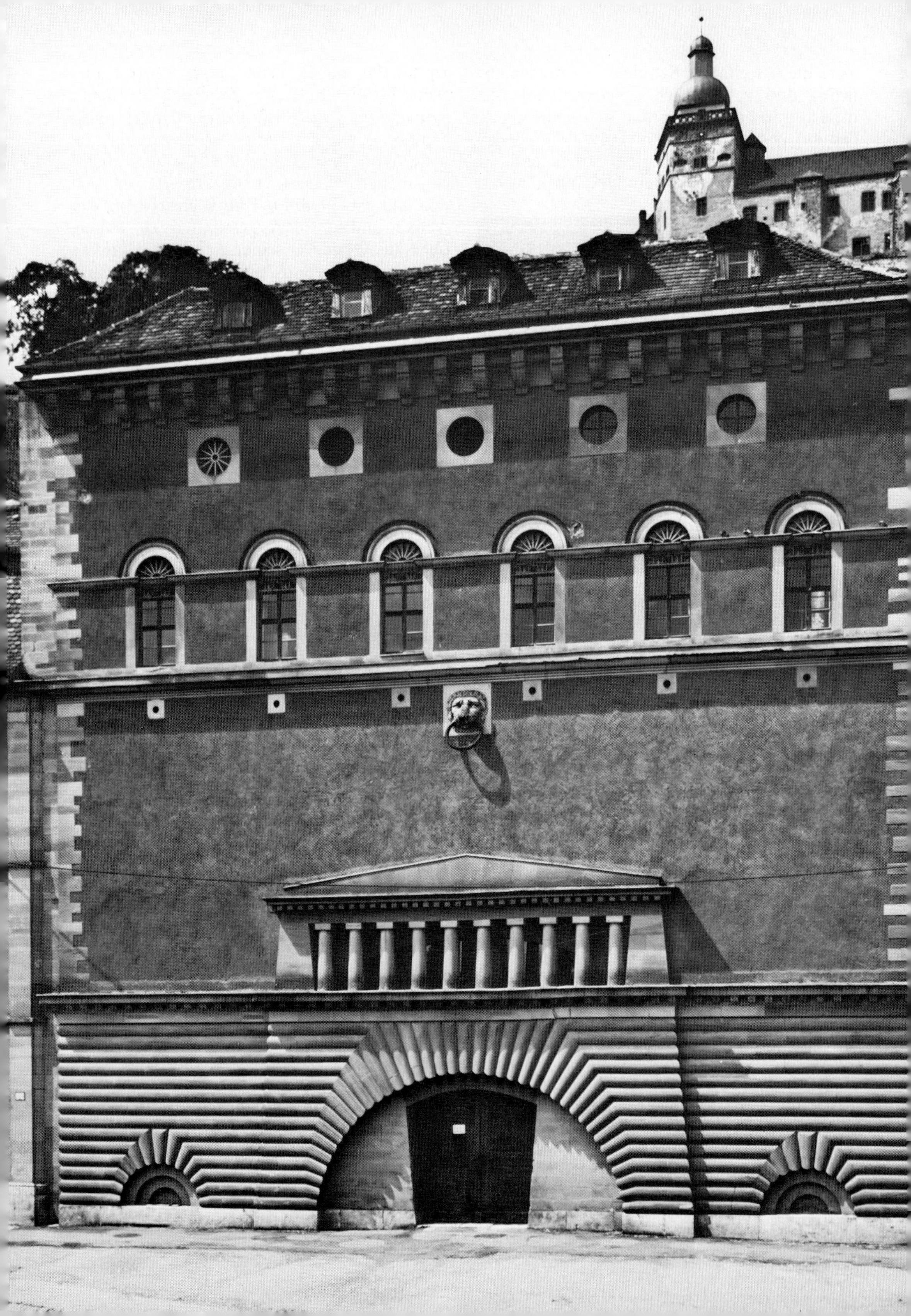

bezeichnet damit in erster Linie die noch vor Ausbruch der Französischen Revolution (1789) entstandenen und nur zu einem geringen Teil ausgeführten Idealentwürfe und utopischen Programme der französischen Architekten CLAUDE-NICOLAS LEDOUX (1736–1806), LOUIS ETIENNE BOULLÉE (1729–99) und JEAN-JACQUES LEQUEU (1757–1825). Diese lehnten radikal den dekorbetonten Barockstil ab und entwickelten einen überdimensionalen, stark kubischen Baustil. Man orientierte sich in erster Linie an dem römisch-antiken Massenbau, wie er besonders durch den venezianischen Graphiker GIOVANNI BATTISTA PIRANESI (1720–78) vorgestellt worden war. Kennzeichnende Merkmale sind der »Verzicht auf Dekor, das unverhüllte Bekenntnis zu den einfachsten stereometrischen Gebilden, die Absage an die bewegte Modellierung des Baukörpers zugunsten einer ... strengen eindeutigen Begrenzung der gebauten Form, ihre Isolierung gegenüber den umgebenden Formen der Natur« (E. Kaufmann: Architektonische Entwürfe aus der Zeit der Französischen Revolution. In: Zeitschrift für bildende Kunst. Jg. 63. Leipzig 1929/30, S. 39). Das Revolutionäre an dieser Architektur war also ihr Bruch mit der Tradition, keineswegs eine bestimmte politische Ausrichtung.

Neben FRIEDRICH GILLY (1772–1800) und HEINRICH GENTZ (1766–1811) in Berlin gehört der Pfälzer PETER SPEETH zu den führenden deutschen Architekten, die die Ideen des französischen Revolutionsklassizismus selbständig umsetzten.

»Die Verselbständigung der Teile ist das wichtigste Ergebnis des architektonischen Regenerationsprozesses vom Ausgang des 18. Jahrhunderts. Das neue Prinzip der Autonomie duldet nicht, daß architektonische Gebilde von fremden, außerarchitektonischen Gesetzen beherrscht werden. Wohnlichkeit scheint nun wichtiger als Repräsentation. Die Legitimierung ihrer Gedanken sucht und findet die Zeit in der Natur selbst. Aus ihr glaubt ROUSSEAU sein gesellschaftliches System, LEDOUX sein künstlerisches ableiten zu können. Das feudale Prinzip der vorrevolutionären Gesellschaft, das im barocken Verband [vgl. S. 8] sich mit so großer Klarheit spiegelt, kann nunmehr keine Geltung haben. Damit soll nicht gesagt sein, daß die Kunstform in irgendwelcher Abhängigkeit von der Gesellschafts- oder gar Staatsform stünde. Sondern die gleiche Grundauffassung, die gleiche allgemein-geistige Situation strahlt mit den gleichen Wirkungen in die verschiedensten Erscheinungsformen aus. Vom rein künstlerischen Standpunkt von besonderer Bedeutung ist das Unwirksamwerden der ästhetischen Gesetze, die bisher Geltung hatten. Rhythmus, Ebenmaß der Verhältnisse, Abgewogenheit der Teile – all diese den klassischen Künstlern und Theoretikern so wichtigen Anliegen, diese wirkungsvollen Hilfsmittel des Verbandes, beginnen zusehends vernachlässigt zu werden. Die neue, freiere Disposition der Fassaden, die Freiheit namentlich in den Größenmaßen der Binnenteile kann man an vielen Barrieren [Zollhäusern] LEDOUX' beobachten.

Die neue Fügung der Teile bedeutet den freien Zusammenschluß von Individuen, die ihr Eigenleben nicht zu opfern brauchen, de-

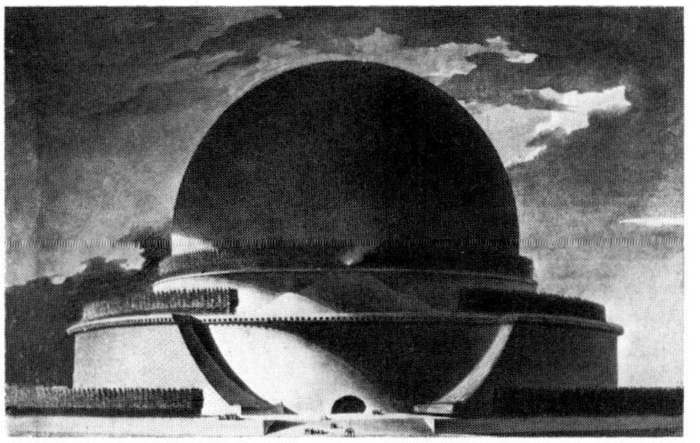

L. E. Boullée: Entwurf zu einem Kenotaph* Newtons; 1784, lavierte Federzeichnung, Bibliothèque Nationale, Paris

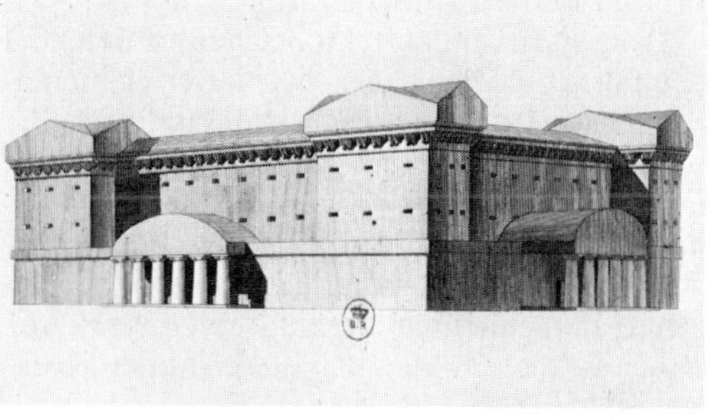

C. N. Ledoux: Entwurf zu einem Gefängnis in Aix-en-Provence; 1786, Federzeichnung, Bibliothèque Nationale, Paris

◀ P. Speeth: Frauenzuchthaus in Würzburg; 1811–14

ren Form nur dem eigenen Zweck gehorcht. Ihr inneres Gesetz bestimmt ihre Gestalt. So ist der neue antibarocke Grundriß zu verstehen, so ergibt sich eine völlig neue Beziehung aller Teile, der Teile untereinander und der Teile zum Ganzen, bis es am Ende der logisch fortschreitenden Entwicklung keine Teile mehr gibt, sondern nur unabhängige Einheiten. Die innerlich begründete Form eines jeden Objektes läßt alles Streben nach Bildwirkung sinnlos erscheinen. Die rhythmische Verteilung der Massen, die Belebung durch Schmuck, die Verschmelzung mit der Umgebung, alles, was zum ›malerischen‹ Eindruck beiträgt, verliert an Bedeutung . . .

Dem erstarkenden tektonischen* Fühlen ist alle Form zuwider, die sich von der elementaren Geometrie entfernt. Unlogisch ist die scheinbare Bindung durch Simse*, Pilaster* oder die Säulen der großen Ordnung* Palladios, unnatürlich die Fiktion der Verschmelzung des Steinmaterials, das kraft seiner Eigenart nur aneinandergefügt werden kann. Bauen ist nicht Bilden. Zu dieser fundamentalen Erkenntnis, zu dieser in Vergessenheit geratenen alten Wahrheit hat sich LEDOUX zu einer Zeit durchgerungen, da rings um ihn die barocken Bindungen noch herrschten, im Staate wie in der Kunst. Die Epoche der großen Bildhauer-Architekten, die Epoche BRUNELLESCHI – MICHELANGELO – BERNINI – SCHLÜTER – ASAM ist nun vorüber. Da die Eigengesetzlichkeit des Stofflichen anerkannt wird, hören die Umdeutungen der toten Materie in organische Gebilde auf, endet die barocke Allbeseelung. Für die nachrevolutionäre Baukunst ist der Stein wieder Stein. Seine natürliche Beschaffenheit soll voll zur Geltung kommen. Die vorrevolutionäre Epoche verstand eine Stütze besser, wenn sie als Atlante, als Karyatide oder als Herme auftrat, einen Tischfuß, wenn er als Tierpranke oder Huf, einen Wasserauslauf, wenn er als Fischmaul geformt war. Sie war primitiver als die Menschheit nach der Aufklärungsperiode, die, um vieles kühler und nüchterner, die Säule – wofern eine solche noch Verwendung findet – als Säule haben will, und nicht in anthropomorpher Umwandlung, die auch jeder Personifizierung abstrakter Begriffe durchaus abhold ist . . .

Noch tieferen Einblick in den Wandel, der sich in den siebziger Jahren des 18. Jahrhunderts vollzogen hat, gewähren LEDOUX' Projekte für die Salinen und die Idealstadt . . . Abgesehen von den Salinengebäuden kam nichts zur Ausführung. Doch der Gedanke der Idealstadt beschäftigte Ledoux bis an sein Lebensende, und nirgends geht seine Eigenart stärker hervor, als aus den Entwürfen für Chaux [s. Abb. S. 115!] . . . Nun stehen die verschiedenen Gebäude auf elliptischem Grundriß unverbunden nebeneinander . . . Eine so geringfügige Änderung die Trennung der Teile zu sein scheint, so spiegelt sich [darin] . . . einer der bedeutungsvollsten Prozesse der Architekturgeschichte: die Zertrümmerung des barocken Verbandes. Daß die Isolierung der Teile bewußte Absicht war, geht aus Ledoux' eigenen Worten hervor. In bemerkenswerter Parallele zur allgemein-geschichtlichen Entwicklung tritt an Stelle des Verbandes das Pavillonsystem, das von da ab herrschend wurde – die freie Vereinigung selbständiger Existenzen« (E. Kaufmann: Von Ledoux bis Le Corbusier. Ursprung und Entwicklung der autonomen Architektur. Wien 1934, S. 16–46).

2. »Architecture parlante«. Das zwischen 1811 und 1814 ausgeführte Frauenzuchthaus in Würzburg schließt sich an einen Kasernenbau des 18. Jahrhunderts zu Füßen der Marienveste an. Die Fassadengestaltung verdeutlicht exemplarisch die kubisch-wuchtige Architektursprache der sog. Revolutionsarchitektur im Sinne der »architecture parlante« (sprechende Architektur). Die quadratische Front des Gebäudes wird in horizontal geschichtete Zonen zerlegt, die durch Gesimse* und die Eck-Rustika* sorgfältig begrenzt und eingefaßt werden. Die wulstigen Polsterquader des Sockelgeschosses wirken schwer und abweisend, das sich in einem tiefen Halbkreisbogen öffnende Tor gleicht einem Schlund; die kurze stämmige Säulengalerie, deren zehn Säulen auf die zehn Gebote anspielen, wirkt wie eine Vergitterung, die fensterlos glatte Mauerfläche des Hauptgeschosses sowie die oberen kleinen Fensteröffnungen lassen auf große Dunkelheit im Innern schließen. Die Löwenmaske, in der Regel ein Portalmotiv, erscheint hier als das Gerichtssymbol von Kraft und Macht.

Der Fassadengestaltung eine derartige symbolische Aussage zu verleihen und die Wand zum Träger eines emotionalen Ausdrucks, zur »sprechenden Architektur«, zu machen, war das erklärte Ziel aller Revolutionsklassizisten. »Unsere öffentlichen Gebäude«, so hatte es BOULLÉE formuliert, »sollten in gewisser Hinsicht richtige Gedichte sein. Die Bilder, die sie unseren Sinnen darbieten, müßten in unseren Seelen ihrer Bestimmung entsprechende Gefühle auslösen« (L. E. Boullée: Architecture, Essai sur l'art. Paris 1793, Neuausgabe Paris 1960, S. 47). Dementsprechend veranschaulicht SPEETH in der Fassade des Zuchthauses die belehrende und erzieherische Aufgabe dieses Gebäudes. Zeitgenössische Quellen belegen diese Absicht: »Der schauerliche Charakter entsteht durch Verbindung der Größe und Stärke. Das Ganze muß eine außerordentliche Festigkeit zeigen und alle Theile müssen groß seyn und an das Rohe gränzen. Die Fenster müssen nach Verhältnis des Ganzen schmal und niedrig seyn, man braucht nur wenig Fenster anbringen und kann sie, um das Schauderhafte noch mehr zu steigern, mit eisernen Gittern verwahren. Die Tür muß nach Verhältnis ihrer Breite niedrig scheinen und der Eingang muß etwas Zurückschrekkendes haben, daher auch ein solches Gebäude nie eine Freitreppe erhalten darf« (C. L. Stieglitz: Zeichnungen aus der schönen Baukunst, Leipzig 1805, S. 10f.). Ein anderer Autor fordert sogar: »Das Zuchthaus würde ich schwarz anmalen, mit kleinen vergitterten Fenstern versehen, den Eingang mit großen, fürchterlich tönenden Riegeln« (zitiert nach: H. Voss: 19. Jahrhundert. Frankfurt/M. 1969, S. 44).

Das Zuchthaus, das Gebäude der zwangsweisen Erziehung, wurde ab dem Ende des 18. Jahrhunderts häufig in Verbindung mit dem Gerichtsgebäude, dem »Justizpalast«, errichtet. »Beide Gebäude, Justizpalast und Gefängnis, liegen oft im Zentrum der Stadt an hervorragender Stelle. Der Justizpalast wurde zum repräsentativen Sitz staatlicher Gewalt als der Hüterin des Rechts, das Gefängnis blieb in seiner Nähe, errichtet zur Warnung und Abschreckung der Bürger... LEDOUX möchte den Justizpalast (Entwürfe für Aix-en-Provence, 1784) über dem Gefängnis errichtet sehen, aber nicht etwa aus praktischen Überlegungen, sondern nur um des Ausdruckswertes willen: ›Es schien mir, wenn man dieses erhabene Gebäude über die düstere Höhle des Gefängnisses erhöbe, ich könnte nicht nur die Vornehmheit der Architektur steigern, die durch die Gegensätze entständen, sondern auch den metaphorischen Aspekt veranschaulichen, nämlich ein imponierendes Bild von Verbrechen, niedergedrückt von dem Gewicht der Justiz.‹ Der Triumph des Rechtes über das Laster, das ist also die Idee« (I. Haug: Peter Speeth. Bonn 1969, S. 110, 112).

3. Strömungen der romantischen Malerei

Philipp Otto Runge: Der Morgen (erste Fassung, 1808)

1. Naturverständnis der Romantik*

2. Landschaft als mystische Bildsymbolik

3. Bild- und Farbsymbolik

Philipp Otto Runge (* 1777 in Wolgast, † 1810 in Hamburg); Besuch der Kopenhagener Kunstakademie; weitere Ausbildung in Dresden, wo er 1801/02 entscheidende Anregungen durch den Dichter LUDWIG TIECK erhielt. RUNGE gilt – neben C. D. FRIEDRICH – als zentrale Gestalt der deutschen Romantik, obwohl er ohne Nachfolge blieb. Mit seinen wenigen Gemälden, aber auch mit seinen Untersuchungen zur Farbenlehre beeinflußte er die weitere Entwicklung der deutschen Malerei.

1. Naturverständnis der Romantik*. »In der ganzen alten Geschichte haben, wie es mir scheint, alle Künstler immer dahin gestrebt«, schrieb RUNGE 1802 an LUDWIG TIECK, »in den Menschen das Regen und Bewegen der Elemente und Naturkräfte zu sehen und auszudrücken; wie im Homer und in der eigentlichen Geschichte immer ... die Menschen [nicht nur] individuell, sondern so genommen sind, wie die gewaltige Zeit sich in ihnen geregt hat; [so] auch im Shakespeare ... dies wäre so nach meinen Gedanken wohl das Abzeichen und der bestimmteste Unterschied der historischen Kunst von der Landschaft ... Die Landschaft bestände nun natürlich in dem umgekehrten Satze, daß die Menschen in allen Blumen und Gewächsen und in allen Naturerscheinungen sich und ihre Eigenschaften und Leidenschaften sähen; es wird mir bei allen Blumen und Bäumen vorzüglich deutlich und immer gewisser, wie in jedem [von ihnen] ein gewisser menschlicher Geist und ... [eine menschliche] Empfindung steckt« (Ph. O. Runge: Hinterlassene Schriften. Hamburg 1840f., Bd. 1, S. 24).

Seinem Bruder DANIEL schrieb er im gleichen Jahr: »Wie selbst die Philosophen dahin kommen, daß man alles nur aus sich heraus imaginiert, so sehen wir oder sollen wir sehen in jeder Blume den lebendigen Geist, den der Mensch hineinlegt, und dadurch wird die Landschaft entstehen ... so dringt der Mensch seine eignen Gefühle den Gegenständen um sich her auf, und dadurch erlangt alles Bedeutung und Sprache.« Diese Sprache der Bedeutungen wollte Runge in seinen Bildern auf besondere Weise benutzen: »Ich wollte nämlich das, wie ich zu den Begriffen von den Blumen und der ganzen Natur gelangt bin, wiedergeben in Bildern; nicht was ich mir denke und was ich empfinden muß, und was wahr und zusammenhängend darin zu sehen ist: sondern, wie ich dazu gekommen bin, und noch dazu komme, das zu sehen, zu denken und zu empfinden, so den Weg, den ich gegangen bin, und da müßte es doch kurios sein, daß andere Menschen das so gar nicht begreifen sollten ... Die Sache würde für jetzt fast weit mehr zur Arabeske und Hieroglyphe führen, allein aus diesen müßte doch die Landschaft hervorgehen, wie die historische Komposition doch auch daraus gekommen ist« (Runge, a. a. O., S. 27).

Runges Bildhieroglyphen sollten also nicht nur Bedeutungen wiedergeben, sondern zugleich auch die Geschichte ihrer Entstehung verraten. Beides zusammen aber sollte die Form einer Landschaft annehmen, in der alle Erscheinungen nicht nur für sich selbst stehen, sondern auch noch einen zweiten, tieferen Sinn ausdrücken.

2. Landschaft als mystische Bildsymbolik. Landschaft bedeutet für RUNGE die Umschreibung aller seiner Kunstbestrebungen, die er in umfangreichen theoretischen und autobiogra-

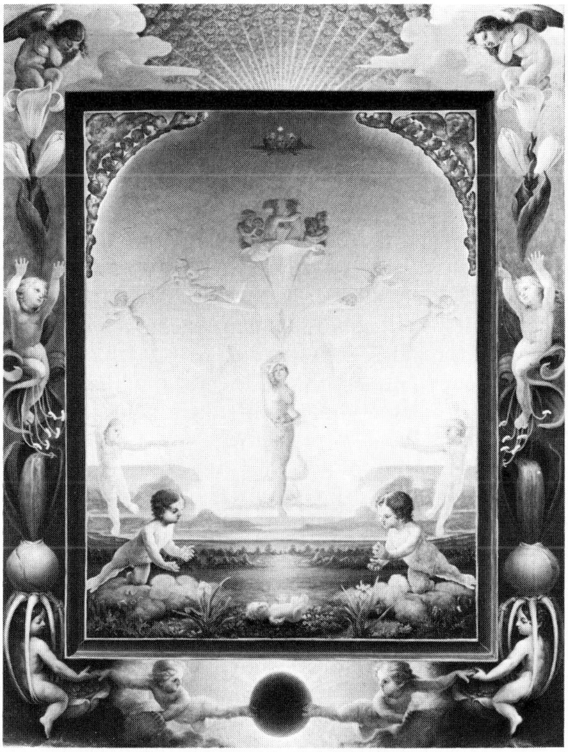

Ph. O. Runge: Der Morgen (1. Fassung); 1808, Öl/Lwd., 106 × 81 cm (Vgl. die Farbtafel auf S. 164!)

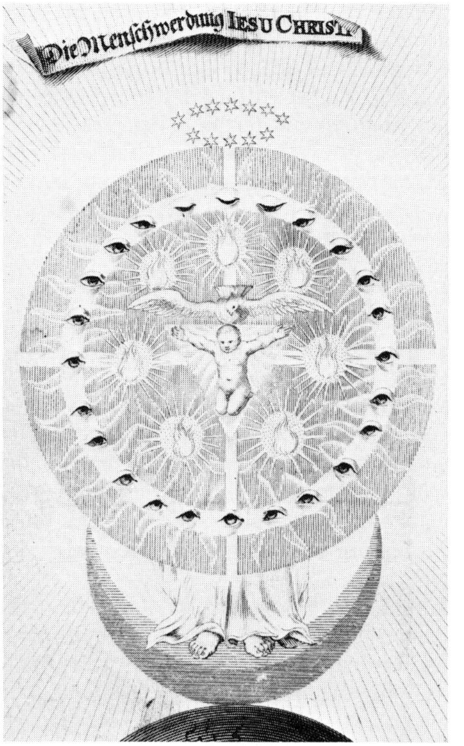

Titelblatt zu Jakob Böhme »Die Menschwerdung Christi«, 1682, Kupferstich

phischen Schriften, Briefen und Notizen festhielt, und die er zunächst in einem Vier-Tageszeiten-Zyklus zu gestalten suchte. Doch einzig der »Kleine Morgen« kann – neben Schwarz-weiß-Stichen und Entwürfen – eine farbige Vorstellung von Runges unvollendeter Bildwelt vermitteln. Aber was der »Morgen« und die drei anderen »Tageszeiten«, die nur in Vorstudien und einer Kupferstichserie aus dem Jahre 1803/06 vorliegen, mit Landschaft im herkömmlichen Sinn zu tun haben sollen, ist auf den ersten Blick kaum einzusehen.

»Die ›Landschaft‹ Runges, wie sie vor allem in den ›Vier Zeiten‹ verwirklicht wurde, unterscheidet sich grundsätzlich von den Landschaftsbildern seiner Zeitgenossen, von der idealen oder heroischen Landschaft der Deutsch-Römer [Nazarener*] ... die eine im Sinne Poussins oder Lorrains gesteigerte Landschaft als Lebensraum eines idealen oder heroischen Menschengeschlechts ist; von der daraus abgeleiteten idyllischen Ansichtslandschaft der jüngeren Romantiker [z. B. SPITZWEG] ... von der Stimmungslandschaft CASPAR DAVID FRIEDRICHS« (Chr. A. Isermeyer in: Kindlers Malerei Lexikon im dtv. München 1976, Bd. 11, S. 48ff.). Man muß in der Tat weit zurückgreifen, um auch nur annähernd Verwandtes zu finden: Die Schrift »Aurora oder die Morgenröte im Aufgang« des Barock-Mystikers JAKOB BÖHME scheint mit Wort und Kupferstich-Illustrationen für Runges »Morgen« Pate gestanden zu haben: Einer dieser Stiche mit dem Titel »Die Menschwerdung Iesu Christi« zeigt im Zentrum einer feurigen Aureole ein knieendes Kind mit ausgebreiteten Armen, umschrieben vom Dreieckssymbol der Trinität, also das Christuskind als Kern einer Lichterscheinung. Nach unten hin sieht man die Fußpartie einer im übrigen verdeckten, langgewandeten Figur auf einer Mondsichel stehen, die ihrerseits auf einem Erdglobus ruht. Über der Stelle, an der man sich den Kopf der verdeckten Gestalt zu denken hat, erscheint ein Sternenkranz. In diesem Stich sind Motive der Apokalypse und der mittelalterlichen Trinitätsdarstellung verschmolzen. Auch die Art der Zusammenstellung folgt einer altertümlichen Tradition: Die weitgehend verdeckte Figur hat man sich als Träger der Erscheinungsaureole zu denken; in anderen vergleichbaren Darstellungen werden solche Aureolen als Kreisscheiben mit den Händen vor dem Leib getragen. Diese Scheiben, die verschiedene Inhalte haben können, z. B. den ganzen Kosmos (vgl. das sog. Stammheimer Missale*) oder wie hier nur das Christuskind, veranschaulichen meistens die höchste und feurige Schöpferkraft Gottes, die als Licht erscheint und die weitere Schöpfung und Heilsgeschichte in Gang setzt. Von solchen Figuren stammt letztlich, vermittelt durch Jakob Böhmes Schriften, die Gesamtkonzeption von Runges »Morgen« ab.

3. Bild- und Farbsymbolik. »Über dem fernen Meereshorizont schwebt zwischen Himmel und Erde als Verkörperung des Morgens in einer Aureole die Gestalt gewordene Aurora. Sie tritt aus dem goldnen Glanz der Haare heraus und leuchtet mit einem Büschel wie mit einer Flamme vor sich her. So erscheint sie als Lichtbringerin, denn sie tritt mit der aufgehenden Sonne ins Bild. Ihrer Rechten entschwindet gleichsam die ins All aufsteigende Lilie, die von unten angestrahlt wird, während das kalte Licht des Morgensterns über drei Cherubsköpfen vor dem Tag verlöschen wird. Die Verbindung zwischen dem kosmischen Raum und der innerweltlichen Landschaft, die durch das Licht Farbe und Leben gewinnt, stellen die Kinder her, die in radialer Komposition von der Göttin ausgesandt scheinen. Während oben Engel die Lichtwerdung mit Sphärenmusik begleiten, konkretisiert sich in den Händen der Genien zwischen Himmel und Erde das Licht im Rot der Rosen. Unten knien Kinder auf Wolken und huldigen dem Neugeborenen, indem sie die Rosen der Morgenröte streuen, denn ›die Erde tut sich in den Blumen auf, und aus denselben sieht das Kind so grade nur in den Aufgang hinein, ohne etwas zu erwarten, selbst als das Bild des Aufgangs‹. Das Kind ›erblickt das Licht der Welt‹ – eine Redewendung, die Runge schon früh als ›besonders wunderbar‹ aufgefallen war. Durch die achsiale Bildform ist seine Geburt anschaulich auf das Hervortreten der Aurora bezogen, von deren Licht es gleichsam erweckt ist. Nach LANGNERS Interpretation [vgl. S. 199] ist es ›Sinnbild des allumfassenden Anfangs: des Tages im Morgen, des Jahres im Frühling, des Menschenlebens in der Geburt, der Welt in der Schöpfung. Zugleich vergegenwärtigt es jene Verbundenheit des Kindes mit der Natur durch die Unschuld, in der die Romantik einen Nachglanz des paradiesischen Zustandes sah.‹

Der komplexe Sinn des Mittelbildes ist ... durch den Rahmen christlich gefaßt. Nach Runges Beschreibung tritt in der unteren Mitte die Sonne hinter die Erde, ›die Geister erwachen und dringen durch die Vegetation in eine neue Welt‹. Dem in der Sonnenfinsternis verdeckten irdischen Licht unten entspricht das himmlische Licht der Himmelglorie oben, dessen Quelle jedoch unsichtbar – weil undarstellbar – bleibt. Runge verzichtet hier auf das Schriftzeichen des Namens JEHOVA, verlegt vielmehr den Mittelpunkt der radialen Anordnung hinter das Mittelbild. Zwischen beiden Polen vollzieht sich ein wechselseitiger Aufstieg von Genien und Blumen, aus der irdischen Gebundenheit zu himmlischer Erleuchtung, aus dem Helldunkel in die reine Farbigkeit. Matile hat beobachtet, daß dieser Weg, Runges Farbenlehre gemäß, durch die Trinität von Gelb, Rot und Blau von Sonne, Amaryllis und Engelsglorie bezeichnet ist, während die Polarität der Bereiche durch Schatten und dunkle Farben unten (Gelb ist für Runge die Farbe der Nacht), Aufhellung und reine Farben oben veranschaulicht ist. Der disharmonische Kontrast der Grundfarben* Gelb-Rot und Rot-Blau werde dabei durch deren Komplementärfarben* Violett, Grün und Orange aufgelöst. Das Weiß der Lilien, auf denen Engel das Himmelslicht anbeten, könnte demnach die Rückkehr der Farben zum göttlichen Ursprung bedeuten, der in der unsichtbaren Mitte der Himmelsglorie zu ahnen ist.

Das im Rahmenbild veranschaulichte zweifache Wesen des Lichts in reiner Helligkeit und in irdischer Brechung ist auch im Mittelfeld evident, wo der illusionistisch gemalte

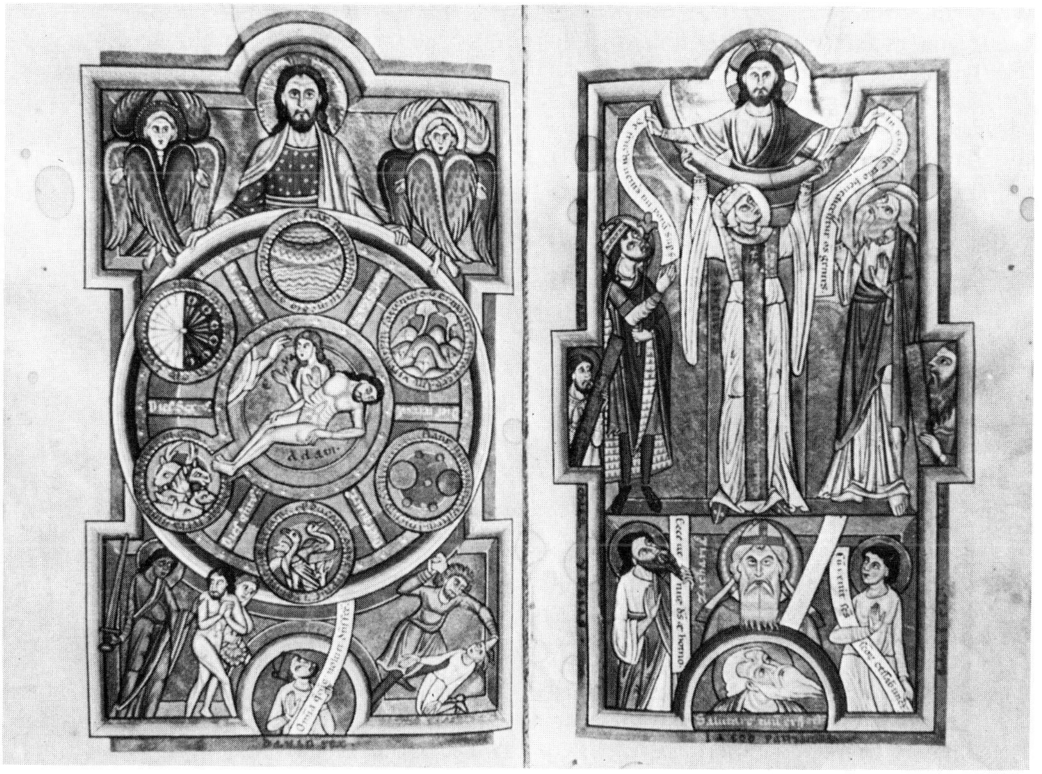

Stammheimer Missale, Buchmalerei, um 1260, Privatbesitz

Holzrahmen als bogenförmiger Abschluß (in Korrespondenz mit der Glorie) die Vorstellung des Himmelsgewölbes unterstützt. Nur in der Himmelszone ist in lasierender* Malerei das Licht in Übergängen von Rot zu Gelb und Blau, ohne Zwischentöne, in Farbe aufgelöst, das Körperliche vom Licht entmaterialisiert, während das Licht unten Körper und Farbe schafft und sich im Helldunkel undurchsichtiger Farben bricht. Diese doppelte Erscheinungsweise vertreten auch durch die Lilie und die Rosen, zugleich Symbole der himmlischen und der irdischen Liebe. Sie ist begründet in der mehrfachen Bedeutung der Lichtbringerin. RUNGE selbst nannte sie sowohl Aurora als auch Venus, DANIEL erkannte in ihr zugleich die ›Gnadenmutter‹ Maria« (H. Hohl in: Ausstellungskatalog Runge, Hamburg 1976, S. 204–206).

Die Deutungen des Bildes zusammenfassend kann man sagen, daß RUNGE die nackte Frauengestalt als Aurora und Venus, als göttliche Lichtbringerin und Verkörperung der irdischen und himmlischen Liebe zugleich verstanden wissen wollte. Nach JAKOB BÖHME war sie auch Verkünderin des Jüngsten Tags; als christianisierte Venus vertrat sie zugleich die göttliche Zeugungskraft in der Materie und die reine Intelligenz des Geistes. Das Kind war demnach Eros, Prinzip der göttlichen Selbstentfaltung und Gleichnis der menschlichen Seele, der Christus als neuer Adam eingeboren wird und sie zum ewigen Leben erweckt, während im Rahmenstreifen ihr weiterer Lebensweg – von der irdischen Sonnenfinsternis zur Erleuchtung durch das undarstellbare himmlische Licht – gezeigt ist.

Alles in allem also eine überaus tiefsinnige verschlüsselte Bildsprache, mit der Runge die Wunschvorstellung eines künstlerischen Neubeginns in der Gestalt altertümlicher Bildmuster präsentierte. »Und wie sollen wir die Weise nennen, in der diese Bilder gedacht erscheinen? Sollen wir sie Arabesken heißen?« (Görres). – Dieser von Zeitgenossen oft auf die Kunst Runges angewandte Begriff ist von dem formalen Aufbau der Bilder abgeleitet, den der Maler anhand der Scherenschnittechnik entwickelt hatte: von Ornament und Symmetrie*. Das waren die bildlichen Mittel, mit denen Runge das religiöse Weltzeitendrama in vier bedeutungsträchtigen Bildmustern zu fassen suchte. Seiner Auffassung nach sollten sie einen Neubeginn der Kunst – untermauert durch seine farbtheoretischen Untersuchungen – ankünden.

Caspar David Friedrich: Mönch am Meer (um 1808/09)

1. Empfindsame Einfühlung als Betrachterverhalten

2. Die Landschaft als Sinnbild des menschlichen Daseins

3. Entsprechungen zwischen Gemütsstimmung und Naturzuständen

Caspar David Friedrich (* 1774 in Greifswald, † 1840 in Dresden) besuchte vier Jahre lang die berühmte Kopenhagener Kunstakademie; 1810 wurde er Mitglied der Berliner Akademie; 1824 ernannte ihn der König von Sachsen zum außerordentlichen Professor, doch ohne ihm ein Lehramt zu übertragen. – Friedrich gilt als der Hauptvertreter der deutschen romantischen Malerei und als Erneuerer des Landschaftsbildes. – *Hauptwerke:* Das Kreuz im Gebirge (1808), Mönch am Meer (um 1808/09), Klosterruine im Eichwald (1810), Lebensstufen (vor 1815), Kreidefelsen auf Rügen (1818), Böhmische Landschaft (1818), Wanderer über dem Nebelmeer (um 1818), Zwei Männer, den Mond betrachtend (1819), Die gescheiterte Hoffnung (1821, vgl. Abb. S. 52), Mondaufgang am Meer (1823).

1. Empfindsame Einfühlung als Betrachterverhalten. 1810 auf der Berliner Akademie-Ausstellung erlebte FRIEDRICH seinen größten Erfolg: zwei seiner Bilder, die »Klosterruine im Eichenwald« und der »Mönch am Meer« wurden durch König FRIEDRICH WILHELM III. erworben. Insbesondere das letztgenannte Werk hat mit seiner düsteren und schwermütigen Stimmung auf die Zeitgenossen außerordentlichen Eindruck gemacht. Unter der Überschrift »Empfindungen vor Friedrichs Seelandschaft« erschien in den Berliner Abendblättern Nr. 12 vom 13. 10. 1810 folgende, von einem C(LEMENS) B(RENTANO) unterzeichnete Besprechung, die HEINRICH VON KLEIST als Redakteur überarbeitet hatte: »Herrlich ist es, in einer unendlichen Einsamkeit am Meeresufer, unter trübem Himmel auf eine unbegrenzte Wasserwüste hinauszuschauen. Dazu gehört gleichwohl, daß man dahin gegangen sei, daß man zurück muß, daß man hinüber möchte, daß man es nicht kann, daß man alles zum Leben vermißt und die Stimme des Lebens dennoch im Rauschen der Flut, im Wehen der Luft, im Ziehen der Wolken, in dem einsamen Geschrei der Vögel vernimmt ... Dies aber ist vor dem Bilde unmöglich, und das, was ich in dem Bild selbst finden sollte, fand ich erst zwischen mir und dem Bilde ... und so ward ich selbst der Kapuziner ... das aber, wohinaus ich mit Sehnsucht blicken sollte ... fehlte ganz. Nichts kann trauriger und unbehaglicher sein, als diese Stellung in der Welt: der einzige Lebensfunke im weiten Reiche des Todes, der einsame Mittelpunkt im einsamen Kreis ... und da [das Bild], in seiner Einförmigkeit und Uferlosigkeit, nichts als den Rahm[en] zum Vordergrund hat, so ist es, wenn man es betrachtet, als ob einem die Augenlider weggeschnitten wären.«

2. Die Landschaft als Sinnbild des menschlichen Daseins. Auf den von ihm gewünschten

C. D. Friedrich: Wanderer über dem Nebelmeer; ▶ 1818, Öl/Lwd., 95 × 75 cm; Kunsthalle, Hamburg

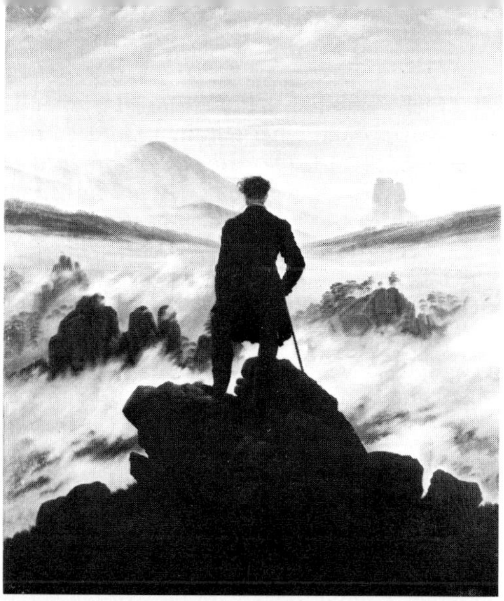

C. D. Friedrich: Mönch am Meer; um 1808/09, ▼ Öl/Lwd., Schloß Charlottenburg, Berlin (Staatl. Museen Preuß. Kulturbesitz). Vgl. Farbtafel S. 165!

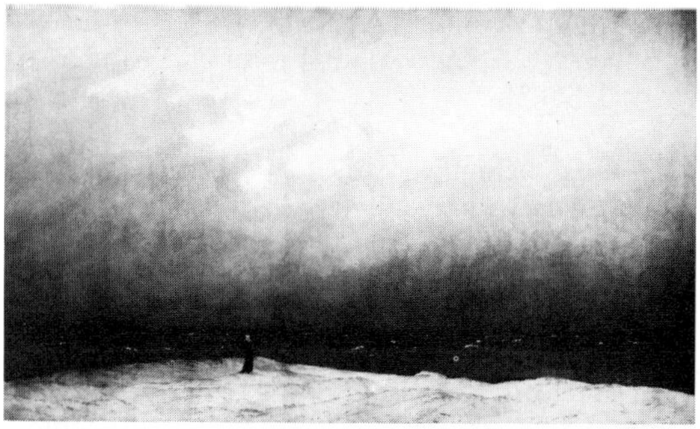

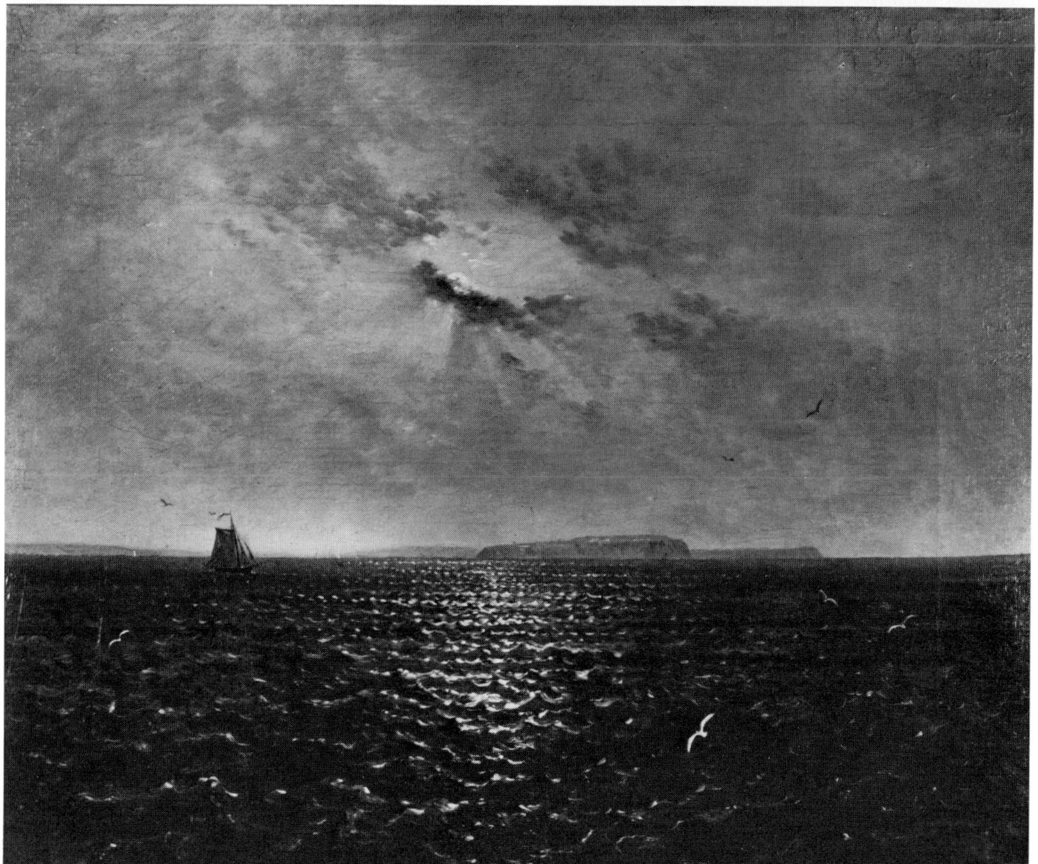

C. G. Carus: Mondnacht bei Rügen; 1819, Öl/Lwd., 38 × 47,5 cm, Gemäldegalerie Neue Meister, Dresden

Eindruck des Bildes hatte FRIEDRICH offenbar mit wiederholten Übermalungen und Korrekturen hingearbeitet: Röntgenaufnahmen ergaben, daß die Wasserwüste ursprünglich mit zwei Schiffen belebt war, und dazu passen Berichte zeitgenössischer Atelierbesucher, die das Bild vor der endgültigen Fassung in verschiedenen Zuständen zu Gesicht bekamen; sie sprechen abwechselnd vom mondlos-reinen und gleichgültig-ruhigen Nachthimmel, von schön blinkenden Ostseewellen beim letzten Viertel des Mondes und schwach blitzendem Morgenstern und von grauer, von Dünsten schwerer Luft, die schließlich den nächtlichen in einen trüben Himmel verwandelte.

Von der Annahme ausgehend, daß der junge C. D. Friedrich durch mehrere Todesfälle in seiner Familie stark geprägt worden sei, ist versucht worden, seine Bilder symbolisch zu deuten: »So klar der Vordergrund als das Hier und Jetzt zu deuten ist, so schwer ist zu präzisieren, was mit dem Meer gemeint ist. In der frühesten Fassung der Bildidee mit den beiden Schiffen versinnbildlicht das Meer wahrscheinlich das Lebenselement, denn Schiffe sind bei Friedrich zumeist Sinnbilder des menschlichen Daseins. Die Beendigung ihrer Fahrt verweist auf den Tod. Der helle Strand hätte in diesem Zusammenhang nur eine jenseitige Welt bedeuten können. Was der Hintergrund versinnbildlicht, wird durch die Betrachtung des Himmels, der dritten und größten Zone der Bildfläche, deutlicher. Er zeigt einen Widerstreit von Dunkelheit und Licht, was in dieser Sphäre des Religiösen, die der Himmel bei Friedrich stets ist, als göttliche Verheißung von Erlösung und ewigem Leben zu deuten ist. Der nächtliche Himmel mit dem Morgenstern und der Sichel des abnehmenden Mondes, die man nur am frühen Morgen sieht, besagten etwas Ähnliches, nämlich die Erwartung des Tages und des Lichtes, das über die Finsternis siegt. Unter diesem Gesichtspunkt erscheint das Meer als Sinnbild für die bedrohliche Weite des Weltalls sowie für die Übermacht des Todes und der Materie über das Lebendige. Der Mönch grübelt, im klassischen Trauergestus den Kopf in die Hand stützend, über diesen metaphysischen Sinn, den ihm die Landschaft enthüllt. Nichts anderes tut Friedrich als Maler, wenn er die Erscheinung der Landschaft als Sinnbild zu begreifen sucht. Deshalb hat es eine tiefe Berechtigung, wenn Friedrich in dem Mönch ein Bildnis seiner selbst gibt. Mit der Darstellung als Mönch deutet er die Ausschließlichkeit seiner Ausrichtung auf das Jenseits an und zugleich auch seine Einsamkeit« (H. Börsch-Supan: Caspar David Friedrich. München 1973. S. 83f.).

3. Entsprechungen zwischen Gemütsstimmungen und Naturzuständen. Als der berufenste Interpret ist immer wieder CARL GUSTAV CARUS, einer der Schüler und wenigen persönlichen Freunde Friedrichs, angeführt worden. Er war von Beruf Mediziner, ab 1824 Leibarzt des sächsischen Königshauses, und gilt als einer der Wegbereiter der modernen Psychologie. Auch als Landschaftsmaler verdient er Beachtung. Zwischen 1815 und 1824 verfaßte er »Neun Briefe über Landschaftsmalerei«, in denen man mit guten Gründen u. a. auch eine Erläuterung von Friedrichschen Intentionen vermutet.

Für CARUS leitete sich »von den Entsprechungen zwischen Gemütsstimmungen und Naturzuständen« die »Hauptaufgabe landschaftlicher Kunst« her: »Darstellung einer gewissen Stimmung des Gemütslebens durch die Nachbildung einer entsprechenden Stimmung des Naturlebens ... Wie die angeschlagene Saite eine zweite, ihr gleichnamige, so müssen auch in Natur und Gemüt die verwandten Regungen sich hervorrufen, und ... hierin erscheint ... die Individualität des Menschen als untrennbarer Teil eines höheren Ganzen ... Welches sind nun aber die besonderen in den mannigfaltigen Verwandlungen der landschaftlichen Natur ausgesprochenen Stimmungen? – Wenn wir erwägen, daß alle diese Verwandlungen nichts anderes sind als Formen des Naturlebens, so können auch die verschiedenen in denselben ausgesprochenen Stimmungen nichts anderes als Lebenszustände, Stadien des Naturlebens, bezeichnen. Nun ist aber das Leben selbst in seinem Wesen unendlich, und nur seine Formen sind stetiger Veränderung unterworfen, im steten Hervor- und Zurücktreten begriffen, so daß wir dadurch in jeder individuellen Lebensform auf vier Stadien hingewiesen werden, welche als Entwicklung und vollendete Darstellung, Verwelkung und völlige Zerstörung sich unterscheiden lassen ... eine einsame, in Betrachtung der stillen Gegend verlorene Gestalt wird den Beschauer des Bildes anregen, sich an dessen Stelle zu denken; der Pilger wird die Idee der Ferne, ja das Nichtzuermessende der Erdfläche uns zurückrufen; immer aber wird die Landschaft das belebte Geschöpf bestimmen, es wird aus ihr selbst notwendig hervorgehen ... Fast ebenso nämlich, wie die Entwicklung der Sinne in dem organischen Wesen mit der des Gefühls, des Getastes beginnt, und die feinern Sinne des Gehörs und Gesichts erst bei vollkommener Organisation hervortreten, so ist der Mensch [in seiner Kulturgeschichte] zuerst Plastiker; was er bildet, muß massig, räumlich, greifbar vor ihm stehen« (C. G. Carus: Neun Briefe über Landschaftsmalerei. Dresden 1955, Seite 49 und 55).

Gerade die Plastik hatte – darin war CARUS mit der zeitgenössischen Philosophie einer Meinung – schon im Jugendalter der Menschheit, im heroischen Zeitalter der griechischen Kunst, ihre unwiederholbare Blüte erlebt. Was nun die eigentliche landschaftliche Kunst betrifft, so setzt sie offenbar schon eine höhere Bildung und Erfahrung voraus: »Es liegt eine gewisse Abstraktion und Selbstaufopferung darin, die Außenwelt, früher nur das Element für unsere Tätigkeit, auch an und für sich als etwas Schönes und Erhabenes gelten zu lassen ... es wird hier gefordert, daß der Mensch die egoistische Beziehung der ganzen Natur auf sich völlig aufgebe und eine reine Anschauung ... des Weltganzen in sich aufnehme. Nur aus diesem Sinne also ... konnte die eigentliche Landschaftskunst hervorgehen« (C. G. Carus, a. a. O., S. 96f.).

CARUS' Forderung an die Landschaftsmalerei, von jeglicher praktischen »Benutzer-Perspektive« Abstand zu nehmen, hat ihre Entsprechung in FRIEDRICHS meist flächig-fernsichtigen, oft atmosphärisch verschleierten, sonst aber scharfgestochenen, unbegehbaren und unberührbaren Landschaftsstücken, die – abgesehen von den traditionellen Seefahrtsbildern – keinerlei Anzeichen der beginnenden »verkehrstechnischen« oder gar »industriellen Erschließung« der Landschaft erkennen lassen. Und sogar seinen wahrhaft natursuchenden Einzelgängern, so etwa dem »Wanderer über dem Nebelmeer« (um 1818), führte Friedrich mit der großartigen Fernsicht regelmäßig auch die für sie unerreichbare Ferne und ihre eigene Fremdheit in dieser Umgebung vor Augen.

»Die Romantik* war die Ideologie der neuen Gesellschaft und drückte die Weltanschauung einer Generation aus, die an keine absoluten Werte mehr glaubte ... Das Gefühl der Heimatlosigkeit und der Vereinsamung wurde zum entscheidenden Erlebnis der neuen Generation; ihre ganze Weltanschauung war und blieb davon abhängig. Es ... fand seinen Ausdruck in einer Reihe von Fluchtversuchen, von welchen die Wendung zur Vergangenheit nur die ausgeprägteste war. Die Flucht in die Utopie und das Märchen, das Unbewußte und Imaginäre, das Unheimliche und Geheimnisvolle, zur Kindheit und zur Natur ... Darum ist bei [den Romantikern] so viel vom Wandern die Rede, vom Wandern ohne Ziel und Ende ... [von] der Einsamkeit, die man sucht und meidet, der Unendlichkeit, die nichts und alles ist« (A. Hauser: Sozialgeschichte der Kunst und Literatur. München 1953, S. 182f.).

Francisco de Goya: Die Erschießung der Aufständischen am 3. Mai 1808 (1814)

1. Eine neue Dimension der Wirklichkeitserfassung

2. Zwischen Traditionsbruch und Traditionsverbundenheit

3. Sakrale Überhöhung eines Volksaufstandes

Francisco de Goya (* 1746 in Fuentetodos bei Saragossa, † 1828 in Bordeaux) machte nach einer Italienreise (1770) eine steile und legendenumwitterte Karriere, bis er 1799 »Maler des Königs« wurde. – Neben einer großen Zahl von Gemälden – besonders bekannt: Die Familie Karl IV. (1800), Saturn verschlingt seine Kinder (1819–23), Der Koloß (um 1819), Hexensabbat (1819–23) – schuf er die Radierfolgen: Caprichos (1795–98) und Schrecken des Krieges (1810–20). Goya ordnet sich keiner Schule ein. Er trägt die »Elemente aller Bewegungen – des Klassizismus, der Romantik und des Realismus – in sich und offenbart eine Paradoxie, vor der die Kunstgeschichte oft steht: Als völlig isolierte Erscheinung in seiner Zeit ist er doch zugleich deren stärkster Repräsentant« (K. Lankheit: Zwischen Revolution und Restauration. Baden-Baden 1965, S. 233).

1. Eine neue Dimension der Wirklichkeitserfassung. »Wohl das berühmteste Gemälde des Künstlers trägt den Titel ›Die Erschießung der Aufständischen‹ (Prado). Es stellt die Exekution von spanischen Patrioten dar, die am Vortag jenes 3. Mai 1808 die Truppen der französischen Besatzungsmacht angegriffen hatten ... Die Leinwand mißt über zweieinhalb Meter in der Höhe und dreieinhalb Meter in der Breite. Dem monumentalen Format entspricht die klare Verteilung der Massen. Rechts – schräg vom Rücken her gesehen – steht das Peloton der Soldaten mit angelegter Waffe. Das furchtbare Geschehen vollzieht sich unmittelbar vor uns. Der Parallelismus in der Haltung und die Verdeckung der Gesichter verstärken den Eindruck einer unausweichlichen, aber anonymen Vernichtungsmaschine. Links – nur einen Schritt vor den Gewehrläufen – erwartet dichtgedrängt eine Gruppe Verzweifelter die tödliche Kugel, während aus der Bildtiefe weitere Scharen Verurteilter zur Richtstätte herangetrieben werden. Der diagonal abfallende Hang und die Häuser von Madrid mit dem Stadttor heben sich gegen einen nachtdunklen Himmel ab. Die einzige Lichtquelle im Bild ist die große Laterne zu Füßen der Soldaten. Erbarmungslos fällt ihr Schein auf den Bauern im weißen Hemd, der in trotzigem Aufschrei die Arme emporreißt. Diese hellste Gestalt mit der sich unvergeßlich einprägenden Gebärde ist solcherart der Bedeutungsmittelpunkt des Ganzen. Alle anderen Opfer scheinen wie sein Widerhall: die entsetzt ihr Gesicht in den Händen vergraben, der stieren Blickes und verbissen das Kinn vorschiebt, der zitternd die Sterbegebete sprechende Mönch oder die schon in ihrem Blut liegenden Erschossenen.

Obgleich noch eine zweite Lichtquelle außerhalb des Gemäldes gedacht werden muß, durch welche Bajonette, Gewehrläufe, Säbelscheiden aufblinken und auch die Rücken der vorderen Soldaten aufgehellt werden, wird die Wucht der Konfrontierung von ohnmächtigem Freiheitsdrang und brutaler Gewalt nicht gemindert. Wohl läßt sich die düstere Farbgebung thematisch begründen, es sind die ersten Stunden des 3. Mai noch vor der Morgendämmerung. Und doch sind Farbe wie Licht weitgehend emotional verwendet. Unterhalb des schwärzlichen Himmels gibt es meist erdige Mischtöne, selbst das magische Weiß der Hauptfigur ist gebrochen. Als einzige reine Farbe erscheint das brennende Rot des Blutes auf den Körpern der Toten und in den Lachen am Boden. Noch furchtbarer als in DELACROIX' ein Jahrzehnt später entstandenem ›Massaker von Chios‹ bleibt die Orgie der Vernichtung ohne ein tröstendes Zeichen vom Himmel, ja selbst das Licht bringt bei Goya nicht Erlösung, sondern Verderben« (K. Lankheit, a. a. O., S. 236).

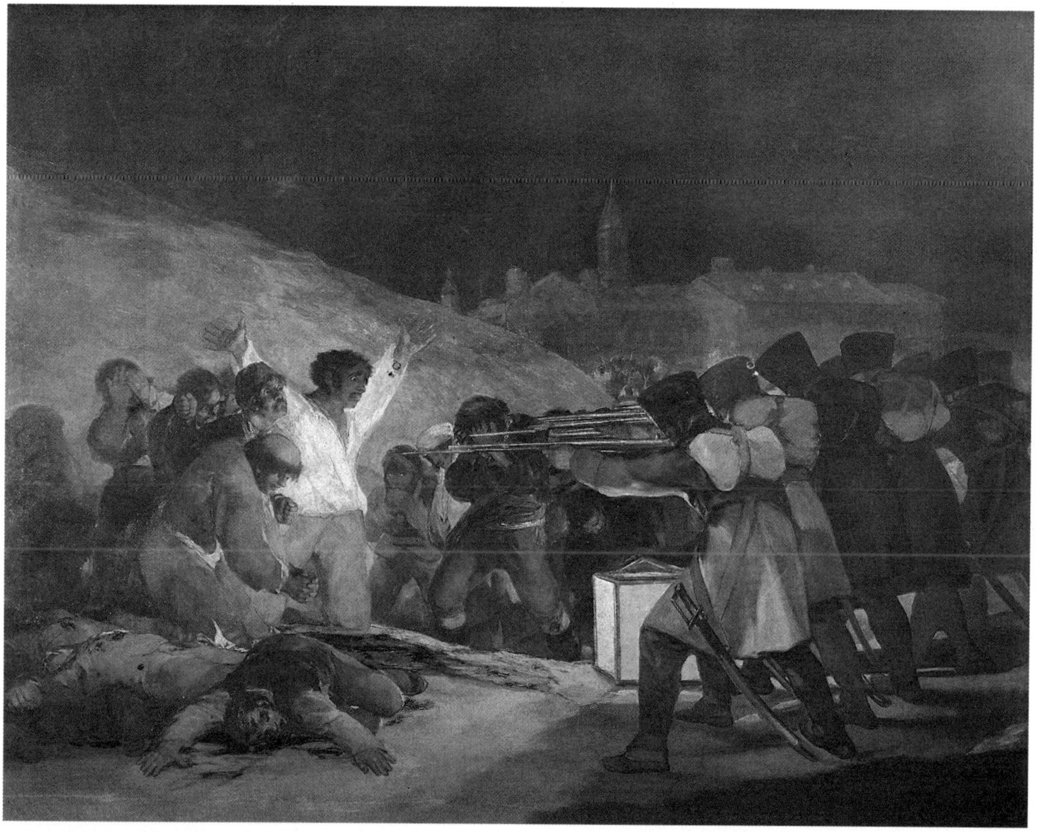

F. de Goya: Die Erschießung der Aufständischen am 3. Mai 1808; 1814, Öl/Lwd., 255 × 345 cm, Prado, Madrid (Vgl. die Farbtafel auf S. 166!)

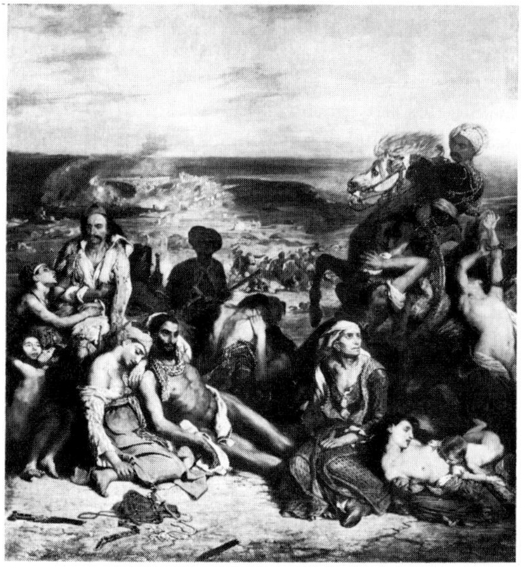

◀ E. Delacroix: Das Massaker von Chios, 1824, Öl/Lwd., 417 × 354, Louvre, Paris

F. de Goya: Eine große Heldentat! Mit Toten! Radierung aus der Folge »Die Schrecken des Krieges«, zwischen 1810–20

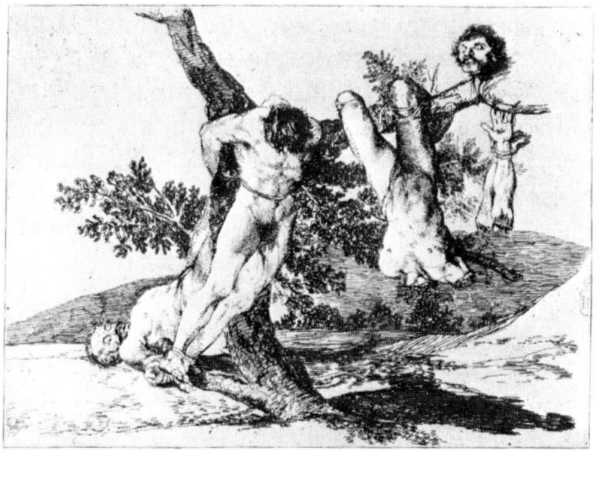

2. Zwischen Traditionsbruch und Traditionsverbundenheit. Die verschiedenen Meinungen der Kunsthistoriker über dieses Gemälde lassen sich auf zwei gegensätzliche Ansichten zurückführen: Die einen sehen in ihm einen revolutionären Bruch mit den Traditionen der Malerei; die anderen versuchen, auch das augenfällig Neue an der Malerei Goyas einer allgemeinen Entwicklungsgeschichte der Kunst einzugliedern:

»Nichts ist mehr übrig von der Tradition des 18. Jahrhunderts. Aus der spontanen Beobachtung eines tatsächlichen Geschehens, das in seiner dramatischen Anschaulichkeit die wildesten Phantasien überstieg, und durchdrungen von tiefem sozialem Gefühl schuf Goya einen neuen Stil« (F. D. Klingender: Goya und die demokratische Tradition Spaniens. Berlin 1971, S. 177).

»Dieses Bild ... bedeutet eine Revolution in der Geschichte der Kunst ... hier [wird] die traditionelle Historienmalerei der letzten vierhundert Jahre vehement beiseitegeschoben: der Heroismus ist nicht mehr ein solcher der posierenden Fürsten und Feldherrn, sondern [der] des leidenden Volkes ... Erneut sind Wahrheit und Wirklichkeit identisch geworden, und der riesige Abstand zur klassischen Kunstauffassung, zur Idealisierung einer Wahrheit, die nichts mit Wirklichkeit zu tun hat, ist kaum zu ermessen« (K. Farner: Francisco José de Goya. Richter und Gerichtete. 1970, S. 24f.).

»... hier ist der in großen Flächen arbeitende, bühnenhafte Stil des 18. Jahrhunderts verwendet worden, [um] in großen Silhouetten* eine plakatartige Wirkung zu erzielen und die malerisch unkörperliche Farbfläche der Figuren zur Verstärkung der aufreizenden Idee und Ausdruckskraft des Inhaltes zu verwenden. Die groß, breit und feurig aufgetragenen Farben bekommen einen neuen Stimmungswert. Vor dem Schieferblau des Nachthimmels schreit das Weiß des Exekutierten zu ihm auf und lodert das Rot des Blutes racheheischend heraus« (R. Hamann: Geschichte der Kunst. München 1933, S. 743).

»Es geht nicht an, Goyas merkwürdige Kriegsszenen auf ... malerische Bestrebungen allein zurückzuführen. Der dargestellte Inhalt spricht ganz wesentlich mit, und in der Auffassung desselben können wir eine bedeutsame Wandlung wahrnehmen ... Die Kriegsschilderungen Goyas gleichen ... wenig den älteren Kriegsapotheosen, in denen in der Regel der Sieg verherrlicht und zugleich ein gewolltes Denkmal der persönlichen oder gemeinsamen autokratischen oder kommunalen Kriegstugenden geschaffen wurde, wie wir es so oft in der altorientalischen, spätantiken oder barocken Kunst beobachten können. Doch auch von den Kampf- und Kriegsdarstellungen, in denen das Gegenständliche erst in zweiter Linie eine Rolle spielte und mehr oder weniger nur ein Vorwand für rein künstlerische Probleme war, wie bei den Griechen oder in der Renaissance, sind Goyas [Darstellungen] ... weit entfernt ... Von einer ... rein artistischen Kriegsdarstellung, bei der die inhaltlichen Momente den formalen gegenüber weit zurücktreten mußten, kann bei Goya keine Rede sein ... Aufwallungen des Zornes, Regungen der Barmherzigkeit, des Entsetzens, der Verzweiflung, leidenschaftliche Proteste und Resignation, innere Erschütterung und bange Fragen geben diesen ergreifenden ... Kriegsbildern ihren eigentlichen Inhalt ... und verwandeln sie zu einem Kommentar subjektiver psychischer Vorgänge, die durch den Krieg hervorgerufen wurden ... Hatten subjektive Gefühle und Empfindungen ... schon seit PETRARCA die lyrische Dichtung beeinflußt, so wurde nun im Gegensatze zu den überweltlichen Idealen des Mittelalters, zu dem materialistischen Kulte der Welt der Sinne in der Renaissance und zu der Herrschaft des abstrakten Verstandes in der Aufklärungszeit das psychische Erlebnis zur Hauptquelle der Phantasie auf allen Gebieten der Kunst. Aus ihm schöpfte man die wichtigsten künstlerischen Motive« (M. Dvořák: Eine illustrierte Kriegschronik, in: Gesammelte Aufsätze. München 1929, S. 242).

3. Sakrale Überhöhung eines Volksaufstandes. »Auf der anderen Seite rollt nun das Verhängnis wie in einem dreiaktigen Drama ab. Von unten her wird in der Mitte des Bildes der lange Zug der Gefangenen herangeführt. Ihre verzweifelten Gebärden sammeln sich gewissermaßen in der Haltung des vordersten Mannes, der gerade die Höhe des Schauplatzes erreicht hat. Ungewiß bleibt es, ob nicht ein Teil der Gewehre, deren vorderste Läufe ihre Köpfe überschneiden, schon auf sie gerichtet ist. Das wichtigste Ziel aber bleibt die mittlere Gruppe von sechs Männern, und hier kniet der eine, wie ein Chorführer mit seinem weißen Hemde und den gelben Hosen, im hellsten Licht. Daneben liegt die dritte Gruppe, die von ihrem Schicksal schon ereilt worden ist, am Boden. Das Blut, das sie verströmt, bildet eine große Lache vor der Hauptfigur und verbindet diese Gefallenen mit den Heraufkommenden. Es verbindet aber auch die Hauptfigur mit der kastenartigen Laterne, die am Boden rechts vor den Soldaten steht und wenigstens symbolisch die Quelle der Beleuchtung bildet.

Ihr hellstes Licht fällt auf den Knienden, der so mit seinen starken Farben die Szene dominiert. Er hat die Arme weit ausgebreitet und blickt mit entsetztem und verbissenem Antlitz auf die Soldaten, von denen er im nächsten Augenblick den Tod erwarten muß. Kein Zweifel, daß Goya ihn als Verkörperung des nationalen Widerstandes aufgefaßt hat. Noch mehr – es ist schon früh bemerkt worden, daß dieser Mann an der Innenseite seiner Hände die Wundmale Christi trägt, so daß seine ganze Erscheinung an den gekreuzigten Erlöser erinnert. Auf seiner rechten Seite drängen sich mit entsetzten Mienen und Gebärden fünf Männer mit einem Mönch an der Spitze, und hinter ihnen wird ganz schattenhaft eine sitzende Frau sichtbar, die ein Kind in den Armen hält. Über ihrem Kopfe zieht sich ein schmaler heller Streifen hin. Kann er als ein Nimbus* und die Figur so als eine Erinnerung an Maria verstanden werden? Und dürfen wir dergestalt in der ganzen Szene einen Anklang an Golgatha erblicken? Also daß sich diese symbolische Anspielung an das Leiden Christi hier als die höchste, aber zweifellos echt spanische Form des Patriotismus zu erkennen gibt?« (J. Gantner: Goya. Berlin 1974, S. 183f.)

Théodore Géricault: Das Floß der Medusa (1818/19)

1. Vom Schiffbruchdrama zum Bildmotiv

2. Von der äußerlichen Nacherzählung zum inneren Nacherleben

3. Das Bildthema als politische Provokation

4. Von der Ikonographie* zur Motivgeschichte

Jean Louis André Théodore Géricault (* 1791 in Rouen, † 1824 in Paris) richtete sich 1812 ein Atelier in Paris ein und erzielte erste Erfolge; einen Rom-Aufenthalt 1816/17 nutzte er vor allem zum Studium MICHELANGELOS. Géricault steht künstlerisch unter dem Einfluß des David-Schülers A.-J. GROS, der ein Bewunderer RUBENS' war. Sein Medusa-Gemälde löste im Salon* 1819 den »romantischen Durchbruch« aus. Géricaults Erbe trat E. DELACROIX an.

1. Vom Schiffbruchdrama zum Bildmotiv. »Das Ereignis, welches Géricault die Idee zu seinem Gemälde eingegeben hatte, lag drei Jahre zurück. Am 2. Juli 1816 war die Fregatte ›La Méduse‹, Flaggschiff eines Konvoys mit französischen Soldaten und Siedlern für die Kolonie Senegal, vor der Westafrikanischen Küste ... auf Grund gelaufen. Schuld war hauptsächliich die Unfähigkeit des Kapitäns ... eines adeligen ehemaligen Emigranten, der sein Kommando mehr ministerieller Protektion als seiner See-Erfahrung verdankte. Er war den langsameren Fahrzeugen seines Konvoys davongesegelt ... mit dem Resultat, daß keine Schiffe in der Nähe waren, um die ›Meduse‹ flottzumachen, als sie auflief ...

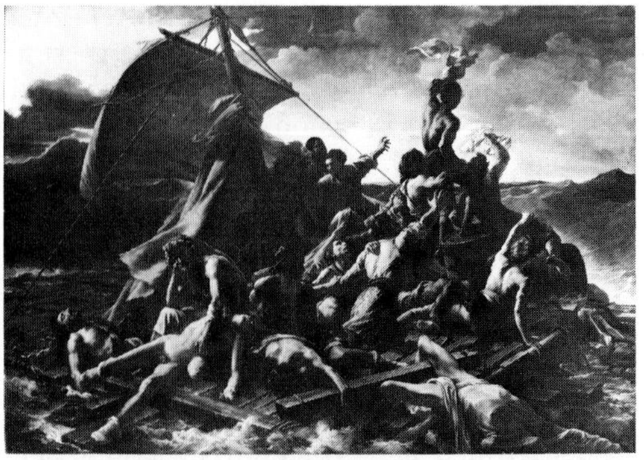

Géricault: Floß der Medusa; 1818/19, Öl/Lwd., 491 × 716 cm, Louvre, Paris (Vgl. S. 167!)

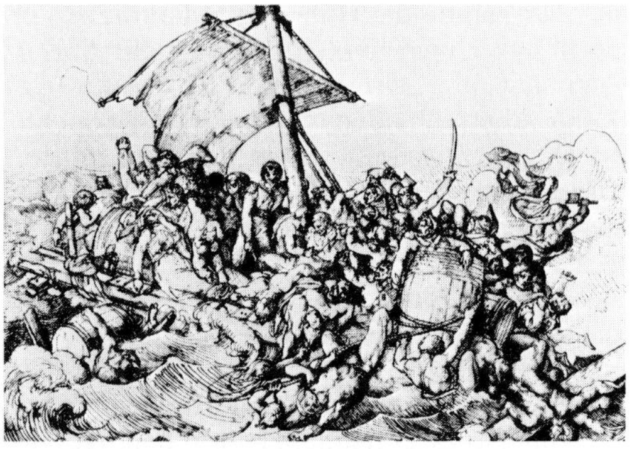

Vorzeichnung Géricaults zum Bild »Floß der Medusa«, Stedeljik Museum, Amsterdam

Nur sechs Rettungsboote ... standen zur Verfügung; sie konnten nicht mehr als etwa zweihundertfünfzig der vierhundert Passagiere und Mannschaften aufnehmen. Zur Unterbringung der Restlichen wurde aus vertäuten Masten und Rahen ein Floß gebaut ... Der Kapitän und die Mehrzahl der höheren Offiziere, die nur um ihre eigene Sicherheit besorgt waren, übernahmen ohne Rücksicht das Kommando der seetüchtigen Boote und überließen es den niederen Dienstgraden und Soldaten, ihr Glück auf dem Floß zu versuchen. Hundertfünfzig Personen, unter ihnen eine Frau, wurden auf die glitschigen Baumstämme getrieben, die unter diesem Gewicht sofort überflutet wurden ... In ihrer Eile, an Land zu kommen, kappten die Bootsinsassen die Taue zu dem schwerfälligen Floß und überließen seine Besatzung steuerlos und ohne Proviant und Trinkwasser ... Wind und Wellen« (L. Eitner: Géricaults Raft of the Medusa. London 1972, S. 7).

Die von Mord und Menschenfresserei begleitete Schreckensfahrt des Floßes überlebten nur zehn Personen; ihre Berichte der Katastrophe führten zu einem politischen Skandal. Im November 1817 erschien das von zwei der Überlebenden geschriebene Buch »Schiffbruch der Fregatte Medusa«. Es ist wahrscheinlich, daß Géricault das Buch kurz nach Erscheinen las und beide Verfasser kennenlernte; auf jeden Fall fand er hier das Sujet* seines Gemäldes. »Zu Beginn ging die Arbeit langsam und schwerfällig voran. Ihr sehr allmählicher Fortschritt läßt sich ablesen an einer Reihe von Vorstudien, aus denen hervorgeht, daß Géricault anfangs sein Bildthema keineswegs klar vor Augen hatte. Es bereitete ihm sichtlich Schwierigkeiten, unter den verschiedenen dramatischen Episoden der Schiffbruchgeschichte die geeignetste auszuwählen ... Die Schwierigkeit bestand darin, aus dem Fluß der Erzählung einen einzigen, bedeutsamen und bildlich wirkungsvollen Moment herauszugreifen ... Géricault tat sich mit Bilderfindungen nicht leicht ... Bei dem Versuch, das Drama des Medusa-Floßes in eine einzige Szene zusammenzuziehen, standen ihm nur sprachliche Beschreibungen zur Verfügung ... Es machte ihm Mühe, die Worte der Buchautoren in Bilder umzusetzen, und so griff er auf alles zurück, was der Geschichte mehr Anschaulichkeit verlieh – auf zeitgenössische Lithographie-Illustrationen des Schiffbruchs, auf persönliche Gespräche mit Überlebenden, auf ein verkleinertes Modell des Floßes, das er sich eigens vom Schiffszimmermann der Medusa anfertigen ließ. So trug er nach und nach ein beachtliches Dossier mit authentischen Beweisen und Dokumenten zusammen, nicht nur, um seine bildliche Rekonstruktion verläßlich zu machen, sondern vor allem, um seine Bildphantasie anzuregen.

Da Géricault es vorzog, nach fertigen Bildentwürfen seine endgültige Wahl für die auszuführende Episode zu treffen, begann er damit, verschiedene Momente des Unglücks zu skizzieren ... Nach den erhaltenen frühesten Zeichnungen zu urteilen, richtete sich sein Augenmerk zunächst auf fünf Episoden der Schiffbruchgeschichte. In einer Reihe sehr ausführlicher Zeichnungen behandelte er die wilde Meuterei der Matrosen gegen ihre Offiziere. In einer anderen, ebenso detaillierten Studienserie stellte er den Beginn der Menschenfresserei, die dem Massaker folgte, dar. Bis in alle Einzelheiten ging er der ersten vorübergehenden Sichtung des Rettungsschiffes... am Morgen des dreizehnten Tages der Floßfahrt nach mit den verzweifelten, aber vergeblichen Bemühungen der Männer, die Aufmerksamkeit der Sucher zu erregen. Diese Episode wählt er dann schließlich für sein Gemälde. In mehreren Zeichnungen und einer [verlorenen] Farbskizze behandelte er den Augenblick vor der eigentlichen Rettung, als die Überlebenden das herankommende Ruderboot, das sie dann in Sicherheit brachte, begrüßten. Und in anderen Zeichnungen skizzierte er die Rettungsaktion selbst und schließlich das leere, von den Überlebenden verlassene Floß« (L. Eitner, a. a. O., S. 22f.).

2. Von der äußerlichen Nacherzählung zum inneren Nacherleben. »In seinem heutigen Zustand ist das Medusa-Gemälde halb-zerstört. Teerhaltige Farben, die Géricault zur Vertiefung der Schatten verwendete, haben die Farben nachdunkeln lassen. Der erste Eindruck ist bräunliche Dunkelheit, die von helleren Partien mit gelblicher oder grünlicher Tönung durchsetzt ist. Dennoch fehlt es dem Bilde nicht an Farbigkeit. Der tatsächliche Farbenreichtum, der die düstere Harmonie des Gemäldes ausmacht, wird erst dann einsichtig, wenn sich das Auge an den unvermittelten Wechsel von Licht und Schatten gewöhnt und gelernt hat, die Oberflächenschäden durch den Teerfarbenzerfall zu übersehen... Die gedämpften Farben all der Leiber, die direkt vom Licht getroffen werden, verleihen dem Licht selbst eine merkwürdige Blässe. Tatsächlich herrscht im Bild eine Art Doppelbeleuchtung, buchstäblich Zwielicht. Das wärmere und diffusere Licht der Morgensonne, das den Himmel erhellt und das Segel trifft, ist zu unterscheiden von einem schärferen kälteren Licht, das schräg von vorn über die Gestalten auf dem Floß fällt. Dieses zweite Licht verleiht der Komposition körperliche Plastizität; ohne es würden Floß und Figuren nur als dunkle Umrißform vor dem hellen Himmel erscheinen. So, wie dieses Licht auf das Floß gerichtet und beschränkt ist, stelllt es keine natürliche Lichtquelle, sondern ein künstlerisches Hilfsmittel dar, das notwendig ist, um den Gestalten Relief zu geben und sie als bewegte Gruppe zusammenzufügen...

Indem er sein Bildthema entwickelte, hatte Géricault sich nach und nach vom äußeren Anschein des Spektakels entfernt und den inneren Erlebnissen und Leiden der schiffbrüchigen Menschen zugewandt, hatte er versucht, diesen Erfahrungen durch die Art des Bildaufbaus unmittelbaren Ausdruck zu verleihen. Von allen episodischen Einzelheiten gereinigt, verschmolzen die Figuren in einer einzigen Handlung, vereinigten sich alle Formen zu einem großen bedeutungsvollen Zeichen; in seiner endgültigen Form konnte das Gemälde nicht länger mehr als eine Rekonstruktion der Ereignisse oder als dramatische Nacherzählung ›gelesen‹ werden. Es verlangte in der Tat eine Art Einfühlung, aber nicht in einzelne Gefühlsäußerungen der individuellen Personen, sondern in die Konfiguration als Ganzes, mit all ihren Widersprüchen und Spannungen... Die entschiedene Bewegtheit und Asymmetrie der Darstellung hat kaum Vergleichbares in der zeitgenössischen Historienmalerei. Im Gegensatz zu den Gepflogenheiten der David-Schule sind alle bewegten Figuren in eine Richtung gewandt... Im Medusa-Gemälde... trifft die verzweifelte Anstrengung der Gestalten auf keinerlei sichtbaren Widerstand, die heftige Energie-Entfaltung verpufft anscheinend im Leeren. Das Bild bietet den ungewöhnlichen Anblick einer dramatischen Handlung ohne offensichtlichen Gegner und ohne Lösung, einen Anblick, den Zeitgenossen nur schwer mit ihren Vorstellungen von Historienmalerei verbinden konnten« (L. Eitner, a. a. O., S. 41–43).

3. Das Bildthema als politische Provokation. »Trotz des absichtlich unbestimmten Titels [Schiffbruch] hatten die Salonbesucher [1819] keinerlei Schwierigkeiten, das eigentliche Thema des Gemäldes zu erkennen... als eines der verlustreichsten Schiffsunglücke der jüngsten Vergangenheit war es noch frisch in Erinnerung... In den verflossenen drei Jahren war die Regierung zwar nach Kräften bemüht gewesen, einen Mantel des Schweigens

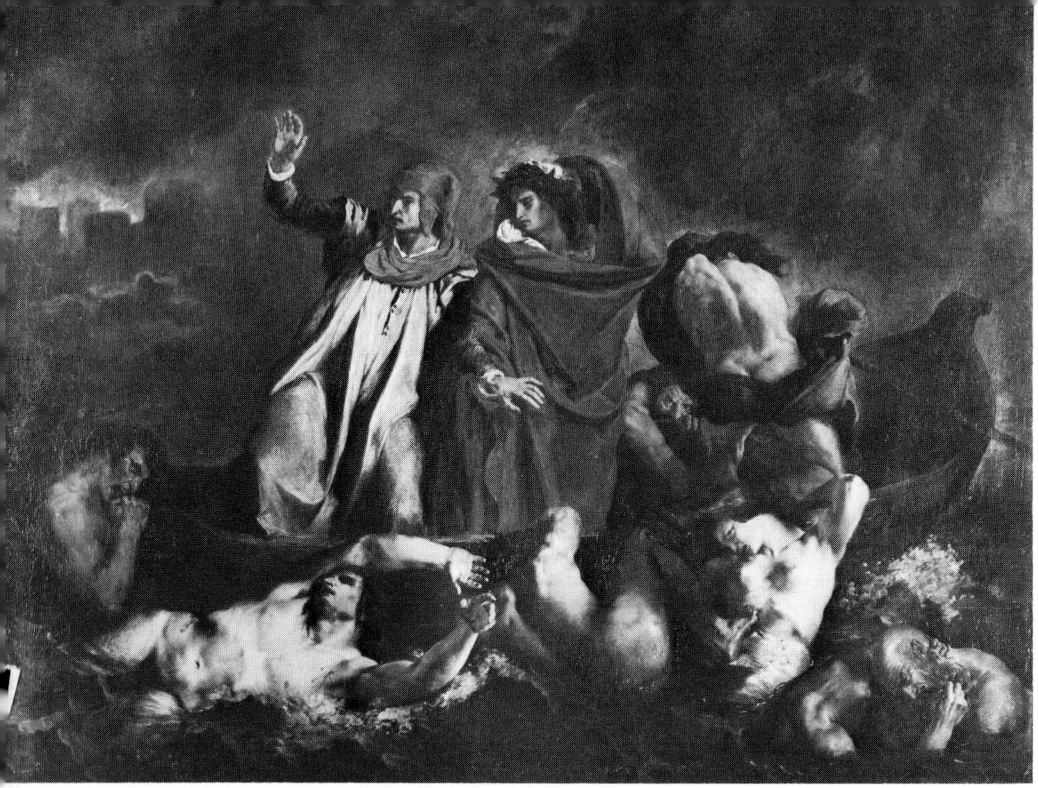

E. Delacroix: Dante und Vergil in der Unterwelt; 1822, Öl/Lwd., 189 × 246 cm, Louvre, Paris

C. D. Friedrich: Die gescheiterte Hoffnung; 1821, Öl/Lwd., 98 × 128 cm, Kunsthalle, Hamburg

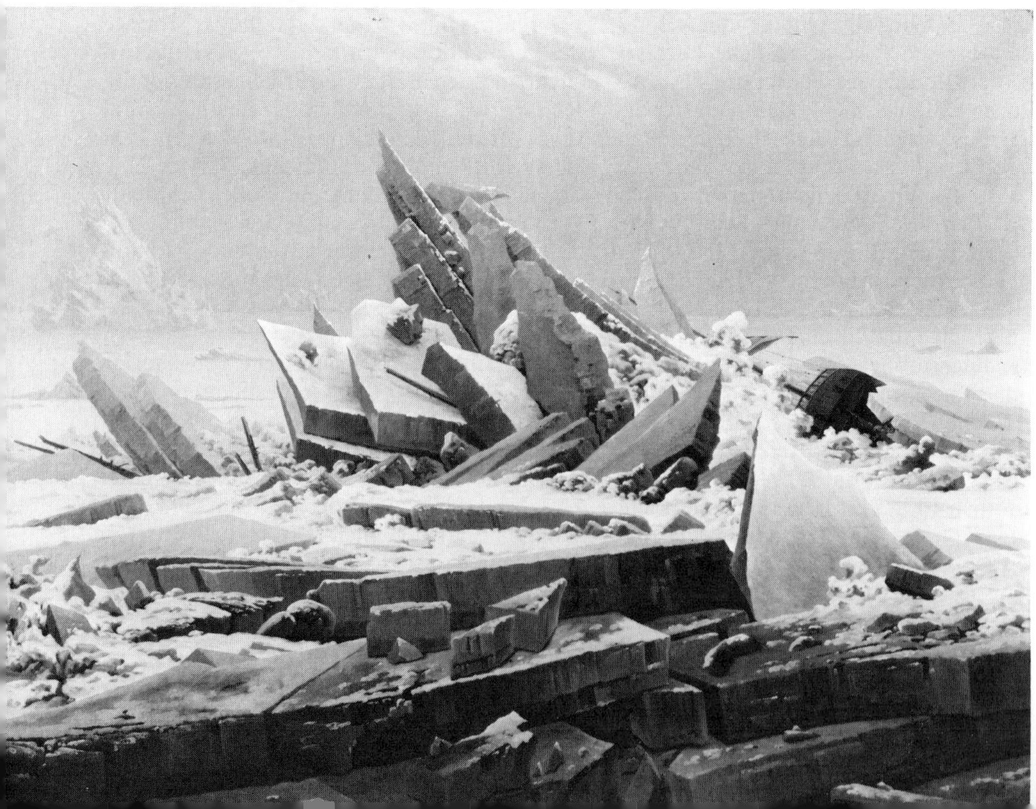

über die Sache zu breiten, aber die Opposition hatte die Erinnerung wachgehalten. Die Medusa zu erwähnen hieß die [wieder eingesetzte] Monarchie in Verlegenheit bringen; das Thema derart auffällig zur Schau zu stellen, wie Géricault es mit der Einsendung seines Gemäldes zum Salon getan hatte, bedeutete einen Akt der Herausforderung. So jedenfalls muß es den Ultra-Royalisten erschienen sein« (L. Eitner, a. a. O., S. 5).

4. Von der Ikonographie* zur Motivgeschichte. »Unter den Vorstellungen und Modellen, um die die künstlerische Einbildungskraft des Menschen durch die Jahrhunderte in stets neuen Ansätzen und Realisationen kreist, heben sich ein paar als ›mythische‹ Schauplätze heraus: Wald und Fluß, Meer und Wüste, Insel und Schiff. In unserem Zusammenhang ist es der Concetto der navigatio vitae [Vorstellung der Lebensfahrt], der herangezogen werden muß. Er umschließt Meer und Schiff gleichermaßen; beide Bereiche sind von einer außerordentlichen allegorischen und symbolischen Vieldeutigkeit ... GÉRICAULT, DELACROIX, BYRON, FRIEDRICH – sie beschwören [mit ihren Schiffahrt- und Schiffbruchbildern] die Geister aller Elemente, von Luft, Feuer, Wasser, Erde, Eis, Sturm und Nacht. Es sind die dunklen Naturphänomene, die hier sprechen, denen gegenüber es jetzt keine rettenden Mächte mehr gibt, kein helfendes Eingreifen des Himmels, keine Wundertaten Christi oder der Heiligen. Diese Schiffbruchszenen eröffnen eine durch und durch tragische Dimension; hierin gründet ihre widerchristliche, sich von allen früheren Fassungen des Themas unterscheidende Struktur – gerade am ... [Motiv] des Schiffbruchs dringt die Kunst jetzt in vormals verschlossene Gestaltungszonen ein: in das abgründig Innerliche der menschlichen so gut wie der naturhaften Welt« (E. Hüttinger: Der Schiffbruch; in: Beiträge zur Motivkunde des 19. Jahrhunderts. München 1970, S. 215f.).

Motivkunde – als weit gefaßte Einheit aus Gestaltungsform und Sinngehalt verstanden – kann der Kunstwissenschaft den schwierigen Zugang zur Moderne ermöglichen: »... versucht wird, die Kunst des 19. Jahrhunderts über die nachgerade steril anmutende Einteilung nach Epochenstilen und formalen Kriterien der Stilgeschichte hinaus, die ja immer grobschlächtige Abstraktionen sind, in ... feiner strukturierten Gesichtspunkten zu erfassen« (E. Hüttinger, a. a. O., S. 240f.).

4. Die Architektur auf der Suche nach dem Stil der Zeit

Karl Friedrich Schinkel: Friedrich Werdersche Kirche in Berlin (1824–31)

1. Stilpluralismus in der Architektur

2. Stilverschmelzungstheorie

Karl Friedrich Schinkel (* 1781 in Neuruppin, † 1841 in Berlin); Architekt, Maler, Bühnenbildner; 1799/1800 Besuch der Berliner Bauakademie; ab 1810 in der preußischen Bauverwaltung tätig; 1815 wurde er Leiter der technischen Oberbaudeputation, 1830 Oberlandesbaudirektor und Berater aller preußischen Bauunternehmungen. Zu seinen Hauptwerken in Berlin gehören die Neue Wache (1815/16), das Schauspielhaus (1818–21), das Alte Museum (1813–30) und die Bauakademie (1831–36). Er war der bedeutendste deutsche Architekt der ersten Hälfte des 19. Jahrhunderts und prägte Generationen von Architekten.

1. Stilpluralismus in der Architektur. Der Verlust eines einheitlichen Geschmacks beim Bauherrn wie auch beim Architekten im Lauf des 18. Jahrhunderts, sowie das wachsende historische Bewußtsein führen zu dem Stilpluralismus des 19. Jahrhunderts. Bei der Ausführung eines Bauvorhabens, sei es Kirche, Wohnhaus oder Brücke, wurde es üblich, auf Bauformen der Vergangenheit zurückzugreifen. Es ergab sich ein Nebeneinander von antiken, mittelalterlichen oder Renaissanceformen. Derselbe Architekt mußte imstande sein, »hier eine Renaissancekirche, dort eine romanische Kirche und weiter ein Louis-XIV- Rathaus und einen gotischen Tempel« zu errichten (der französische Schriftsteller L. Avray, Mitte 19. Jahrhundert, zitiert nach L. Benevolo: Geschichte der Architektur des 19. und 20. Jahrhunderts, Bd. 1. Neuauflage: München 1978, S. 140). Den Vorwurf, modisch und eklektizistisch* zu verfahren, wiesen die Befürworter dieses Stilpluralismus aber entschieden zurück, da sich der Künstler gerade in seiner Wahlfreiheit auf die Schönheit und den Charakter jedes Stils konzentrieren könne. Der Berliner Baumeister Schinkel gehörte zu den führenden Persönlichkeiten, die diesen Pluralismus durch eine Synthese der Stile aufzuheben suchten. In seinen »Gedanken zur Baukunst« (hrsg. von H. Mackowsky, Berlin 1922, S. 197) äußerte er: »Das Antike wirkt in seiner Größe und Festigkeit in den materiellen Massen, das Gothische durch den Geist. Daher ist es kühn, mit wenig materieller Masse viel zu bewirken. Das Antike . . . ist [als] das reine Verstandwerk ausgeprägt, daher dem physischen Leben mehr verwandt. Das Gothische verschmäht den bedeutungslosen Prunk, alles in ihm geht aus der einen Idee hervor, deshalb hat es den Charakter der Nothwendigkeit, des Ernstes, der Würde und Erhellung . . . Warum sollen wir immer nach dem Styl einer anderen Zeit bauen? Ist das ein Verdienst, die Reinheit jedes Styles aufzufassen – so ist es doch ein größeres, einen reinen Styl im allgemeinen zu erdenken, der dem besten, was in jedem andern geleistet ist, nicht widerspricht.«

2. Stilverschmelzungstheorie. Die von Schinkel geforderte Stilsynthese als eine Auslese und Verschmelzung des Besten aus dem Formenschatz der Vergangenheit verdeutlicht die Werdersche Kirche am Werderschen Markt in Berlin. Schinkels Vorentwürfe für den Neubau, der 1824–31 ausgeführt wurde, spiegeln den Stilpluralismus, der ein Zentralproblem der Baukunst des 19. Jahrhunderts war. Die letztlich im gotischen Stil ausgeführte Kirche zeigt dagegen Schinkels Absicht, das gotische Formenvokabular mit den Grundprinzipien antiker Proportionalität und Tektonik* zu ver-

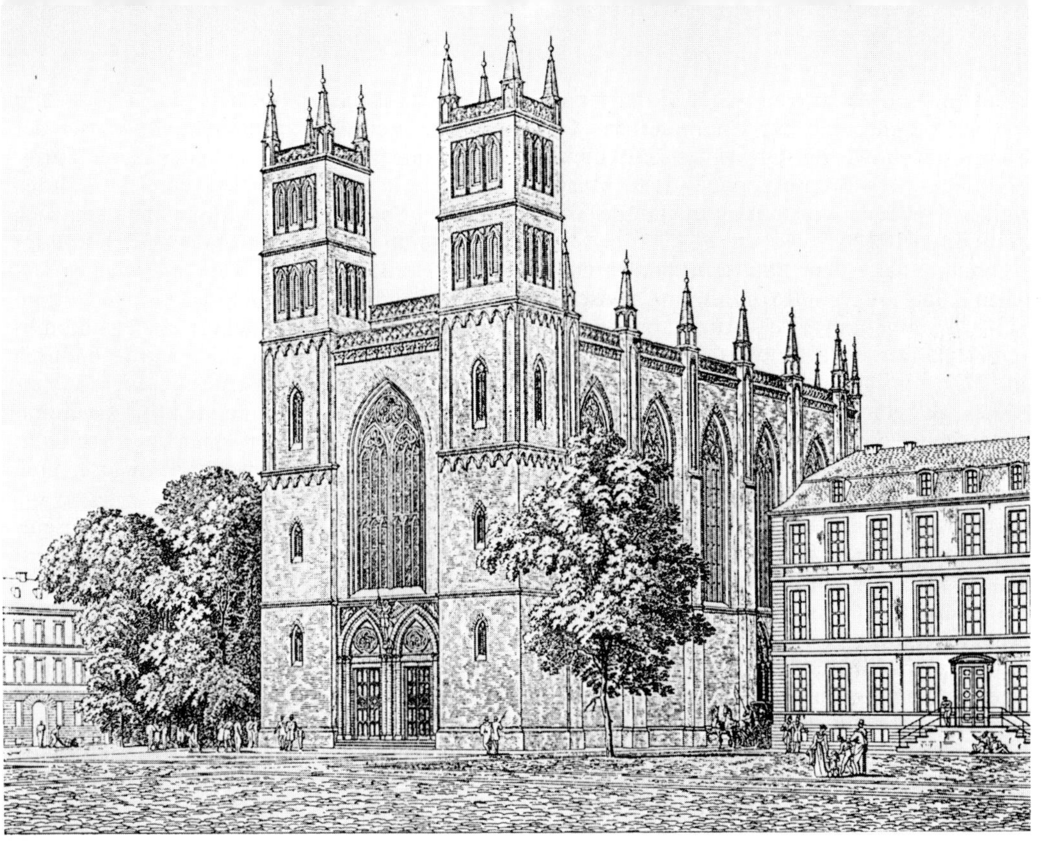

K. F. Schinkel: Entwurf zur Friedrich Werderschen Kirche; 1824–31

K. F. Schinkel: Entwürfe zur Innengestaltung der Friedrich Werderschen Kirche in Berlin:

a) Renaissance

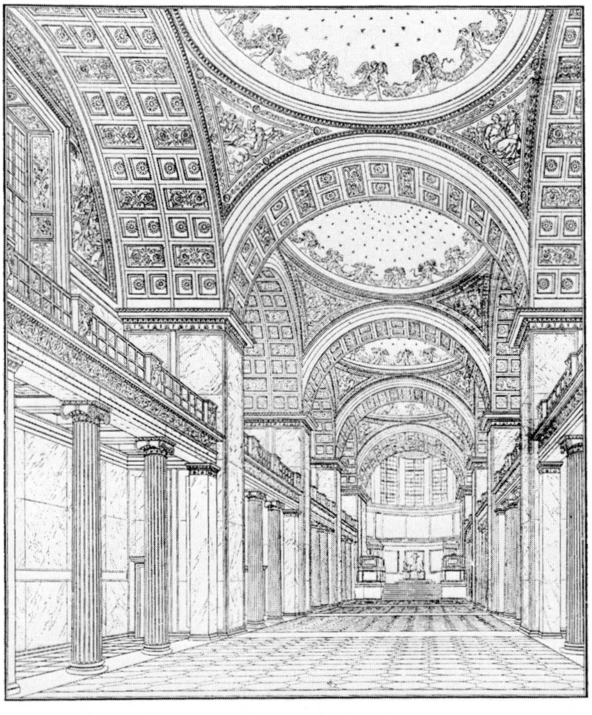

b) Gotik (ausgeführt)

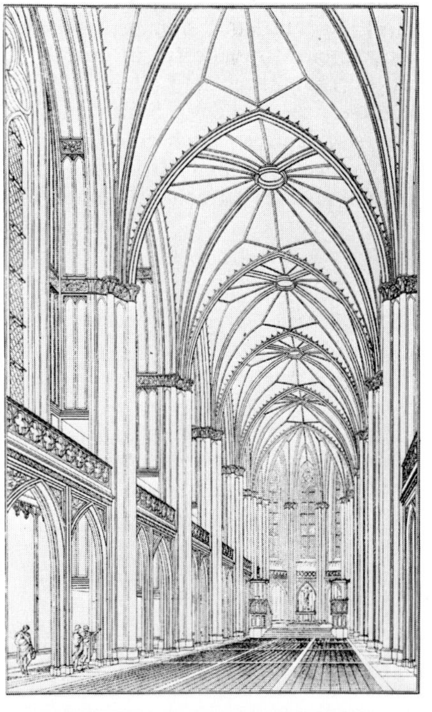

einbaren. Von Anfang an war sich der Architekt im klaren, »daß der Charakter des Gebäudes sowohl wie der Ort, wo es steht, die allereinfachste Anordnung nach dem Muster antiker Gebäude verlangt« (Gutachten vom 23. Februar 1821).

Schinkel hatte dem Bauherrn, dem preußischen König FRIEDRICH WILHELM III., zwischen 1821–24 insgesamt drei Alternativentwürfe vorgelegt. Der erste Entwurf lehnte sich eng an die römisch-antike Maison Carrée in Nîmes an, einen korinthischen Tempel mit umlaufender Säulenstellung. Der zweite Entwurf, ein »Renaissance«-Entwurf, verwertete italienische und antike Bauformen. Der letzte Entwurf schließlich sollte auf ausdrücklichen Wunsch des Kronprinzen, des späteren Königs FRIEDRICH WILHELM IV., im gotischen Stil gefertigt sein, da er allein für eine christliche Kirche auf deutschem Boden geeignet sei. »Der griechische Tempelstyl«, so erklärte einer der damals führenden Kunstkritiker, »ist nur unter sehr eingeschränkten Bedingungen für den Bau einer christlichen Kirche anwendbar, und daher ist es im allgemeinen besser, sich an den Styl jener Werke der früheren Jahrhunderte zu halten, in welchem der Geist des Christentums unmittelbarer gewirkt und aus den Elementen der alten Kunst ... einen eigenthümlichen Charakter entwickelt hat« (L. Schorn im Kunstblatt, 1829, S. 394).

Ähnliche Überlegungen hatte Schinkel selbst angeführt und hinzugefügt, »den angenommenen Mittelalterstil in größter Einfachheit durchzuführen und allein durch die Verhältnisse zu wirken«. Statt eines einzigen Turms schlägt er jedoch eine Giebelfront vor, die von zwei kleinen Glockentürmen eingefaßt ist. »Diese Türmchen konnten nun, ohne bedeutend hoch zu werden, doch feine und zierliche Verhältnisse annehmen ... Bei der sehr geringen Grundfläche jedes dieser Türmchen würde die Aufführung einer verhältnismäßigen Spitze kleinlich ausgefallen sein; ich zog deshalb vor, diese Türmchen oben in ihrer vollen Breite gegen die Luft endigen zu lassen ... Bei der Einfachheit des Gebäudes kam es darauf an, der Architektur ein eigentümliches Interesse zu geben; dies wurde dadurch gewonnen, daß die Konstruktion überall in einem sorgfältig ... behandelten Backsteinmaterial sichtbar gelassen wurde« (Schinkel: Sammlung Architektonischer Entwürfe. Heft 13. Berlin 1829).

Schinkel titulierte seinen Ausführungsentwurf im gotischen Stil als »Projekt in der Art der englischen Chapels« und nicht nach dem »Plane größerer Dome aus dem Mittelalter«. Gemeint sind mit Chapels die langgestreckten, einschiffigen Saalkapellen der englischen Spätgotik, z. B. die King's College Chapel (1446 begonnen) in Cambridge mit den hohen Spitzbogenfenstern und den Doppeltürmen der Ost- und Westfassade. Durch die Ausführung in Backstein, dem seit der Gotik in der Mark Brandenburg bevorzugten Baumaterial, und durch Angleichung der Gewölbe und Glasmalereien an jene der Marienburg in Westpreußen, griff Schinkel auch auf Elemente der heimischen Gotik zurück. Durch die harmonischen Proportionen von Wand und Fenster, durch die Gruppierung der Turmpaare und die Betonung der horizontalen Gesimsführung versuchte er dagegen dem Gesamtbau den Eindruck antiker Stabilität zu geben. Auf diese Weise verschmolz er »Größe und Festigkeit« der Antike mit der »Würde und Erhellung« der Gotik.

Karl Friedrich Schinkel: Bauakademie in Berlin (1831–36)

1. Architektur-Rationalismus

2. Architektenausbildung

3. Die Bauakademie als Brücke zwischen Vergangenheit und Zukunft

1. Architektur-Rationalismus. JEAN-NICOLAS-LOUIS DURAND (1760–1834), Professor an der Ecole Polytechnique in Paris, entwickelte, stark beeindruckt von dem Massenbau der Revolutionsklassizisten [s. S. 33ff.], ein praktikables und leicht lernbares System von Architekturregeln. Es wurde rasch in ganz Europa verbreitet. Durand reduzierte die überlieferten Architekturformen auf geometrisch strenge Grundmuster, die in einem vereinfachten graphischen Rastersystem je nach der geforderten Bauaufgabe zu beliebigen Baukörpern kombiniert werden konnten. Seine Hauptforderungen waren neben der Rationalität der Architekturformen Zweckmäßigkeit, Wirtschaftlichkeit sowie die materialgerechte Verarbeitung der Baustoffe. SCHINKEL, der dieses Verfahren in Paris kennengelernt hatte, verwirklichte dieses bis weit ins 19. Jahrhundert nachwirkende Konzept exemplarisch in dem Backsteinbau seiner Bauakademie in Berlin. Grundriß und Aufriß lassen sich hier auf streng geometrische, sich wiederholende Grundelemente zurückführen, die nach dem Prinzip eines graphischen Rasters überschaubar und klar entwickelt sind.

2. Architektenausbildung. Die Architektenausbildung war seit dem 17. Jahrhundert Aufgabe der nationalen Kunstakademien, die zunächst in Geometrie, Anatomie, Zeichnen und Plastik, erst später in Baumaterialienkunde und Statik unterrichteten. In Frankreich war 1807 aus der Kunstakademie die Ecole des Beaux-Arts in Paris hervorgegangen, die ab 1819 auch eine Sonderklasse für Architekten aufnahm. In gleicher Weise entstanden Architekturklassen in Wien, Berlin und Dresden, deren Schüler primär für den Bedarf des Hofes tätig sein sollten.

König FRIEDRICH WILHELM III. von Preußen erteilte 1831 Schinkel den Auftrag, einen Bau

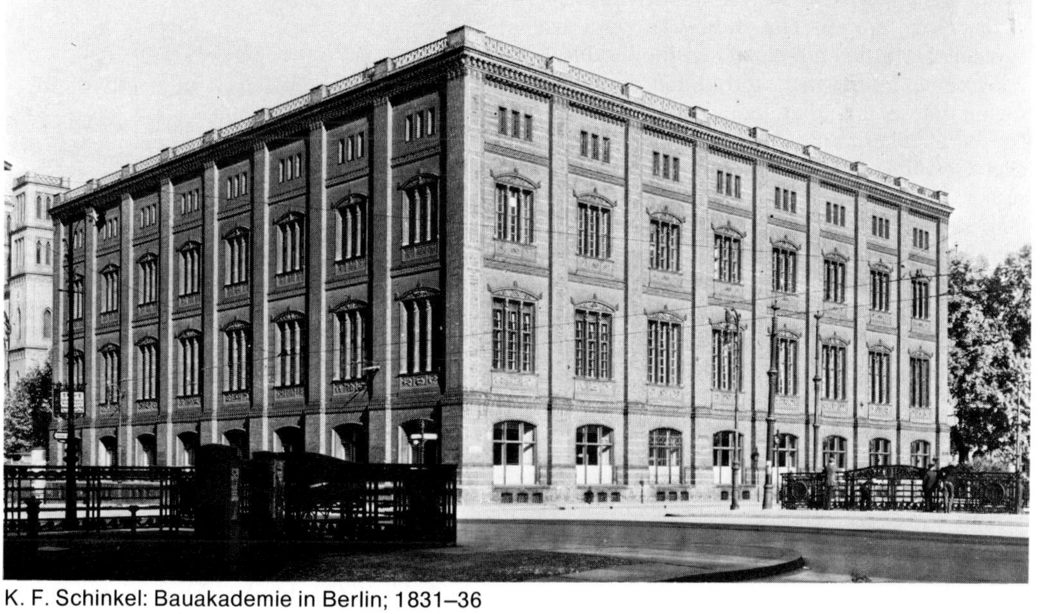

K. F. Schinkel: Bauakademie in Berlin; 1831–36

zu schaffen, in dem sowohl die Berliner Bauakademie als auch die Oberbaudeputation, die zentrale Bauverwaltung Preußens, untergebracht werden sollten. Schinkel berichtet dazu: »Eine neue Organisation des Instituts, das bisher den Namen Bauakademie trug, jetzt die Allgemeine Bauschule genannt wird, und der sehr beschränkte Raum dieser Anstalt und des Lokals der Oberbaudeputation, welcher hindert, die großen Sammlungen von Zeichnungen, Karten und Modellen, sowie die diesen beiden Anstalten gemeinschaftlich zugehörige Bibliothek aufzustellen und letztere zur besseren öffentlichen Benutzung einzurichten, gaben die Veranlassung zu dem neuen Bau« (Schinkel: Erläuterungen zur Sammlung Architektonischer Entwürfe, Heft 20. Berlin 1833).

3. Bauakademie als Brücke zwischen Vergangenheit und Zukunft. Die 1831–36 nach DURANDS Verfahren auf quadratischem Schachbrettgrundriß errichtete Bauakademie setzt sich in der Geschoßteilung wie im gesamten Baukörper aus würfelförmigen Einheiten zusammen. Alle Fassaden sind gleich, da die Fensterabschnitte und vortretenden Wandpfeiler sich regelmäßig wiederholen und Gliederung und Konstruktion bestimmen. »Vor allem wuchsen die Pfeiler bis zu ihrer vollen Höhe empor. Um dieses Trägergerüst zu sichern, wurden die einzelnen Pfeiler durch waagrechte Eisenanker verbunden und verspannt und somit über jedem Stockwerk ein Netz von Ankern ausgebreitet, das dem Schub aller Gewölbe widerstehen sollte ... Das Gerüst der tragenden Pfeiler gibt die klare Teilung der Achsen, jeder Pfeiler setzt an auf dem Sockelgeschoß, das den Keller enthält ... und geht dann in einer Geraden bis zum Hauptgesims am Dache hoch. Diesen senkrechten Zug verstärken für die Ansicht die in allen vier Geschossen dreigeteilten Fenster ... Dem senkrechten Zug entgegen wirken die Gesimse zwischen allen Geschossen, vor allem das mittels einer doppelten Reihe von Kragsteinen weit vorspringende Kranzgesims und dessen Bekrönung, auch die reiche, meist waagrecht angeordnete Bildwerkverzierung der Fenster in den Sohlbänken und Stürzen und schließlich die andersfarbig glasierten

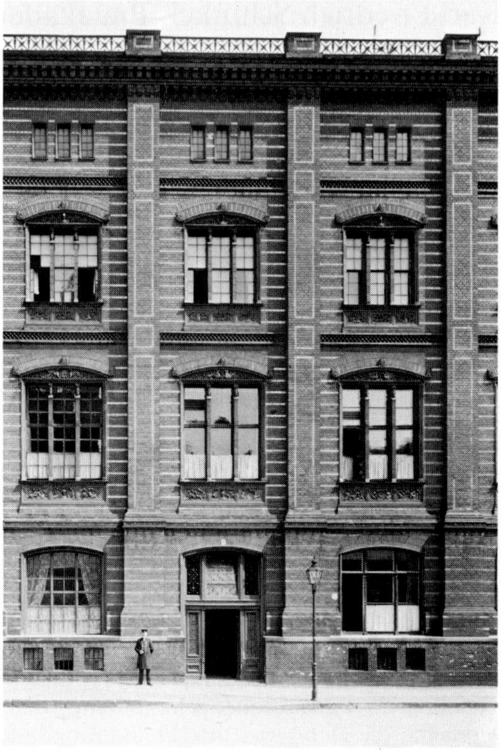

Bauakademie in Berlin, Fassadendetail

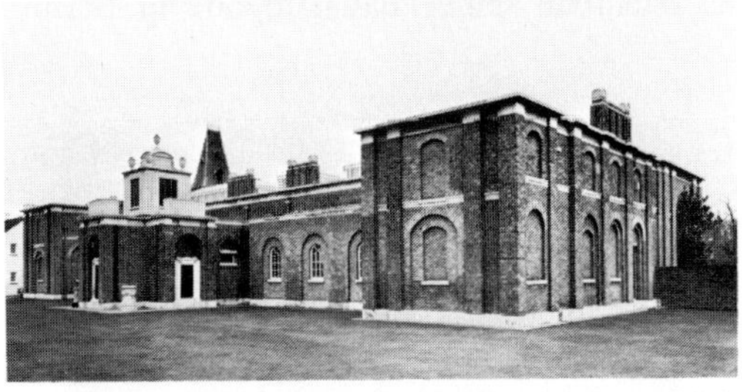

Sir John Soane: Dulwich Art Gallery (von Südwest); 1811–14, London (Dulwich)

Ziegelstreifen« (P. O. Rave: K. F. Schinkel, Bauten für wissenschaftliche Verwaltung, Heer, Wohnbau und Denkmäler, 3. Teil. Berlin 1962, S. 48).

Dieses kleinteilige und sorgfältig ausgeführte Muster von unverputzten Ziegelsteinen bestimmt die Oberflächenstruktur. Schinkel hatte programmatisch erklärt: »Der Bau wird in Backstein aufgeführt und bleibt in seinem Äußern ohne Übertünchung und Abputz« (Schinkel a. a. O.). Im Anschluß an den engli-

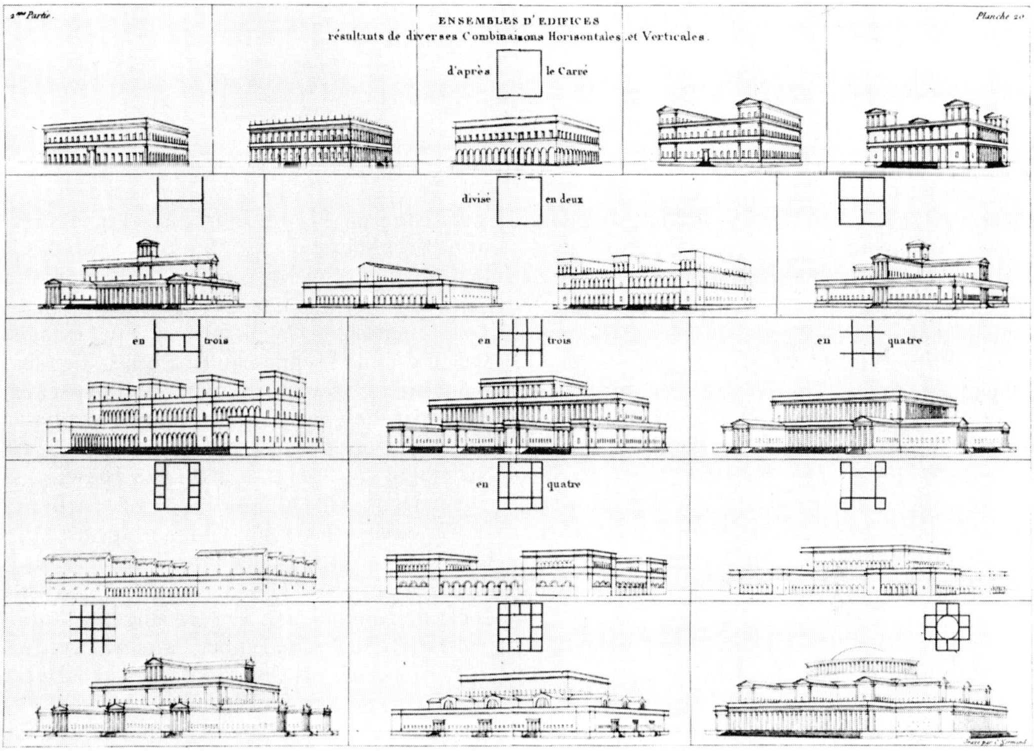

Durand: Perspektivische Ansichten aus dem Lehrbuch »Preçis des leçons d'architecture«, Paris 1802

schen Backsteinbau, etwa JOHN SOANES' Art Gallery in Dulwich bei London (1811–14), bediente sich Schinkel systematisch dieser Technik. Er hatte sie in der Industriearchitektur Englands, im italienischen Kirchenbau sowie in der heimischen Backsteingotik der Mark Brandenburg kennengelernt. Die regelmäßige Schichtung des Hartziegels entsprach sowohl praktischen Erwägungen (sichere Einwölbung, Stabilität, Feuerfestigkeit), unterstrich aber auch die handwerkliche Perfektion der Ausführung und die rationale Struktur der Fassadengliederung. Der Kunstgelehrte KARL FRIEDRICH v. RUMOHR schrieb am 2. August 1836 an den dänischen Kronprinzen: »Nichts Antikes noch Mittelalterliches übertrifft sie [die Bauakademie]. Die äußere Mauerbekleidung ist ein einziger Guß.« Die skelettierende Bauweise und das vereinfachte Gliederungssystem nehmen Stilelemente vorweg, die sich erst in der sachlichen und funktionalen Architektur des 20. Jahrhunderts durchsetzen konnten.

»Die Bauakademie sollte eine Brücke zwischen Vergangenheit und Zukunft schlagen. Einerseits war in den schmückenden Terrakotten die Geschichte der Architektur thematisiert; andererseits sollte das Bauwerk in seiner rationalen Formensprache und materialgerechten Ausführung ein Modell des Fortschritts sein. Schinkels Bauleiter EMIL FLAMINIUS hat das 1836 in einem Aufsatz erläutert. Nach Flaminius ging es darum, den heimischen Werkstoff Ton ›in allen Theilen des Gebäudes zu verkörpern und durchzubilden, seine Anwendbarkeit für die verschiedenartigsten Konstrukzionen und Formen zu zeigen, und durch Vervollkommnung der technischen Bearbeitung zu neuen Fortschritten in der Fabrikazion zu ermuntern‹. Materialgerechte Verarbeitung heimischen Werkstoffs, Anpassungsfähigkeit an unterschiedliche Bauaufgaben, Verbesserung der technischen Produktion – dies sind Forderungen einer neuen Baugesinnung, die bürgerlichen Wertvorstellungen entsprach« (M. Brix/M. Steinhauser: Geschichte allein ist zeitgemäß. Gießen 1978, S. 208).

Leo von Klenze: Walhalla (1830–42)

1. Nationaldenkmal

2. Architekturkopie und Geschichtsbewußtsein

Leo von Klenze (* 1784 in Bockela bei Hildesheim, † 1864 in München); Besuch der Berliner Bauakademie (Schüler FRIEDRICH GILLYS); nach Studienjahren bei J.-N.-L. DURAND in Paris arbeitete er 1803–13 als Hofarchitekt in Kassel. Von 1816 bis an sein Lebensende wirkte er als bayerischer Hofbauintendant. Seine Hauptwerke in München sind die Glyptothek (1816–30), die Alte Pinakothek (1826–36), die Propyläen (1846–60) und die Ruhmeshalle (1843–54). Bei Kelheim baute er die Befreiungshalle (1849–63), in St. Petersburg das Kunstmuseum in der Eremitage (1839–51). Neben SCHINKEL gilt er als der bedeutendste deutsche Architekt des Klassizismus.

1. Nationaldenkmal. Die Rückbesinnung auf die Geschichte und die Verehrung des Vergangenen kam im 19. Jahrhundert nicht nur in der Begründung einer praktischen Denkmalpflege zum Ausdruck, sondern auch in dem Gedanken, jede Persönlichkeit und Idee durch ein Denkmal zu würdigen. Triumphbögen, Tempel und ähnliche Bauwerke fanden zwar schon im 17./18. Jahrhundert als »Stimmungsarchitektur« (vgl. S. 9) Verwendung, doch erst jetzt werden sie in monumentaler Form wie freistehende Großplastiken behandelt – nationale Wahrzeichen mit riesigen Sockeln und Treppenläufen. Eines der bekanntesten Nationaldenkmäler auf deutschem Boden ist die von Klenze errichtete Walhalla, ein Pantheon der Deutschen; es ist in der Nachfolge von FRIEDRICH GILLYS Entwurf zu einem Denkmal FRIEDRICHS D. GR. in Berlin (1797) entstanden. Der von Kronprinz LUDWIG VON BAYERN projektierte Ruhmestempel sollte als nationale Gedenkstätte für verdiente deutsche Männer und Frauen und als Mahnmal für die deutsche Einheit errichtet werden. In Berlin 1807, als die napoleonischen Heere die deutschen Länder »unterjochten«, hatte der Kronprinz beschlossen, dem Vaterlande »und seinen großen Männern und Frauen eine Ruhmeshalle zu errichten«. Am 4. Februar 1814, so Klenze, »erschien in öffentlichen Blättern ein Aufruf an Deutschlands Ar-

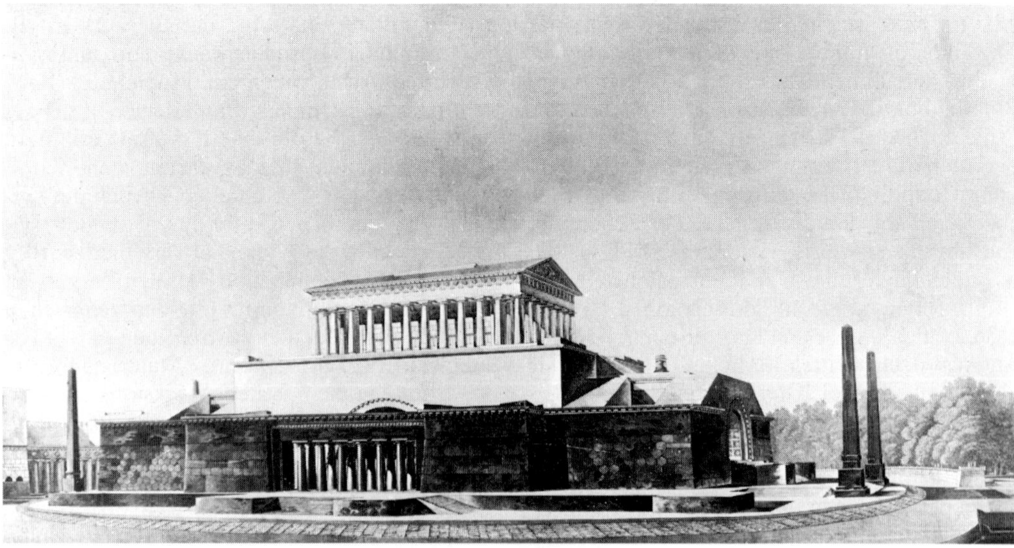

F. Gilly: Entwurf eines Denkmals für Friedrich d. G.; 1797

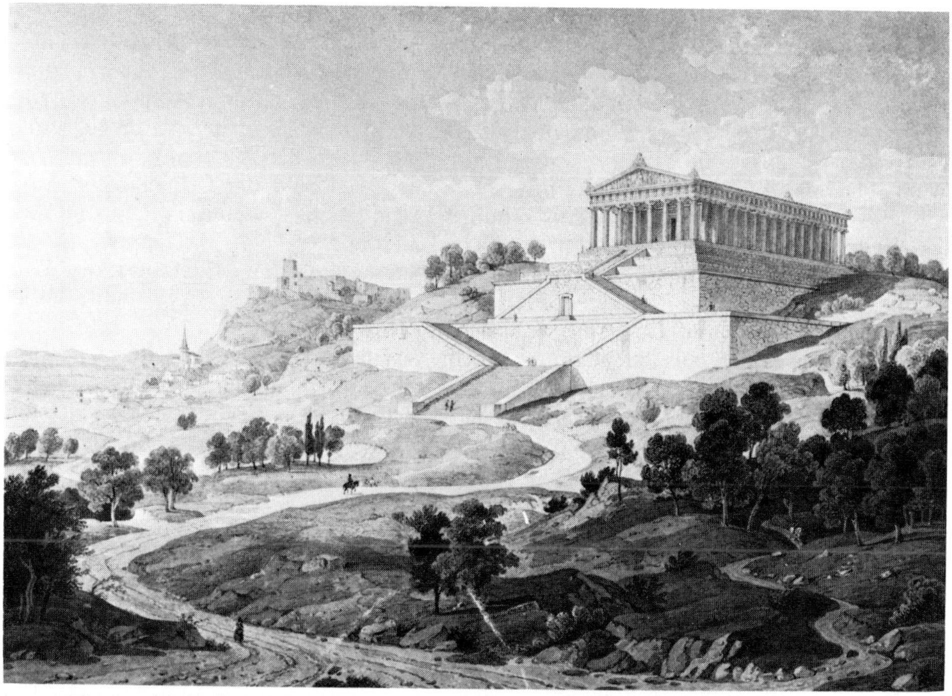

L. von Klenze: Walhalla bei Regensburg; 1830–42, Kunsthalle, Hamburg

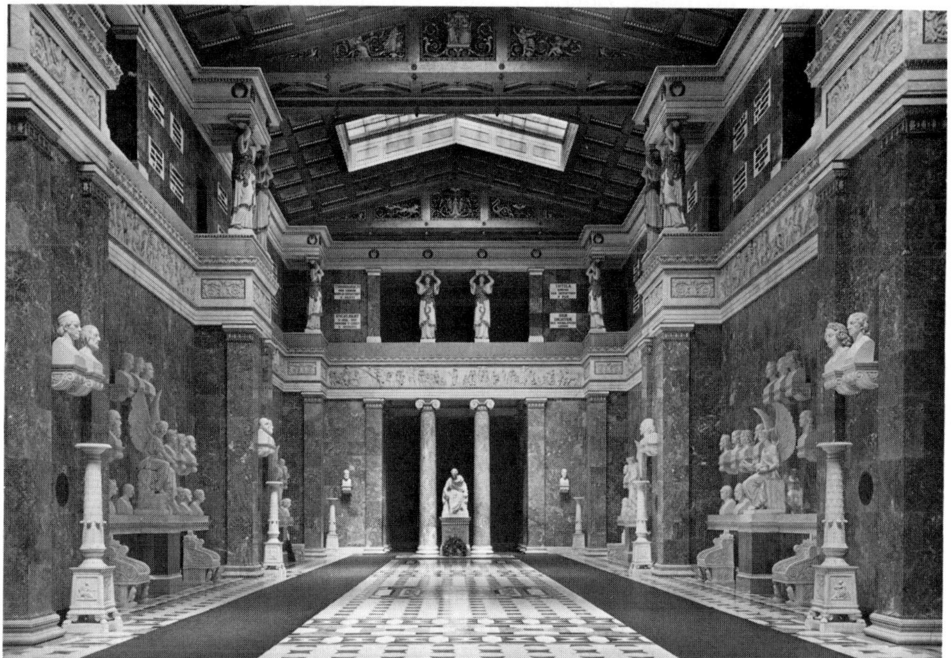

Walhalla, Innenraum

chitekten, Entwürfe zu mehreren Bauanlagen zu machen, unter welchen auch das Denkmal begriffen war, welches Seine königliche Majestät der Kronprinz von Bayern dem Andenken großer Deutscher zu errichten beabsichtigte« (L. v. Klenze: Vorwort zum Stichwerk Walhalla. Heft 4. München 1843, S. 1).

Klenze beschreibt weiter die Ausstattung der Walhalla, die der deutschen Nationalidee in einer geschichtspatriotischen Überhöhung sichtbaren Ausdruck geben sollte: »Der Wanderer geht auf jene Stufen hinauf, von den Giebelfeldern des Tempels leuchten ihm Bildwerke in runder Arbeit entgegen, dem Andenken der Besiegung der Römer durch die Cherusker und des jüngsten Befreiungskrieges gewidmet. Er tritt in den Tempel und sein erster Blick fällt auf einen die Wände desselben umlaufenden Fries, darstellend der deutschen Urbewohner Einwanderung, Religion, Sitten und Gebräuche, Krieg und Verkehr bis auf Wittekinds und seiner Sachsen Taufe, die Deutschlands christliche Umgestaltung beschlossen. Und unter diesem Fries umringen den Wanderer die Bilder und Namen großer Männer, die unser herrliches Vaterland, das Herz von Europa, in öffentlichen Verhältnissen, in allen Zweigen des Wissens und Könnens hervorgebracht hat« (Klenze a. a. O., S. 2).

»Die Walhalla, welche die Wiedergeburt der deutschen Nation aus dem Geiste ihrer großen Vergangenheit beschwört und diese Dimension zurückerschließt bis in den alten Orient, aus dem das Licht kam, die Walhalla wurde buchstäblich gen Morgen gebaut. Klenzes Gemälde zeigt sie, von Westen her gesehen, im rosigen Licht der Sonne, die über dem weiten Tal der Donau, dem alten Völkerwanderweg der Germanen, aufgeht. Hier liegt der tiefe Sinn für die Standortwahl auf dem Bräuberg bei Donaustauf. Denn hier konnte in idealer Weise der Gedanke des nationalen Morgens greifbar werden.«

So »erklärt sich, warum Klenze, gen Osten blickend, in seinem Tafelwerk die Walhalla im Morgenlicht darstellte, beim Blick nach Westen mit dem fernen gotischen Dom dagegen im Licht der zweiten Tageshälfte. Dasselbe finden wir in zwei zeitgenössischen handkolorierten Lithographien*. Der unvollendete Regensburger Dom läßt sich ›unter alles Spätere‹ subsumieren, das nach Klenze lediglich u. a. als ›temporär‹ zu gelten hat. Der dorische Tempel ist dagegen mit Klenze als ›ewig . . . die einzige, wahre . . . Architektur‹ zu betrachten, deren fest in der Natur gegründetes Gesetz ›bis zu den äußeren Gränzen der Civilisation, vielleicht der Offenbarung‹ hinabreicht. Damit steht der gotische Dom im Abendlicht für die Vergänglichkeit des – im wörtlichen Sinne – finsteren Mittelalters, die Walhalla im Sonnenaufgang für die lichte Wiederkehr klassischer Ewigkeit. Aus dem ›Abend des Abendlandes‹, aus dem durch Napoleon bewirkten Untergang des alten Reichs, das in Regensburg, einer ›der ersten, ältesten, treuesten Städte des Reiches‹ . . . gegenwärtig ist, aus diesem Untergang geht ein neuer Morgen hervor, die Wiedergeburt der Nation aus ihren unvergänglichen Ursprüngen« (J. Traeger: Die Walhalla. Regensburg 1979, S. 32 und 34).

2. Architekturkopie und Geschichtsbewußtsein. Erst 1830–42 wurde der seit 1807 geplante Bau von KLENZE hoch über der Donau bei Donaustauf in der Nähe von Regensburg ausgeführt. In Anlehnung an griechisch-antike Vorbilder, die Klenze eindringlich studiert hatte, gleicht die Walhalla einem allseitig freistehenden dorischen Tempel. Auf der Höhe des bewaldeten Berges gelegen, ist er durch mächtige Rampen und Treppenläufe zugänglich. Klenze hielt sich bei der Ausführung an das griechische Formenvokabular, das im Preisausschreiben von 1814 gefordert worden war. Verlangt war »ein längliches Viereck mit frei herumziehendem Säulengang auf dreifachem Sockel und nur einem Geschoß. Darin sollen gleich hundert Büsten aufgestellt werden, doch muß Raum für mehrere bleiben, ohne daß eine der hundert deshalb brauchte verrückt zu werden. Das Gebäude, das in einer freien Gegend auf eine sanfte Anhöhe mit Baumgruppen zu stehen kommt, wird äußerlich von Marmorquadern aufgeführt, nach innen kommt der Feuchtigkeit wegen eine Backsteinwand, die mit Marmorplatten belegt wird. Zum allgemeinen Augenmerk diene, daß nicht Zierlichkeit, sondern gediegene Größe die erste Bedingung ist: Am besten, wenn beide vereinigt werden könnten, besser noch, es zeige sich als würdige Nachahmung des Großen im Altertum, denn als minder schöne Selbsterfindung. Äußerlich groß, verbinde es damit die innerliche, den Geist ausfüllende Größe. Die Masse muß durchdringenden Eindruck bewirken, bleibenden, dem Gegenstand angemessen« (Preisausschreiben vom 4. Februar 1814).

Als Verehrer der griechischen Tempelarchitektur lehnte Klenze die Wölbung des Innern als ungriechisch ab. Den erforderlichen offenen Dachstuhl vermochte er jedoch bei den riesigen Spannweiten (74:35 m) nur durch die Verwendung von Eisenträgern auszuführen. Viele Zeitgenossen empfanden es als einen Widerspruch, ein nationales Denkmal im nationalfremden griechischen Stil auszuführen. Der Freskenmaler PETER VON CORNELIUS schrieb 1820 an den Bauherrn, den Kronprinzen Ludwig: »Wenn uns bei dem Gedanken, daß endlich der deutschen Größe ein großes, würdiges Denkmal soll errichtet werden, hoch das Herz schlägt, und dabei vor allen Dingen an unsere deutsche Nationalität erinnert und davon erfüllt wird, so fällt uns bei dem Entwurf [Klenzes] gleich die Frage ein, warum soll das große deutsche und nur deutsche Ehrenmal so absolut griechisch sein? Geben wir uns nicht die Dementi, indem wir unsere Nationalität durch ein großes Bauwerk verherrlichen wollen, und zugleich den großen herrlich echt original deutschen Baustil ignorieren?«

Die Form des griechischen Tempels hinderte den Bauherrn nicht, am 18. Oktober 1830, dem Jahrestag der Befreiungsschlacht von Leipzig, die Grundsteinlegung mit den Worten zu feiern: »Mögen so wie die Steine sich zusammenfügen, alle Deutschen kräftig zusammenhalten.«

Das ungebrochene Geschichtsbewußtsein wird auch in der feierlichen Eröffnungszeremonie von 1842 deutlich: »Der König [Ludwig I.] wurde von einem als Germania gekleideten Mädchen begrüßt, das von zweiunddreißig die Bundesstaaten vorstellenden Ehrenjungfrauen begleitet wurde. Sie alle trugen Eichenkränze auf dem Kopf und hielten Seidenfahnen mit den Stadtwappen [der Hauptstädte der Bundesstaaten]. Die Anführerin überreichte dem König einen Lorbeerkranz, und als er die Stufen hinaufstieg, ertönte ein von Trompeten begleiteter Männerchor« (Allgemeine Bauzeitung, 18. Oktober 1842).

Friedrich von Gärtner: Staatsbibliothek in München (1832–43)

1. Rundbogenstil

2. »In welchem Style sollen wir bauen?«

Friedrich von Gärtner (* 1792 in Koblenz, † 1847 in München); Studium an der Münchner Akademie (1809–11) und in Paris (1812–14); längere Bildungsreisen führten ihn nach England und Italien; ab 1827 neben LEO VON KLENZE Architekt Ludwigs I. von Bayern; sein Hauptwerk in München ist die Anlage und Bebauung der nördlichen Ludwigstraße mit Ludwigskirche (1829–44), Universität (1835–40), Feldherrnhalle (1840–44). Der monumentalste Bau an der Ludwigstraße ist die Staatsbibliothek, eines der hervorragendsten Werke des Rundbogenstils in Deutschland.

1. Rundbogenstil. In den 30er Jahren des 19. Jahrhunderts setzte eine heftige Reaktion auf den strengen griechischen Klassizismus ein. Das Verbindende der antiklassischen Strömungen im deutschsprachigen Kulturraum war die Bauweise im sog. Rundbogenstil, der von dem äußeren Kennzeichen des romanischen Rundbogens seinen Namen hat.

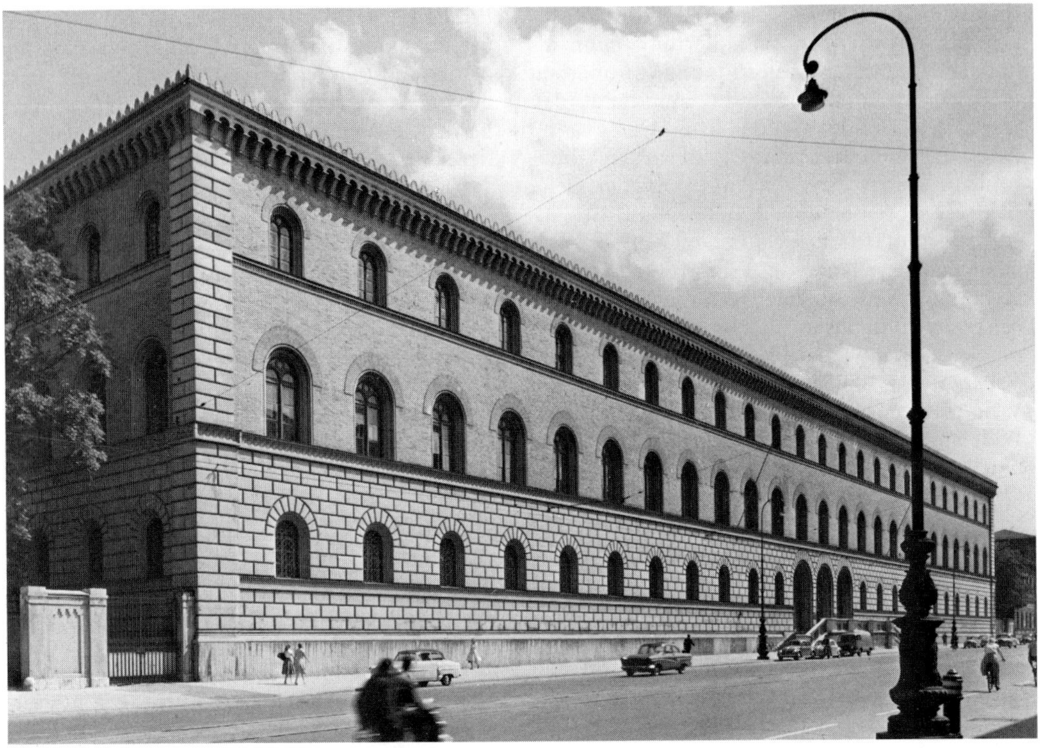

F. von Gärtner: Bayerische Staatsbibliothek in München; 1832–43

Die vielfältige stilistische Orientierung (romanisch, frühchristlich, byzantinisch, Frührenaissance) und die freie, nicht mehr kopiehafte Verwendung der Vorbilder zeigen die Anpassungsfähigkeit, aber auch die Unverbindlichkeit dieser neuen Bewegung.

»In seinen Grundtendenzen geht der sog. Rundbogenstil auf jene strengen rationalistischen Formen zurück, wie sie seit den Jahren der Jahrhundertwende von J.-N.-L. DURAND (1760–1834) an der Pariser Ecole Polytechnique entwickelt wurden [vgl. S. 57]; weitere frühe Ansätze dazu lassen sich im zeichnerischen Werk seines Lehrers LOUIS ETIENNE BOULLÉE aufzeigen. Neben der Verwendung des runden Bogens, der dem Stil den Namen gab, liegt sein Hauptmerkmal im Gesamtentwurf der Bauten: Die strenge Komposition und die Wiederholung identischer Bauelemente bestimmen das architektonische Werk. So ist es nur verständlich, daß sich seine Wirkung von jenem Augenblick an steigert, in

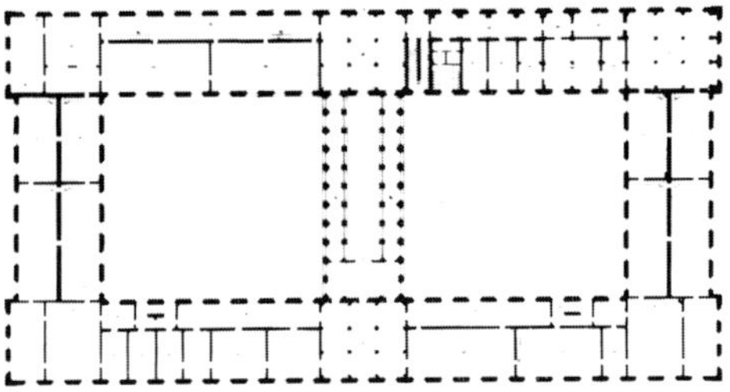

Grundriß der Bayerischen Staatsbibliothek

dem Elemente aufgenommen werden, gleichgültig, ob es sich um Formen der norditalienischen Romanik oder der Renaissance handelt. Als Reaktion auf die Antiken-Nachahmung der ersten Jahrzehnte des Jahrhunderts hat er sich unter vielfältigen Aspekten in die sechziger Jahre hinein gehalten. In frühen Formen zeigt er sich in FRIEDRICH VON GÄRTNERS Bauten an der Münchener Ludwigstraße« (H. Voss: Das 19. Jahrhundert. Frankfurt 1969, S. 115). Zu diesen Bauten gehört die Staatsbibliothek, der Gründungsbau einer dichten Folge süddeutscher Unternehmungen im Rundbogenstil, der in besonderem Maße unter MAXIMILIAN II. VON BAYERN (1848–64) zum sog. Maximilianstil weiterentwickelt wurde (Maximilianstraße in München).

Die Errichtung der Staatsbibliothek, deren Grundstein 1832 durch König Ludwig I. gelegt wurde, bedeutete für die Munchener Baukunst eine Wende. Mit ihr wurde nicht LEO VON KLENZE, der bis dahin vom König bevorzugte Architekt, sondern GÄRTNER beauftragt. Die Entscheidung des Königs zugunsten des »Romantikers« Gärtner wurde in München als Sieg einer neuen Richtung gefeiert. Die Staatsbibliothek war der erste Monumentalbau der Ludwigstraße, der als reiner Ziegelbau ausgeführt wurde. Sie ist nach dem Rastersystem DURANDS organisiert: »25 × 13 Achsen kreuzen sich rechtwinklig ... und ergeben 325 gleichgroße Waben, aus denen sich die Büros, die Leih- und Leseräume, die Büchermagazine und das große offene Treppenhaus zusammensetzten. Man spürt diese Ordnung ... 25 Fensterachsen reihen sich ohne Unterbrechung an der Straßenfront, sonst gibt es keine vertikale Gliederung, außer der Verstärkung der Eckkanten durch Bossenquaderung*. Auch die drei Portale unterbrechen den Rhythmus nicht ... Kein Gebäude in Deutschland hatte eine derartig ungegliederte Ausdehnung bei solchen Maßen. 25 Achsen von je 6 m Weite, Gesamtlänge von 155 m, der größte Blankziegelbau Deutsch-

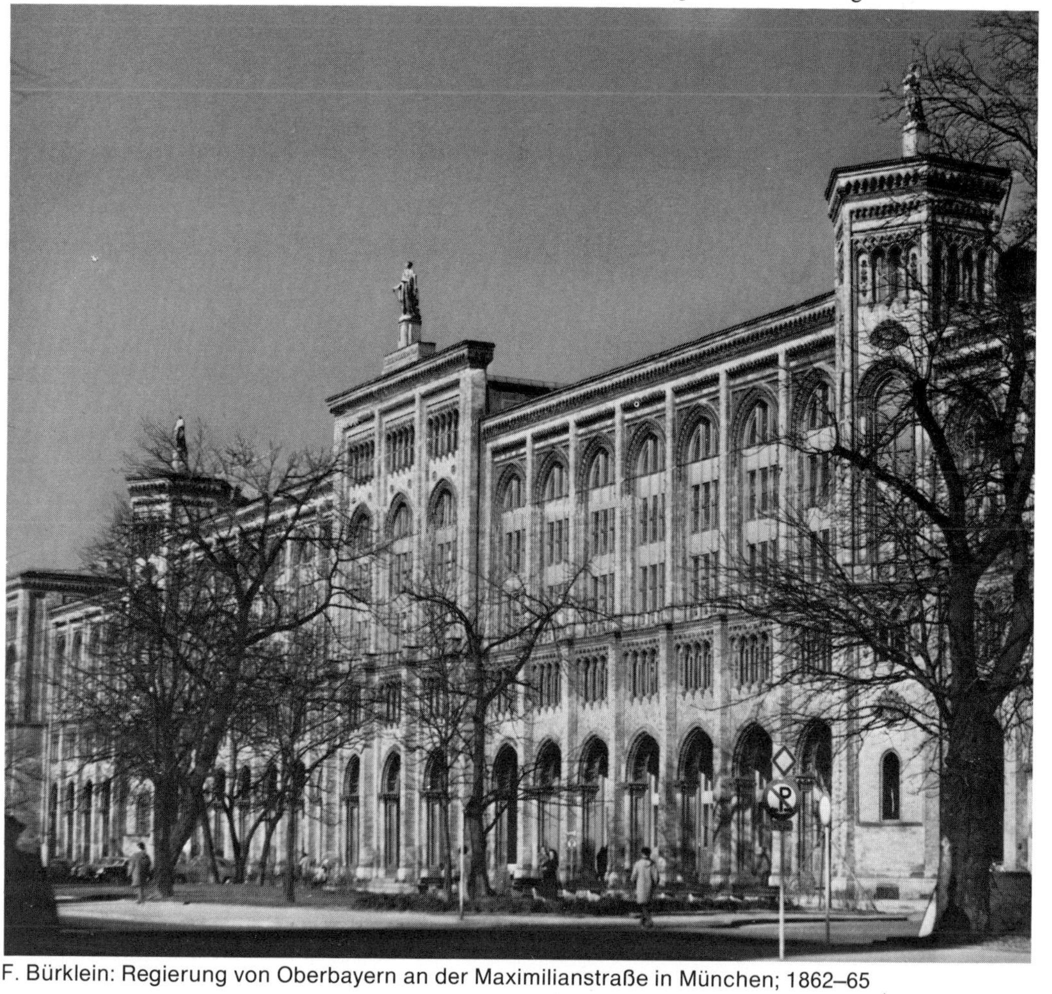

F. Bürklein: Regierung von Oberbayern an der Maximilianstraße in München; 1862–65

lands ... Der Munizipal-Palast eines BOULLÉE hat diese Megalomanie, diese riesenhaften, glatten und fast monotonen rhythmisierten Flächen als Ausdruck anonymer Macht« (O. Hederer: Friedrich von Gärtner. München 1976, S. 116).

Die kühne Entscheidung des Bauherrn zugunsten des Rundbogenstils deutet Gärtner selbst in einem Brief vom 16. August 1830 an seinen Freund Johann Martin von Wagner in Rom an: »Der König geht nun einmal nicht von der Idee ab, sie [die Staatsbibliothek] in einer Front aufbauen zu lassen, ohne Vorsprung, ohne Säulen, ohne Portikus*, lauter rundbogige Fenster à la Fiorentina, kein Aufbau, oder Mittel- oder Seitenerhöhung, kurz eine langweilige Bücherkaserne ... Der Palazzo Ruspoli [römischer Palast des 16. Jahrhunderts] steckt ihm im Kopf.«

2. »In welchem Style sollen wir bauen?«. Das erklärte Ziel dieser Epoche, aus mehreren Stilperioden das Beste zu wählen, mußte erst recht die Frage nach dem eigenen zeitgemäßen Stil heraufbeschwören. Der Karlsruher Architekt HEINRICH HÜBSCH (1795–1863) behandelte 1828 diese Kernfrage in seiner programmatischen Schrift: »In welchem Style sollen wir bauen?«: »Die Architektur allein ist nicht mündig geworden, sie fährt fort, den antiken Styl nachzuahmen. Und ob man gleich so ziemlich allgemein die Unzulänglichkeit desselben für die heutigen Bedürfnisse einsieht und man mit den neueren in diesem Style ausgeführten Gebäude unzufrieden ist, so beharren dennoch die Architekten beinahe allgemein darauf ... Wenn wir demnach einen Styl gewinnen wollen, welcher dieselben Eigenschaften, die wir an den als schön anerkannten Bauarten anderer Völker so sehr erheben, besitzen soll, so muß derselbe nicht aus einer früheren, sondern aus der gegenwärtigen Beschaffenheit der natürlichen Bildungsmomente hervorgehen ... Die heutigen Gestaltungsmomente sind ... von jenen des griechischen Styls durchaus verschieden, ja geradezu entgegengesetzt ... Das Kriterium jenes neuen Styls ist der ›Rundbogen‹ ... Die Gebäude werden nicht mehr einen historisch-conventionellen Character erhalten, so daß dem Gefühle, ehe es sich kund geben darf, zuvor archäologischer Unterricht ertheilt werden muß.«

Die allgemeine Krise der europäischen Architektur, die in dieser Stilfrage immer wieder aufkommt, beschwört auch der französische Architekt und Denkmalpfleger VIOLLET-LE-DUC: »Nehmt eine neue Kunst, die die Kunst unserer Zeit ist ... macht, daß das Jahrhundert des Zweifels nicht existiert, daß nicht alle Traditionen durch diesen Zweifel unterhöhlt werden! Macht endlich, daß wir alles, was vor uns getan worden ist, vergessen können. Dann werden wir eine neue Kunst haben und getan haben, was man noch niemals sah« (E. E. Viollet-le-Duc: Entretiens sur l'architecture, Bd. 1. Paris 1859, S. 99).

5. Zwischen den Revolutionen von 1830 und 1848

Eugène Delacroix: Die Freiheit führt das Volk an (1830)

1. Die Pariser Juli-Revolution von 1830 und ihr malerischer Widerschein

2. Politik und Kunst – Deutschland und Frankreich im Vergleich

3. Anti-akademische Malweise und politische Gesinnung

Ferdinand Victor Eugène Delacroix (* 1798 bei Paris, † 1863 in Paris) trat 1816 in die Ecole des Beaux-Arts ein. 1822 wurde sein erstes großes Gemälde »Dante und Vergil in der Unterwelt« (s. S. 52) zur Attraktion des Pariser Salons*. Nach 1830 erhielt er große Staatsaufträge für Wandgemälde. »Delacroix leitet seinen Kolorismus und seinen Kompositionskanon von den Venezianern des 16. und den Flamen des 17. Jahrhunderts ab. Diagonale Bildachsen, dramatisches Helldunkel und stürmische Verflechtung der Körper sind Merkmale dieser Wahlverwandtschaft« (Knaurs Stilkunde, Bd. 2. München 1968). Er gilt als der Hauptvertreter der französischen romantischen Malerei.

1. Die Pariser Juli-Revolution von 1830 und ihr malerischer Widerschein. »Abermals geht von Frankreich eine Erschütterung der europäischen Verhältnisse aus, die jedoch leichter überwunden wird als die frühere. König Karl X. (1824–1830), Bruder Ludwigs XVIII., regiert wie sein Bruder, der Talleyrand entlassen, den Marschall Ney zum Tode und alle Mitglieder der Familie Bonaparte nebst den ›Königsmördern‹ zur Verbannung verurteilt hatte, und erregt durch sein Streben nach Wiederherstellung des unbeschränkten Königstums wachsende Mißstimmung ... Durch das ultraroyalistische Ministerium Polignac wird der König am 25. Juli 1830 zur Unterzeichnung von fünf Verfügungen bewogen, welche 1. die letzten oppositionellen Kammerwahlen für ungültig erklären, 2. das Wahlgesetz zu einem Privilegium der reichsten Grundbesitzer machen und 3. die Pressefreiheit aufheben. Diese Verletzung der Verfassung erregt einen Aufstand in Paris ... Nach dreitägigem Straßenkampf (27.–29. Juli) ziehen die Truppen sich zurück. Karl X. dankt ab zugunsten seines Enkels ... aber durch Beschluß der Pairs und Deputierten wird auf den Thron erhoben ... Ludwig Philipp I.« (Ploetz: Auszug der Geschichte. 1916, S. 389).

Delacroix' berühmtestes Gemälde »Die Freiheit führt das Volk an« war das künstlerische Echo der erschütternden Julitage. Der »Bürgerkönig« Louis-Philippe ließ das Gemälde im Salon von 1831 demonstrativ auf Staatskosten ankaufen; später jedoch, als sich die politischen Verhältnisse verändert hatten, wurde es dem Maler zurückgegeben.

Die eindrucksvollste Bildbeschreibung stammt von HEINRICH HEINE: »... trotz etwaiger Kunstmängel atmet in dem Bilde ein großer Gedanke, der uns wunderbar entgegenweht. Eine Volksgruppe während den Juliustagen ist dargestellt, und in der Mitte, beinahe wie eine allegorische Figur, ragt hervor ein jugendliches Weib, mit einer roten phrygischen Mütze auf dem Haupte, eine Flinte in der einen Hand, und in der anderen eine dreifarbige Fahne. Sie schreitet dahin über Leichen, zum Kampfe auffordernd, entblößt bis zur Hüfte, ein schöner, ungestümer Leib, das Gesicht ein kühnes Profil, frecher Schmerz in den Zügen, eine seltsame Mischung von Phryne [berühmteste Hetäre Athens], Poissarde [Fischweib] und Freiheitsgöttin. Daß sie eigentlich letztere bedeuten solle, ist nicht ganz bestimmt ausgedrückt, diese Figur scheint vielmals die wilde Volkskraft, die eine fatale Bürde abwirft, darzustellen. Ich kann nicht umhin zu gestehen, diese Figur erinnert mich ... an jene Schnelläuferinnen der Liebe oder Schnelliebende, die des Abends auf den Boulevards umherschwärmen; ich gestehe, daß der kleine Schornsteincupido, der, mit einer Pistole in jeder Hand, neben dieser Gassenvenus steht, vielleicht nicht allein vom Ruß beschmutzt ist ... daß der Held, der mit seinem Schießgewehr hinstürmt, in seinem Gesichte die Galeere und in seinem häßlichen Rock gewiß noch den Duft des Assisenhofes [Schwurgerichts] trägt; – aber das ist es eben, ein großer Gedanke hat diese gemeinen Leute ... geadelt und geheiligt und die entschlafene Würde in ihrer Seele wieder aufgeweckt« (Heinrich Heine: Gemäldeausstellung im Salon 1831; in: Sämtliche Werke. Bd. 3. München: Hanser Verlag 1971, S. 39f.).

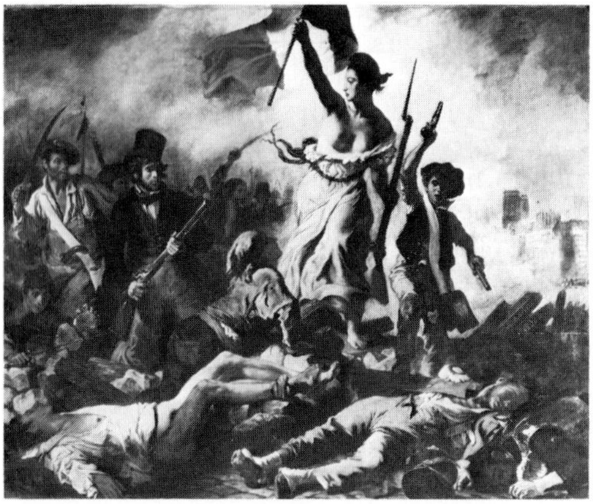

E. Delacroix: Die Freiheit führt das Volk an; 1830, Öl/Lwd., 260 × 325 cm, Louvre, Paris (Vgl. die Farbtafel auf S. 168!)

2. Politik und Kunst – Deutschland und Frankreich im Vergleich. »Nach der Kunst der Restaurationszeit, der auch politisch eine Aufhebung der durch die Revolution und die Freiheitskriege erworbenen Rechte der Völker entsprach, erscheint die Kunst der Biedermeierzeit – seit etwa 1830 – als eine revolutionäre Rückwendung zur Natur und ihren Freiheiten, obwohl sie in der Form so bescheiden und wohlanständig ist, wie es nicht einmal der Zopfstil des 18. Jahrhunderts war. Immerhin gab es eine Julirevolution in Frankreich (1830) und in Deutschland die Karikatur einer solchen Revolution in den Märztagen 1848. Die Kunst hat in zwei Darstellungen die Spuren davon hinterlassen, in DELACROIX' Bild der Barrikade und in RETHELS Holzschnitt aus der Totentanzfolge. Im Bilde von Delacroix wird das Volk geführt von einer mythischen Gestalt der Freiheit mit den ›gewaltigen‹ entblößten Brüsten, die schon den Zeitgenossen auffielen, eine Gestalt mit hinreißender schwungvoller Gebärde wie eine Nike von Samothrake, rubenshafter in der Fülle und Frische des Fleisches, volkstümlich nur insofern, als ein leichter Beigeschmack von Mädchen von der Straße nicht fehlt, aber doch so barock, so denkmalshaft, daß die prachtvoll charakterisierten Freiheitshelden aus dem Volke daneben verblassen und die hinreißend gemalte Schreckensszene sich in eine pompöse und verlockende Gestalt verdichtet. Auch die Malerei ist feurig und breit wie die des RUBENS und erhebt die Greuel der Vernichtung zu zündendem Blut- und Farbenrausch. Die Großartigkeit verdankt das Bild seiner Rückständigkeit, der Mischung barocker Allegorie* mit zeitgenössischer Geschichte.

RETHEL (1816–59) schildert dieselbe Situation im Holzschnitt ... und [auch] nicht ohne Allegorie: der Anführer des aufrührerischen Volkes ist der Tod selber in seiner knöchernen Gestalt ... der Tod ist selber ein Volksmann, ein wilder Geselle und Hetzer – kein Augenschmaus, sondern notwendiges Glied im Ganzen. Das Blatt [Rethels] will Revolutionsplakat sein und wie jedes Revolutionspamphlet nicht Wahrheit, sondern Wirkung, nicht Tatsächliches, sondern Radikales, nicht Zustände, sondern Ideen geben. Diese Idee ist nun freilich eine andere als in Frankreich; es ist letzten Endes die, daß das Volk, das die Freiheit seiner Gedanken und die Friedfertigkeit seiner Arbeit, kurzum seine Menschlichkeit zur Geltung bringen will, sich selbst das Grab gräbt, wenn es dies mit den Waffen in der Hand tut. Es ist eine Absage an den Revolutionsoptimismus der Franzosen« (R. Hamann: Geschichte der Kunst. Berlin 1933, S. 777f.).

3. Antiakademische Malweise und politische Gesinnung. »Romantisch sein heißt bewegt sein, fessellos sein, alle Schranken brechen. Weder abgestellte Größe, noch still beruhigte Stimmung wird gesucht. Der Affekt beherrscht die Seele, Gemütsbewegungen von

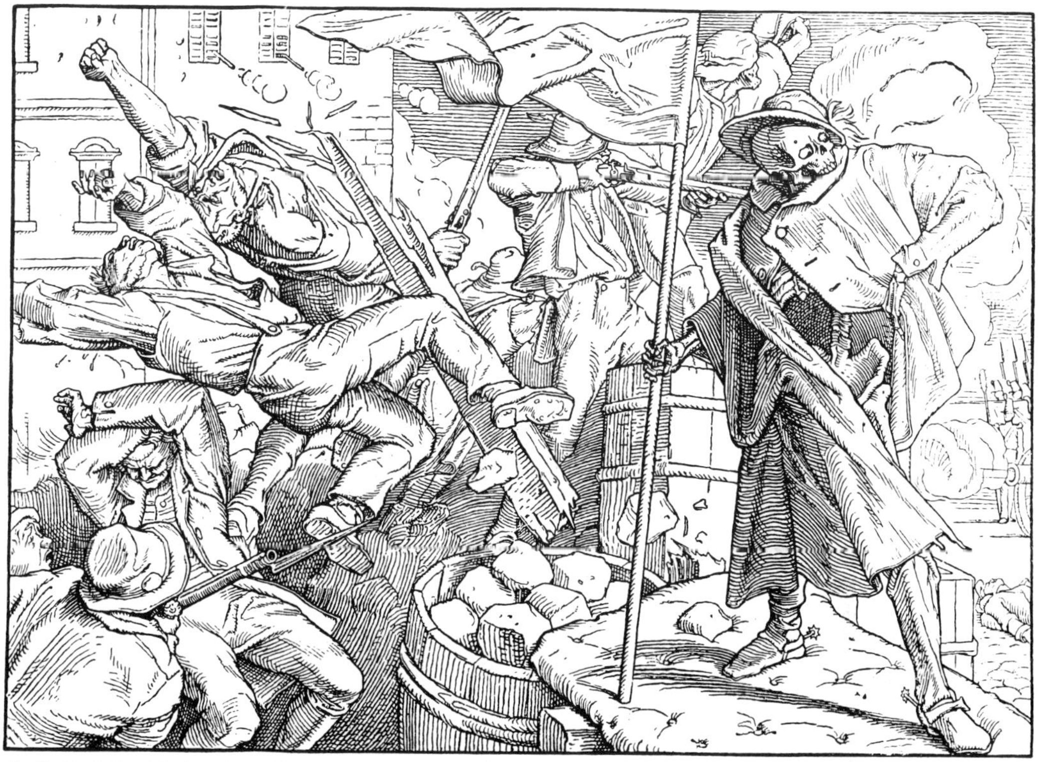

A. Rethel: Der Tod auf der Barrikade. Holzschnitt aus der Serie »Auch ein Totentanz«; 1849

solcher Stärke und Intensität, daß die Form bis an die Grenze gefüllt wird und Körper- und Gliederbewegungen über diese Grenze branden. Nach-Außen-Werfen des Gefühles, unverhülltes Zeigen der Leidenschaften, Suchen der stärksten Affekte, Leben und Schaffen im Affekt. Stille ist Tod, Ruhe ist Qual. Bewegtheit, Sturm, reißende Leidenschaft in reißendem Geschehen gibt den Herzen im Gegenschlag gegen die Übersättigung mit klassizistisch-beruhigtem Schaffen die neue Bereicherung« (M. Deri: Die Malerei im XIX. Jahrhundert. Berlin ²1919, S. 91).

»DELACROIX hat ein neues Handwerk geschaffen. Wir verdanken ihm die sichere Erkenntnis der Grenzen des Malerischen. Er hat das rechte Wissen von der Palette wieder hergestellt und um eine der vollen Weglänge von TIZIAN bis WATTEAU entsprechende Spanne erweitert... Er hat der neuen Malerei alle Möglichkeiten der alten und mit ihnen das Mittel erschlossen, sich ihrer zu bedienen, ohne Epigone zu werden. Er hat ihr viele neue Möglichkeiten eröffnet... Alles, was im nahen und im weiteren das Metier des Künstlers angeht, hat Delacroix in strahlenden Werken, sicherer als die klarsten Lehrsätze, niedergelegt. Er ist die Bibel des modernen Malers, der Klassiker aller Malerfahrung« (J. Meier-Graefe: Entwicklungsgeschichte der modernen Kunst. Stuttgart 1903, S. 139).

Jener Klassizismus, dem die »Palette« abhanden gekommen war, und dem Delacroix seine Malweise entgegensetzte, war mittlerweile das Aushängeschild der Herrschaftsordnung: »Das Empire [d. h. das Napoleonische Kaiserreich] ist ein Produkt des Chaos, DAVID [als Begründer der neuen Staatskunst] ein Despot... Er [David] gleicht dem Kapitän eines schwer gefährdeten großen Schiffes, der das Meer zu beruhigen sucht, indem er Öl auf die Wogen gießt. Die Oberfläche glättet sich in einem bestimmten Umkreis, auf eine bestimmte Zeitdauer. Dann tobt es um so toller.

Die engeren Davidschüler sind alle Schwimmer in Öl, die aus der fiktiven Schicht über dem eigentlichen Element Realitäten zu gewinnen suchen ... GOYA und GÉRICAULT sind Schwimmer, die zuweilen auf den Grund tauchen. Sie kommen mit Trophäen an die Oberfläche und schwimmen mit ihnen im Chaos. Da, wo INGRES taucht, scheinen sich die Wasser zu teilen ... Noch nie befand sich die französische Kunst in einem auch nur entfernt ähnlichen chaotischen Zustand. Nichts steht mehr fest, seitdem DAVID abtrat. Die Revolution scheint erst jetzt, nachdem die neo-akademischen Zeichen verblaßt sind, im ganzen Umfang auszubrechen« (J. Meier-Graefe, a. a. O., S. 135).

Was Meier-Graefe mit dem schönen Sprachbild von den akademischen Schwimmern im Öl ihrer Gemälde, das die Wogen der Realität glätten soll, poetisch umschrieb, läßt sich auch zeitgeschichtlich erklären: »Das Bündnis zwischen der wiedererrichteten Monarchie und den Erben Davids war nichts anderes als ein vorteilhaftes Geschäft, das der politische Anachronismus mit dem künstlerischen machte. Der Salon* von 1819 war eine der letzten unangefochtenen Selbstdarstellungen der Schüler Davids und seiner vielen Nachahmer und Vereinfacher, welche insgesamt das, was man die Französische Schule nannte, verkörperten. So gewaltig war das Ansehen dieser Künstlerschar nach dreißigjähriger Vorherrschaft, daß ihr nachzüglerisches Aufgebot immer noch als Triumph ausgegeben werden konnte ... Die Täuschung war ziemlich überzeugend; kaum jemand zweifelte 1819 daran, daß Frankreich immer noch die kraftvollste und fortschrittlichste Künstlergarde Europas besaß ... In Wahrheit hatte sich die Französische Schule in ihren Inhalten ebenso angepaßt wie sie sich in Gestaltungsfragen versteift hatte ... Wäre die Restauration eine Periode der Vernachlässigung oder Unterdrückung gewesen, hätten die Künstler vielleicht zu den heroischen Idealen zurückgefunden, welche die erste Phase des Klassizismus beseelte. So aber, verhätschelt von einer ›toleranten‹ Regierung, durch langweilige Aufträge verdorben, eingeschläfert mit Belohnungen und Ehre, war die Französische Schule erschlafft« (L. Eitner: Géricault's Raft of the Medusa. London 1972, S. 4).

Diese kulturpolitisch geförderte Erschlaffung der Malerei forderte auf ihre Art ebensosehr den Widerspruch heraus wie die zunehmend restaurative Politik, die schließlich in der Juli-Revolution von 1830 ihre Antwort bekam. So gesehen vereinigen sich Delacroix' anti-akademische Malweise und seine spontane politische Anteilnahme im Barrikadenbild zu einem vielschichtigen Ausdruck »revolutionärer« Gesinnung.

François Rude: Die Marseillaise (1833–36)

1. Die romantische Skulptur

2. Die patriotische Allegorie* im 19. Jahrhundert

François Rude (* 1784 in Dijon, † 1855 in Paris) erlernte zunächst das Handwerk des Kupferschmieds, dann Studium bei renommierten klassizistischen Bildhauern, u. a. CARTELLIER in Paris; 1812 Rom-Preis; als Anhänger NAPOLEONS ging er 1814 in die Emigration nach Brüssel; 1827 Rückkehr nach Paris. – Rude vertrat mit seinen ebenso bewegungs- wie emotionsreichen Skulpturen ein dem übermächtigen Klassizismus entgegengesetztes Ideal. Er war der Hauptvertreter der romantischen Plastik und zugleich der Wegbereiter der neobarocken Strömung in der Skulptur. – *Hauptwerke:* Neapolitanischer Fischerknabe (1833, Louvre), Marseillaise (1836, Arc de Triomphe), Napoleon erwacht zur Unsterblichkeit (1845–47, Fixin-les-Dijon), Statue des Marschalls Ney (1852/53, Paris).

1. Die romantische Skulptur. RUDES »Aufbruch der Freiwilligen von 1792«, auch Marseillaise genannt, gehört zu den vier historischen Monumentalreliefs am Arc de Triomphe auf der Place de L'Etoile in Paris. Nach dem Sieg bei Austerlitz hatte NAPOLEON 1806 den Bau dieses sowie eines zweiten Triumphbogens in derselben Straßenachse im Sinne einer »via triumphalis« beschlossen, um die Verdienste der französischen Armee zu glorifizieren. Der zur Ausführung gelangte Entwurf J. F. CHALGRINS war ein Bruch mit der antiken Tradition, weil er das Monument durch Bogenöffnungen an den Schmalseiten aus der reinen Frontalität löste und auf das Rund des Platzes bezog. Dabei blieb allerdings der Torcharakter bewahrt. Allein auf Monumentalität hin angelegt, sollte der Arc de Triomphe Napoleons Macht und Machtanspruch demonstrieren. Erst unter dem Bürgerkönig LOUIS PHILIPPE wurde das Bauwerk 1836 seiner ursprünglichen Bestimmung entsprechend vollendet, nachdem es die Bourbonen während ihrer Herrschaft zum eigenen Ruhm umgedeutet hatten – ein Schicksal ikonographischer* Uminterpretation, das vielen offiziellen Denkmälern im 19. Jahrhundert infolge von Regierungswechseln beschieden war.

Die Widmung an die siegreiche »Grande Armée« bestimmte das endgültige Programm. Als Gegenstück zu Rudes »Marseillaise« schuf JEAN-PIERRE CORTOT (1787–1843) den »Triumph Napoleons 1810«; ANTOINE ETEX (1808–88) wurde mit der Darstellung des »Friedens« und des »Widerstands« an der Rückseite beauftragt. Weitere Reliefs in der oberen Zone schildern Ereignisse der napoleonischen Ära. Der überlebensgroße Fries unter dem Gebälk, der den Aufbruch und die Heimkehr der französischen Armee zeigt, ist ein Gemeinschaftswerk mehrerer Bildhauer, darunter auch Rude. In der Marseillaise setzte RUDE revolutionäres Pathos und kämpferische Begeisterung in eine von Bewegung bestimmte Formensprache um. Für RODIN galt sie deshalb als exemplarisches Werk bildender Kunst, dessen Komposition eine Handlung darstellt vergleichbar dem Theater. Rude erreichte diese Wirkung, indem er den Blick des Betrachters dem Handlungsablauf folgen läßt. Zunächst lenkt er ihn auf die Figur, mit der die Aktion beginnt und führt ihn dann über die Figuren, die die Handlung fortsetzen, zu deren Vollendern.

»›Bürger! Zu den Waffen!‹ brüllt aus Leibeskräften die erzgepanzerte Freiheit, die mit ausgebreiteten Flügeln durch die Lüfte heransaust. Mit ihrem hoch erhobenen linken Arm versammelt sie alle Mutigen um sich, während die andere Hand das blanke Schwert dem Feind entgegenstreckt. Auf sie fällt der Blick zweifellos zuerst, denn sie beherrscht das ganze Werk; ihre Beine, die weit auseinandergehen, als ob sie sich anschicken wollten zu laufen, bedecken in Gestalt eines riesigen ›accent circonflexe‹ dieses erhabene Gedicht des Krieges. Man glaubt sie tatsächlich zu hören, denn ihr steinerner Mund schreit so dröhnend laut, daß man für sein Trommelfell fürchten muß. Und kaum ist ihr Aufruf zu den Waffen erschallt, da stürzen auch schon die Krieger herbei.

Es folgt nun die zweite Phase der Handlung. Ein Gallier mit Löwenmähne schwingt seinen Helm, um damit die Göttin zu grüßen. Und sein junger Sohn, der an seine Seite geeilt ist, bittet, ihn begleiten zu dürfen: ›Ich bin stark genug, ich bin ein Mann und will mit ins Feld!‹ scheint der Knabe zu äußern, während seine Faust einen Schwertknauf umklammert. ›Komm!‹ sagt der Vater mit einem Blick voll Stolz und Liebe.

Dritte Phase der Handlung: Ein unter der Last seiner Ausrüstung gebeugter alter Krieger hat Mühe, die Jüngeren einzuholen; aber er bleibt nicht zurück, denn alles, was noch einen Funken Kraft besitzt, muß mit in den Kampf. Ein anderer, noch hinfälligerer Greis begleitet den Zug der Krieger mit heißen Wünschen, und die Gebärde seiner Hand scheint die Ratschläge zu wiederholen, die ihm einst die Erfahrung gab.

Vierte Phase: Ein Bogenschütze beugt den muskulösen Rücken, um seine Waffe zu spannen. Ein Hornbläser schmettert den Truppen ein Signal entgegen. Der Wind läßt die Standarten flattern: alle Lanzen sind gefällt. Das Signal ist gegeben und die Schlacht beginnt« (A. Rodin: Die Kunst, Gespräche des Meisters gesammelt von Paul Gsell. München 1925, S. 55f.).

Mit diesen mitreißenden, an die Emotionen

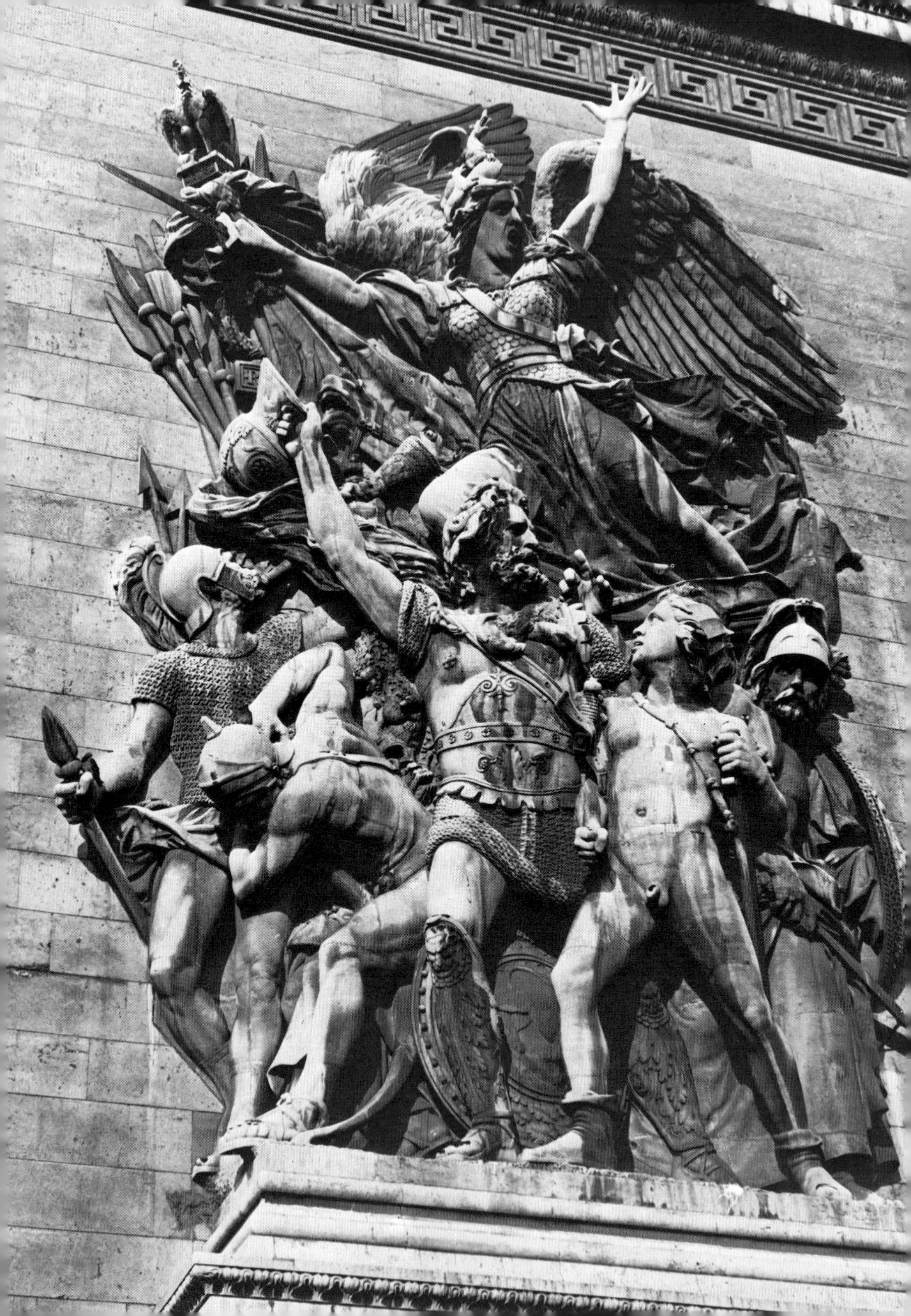

des Betrachters appellierenden Gestalten durchbricht Rude die reine klassizistische Lehre, der die übrigen Reliefs des Triumphbogens noch verhaftet sind. So zeigt CORTOT Napoleon im römischen Gewand, wie er den Kranz von der Viktoria und die Huldigung einer besiegten Stadtgöttin empfängt, während die Geschichte seine Taten aufschreibt und die Fama sie verkündet. Die klassizistische Idee, den Helden in ruhiger, zeitlose Gültigkeit beanspruchender Pose zu verkörpern, ist hier noch verwirklicht, wenn auch formelhaft in erstarrter Monumentalität. Demgegenüber ging es RUDE, dem bedeutendsten Vertreter der romantischen Skulptur, um die Darstellung von Menschen in Aktion, in einer entscheidenden Phase ihrer Existenz. Mit charakterisierenden Haltungen und Symbolen fand er einen dem revolutionären Pathos entsprechenden formalen Ausdruck. Sein Relief ist ein Kampflied, gleichsam die Marseillaise in Stein. Es wurde zum nachhaltigen Sinnbild des französischen Patriotismus und dementsprechend auch als nationales Symbol auf Briefmarken und Medaillen verwendet.

2. Die patriotische Allegorie* im 19. Jahrhundert. Das für Frankreich und Europa einschneidende Ereignis des Aufbruchs des Volkes 1792 zur Verteidigung des Vaterlands gegen die reaktionären Mächte schildert Rude nicht realistisch, sondern in Allegorien. Er überträgt das Geschehen in die Zeit der Gallier, die unter Vercingetorix ihre Freiheit gegen Cäsar verteidigen. Er greift damit bezeichnenderweise auf vorfeudale Verhältnisse zurück. Durch diesen patriotisch-historischen Bezug erhebt er ein konkretes Ereignis der jüngsten Vergangenheit zu überzeitlicher Bedeutung und macht es – unabhängig von der Revolution – zu einem allgemeingültigen Zeichen nationalen Einsatzes. Neu an dieser Skulptur ist die Versinnbildlichung der Nation durch das Volk unter Berufung auf die Geschichte, statt – wie bisher – des Staates durch seine Machthaber. Neu ist auch, daß in der Figur der geflügelten Frau, die zum Sinnbild Frankreichs geworden ist, die überlieferte Form der Allegorie erstmals in einen geschichtlichen Bezugsrahmen gestellt wird.

»Im Relief von Rude entstand die Allegorie

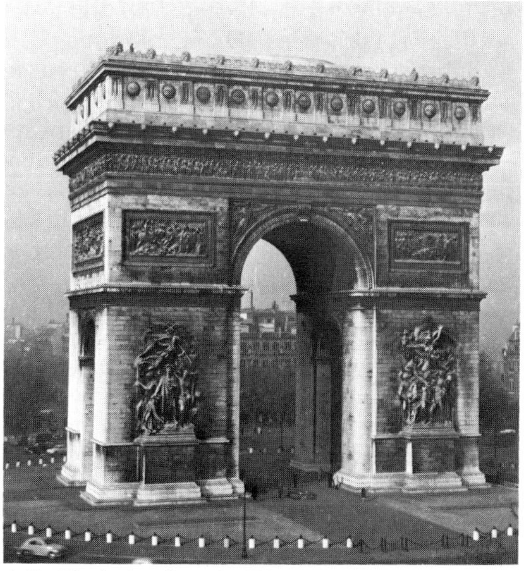

J. F. Chalgrin: Arc de Triomphe, Paris; 1806–36

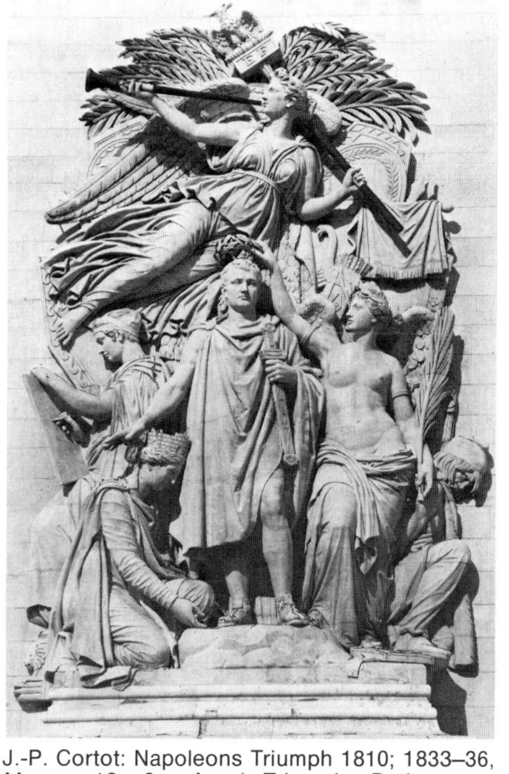

J.-P. Cortot: Napoleons Triumph 1810; 1833–36, Marmor, 13 × 8 m, Arc de Triomphe, Paris

◀ F. Rude: Die Marseillaise; 1833–36, Marmor, 13 × 8 m, Arc de Triomphe, Paris

aus einer selbstverständlichen Entfaltung des poetischen Vorhabens. Die Umformung der barfüßigen und zerlumpten Freiwilligen in alte Kämpfer gibt den ersten Denkanstoß. Der Übergang von dem bewaffneten Krieger – Sinnbild der Erfahrung und Kraft – zu dem entblößten Jüngling – Sinnbild der Reinheit und Unschuld – das ist der zweite Schritt; zuletzt das Bild der geflügelten Frau über ihnen, als ob darin der Flug der Phantasie gipfele. Rude entnahm das Bild der geflügelten Frau dem antiken Repertoire. Es fiel ihm leichter, dieses Bild in sein Relief einzufügen als DELACROIX, in dessen Bild (s. S. 168) zwischen dem Mann im Gehrock und Zylinder und der halbentblößten Frau ein Kontrast spürbar wird, fast so wie beim Frühstück im Grünen von MANET (s. S. 173). Das Wichtigste in dem Relief von Rude ist, daß diese geflügelte Frau, die sich an die schreitenden Krieger wendet, ihr Schicksal teilt. ›Die Gesandte des Himmels‹ gibt sich unter den Menschen ganz wie ein Mensch, nur kommen menschliche Leidenschaften in ihr hyperbolisch zum Ausdruck, und dadurch gelingt es ihr auch, die Menschenmenge mitzureißen. ›Das schöne Ideal‹, für das DAVID und seine Generation gekämpft hatten, ist im Werk von Rude auf die Erde heruntergestiegen und hat die Gestalt eines lebendigen menschlichen Körpers angenommen.

Die Bedeutung der geflügelten Frau ist in ihrem Aussehen ausgedrückt. Man nannte sie die Strickerin, und zwar in Erinnerung an die Frauen, die mit dem Strickzeug in den Händen an den Sitzungen des Konvents teilnahmen. Ihr Gesicht mit dem weit geöffneten Mund grenzt in seinem Ausdruck an eine Grimasse, aber von Ferne ähnelt sie mit den eingesunkenen Augen und der gähnenden Schwärze des Mundes einer antiken tragischen Maske. Die Einzelheiten ihrer Züge bedürfen keiner Erklärung, sie ergeben sich aus dem Charakter der dargestellten Aktion. Die Flügel, sie sind kein schmückendes Beiwerk, sie ›beflügeln‹ die Bewegung der Krieger, und zwar als Ausdruck ihrer Emphase. Der breite Flügel der Frau weht über der Gruppe als ihr Kampfbanner. Der schnelle und entschiedene Schritt der Freiwilligen ist im Begriff, in einen ungestümen Flug überzugehen. Wie bei den griechischen Niken [Siegesgöttin] entsteht dieser Flug aus der geistigen Aufwallung der Menschen.

In den römischen Reliefs wird die Welt des Menschen der Welt der Allegorie* gegenübergestellt. Das alte Gesetz der Isokephalie* ist nicht nur eine Form der Komposition, sondern des Denkens. Die Römer stellten die Gesandten der Götter in gleicher Größenordnung wie die Menschen dar; meistens bringen sie den Menschen die Nachricht von einem Sieg und den Kranz des Siegers oder tragen die Helden aus der irdischen Welt in die ewigen Gefilde. Bei Rude treten die Helden aus der Menge heraus, das Ideale entsteht aus der Lebensfülle. In seinem Relief wird durch die nuancierte Abstufung der Empfindungen das Werden der Persönlichkeit dargestellt. Der bärtige Krieger schreitet rüstig und mutig voran. Der Jüngling bedarf einiger Anstrengung, um ihm zu folgen. Ein anderer Krieger hinter ihnen streckt die Hand aus und spricht Worte des Abschieds; der Krieger im Helm erhebt den Schild und bereitet sich zur Abwehr vor. Ein Krieger erhebt die Trompete und gibt das Signal zum Aufbruch. Ein anderer beugt sich über den Bogen. Und die höchste Stufe dieser Bewegung wird erreicht in der Figur der geflügelten Frau. Sie sieht von oben besser die Gefahr, der Feind hat sie stärker erzürnt und darum drückt sie mit dem Gestus der ausgestreckten Hand und ihrem Schrei alles aus, was sich in ihrem Herzen angesammelt hat. Und in diesem Sinn ist sie die wahrhafte Personifizierung dieser furchtlosen Sechs« (M. Alpatov: »Marseillaise« von Rude, in: Etjudy po istoril zapadonevrope jskojo iskussva, Moskau 1963, S. 333. Übersetzung von Maria Pötzl-Malikova).

Honoré Daumier: Gargantua (1832)

1. Die Entwicklung der Lithographie* als Vervielfältigungsverfahren und als politisches Kampfmittel

2. Vom Individuum zum Typus – das Prinzip der übertreibenden Verdeutlichung

3. Das Modus-Problem – Rangfragen in der bildenden Kunst

Honoré Daumier (* 1808 in Marseille, † 1879 in Valmondois) war zunächst Laufbursche bei einem Juristen und lernte so das Milieu der Gerichtshöfe kennen, bevor er zu seinem Beruf als Satiriker und Karikaturist kam; er wurde vor allem als Mitarbeiter der Zeitschriften »LA CARICATURE« und »LE CHARIVARI« bekannt. Daumier gilt als der bedeutendste Karikaturist des 19. Jahrhunderts (ca. 4000 Lithographien* und 1000 Holzschnitte*); er war ein engagierter Kämpfer für Freiheit und Menschlichkeit.

1. Die Entwicklung der Lithographie als Vervielfältigungsverfahren und als politisches Kampfmittel. Der Journalismus, mit dem HONORÉ DAUMIER seinen Lebensunterhalt bestritt, trug ihm gleich zu Anfang seiner Laufbahn eine Gefängnisstrafe ein, weil er die kaum zwei Jahre alte Herrschaft des Bürgerkönigs LOUIS-PHILIPPE zur Zielscheibe seines Bildwitzes gemacht hatte: Die nach RABELAIS' Vielfraß Gargantua benannte Lithographie zeigt einen riesenhaften birnenköpfigen Freßsack, zu desssen geöffnetem Schlund Lakaien in Tragekörben die Abgaben des Volkes hinaufbefördern, während unter dem Thronsitz die Verdauungsprodukte in Form von Orden, Bestallungen und Geschenken von regimetreuen Schmarotzern aufgelesen werden. Dieses drastische Sinnbild hatte schon die staatliche Vorzensur passiert, als es schließlich doch unterdrückt wurde. Alle erreichbaren Exemplare wurden eingezogen, so daß nur wenige Abzüge erhalten geblieben sind. Ursprünglich sollte die Lithographie in »La Caricature« erscheinen, wurde dann nach dem Publikationsverbot im Schaufenster des Verlegers gezeigt und wanderte von dort in die Akten des Untersuchungsrichters. Zeichner, Drucker und Verleger wurden zu je 500 Francs Strafe und sechs Monaten Gefängnis verurteilt wegen »Aufreizung zu Haß und Verachtung der königlichen Regierung und Beleidigung der Person des Königs«.

Die staatliche Strafaktion gegen Daumier, seinen Drucker und Verleger bezeichnet den Beginn des politischen Journalismus, in dem sich kritisches Bewußtsein und eine neue und relativ leicht zu handhabende Reproduktionstechnik verbanden: »Es ist ein oft zu be[ob]achtendes Gesetz der kunstgeschichtlichen Entwicklung, daß jede Zeit und jeder Stil sich ihre eigene Technik schaffen ... So hatte [schon] das spätere 18. Jahrhundert im Bedürfnis nach rascher und billiger Vervielfältigung von Zeichnungen und Schriftstücken wiederholt den Versuch gemacht, die Kupferplatte durch polierte Steine zu ersetzen. Aber diese Versuche waren nicht geglückt. Erst in den letzten Jahren des 18. Jahrhunderts gelang es in München dem Schriftsteller ALOIS SENEFELDER, im Solnhofer Schieferstein ein Material zu finden, das sich noch viel besser als Kupfer zur Reproduktion eignete ... Freilich war es nicht [in] München und nicht [in] Deutschland, wo man Senefelders glänzende Erfindung nach Verdienst würdigte, sondern in Frankreich ... Anfänglich widmeten sich wohl nur Dilettanten, und zwar hauptsächlich aus dem Kreise französischer Emigranten, z. B. LOUIS-PHILIPPE, der spätere König von Frankreich, der bequemen und leicht auszuübenden Technik, aber von ihnen ging sie dann schnell in die Hände der Künstler über. Schon zwanzig Jahre nachdem Senefelder seine ersten Versuche gemacht hatte, schuf GOYA in Bordeaux seine berühmten Lithographien, die heute noch unübertroffen sind, und GÉRICAULT machte jene glänzenden Zeichnungen von Pferden, die als der Beginn der neueren Kunst betrachtet werden ... Im Verlaufe der 2. Hälfte des 18. Jahrhunderts und vor allem in den unruhigen Zeitläuften der Revolution, für die sich in ganz Europa jedermann auf das lebhafteste interessierte, war das Bedürfnis

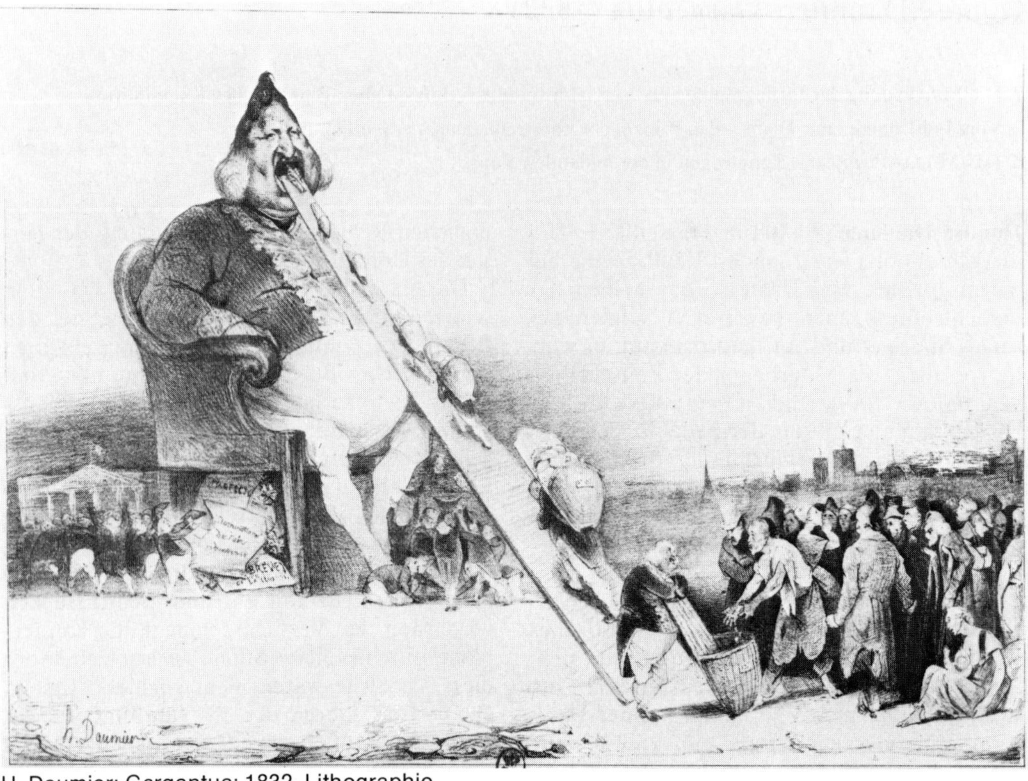

H. Daumier: Gargantua; 1832, Lithographie

allgemein geworden, möglichst schnell über die sich überstürzenden Ereignisse des Tages nicht nur durch das Wort, sondern auch durch das Bild unterrichtet zu werden. Wir können in der Tat noch heute die Revolution in ihren wichtigsten Begebenheiten von Tag zu Tag, oft sogar von Stunde zu Stunde an den Zeichnungen und Bildern verfolgen, mit denen die Künstler die Geschichte ihrer Zeit begleiteten. Da nun einmal dieser Zusammenhang der Kunst mit den Ereignissen des Tages gegeben war, strebte man auch nach einem technischen Hilfsmittel, um die Wünsche des Publikums in jeder Hinsicht zu erfüllen. Hier trat die Lithographie zur rechten Zeit ein. Keine andere Technik konnte so gut wie sie das leisten, was nun begehrt wurde: den Journalismus in der Kunst.

... Um das Jahr 1830 war im Pariser Journalismus ein Mann tätig, der, ohne selbst ein bedeutender Künstler zu sein, doch auf die Entwicklung der französischen Graphik den maßgebenden Einfluß hatte: CHARLES PHILIPON. Diesem ausgezeichneten ... Kopf verdankt die französische Kunst eine Fülle der wichtigsten Anregungen und literarischen Gründungen ... Er erkannte, welch außerordentliche Macht in der illustrierten Presse liegt und hat die wichtigsten Pariser Künstler-Journale jener Tage ins Leben gerufen, die meistens nach Philipons Absichten einen mehr oder weniger heftig satirischen Charakter trugen. In der früheren Zeit ließ Philipon sie mit Lithographien ausstatten; denn diese Blätter standen oftmals im Kampfe des Tages, und die Arbeit, die nicht nur der politischen, sondern auch der künstlerischen Aktualität halber vielfach von heute auf morgen zu liefern war, wurde am schnellsten von der stets bereiten Lithographie geliefert. Philipon besaß ein ungewöhnlich klares Urteil und hatte einen außerordentlich scharfen Blick für Talente, denen die Zukunft gehörte. Er hat die besten jungen Zeichner schon in einer

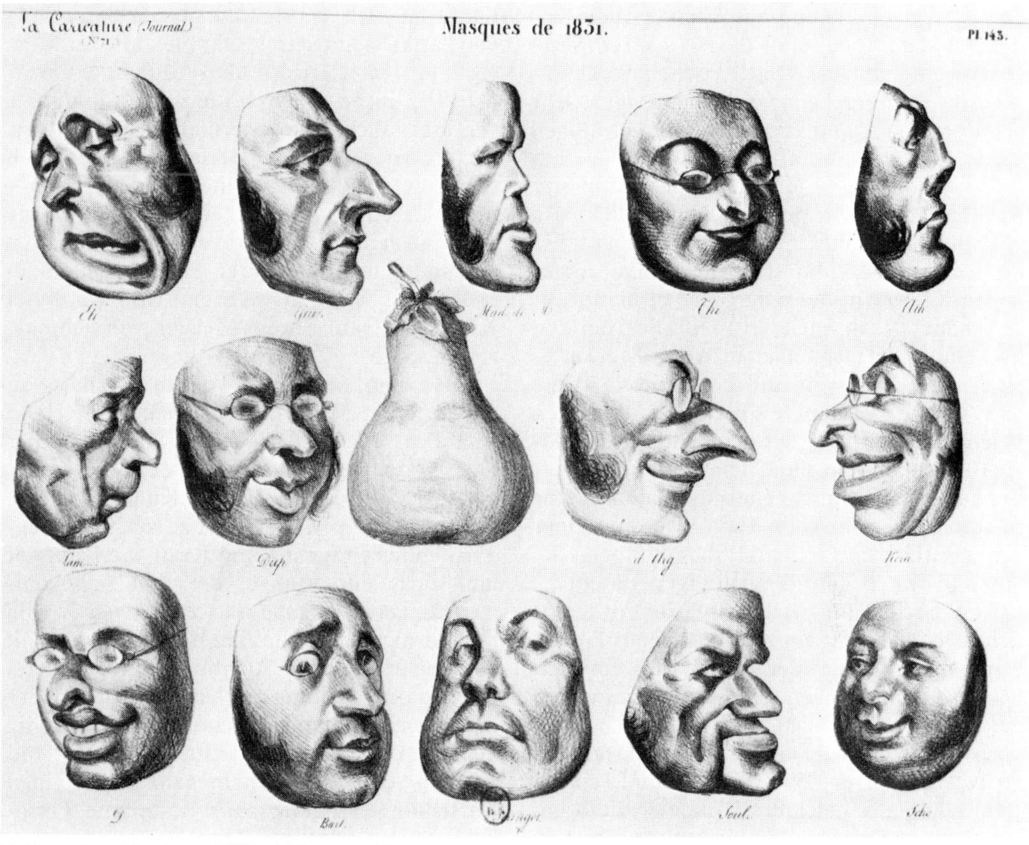

H. Daumier: Masken; 1831, Lithographie

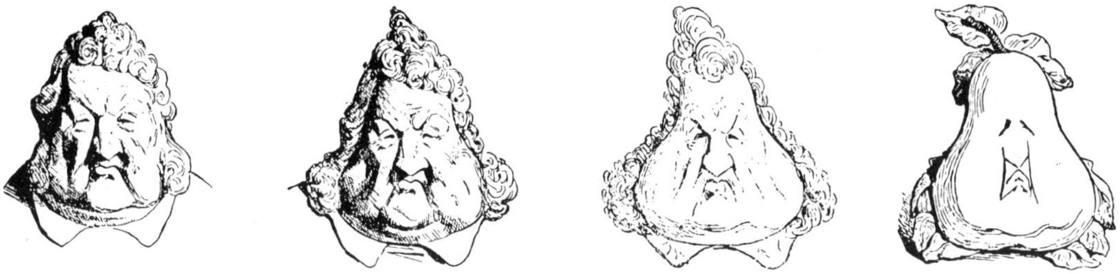

Ch. Philipon: Karikatur des französischen Königs Louis-Philippe, aus »Le Charivari«; 1834

Zeit, wo sie noch unbekannt sich in kleiner Tätigkeit abplagen mußten, in ihrem Wert erkannt und zu seinen Unternehmungen herangezogen. So auch den jungen Daumier« (K. Voll: Frankreichs klassische Zeichner im XIX. Jahrhundert. 1914, S. 8f.).

2. Vom Individuum zum Typus – das Prinzip der übertreibenden Verdeutlichung. Nur eine Variation des Vielfraßbildes konnte im Februar 1832 – in Anspielung auf das geahndete Vorbild – in PHILIPONS Caricature erscheinen. Es zeigte lediglich den leeren Thronsessel, ließ also die Personifikation des Regimes, den König, aus dem Spiel; statt dessen konzentrierte es sich ganz auf die kriecherischen Stellenjäger, »die sehr ergebenen, sehr demütigen, sehr gehorsamen ... und vor allem sehr gefräßigen Untertanen«.

Die »Zitierweise«, das heißt der raffinierte Rückbezug auf ein geläufiges Vorbild, hatte DAUMIER mit seiner Gargantua-Lithographie die Anklage der Majestätsbeleidigung eingetragen. Es war insbesondere der birnenförmige Schädel des thronenden Vielfraßes, der den Tatbestand des persönlichen Angriffs erhärtete: Diese Birne, wohl die berühmteste Birne aller Zeiten, verdankte ihren beleidigenden Beigeschmack einem der glänzendsten Einfälle PHILIPONS: »Um seine These über die Verwendung von Ähnlichkeiten in der Karikatur zu stützen, zeichnete Philipon [während einer der zahlreichen Gerichtsverhandlungen, die ihm und seinen Veröffentlichungen galten] ... auf ein Blatt Papier vier Köpfe in Vorderansicht. Der erste war ein ziemlich treues Porträt von Louis-Philippe; der zweite wies ein paar leichte Umformungen und Vereinfachungen auf; im dritten gingen die Vereinfachungen noch weiter, und als viertes entstand, mit angedeuteten Augen, Nase und Mund, eine – Birne. Bei jeder Zeichnung fragte er die Richter, ob sie der vorigen ähnele, was bejaht werden mußte, so daß also auch die Ähnlichkeit der Birnenbezeichnung mit der königlichen-Physiognomie nicht bestritten werden konnte. ›Folglich müssen Sie‹, rief er den Richtern zu, ›für eine Birne, für ein entsprechend geformtes Backwerk, für jeden Gegenstand, der oben spitz zuläuft und unten breit ausladet, dem Verfertiger ... Gefängnis und eine Geldstrafe aufbrummen‹« (W. Balzer: Der junge Daumier und seine Kampfgefährten. Dresden 1965, S. 30). Dieser brillante bildliche Verwandtschaftsbeweis, der den Verdacht der Majestätsbeleidigung auf alle birnenförmigen oder -ähnlichen Objekte ausufern ließ, machte Furore. Die Birne wurde auf lange Zeit *das* Spottsymbol für den Bürgerkönig – und insbesondere deswegen, weil das französische Wort für Birne: »poire« auch die Nebenbedeutung »Einfaltspinsel« (entsprechend der »weichen Birne« im Deutschen) hat.

In dieser allbekannten Bedeutung erschien die Birne auch in DAUMIERS erster Sammlung von karikierten Charakterköpfen, die im März 1832 in »La Caricature« veröffentlicht wurden. Die Birne in der Mitte der Lithographie veranschaulichte gewissermaßen das Prinzip, nach dem aus individuellen Gesichtszügen der reine Typ herausgefiltert werden kann – in entlarvender Absicht: Wie bei der Birne sollte auch in den übertriebenen Eigenarten der anderen Köpfe deren wahrer Charakter erst richtig sichtbar werden. Und in dieser Kunst war Daumier ein Meister, wie sich bald zeigen sollte.

»Daumiers Menschen werden durchweg zu Typen. Jeder Mensch wird unter seiner Hand zum Typ seines Alters, seines Standes, seiner Klasse oder des Zustandes, in dem er sich befindet. Es gibt in der ganzen Kunstgeschichte keinen zweiten Künstler von solcher typenschaffenden Prägnanz und Kraft wie Daumier und auch nur wenige, die ihm nahekommen ... Daumier mag darstellen, wen er will, es wird nicht bloß die betreffende Person mit den entsprechenden Attributen ihrer speziellen sozialen Stellung daraus, nein jeder, der dem gleichen Stand angehört, ist gleichzeitig in der betreffenden Darstellung getroffen, und zwar so sehr, daß man in ganz allgemeinen Darstellungen häufig ganz bestimmte Personen zu sehen glaubte. Personen, an die Daumier niemals gedacht, und die er nachweislich niemals gesehen hatte« (E. Fuchs: Die Lithographien Honoré Daumiers. München o. J., S. 12f).

3. Das Modus*-Problem – Rangfragen in der bildenden Kunst. Durch seine Tätigkeit gewann Daumier viele Freunde unter Journalisten und Literaten, revolutionären Künstlern und den großen Malern, er litt jedoch darunter, daß er selbst als Maler nur Achtungserfolge erzielte und von seinen Malerkollegen nie als ihresgleichen betrachtet wurde. Hier ging es wie in anderen Künsten um Rangfragen, die man anhand literaturwissenschaftlicher Konzeptionen zu durchdenken versucht hat: So wie etwa zwischen Poesie und Prosa unterschieden werden könne, seien auch in der bildenden Kunst verschiedene, verbindliche Höhenlagen und »Redeweisen« – Modi – zu beobachten; und zwischen diesen fest eingebürgerten Tonarten der Bildsprache gebe es in der neueren Kunst einen zunehmenden Austausch von Themen, der je nachdem zu Rangverlust oder Wertzuwachs der Kunstwerke führe. »In diesem ... Prozeß spielt auch die Karikatur eine wichtige Rolle. Seit Jahrhunderten mit der Lizenz der Verzerrung ausgestattet, so daß kein ästhetischer Kanon vor ihr sicher war, nehmen ihre Sprachmittel die expressive Übersteigerung, aber auch das lineare Abstrahieren vorweg ... [Hier] dringen die in einer Randkunst erprobten Freiheiten in die Hochkunst ein« (W. Hofmann: Poesie und Prosa, Rangfragen in der neuern Kunst. In: Jahrbuch der Hamburger Kunstsammlungen 1973, S. 187).

An diesem Prozeß der Aufwertungen der Karikatur und der Durchdringung von »hoher« und »niederer« Kunst war Daumier maßgeblich beteiligt; aber er mußte es zunächst mit der Mißachtung seiner Malerei bezahlen.

Peter von Cornelius: Das jüngste Gericht (1836–39)

1. Das Menschheitsdrama als christliches Bildprogramm

2. Die Diskrepanz zwischen intellektuell-religiösem Programm und künstlerischer Leistung

Peter von Cornelius (* 1783 in Düsseldorf, † 1867 in Berlin) ging 1811 nach Rom und schloß sich dort den Nazarenern* an; 1819 wurde er vom bayerischen Kronprinzen Ludwig nach München, 1821 von der preußischen Regierung als Akademiedirektor nach Düsseldorf berufen; 1824 Akademiedirektor in München; ab 1840 in Berlin mit repräsentativen Projekten beschäftigt. Seine Hauptwerke sind die Ausmalung der Ludwigskirche und der Glyptothek in München.

1. Das Menschheitsdrama als christliches Bildprogramm. Cornelius ist gelegentlich mit dem »französischen Großmeister« DAVID verglichen und ihm an Format und Bedeutung gleichgestellt worden: er sei gleichzeitig der Führer des deutschen Klassizismus* und der deutschen »Groß-Romantik« gewesen, die man im Gegensatz zur kleinen und bürgerlichen Romantik (M. v. SCHWIND, C. SPITZWEG) auch die »heroische Romantik« nennen könne. Wenn man sich an den Begriff der Romantik halten will, so könnte ebensogut auch von einer »Staats-Romantik« gesprochen werden, denn Cornelius war ein Maler, »um den sich die Könige Deutschlands stritten«.

Höhe- und Wendepunkt seiner Laufbahn war der Auftrag, wesentliche Teile der von Friedrich v. Gärtner (s. S. 63ff.) neuerbauten Münchner Ludwigskirche auszumalen, nachdem zuvor die Münchener Glyptothek nach seinen Entwürfen mit Fresken* ausgestattet worden war. Die St.-Ludwigs-Pfarrkirche gehörte zum repräsentativen Bauprogramm der ersten großen Münchener Prachtstraße, in der KÖNIG LUDWIG zumeist italienisch-lombardische Architekturvorbilder wiederholt wissen wollte. Dem anspruchsvollen Äußeren sollte ein ebenso bedeutsames Programm der Innenausstattung entsprechen: ein Altes und Neues Testament umfassender Freskenzyklus, von dem Cornelius die Schöpfung, die Anbetung der Könige, die Kreuzigung und das Jüngste Gericht übernahm; es bot ihm also die »Gelegenheit und gewaltige Aufgabe, mit Michelangelo und Rubens in Wettbewerb zu treten« (C. Gurlitt). Dieser Herausforderung stellte er sich mit vollem Bewußtsein, denn er behielt sich die eigenhändige Ausführung des Weltgerichts entgegen seiner Gepflogenheit, die Malarbeit teilweise oder gänzlich anderen Händen zu überlassen, vor.

»Cornelius war nach Vollendung der Entwürfe ... nach Rom gereist, um die Cartons* dort zu vollenden, wo er verwandten Schöpfungen nahe sein konnte. Der Gedanke, welcher dem Zyklus der Wandgemälde zu Grunde liegt, ist die Tragödie des Menschengeschlechts, wie sich dieselbe im christlichen

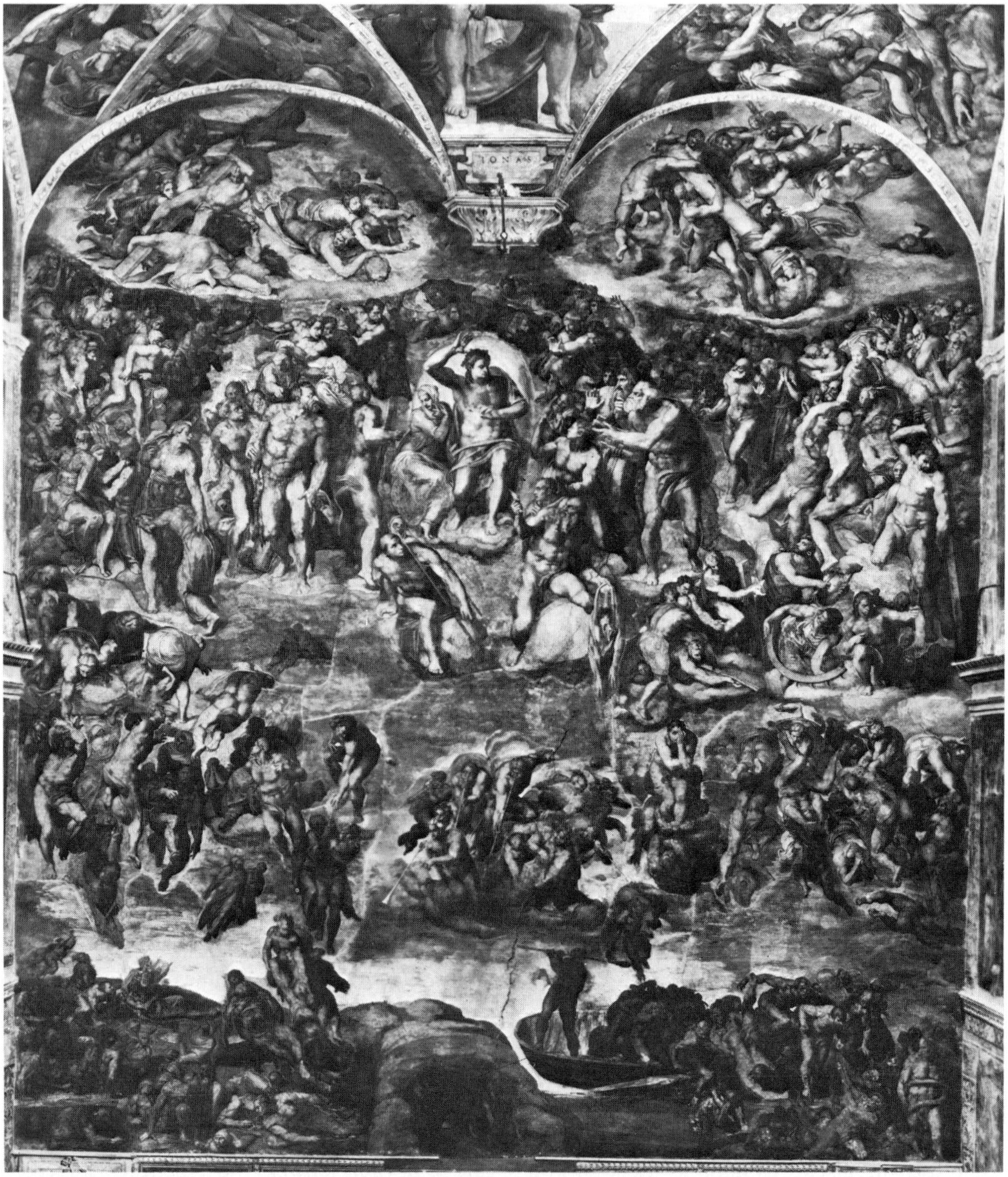

Michelangelo Buonarroti: Jüngstes Gericht; 1536–41, Fresko, 1483 × 1330 cm, Sixtinische Kapelle im Vatikan, Rom

Dogma entwickelt hat, mit ihren drei Akten: Schöpfung, Erlösung, Gericht. Den Höhepunkt sämtlicher Kompositionen bildet die riesige Darstellung des letzten Gerichts. 1836–1839 arbeitete der Künstler an der Ausführung in Fresko, während Schüler die übrigen Cartons auf die [anderen] Wände übertrugen ... Den Mittelpunkt [des Gerichts] bildet die Gestalt Christi: es ist nicht jener dämonische Richter, wie auf dem Werke Michelangelos ..., sondern der ernste, aber dennoch milde Sohn Gottes; Maria und Johannes knien

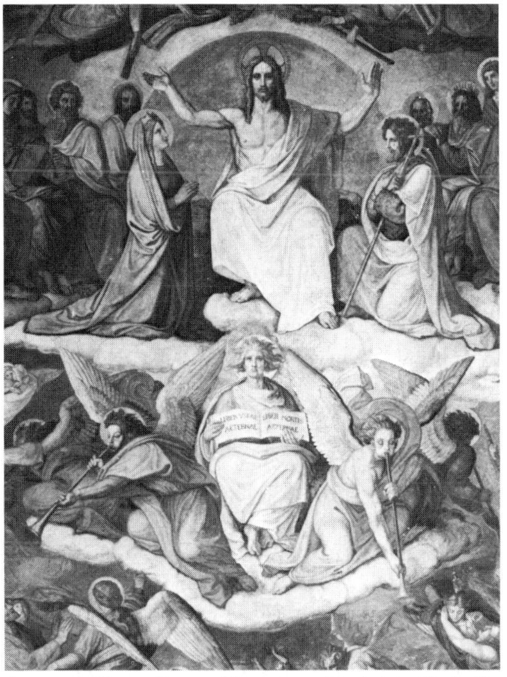

P. von Cornelius: Jüngstes Gericht (Detail); 1836–39, Fresko, 1830 × 1150 cm, Ludwigskirche, München (Vgl. die Farbtafel auf S. 169!)

ihm zur Seite und um die ganze Gruppe reiht sich nach dem Hintergrund hin die Schar der Propheten und Heiligen; mancher von ihnen zeigt in Haltung und im Ausdruck eine Größe, wie die moderne Kunst sie nur selten erreicht hat. Den Übergang nach unten hin vermitteln die Engel unterhalb des Christus: einer hat das Buch des Schicksals geöffnet, die anderen stoßen in Posaunen, um die Seelen zu rufen. Dem Stoffe gemäß teilen sich die unteren Gruppen in die Seligen und die Verdammten. Besonders ergreifend wirkt die Darstellung der letzteren, denn hier konnte der Künstler an der Darstellung entfesselter Leidenschaft die intuitive Macht seiner Charakteristik entfalten. Wunderbar beruhigend erscheint neben diesen Szenen der majestätische Engel der Auferstehung, Michael, mit dem geschwungenen Richtschwert« (O. von Leixner: Unser Jahrhundert. Ein Gesamtbild der wichtigsten Erscheinungen auf dem Gebiete der Geschichte, Kunst, Wissenschaft und Industrie der Neuzeit. Stuttgart 1883, Bd. 2, S. 242f.).

2. Die Diskrepanz zwischen intellektuell-religiösem Programm und künstlerischer Leistung. »Die Gestalten sind fast alle bekleidet. Papst Paul III. hätte davor nicht, wie in der Sixtinischen Kapelle, zu sagen brauchen, das Bild passe besser in eine Badestube oder in ein Bordell; kein Daniele da Volterra hat nachträglich die der Kirche anstößigen Blößen zu übermalen gehabt. Und dann: nicht die eigene Anschauung ist Gegenstand des Bildes, nicht das stürmische Erfassen eines leidenschaftlichen Vorganges, sondern die Ruhe theologischen Denkens, ein sorgfältiges Abwägen, eine außerordentliche Besonnenheit bei großer Kraft. Alles, was die Kirche an MICHELANGELOS Werk auszusetzen hatte, vermeidet er. Nicht ein bestimmter Augenblick, nicht der gewaltigste Augenblick aller Geschichte wird dargestellt, sondern die Lehre von diesem Augenblick. Christus, der bei Michelangelo der riesenmäßig niederschmetternde Vernichter des Bösen ist, eine Gestalt, von deren mächtiger Erregung auf alle [anderen] Gestalten ein Beben und Zurückweichen fährt, ist hier der ruhig und gerecht Abwägende. Eine Hand verurteilt, die andere bietet Gnade, das Gesicht sieht geradeaus, gehälftet in Empfindung. Das ist – die katholischen Geistlichen wissen dies sicher besser als ich – der richtige Ausdruck der dogmatischen Lehre. Aber das stört die künstlerische Wirkung; das macht die Gestalt, die doch immer nur die eines Menschen sein kann, lahm, kraftlos, ihr Walten undeutlich, während bei Michelangelo gerade die völlige Beherrschung des Riesenbildes durch eine Bewegung Christi dem Ganzen den nicht durch das Dogma, sondern durch einen Blick für den Beschauer erkennbaren Inhalt gibt. Ebenso im ganzen Bilde ein planmäßiger Aufbau, ein Verteilen in die Fläche, eine leicht übersichtliche Linienführung ... Wenn gleich bei Cornelius einzelne Figuren kleiner gezeichnet sind als die anderen, also als weiter hinten schwebend gedacht sind, wirkt doch bei ihm das ganze Bild als Fläche. Die Schwebenden erscheinen wie mit einer unsichtbaren Nadel an die Wand angespießt, sitzen auf ihr fest. Denn bewegten sie sich, so fiele die ganze mühsame Komposition über den Haufen. Man glaubt keinem recht die Bewegung, man bittet im Geist: Haltet still ...

Wie bei MICHELANGELO von den dichtgedrängten Menschenwolken oben die Gestalten heruntertropfen, wie sie in einem tiefen Raum vor und hinter einander sich bewegen, wie ungeheuer groß der Vorgang ist! Bei CORNELIUS lauter Gruppen; Gruppen, die für sich fertig sind, denen aber auch nichts fehlt in Aufbau und Inhalt, wenn man sie für sich herausschneidet aus dem Bild. Überall klare Kompositionslinien; Menschen- und Engelleiber, die Ketten bilden, um von Gruppe zu Gruppe den malerischen Zusammenhang zu schaffen; Gestalten, in denen eine weiche, sentimentale Schönlinigkeit mit der Härte der Darstellung im Widerspruch steht ... Dafür Beziehungen, unendlich viel Beziehungen, über die man Bücher der Verteidigung und Ablehnung schreiben kann; jeder Kopf, jede Haltung überlegt, nicht im künstlerischen Sinne, sondern vor allem in der Absicht, sie viel sagen zu lassen, Ausdruck und Inhalt um jeden Preis zu geben. Durch diese grübelnde Vertiefung kommt in sein Bild eine eigene Trockenheit. Ich spreche nicht von der Farbe, die bei Cornelius stets nur eine unwillig gebotene Zugabe war, sondern von den Gebieten, in denen er selbst seine Lebensaufgabe sah« (C. Gurlitt: Die Deutsche Kunst des neunzehnten Jahrhunderts, ihre Ziele und Thaten. Berlin 1899, S. 234f.).

Cornelius' Ideal wird aus folgender Anekdote deutlich: »Ich gedenke ... eines gemeinschaftlichen Besuchs von Cornelius und mir im Jahr 1858 bei August Riedel in Rom, der uns das Bild eines sich badenden Mädchens zeigte, auf dessen Schulter das Sonnenlicht so täuschend gemalt war, daß man nach dem Fenster sich umsah, durch das es hereingedrungen sein könnte. Und als nun Riedel Cornelius um sein Urteil frug, erhielt er die Antwort: ›Sie haben vollkommen erreicht, was ich mein Leben lang mit größter Anstrengung vermieden habe‹« (E. Förster: Gedenkbuch über das Leben und Wirken Cornelius'. Berlin 1874, Bd. 2, S. 128).

Cornelius hatte also entschieden eine idealistische*, nicht naturalistische* oder realistische* Malerei im Sinn, die in ihrer Programmatik, das heißt ihren beabsichtigten Inhalten und Aussagen, durchaus den ebenso »idealistischen« Zielen KÖNIG LUDWIGS I. entsprach. Solche Art der Monumentalmalerei fand auch die preußische Regierung für repräsentative Staatsbauten angemessen, und sogar in England spielte man mit dem Gedanken, das Parlamentsgebäude von deutschen Spezialisten ausmalen zu lassen – nach Entwürfen von Cornelius.

Nicht das Programm bewog den bayerischen König zu einer abfälligen Beurteilung der Fresken in der Ludwigskirche, sondern die Malweise (»Ein Maler muß malen können.«). Doch in der bildenden Kunst ist der Inhalt ohne die Form nicht zu denken, und für eine zunehmend auf »natürliche Abbildung« ausgerichtete Kunstauffassung mußte eine »naturferne Malweise« zum Stein des Anstoßes werden: »Was die deutsche Malerei selbst bei den von Schelling und Hegel gebildeten Kunstfreunden zu Fall brachte, war der Umstand, daß sie sich zu weit von der Naturwahrheit entfernte, und daß schließlich doch unwillkürlich nicht die Idee, sondern die Natur zum Maßstab des Gefallens und das Gefallen als Erkenntnisart für das Schöne betrachtet wurde. Man bewies sich gegenseitig ästhetisch, daß Cornelius' Bilder schön seien; aber man konnte sich nicht gegenseitig weis machen, daß sie selbst den wissenschaftlich Überzeugten sinnlich gefielen« (C. Gurlitt, a. a. O., S. 300).

William Turner: Schneesturm auf dem Meer (1842)

1. Erfassung der Landschaft als physikalische Luft- und Lichtphänomene

2. Malerei als Mittel persönlicher Weltdeutung

3. Verunsicherung der Wahrnehmungsgewißheiten und ihre Auswirkung auf die Malerei

William Turner (* 1775 in London, † 1851 in London) war einer der produktivsten Maler seiner Zeit (rund zwanzigtausend Werke); Ausbildung an der Royal Academy, dort 1807 Professor für Perspektive; nachhaltiger Einfluß durch einen Besuch im Louvre 1802. – Turner gilt als der Hauptvertreter der englischen romantischen Landschaftsmalerei. In seinem Werk ist bereits alles Wesentliche der Landschaftsmalerei des 19. Jahrhunderts angelegt, zum Teil nimmt er Impressionismus* und Expressionismus* vorweg.

1. Erfassung der Landschaft als physikalische Luft- und Lichtphänomene. »Turner ist das [Ausnahme-]Phänomen der englischen Kunst. Er scheint gar nicht in den [englischen Kunst-] Kreis zu passen ... Der letzte Saal in der National-Gallery [London] wirkt wie eine hochdramatische Episode nach einer biederen Familiengeschichte. In den anderen Sälen meistens ein stilles Braun und Grau. In dem Turner-Saal Feuerzauber, als käme ein Richard Wagner in einen Gesangverein; ein Farbentaumel, eine ganz ungewohnte Sinnlichkeit, nicht englisch, nicht französisch, sondern exotisch, ohne daß man einen Orient als Heimat dieser Farben nennen könnte; ein verwirrendes Chaos. Wohl wird auf bekannte Dinge angespielt. Man blickt auf Wolken, die ein Blitz erhellt, auf Fragmente der Mythologie, glaubt in erregten Meeren die alten holländischen Marinemaler, seltsam verkleidet, wiederzufinden, stößt auf Spuren der letzten Venezianer; [aber] alles [ist] merkwürdig verdünnt, verschlungen, verworren ... Wir wissen nicht, ob in dem Taumel der Lüfte Hannibal oder das Wrack eines Dampfers erscheint. Die Atmosphäre Londons umhüllt die Gefilde der Hesperiden, und neben dem Tal, wo Nymphen tanzen, jagt ein Eisenbahnzug ... Was er Neues brachte, war eine besondere Empfänglichkeit für die imponderabilen Reize des Landschaftlichen. Er ahnte, welchen Weg die moderne Landschaft nehmen würde. Aus seinen mündlichen Äußerungen, die Ruskin festgehalten hat, geht ein ziemlich sicheres Bewußtsein von der Bedeutung der physikalischen Luft- und Lichtphänomene für die Zukunft hervor. Diese Einsicht wird von vielen frühen und späteren Bildern bestätigt. Denkt man sich in dem ›Snowstorm‹ des Jahres 1812 den unteren Teil mit der unmöglichen Hannibal-Episode fort, so bleibt die merkwürdige Darstellung einer Lufterscheinung übrig. In dem ›Snowstorm‹ von 1842 hat er selbst die Trennung vollzogen ... Auch wenn wir nicht wüßten, daß Turner diesen Sturm auf dem Wasser miterlebte, würden wir daran glauben« (J. Meier-Graefe: Entwicklungsgeschichte der modernen Kunst. München ²1914, S. 173f.).

2. Malerei als Mittel persönlicher Weltdeutung. »Die Farbigkeit Turnerscher Bilder zeichnet sich durch eine Künstlichkeit aus, die sowohl von der scheinbar natürlichen Helle CONSTABLES als auch von den bewährten Harmonien der älteren Landschaftsmalerei abweicht. Daß hier kein Unvermögen vorliegt, zeigen Bilder, die an Naturnähe Constable übertreffen ... Es wäre ... irreführend, ein vorgefaßtes Konzept anzunehmen ... Auch persönliche Ursachen, etwa Farbenblindheit, Astigmatismus u. ä. scheiden als Erklärungsgründe [ebenso] aus, wie die Unterstellung eines pathologischen Mutwillens. Erst in jüngster Zeit hat man ... äußere Anregungen und Einflüsse nachgewiesen, die über die allzu einfache Hypothese der Übertragung von Erfahrungen der Aquarellmalerei auf die Ölmalerei hinausgingen. Man hat Turners Verhältnis zu zeitgenössischen Farbtheorien untersucht ... Theoretische Interessen lassen sich bei Turner spätestens aus der Zeit seiner Zusammenarbeit mit [seinem Lehrer] DE LOUTHERBOURG nachweisen, der ... alchimistischen Vorstellungen aus dem Umkreis der

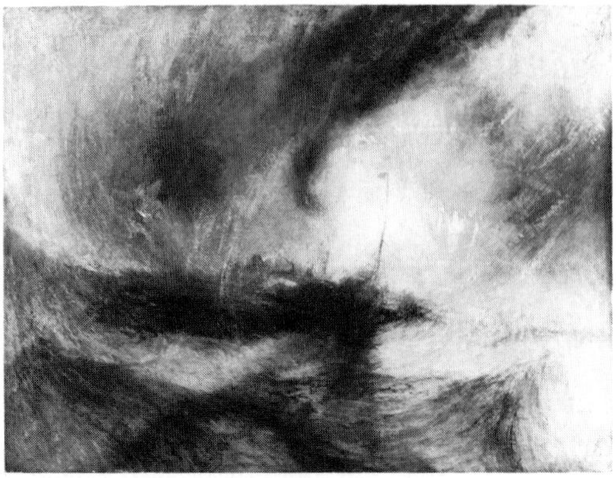

W. Turner: Schneesturm auf dem Meer; 1842, Öl/Lwd., 91,5 × 122 cm, The Tate Gallery, London (Vgl. die Farbtafel auf S. 172!)

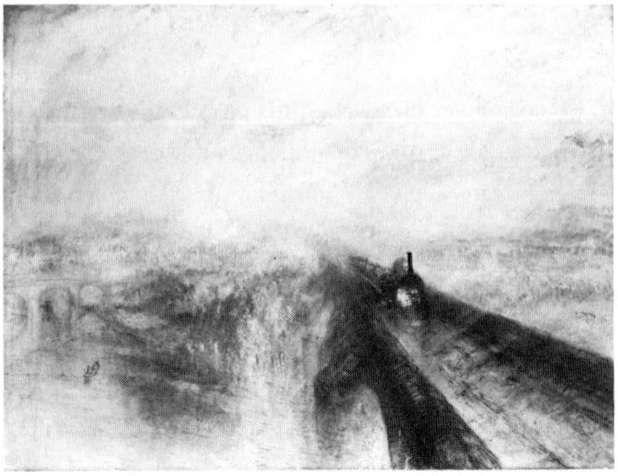

W. Turner: Regen, Dampf und Geschwindigkeit; 1844, Öl/Lwd., 91 × 122 cm, The National Gallery, London

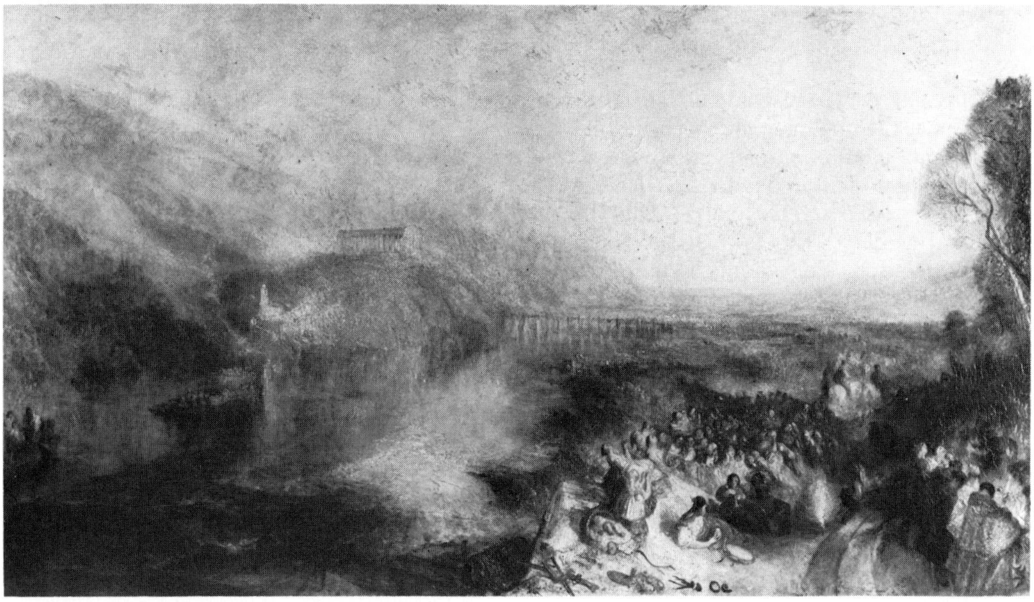

W. Turner: Die Eröffnung der Walhalla; 1843, Öl/ Lwd., 113 × 200,5 cm, The Tate Gallery, London

Swedenborgianer und anderer Nachfolger JAKOB BÖHMES nachhing... Turner [sah] in seiner Kunst, der Malerei... ein Medium persönlicher Weltdeutung... Dies erklärt sein anhaltendes Interesse an physikalischen Problemen der Optik und an pigmentgebundenen Farben, seine unermüdlichen Beobachtungen an Erscheinungen des Lichts und dessen Brechungen durch die Materie« (Ausstellungskatalog: William Turner und die Landschaft seiner Zeit. Hamburger Kunsthalle 1976, S. 23f.).

Nach Meinung Werner Hofmanns – im selben Katalog – setzte Turner ein und dieselben Wahrnehmungsdaten in *verschiedene* farbige Zustände um; er realisierte damit eine »Sprachtheorie der bildenden Kunst«, die der von SAUSSURE Anfang des 20. Jahrhunderts entwickelten Sprachtheorie nahe verwandt ist: Die Wahl von Bildzeichen (analog zu sprachlichen Bezeichnungen) für bezeichnete Dinge ist beliebig, d. h. willkürlich. Mit anderen

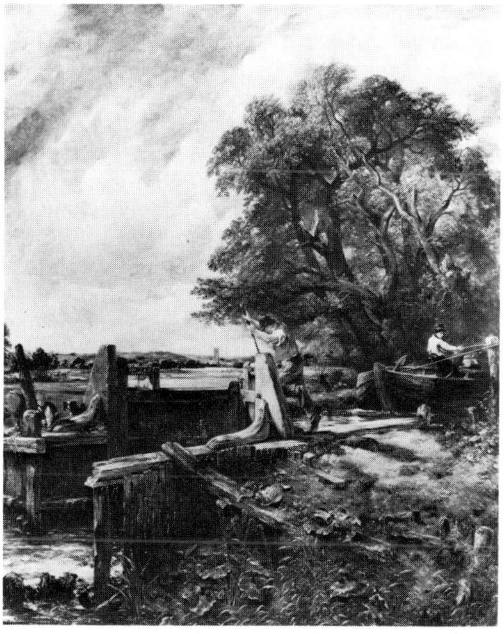

J. Constable: Schleppkahn passiert eine Schleuse; 1825; Öl/Lwd., 139,7 × 122 cm, Privatbesitz

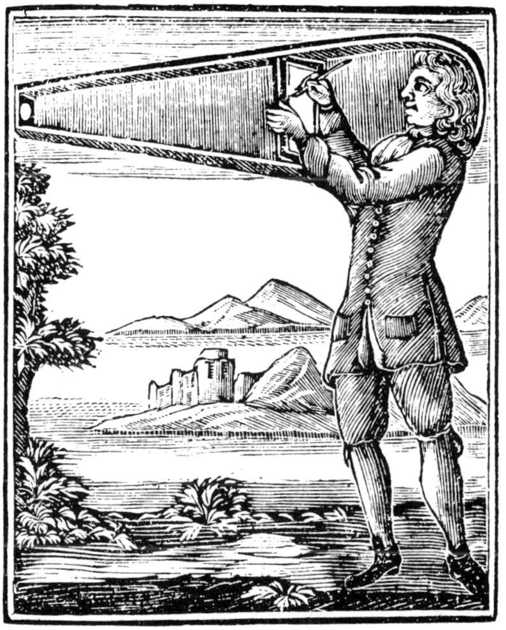

Von Robert Hooke 1694 konstruierte »picture-box«, ein frühes Zeugnis einer Camera obscura

Worten, Turner hat gezeigt, daß die Wahrnehmungswelt den Künstler zu verschiedenen gleichberechtigten Deutungsmöglichkeiten ermächtigt.

3. Verunsicherung der Wahrnehmungsgewißheiten und ihre Auswirkung auf die Malerei. Hinter dem künstlerischen Eigenwillen Turners, der auch bei seinen Landsleuten auf Kritik stieß, steckte also das Problem des menschlichen Wahrnehmungsvermögens, d. h. die Streitfrage der neuzeitlichen Philosophie und Psychologie, ob der Mensch zu objektiver Erkenntnis der Realität fähig sei oder nur subjektive Einbildungen aus dem Chaos der Sinnesempfindungen konstruiere. Schon ein Jahrhundert vor Turner hatte sein berühmter Landsmann, Bischof GEORGE BERKELEY, die Voraussetzungen für eine Zeichentheorie der Wahrnehmung ausgearbeitet. »Berkeley hat in seinen Untersuchungen zur Theorie des Sehens, die einen Anfangspunkt der modernen physiologischen Optik bilden, die Entwicklung der Raumwahrnehmung mit der Entwicklung der Sprache verglichen ... Nicht indem wir ein fertig vorhandenes dingliches Urbild des ›absoluten Raumes‹ in unserer Vorstellung abbilden, sondern indem wir die verschiedenen, an sich unvergleichlichen Eindrücke der mannigfaltigen Sinnesgebiete, insbesondere des Gesichts- und des Tastsinns, als Repräsentation und Zeichen für einander gebrauchen lernen, entstehe [laut Berkeley] für uns die Welt des Raumes« (E. Cassirer: Philosophie der symbolischen Formen. Nachdruck: Darmstadt 1956, Bd. 1, S. 35).

BERKELEY wollte mit seiner Theorie Skeptizismus und Atheismus an der Wurzel treffen; er wollte die Überzeugung der Materialisten, daß die reale Welt den menschlichen Sinnen unmittelbar einsichtig werde, widerlegen. Seiner Meinung nach waren die verschiedenen Sinneserfahrungen untereinander im Grunde unvergleichbar. Sie würden allerdings von der frühesten Kindheit an so vollkommen miteinander verschmolzen, daß es dem erwachsenen Menschen nicht mehr bewußt werde, daß er diese Koordination erst mühsam habe lernen müssen. Ziel dieses vergessenen Lernprozesses sei die richtige Einschätzung von Entfernungen: er nehme von Greif- und Tastbewegungen der Arme seinen Ausgang und dehne sich schließlich durch Erkundungsgänge bis zum Horizont der sichtbaren Welt aus. Die durch Körperbewegung verlängerte Reichweite des Tastsinns diene als Kontrolle und zur Einübung des Gesichtssinns, allein für den exakten Tastsinn sei die Wirklichkeit direkt erfahrbar, der fehlerhafte Augenschein dagegen sei nichts anderes als eine unbewußt einstudierte Illusion. – Nach Berkeley war die Welt der optischen Anschauung also nicht das, was sie zu präsentieren schien; damit hatte er die damals weitverbreitete Überzeugung, die menschliche Wahrnehmung funktioniere einfach wie eine ›camera obscura‹ nach den Gesetzen der Geometrie, aus den Angeln gehoben. Mit dieser prinzipiellen Ungewißheit der Seherfahrung (und genau genommen auch aller anderen Sinne), die in Berkeleys Augen eine höhere, einsichtvermittelnde Gottheit notwendig machte, wurde eine tiefgreifende Verunsicherung des neuzeitlichen Selbstbewußtseins eingeleitet, die nicht nur in der Wissenschaft, sondern auch in anderen Bereichen der Kultur nachhaltige Wirkungen zeigte.

Konnte also auch Turners merkwürdige Malweise mit dieser Verunsicherung der Anschauungsgewißheit zu tun haben? Gerade in der Auflösung oder nur schemenhaften Verfestigung der Bildformen (Vorliebe für Licht und Luft, Staub, Nebel und Schneewirbel) scheinen sich so gegensätzliche Themen wie Hannibals Alpenüberquerung, König Ludwigs Walhalla-Eröffnung oder Dampfschiff und Eisenbahnen schließlich doch einander anzugleichen. Römische Geschichte und bürgerliche Geschichtsverbundenheit, menschliche Vergangenheit und industrielle Gegenwart zeigen sich in Turners gemalter Weltanschauung gleichermaßen ungreifbar, farbig zerfließend und verwischt. Wollte Turner damit die Bildung der inneren und äußeren Eindrücke, der Phantasie und der Wirklichkeit gleichsetzen und so als gleichartige Illusion durchsichtig machen? Oder verlieh er mit seiner Malweise der tiefsitzenden Anschauungsverunsicherung seiner Zeit nur unbewußt Ausdruck? Oder aber suchte er mit der Farbe Metaphern für den Kreislauf der Naturkräfte, für zeugende, vernichtende und vieldeutige Prozesse zu finden?

»Das Mittel, mit dem er [der Künstler] Leben hervorbringt, ja geradezu erzeugt, ist die Farbe. Schon bei DIDEROT findet sich dieser neue Schöpfermythos, der Aufstieg des Künstlers in die Rolle des spirituellen Erweckers, angedeutet: ›Die Zeichnung gibt den Dingen die Gestalt; die Farbe das Leben; sie ist der göttliche Hauch, der alles belebt.‹ Zwar sagt sich Diderot von der akademischen Kunstlehre los, deren Geschmacksdogma die Farbe nur als Begleitstimme duldet, aber er bestreitet noch nicht den gestaltsetzenden Vorrang der Linie. Turner geht in seinen ›Bildern von nichts‹ noch weiter an den Anfang zurück, er spürt farbiges Leben *vor* der zeichnerisch umrissenen Gestalt auf, das heißt, er löst die Farbe vom linearen Gerüst ab und handhabt sie als Eigenwert« (Ausstellungskatalog William Turner, a. a. O., S. 40f.).

Ludwig Michael von Schwanthaler: Bavaria (1837–50)

1. Kolossalplastik

2. Monumentalguß und -konstruktion

Ludwig Michael von Schwanthaler (* 1802 in München, † 1848 in München) entstammte einer angesehenen bayerischen Bildhauerfamilie; Lehre in der väterlichen Werkstatt; Besuch der Münchner Akademie; 1826/27 in Rom Arbeit unter THORVALDSEN; Distanzierung von einem verhärteten Klassizismus durch romantische Einflüsse, schwärmerische Mittelalterverehrung und Begeisterung für Märchen- und Sagenwelt; Arbeiten für LUDWIG I.

und MAX II., der einen für ganz Deutschland verbindlichen »Nationalstil« schaffen wollte; ab 1835 Professor der Bildhauerklasse in München; fertigte nur Zeichnungen und Modelle an; Ausführung der Skulpturen durch die Werkstatt. – Schwanthaler verband in seinem großen, vorwiegend denkmalsplastischen Werk eine veräußerlichte antikisierende Formensprache mit zeitbedingtem romantischem Gefühlsinhalt. – *Hauptwerke:* Reliefs für den Königsbau der Münchner Residenz (1826–43), Malerstatuen für die Attika* der Alten Pinakothek mit historischen Personen in zeitgenössischer Tracht; religiöse Plastik für die Fassade der Ludwigskirche München; Giebelreliefs der Walhalla; Viktorienreigen der Befreiungshalle von Kelheim; Bavaria in München.

1. Kolossalplastik. LUDWIG I. VON BAYERN beabsichtigte, etwa gleichzeitig mit der Walhalla bei Regensburg, einen Ehrentempel für berühmte Bayern in München zu errichten. War das erste Projekt Ausdruck eines gegen Frankreich gerichteten Patriotismus, so sollte mit dem zweiten das junge, 1806 gegründete Königreich Bayern eine eigene patriotische Mitte erhalten, um den Zusammenhalt der verschiedenen, durch die Krone vereinigten Stämme zu stärken. KLENZE entwickelte dafür eine Konzeption, die sich von den Konkurrenzentwürfen in gängigen klassizistischen oder historischen Formen absetzte. Ungewöhnlich daran war nicht so sehr eine auf hohem Sockel stehende dorische Säulenhalle mit U-förmigem Grundriß nach dem Vorbild antiker Kolossalaltäre, als vielmehr die Einbeziehung einer gigantischen Bronzestatue. Sie sollte den bayerischen Staat repräsentieren und sowohl formal als auch inhaltlich Mittelpunkt der mit den Büsten berühmter Persönlichkeiten geschmückten, rahmenden Halle sein. Diese Verbindung von Architektur und Plastik mag den König in seiner Entscheidung beeinflußt haben. Mit der Bavaria strebte er etwas Einmaliges an, in Größe und Ausstrahlungskraft nur den Kolossalfiguren der Antike vergleichbar. In Anspielung auf den Koloß des Nero in Rom sah er sich selbst in der Nachfolge römischer Bauherrn: »Nero und ich sind die einzigen, die so Großes gemacht haben, seit Nero keiner mehr.«

»Die Bavaria wurde die erste Kolossalplastik* der Neuzeit. Mit ihr wurde zum ersten Male wieder an die berühmten Riesenstatuen der Antike angeknüpft, von denen einige zu allen Zeiten unter die legendären Sieben Weltwunder der alten Welt gerechnet worden waren. Die Vorstellung von diesen längst zerstörten Kolossen war durch unzählige Rekonstruktionsversuche und graphische Darstellungen stets lebendig gehalten worden. Das Interesse galt vor allem stets jenem berühmten Koloß von Rhodos, welcher, über der Einfahrt zum Hafen der Insel stehend, weithin als Orientierungspunkt für Seefahrer gedient haben soll. Nicht minder lebendig war die Überlieferung des riesigen Kultbildes des olympischen Zeus von PHIDIAS gewesen. In der Neuzeit hat man des öfteren den Versuch gemacht, diese alte Tradition der Kolossalstatue aufzunehmen mit eigenen Schöpfungen. Im Rahmen der Gartenkunst hatten dies die Künstler des Barock versucht. Sie freilich schöpften aus anderen Quellen und hatten andere Intentionen; z. B. im Park des Schlosses Wilhelmshöhe vor den Toren Kassels. An der höchsten Stelle eines imponierenden Systems von Wasserkaskaden hatte man dort eine über neun Meter hohe, in Kupfer getriebene Statue des Herkules aufgestellt. Herkules steht hier als moderne Nachbildung des berühmten Herkules Farnese auf den Zinnen eines riesigen Oktogons*, eines für Riesen angelegten und von ihnen bewohnten Schlosses. Das Thema der Darstellung ist letztlich Gigantomachie [Gigantenkampf]. Doch ist diese nur aus den Vorbildern des italienischen Manierismus* verstehbare Schöpfung nichts anderes als eine ins kolossale Format gesteigerte Gartenplastik.

Näher an den Vorbildern für die Bavaria als Kolossalplastik stehen aber Denkmalsentwürfe, welche im ausgehenden 18. und beginnenden 19. Jahrhundert in England und in Frankreich entstanden sind, Projekte, bei denen Ideen der Aufklärung ebenso wirksam waren wie revolutionäres Pathos. Denn hier sind die geplanten Kolossalstatuen Darstellungen von abstrakten Begriffen, wie etwa des Friedens und der Gleichheit oder Personifikationen von Ländern, wie z. B. der Britannia« (M. Fischer: Ruhmeshalle und Bavaria. München 1972, S. 21f.).

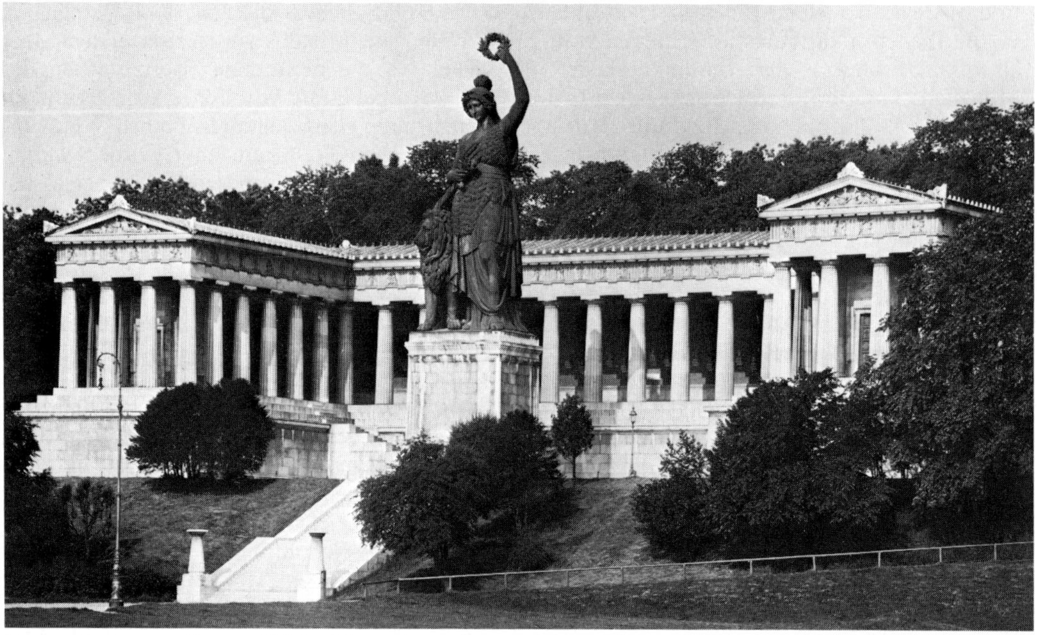

Ruhmeshalle von Klenze (1833–50) mit Bavaria von Schwanthaler (1837–50) in München

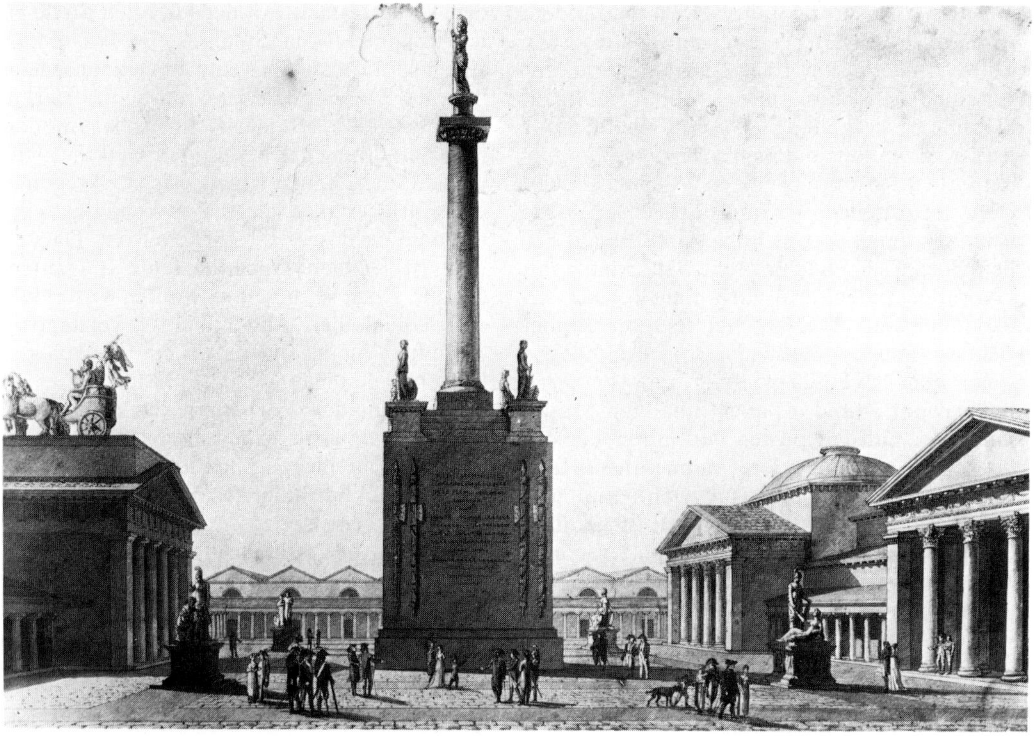

F. Weinbrenner: Entwurf zu einem Denkmal der Französischen Republik in Bordeaux, 1797

KLENZE hatte seiner klassizistischen Architektur entsprechend eine antikisierende Bavaria in der Art einer Amazone vorgesehen. Der mit der Ausführung beauftragte SCHWANTHALER wandelte dieses Konzept nach romantischen Vorstellungen durch eine »germanische« Gewandung entscheidend ab. Es blieb zwar das klassizistische Grundmuster mit kontrapostischem* Aufbau und langem zeitlos-antikischem Untergewand erhalten, alle Attribute sollten jedoch auf typisch Deutsches hinweisen. Das über dem hemdartigen Kleid gegürtete Bärenfell und die Eichenkränze auf dem Haupt der Bavaria wie in ihrer hoch erhobenen linken Hand stellten nach Auffassung der Romantiker germanische Symbole für Erhabenes, Heiliges, Stärke und Hoheitsvolles dar. Allgemeine Symbole waren dagegen das Schwert, Zeichen für Macht und Wehrhaftigkeit, und der Löwe, der in Länder-Allegorien* häufig für Kraft und Stärke stand, aber sich erst im 19. Jahrhundert als heraldisches Zeichen für Bayern durchsetzte. Die Kolossalfigur der Bavaria stellte aber nicht nur eine abstrakte Allegorie auf Bayern dar, sondern bezog sich mit den Eichenkränzen, die in der damaligen Zeit zur Auszeichnung bürgerlicher Tugenden dienten, direkt auf die Bestimmung der Ruhmeshalle. Diese epochale Denkmalsfindung zog eine Reihe von Kolossalstatuen nach sich, die in der Freiheitsstatue von New York, ausgeführt von FRÉDÉRIC AUGUSTE BARTHOLDI 1875–86, gipfelte. Sie wurde Amerika vom republikanischen Frankreich zum Geschenk gemacht als Ausdruck der Freundschaft und Hochachtung für die Verwirklichung der republikanischen Ideale. Als »Freiheit, die die Welt erleuchtet«, ist sie mit einer Fackel, der Tafel der Unabhängigkeitserklärung, geborstenen Fesseln zu Füßen und – als Sinnbild der sieben um die Sonne kreisenden Planeten – mit sieben Strahlen um die Stirn ausgestattet. An zentraler Stelle im Hafen von New York für alle Ankommenden oder Abfahrenden Symbol der Freiheit, wurde sie mehr als jedes andere Denkmal zur Verkörperung des amerikanischen Staates.

2. Monumentalguß und -konstruktion. Die für die Zeit außergewöhnlichen Ausmaße, die enorme technische Probleme mit sich brachten, machten das Werk bahnbrechend für die Errichtung von Kolossalstatuen. Immer mehr fand man im 19. Jahrhundert Gefallen an Überdimensionierung. Man wollte damit Ideen nachdrücklich bekunden oder verherrlichen, aber auch durch technische Leistungen beeindrucken. Selbst SCHWANTHALER äußerte sich nur zu der Bewältigung der Größe und der Schwierigkeit des Gusses, der in Einzelheiten vom Gießer FERDINAND VON MILLER ausgeführt wurde. An dem beispiellosen dramatischen Ereignis nahm die Öffentlichkeit bis hin zum König intensiv Anteil.

In einem Bericht der Münchner Neuesten Nachrichten vom 3. Oktober 1850 heißt es: »Man muß die Wucht des flüssigen Metalls gesehen haben, wenn nur 30–40 Ctr. aus dem Ofen in die Tiefe der Grube stürzen, und man wird die muthigen Gedanken des Meisters Miller bewundern müssen, vierhundert Centner Erz auf einmal – wie in die Form des Brusttheiles – zu gießen – also um hundert Centner Erz mehr, als je einen Flammenofen erfüllte! ... Schon begann die Masse in der stets gesteigerten Gluth langsam zu schmelzen, als sich ein sogenannter Kuchen bildete und Form und Ofen darüber in Gefahr gerieth, die mit einem ungeheuern Verlust drohte, wenn die Erzmasse unverwendet im Ofen erstarren und erkalten müßte. Sechs Männer mußten je abwechselnd Tag und Nacht bei drückender Hitze und ununterbrochener Feuerschürung die kochende Erzmasse mit Eisenstangen in Bewegung halten, um jedes Anlegen des Erzkuchens an die Seiten des Gußofens zu verhindern. Erschöpft erlag der seit vier Tagen und Nächten kaum von der Stelle weichende Meister am Abend des fünften Tages den Forderungen der Natur; kaum schlummerte derselbe eine halbe Stunde auf dem Stuhle, als ihn seine treu mitsorgende Gattin plötzlich am Arme ergriff und ihn mit dem Schreckensrufe weckte: ›Ferdinand, wach auf, die Gießerei brennt!‹ Das andauernde und während 5 Tagen und 4 Nächten stets gesteigerte Feuern hatte innerhalb des Gußhauses eine solche Hitze gebracht, daß das Gebälke zu glühen und zu brennen begann. Mit Wasser durfte nicht gelöscht werden, da kalte Flüssigkeit in das geschmolzene Erz gebracht die unmittelbare Zerstörung des

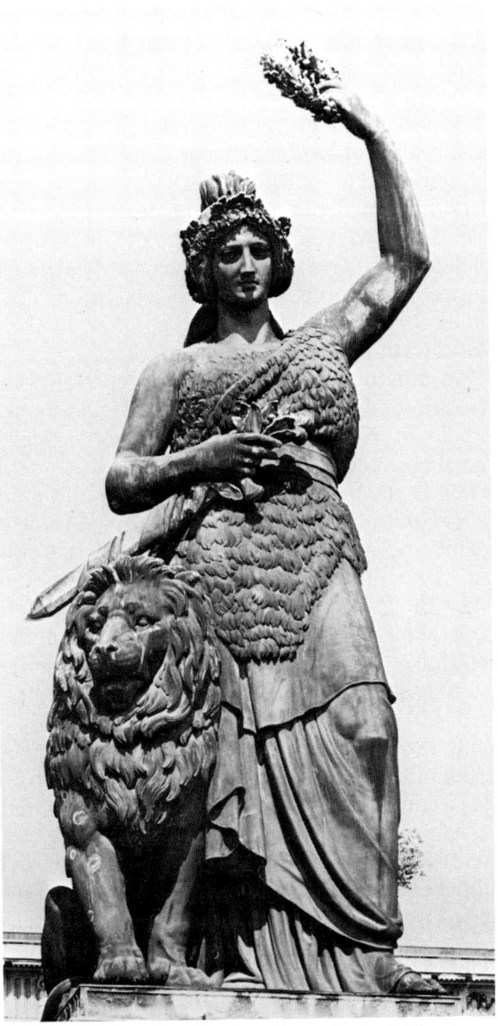

L. M. von Schwanthaler: Bavaria in München; 1837–50, Bronze, Höhe ohne Sockel ca. 20 m, Gewicht ca. 90 t

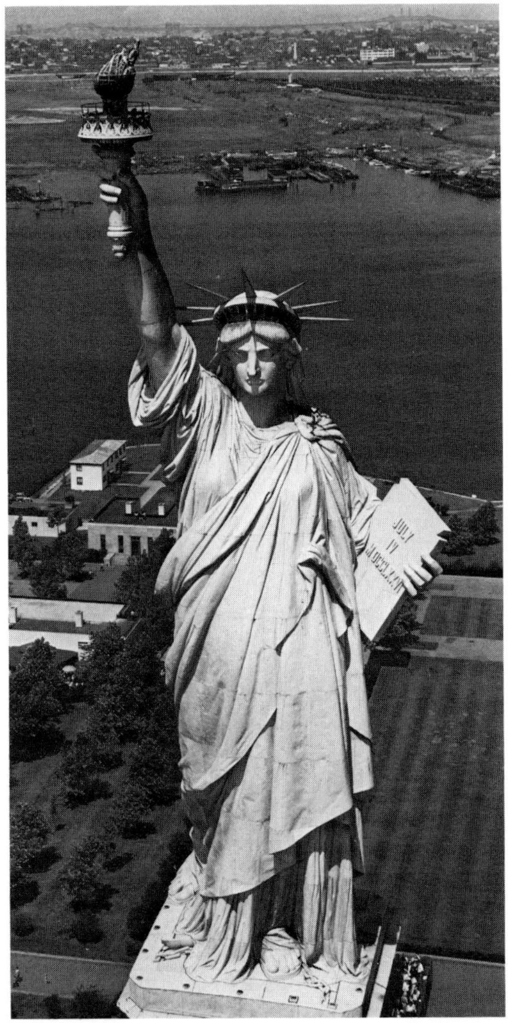

F.-A. Bartholdi: Freiheitsstatue; 1875–86, Kupferplatten über Eisenkonstruktion, Höhe: 46 m, New York

Ofens und des Hauses zur schrecklichen Folge gehabt hätte. Es galt durch Muth und kalte Besonnenheit weiteres Umsichgreifen zu verhüten, daher mittels Tüchern das brennende Gebälk zu bedecken und dadurch die Flamme zu ersticken, während die Feuerschürung fortgesetzt werden mußte. Und in solch größter Gefahr ertönt des Meisters Ruf: ›Laßt brennen, das Erzmeer ist gußreif! Es war gegen Mitternacht am 11. Oktober 1845, als – das innere Dachgebälke in Flammen – der Meister den Zapfen in den Gußofen einstieß und die glühende Erzmasse in die Form sich ergoß. – Ein ›Glück auf!‹ und die drückende Angst fiel von jeder Brust. Nun konnte erst zur gänzlichen Löschung des Hauses geschritten werden« (zitiert nach: Bavaria und die Ruhmeshalle zu München. Sulzbach 1856, S. 5).

Für die noch monumentalere 46 m hohe New Yorker Freiheitsstatue, die nach einer etappenweise vergrößerten Vorlage ausgeführt wurde, verwendete man die in der Antike übliche Treibtechnik. Dazu ließ BARTHOLDI

Kupferplatten von nur 2,5 mm Stärke über Holzformen in dem endgültigen Maßstab aushämmern. Diese dünne Schale wurde durch eine stabile innere Konstruktion gestützt, für die GUSTAVE EIFFEL, der Erbauer des nach ihm benannten Eiffelturms, maßgeblich verantwortlich war. Mittels eines Gerüsts aus Eisenbändern und Latten gelang es ihm, die Kraft von der Hülle auf einen inneren 29 m hohen Eisenpylonen zu übertragen, das Schalenprinzip zukünftiger aeronautischer und Wolkenkratzerkonstruktionen.

Christian Daniel Rauch: Friedrich der Große (1839–51)

1. Eine neue Form der Herrscherdarstellung

2. Das Kostüm als national-patriotisches Problem

Christian Daniel Rauch (* 1777 in Arolsen, † 1857 in Berlin) war Schüler SCHADOWS in Berlin; 1805–11 Aufenthalt in Italien, Freundschaft mit CANOVA und THORVALDSEN; ab 1819 Bildhaueratelier in Berlin; führender deutscher Bildhauer des 19. Jahrhunderts. – Rauch verband mit dem von Schadow übernommenen Realitätssinn die Klassizität Thorvaldsens, eine Synthese durchdachter statuarischer Würde, die auch den Denkmalstil der von ihm ausgehenden Berliner Schule im 19. Jahrhundert kennzeichnet. – *Hauptwerke:* Grabmal der Königin Luise (1811–15), Denkmäler für die Generäle der Befreiungskriege, Denkmal Max I. Joseph in München (1825–35), Dürer-Denkmal in Nürnberg (1830–40), Viktorien und Entwurf des Giebelreliefs der Walhalla (1830–40), Reiterstandbild Friedrichs II. in Berlin (1839–51).

1. Eine neue Form der Herrscherdarstellung. Bereits in den letzten Lebensjahren Friedrichs d. Gr. gab es Bestrebungen, sein Andenken durch ein Denkmal zu ehren. Er selbst jedoch verbot die Ausführung des Plans mit der Begründung, ein Monument zu Lebzeiten eines Feldherrn sei nicht schicklich. Damit wandte er sich als aufgeklärter Regent gegen barocke Herrscherdenkmäler, in denen sich die Zurschaustellung persönlichen Ruhmes mit der Auffassung des Fürsten als der Verkörperung des Staates verband, die in der absolutistischen Staatstheorie begründet war. Wie die Philosophie der Aufklärung bewirkten die gesellschaftlichen Umwälzungen Ende des 18. Jahrhunderts einen entscheidenden Wandel des Begriffs fürstlicher Autorität, was sich in den figürlichen Darstellungen sichtbar niederschlug: die Distanz zum Volk wurde reduziert und königliche Hoheiten konnten als natürlich empfindende Wesen dargestellt werden.

Rauchs Denkmal MAX I. JOSEPH in München (1825–35) war einer der ersten Versuche der Restaurationsepoche, die Idee des Königsdenkmals nach der französischen Revolution zu erneuern. Die Darstellung war insofern problematisch, als sich für Max Joseph, der die Krone durch Napoleon erhalten hatte, die sonst übliche Feldherrnpose für Herrscherpersönlichkeiten nicht empfahl. Auf Wunsch des Magistrats sollte er deshalb thronend und als Friedensfürst dargestellt werden. Diese Forderung regte Rauch zu einem neuen Bildtyp an, der in der Tradition antiker Philosophenbilder, Darstellungen des lehrenden und richtenden Christus sowie der Papstgrabmäler steht. Eine neue Herrscherinterpretation zeichnete sich ab. Der König sitzt auf einem hohen Thron, die rechte Hand segnend erhoben, im linken Arm das Zepter. Die Gestalt ist nicht mehr auf die Zurschaustellung des Herrschers, sondern innerer Größe und der Macht seines Geistes angelegt. Zwar sind durch die hohe Aufstellung in der Art einer Inthronisation noch Anklänge an das Gottesgnadentum gegeben, doch macht die formale Verwandtschaft zu zeitgenössischen Künstlermonumenten den König letztlich zu einem Vertreter exemplarischer bürgerlicher Tugenden, die dem Volk dienen sollen. Der Sockel, flankiert von Löwen sowie der ›Felicitas Publica‹ (das öffentliche Wohl) und der ›Bavaria‹, gibt in den Reliefs ein Programm des idealen Staates wieder, allegorisiert als Erfüllung des Traums vom Goldenen Zeitalter: Die Verleihung der Verfassung durch den König 1818 (rückwärtiges Relief) schafft ein geordnetes Staatswesen zum materiellen und geistigen Wohl des Volkes.

Eine ähnliche Herrscherauffassung mit gesellschaftlichem Bezug bestimmt auch Rauchs Denkmal für FRIEDRICH D. GR. in Berlin. Ab 1790 beschlossenes Projekt, wurde das Denkmal erst nach langen heftigen Diskussionen, Wettbewerben und zahlreichen Entwürfen 1839 bei Rauch in Auftrag gegeben, nachdem es FRIEDRICH WILHELM III. als Reiterstandbild festgelegt hatte.

»Im Spannungsfeld zwischen Auftraggeber und Künstler entstand ein Monument, das als bedeutendstes Denkmal des 19. Jahrhunderts bezeichnet werden konnte. Zwar ist der König als der eine und große herausgehoben, höher noch, als bei absolutistischen Reiterstatuen des Barock, aber getragen von einer Sockelzone lebensgroßer Figuren, getragen sozusagen von der ›Gesellschaft‹ seiner Zeitgenossen. Daß es vorwiegend Generäle sind, liegt nicht zuletzt an der schlachtenreichen Regierungszeit des Monarchen, in der Preußen sich zur Großmacht entwickelte. Wie der König, so hantieren auch seine Soldaten nicht – oder kaum – mit Säbel oder Fahnen, sondern reden, prüfen, wirken mit der intellektuellen Kraft ihrer Personen. Es gibt unter all den Militärs, die immerhin die Geschichte der Schlesischen Kriege verkörpern, nicht einen, der kämpft, schreit, leidet, liebt oder stirbt. Es sind vollkommene Vertreter eines vernunftbegabten, sittenstrengen Menschengeschlechtes, fern jeder abgründigen Leidenschaft, Gentlemen in preußischer Montur. Das Menschenbild gibt vorwiegend jene Qualitäten wieder, die in den Standbildern von Dichtern und Denkern jener Jahre als Inbegriff menschlicher Würde gefeiert wurden. Und so unterscheiden sich die Kriegshelden am Friedrich-Denkmal kaum von jenen Heroen des Gei-

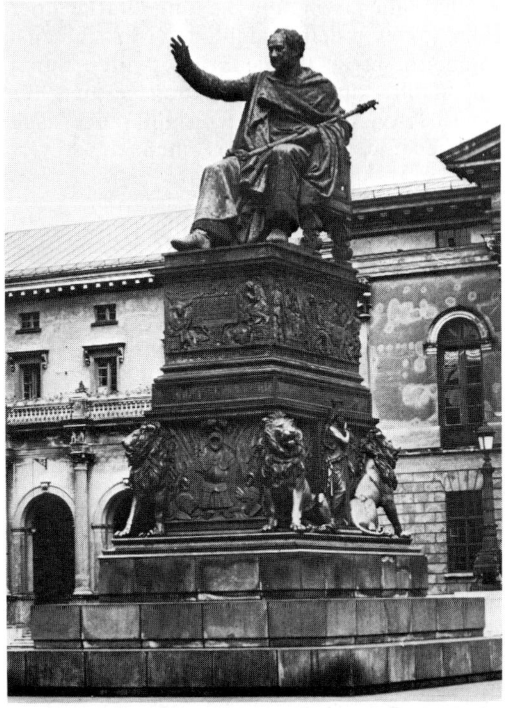

Ch. D. Rauch: König Max I. Joseph von Bayern; 1825–35, Bronze, Gesamthöhe 965 cm, München

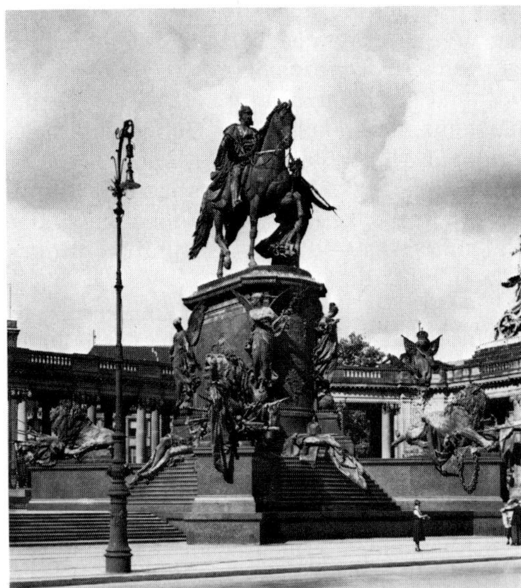

R. Begas: Nationaldenkmal für Kaiser Wilhelm I.; 1892–97, Bronze, früher gegenüber dem Berliner Schloß (zerstört)

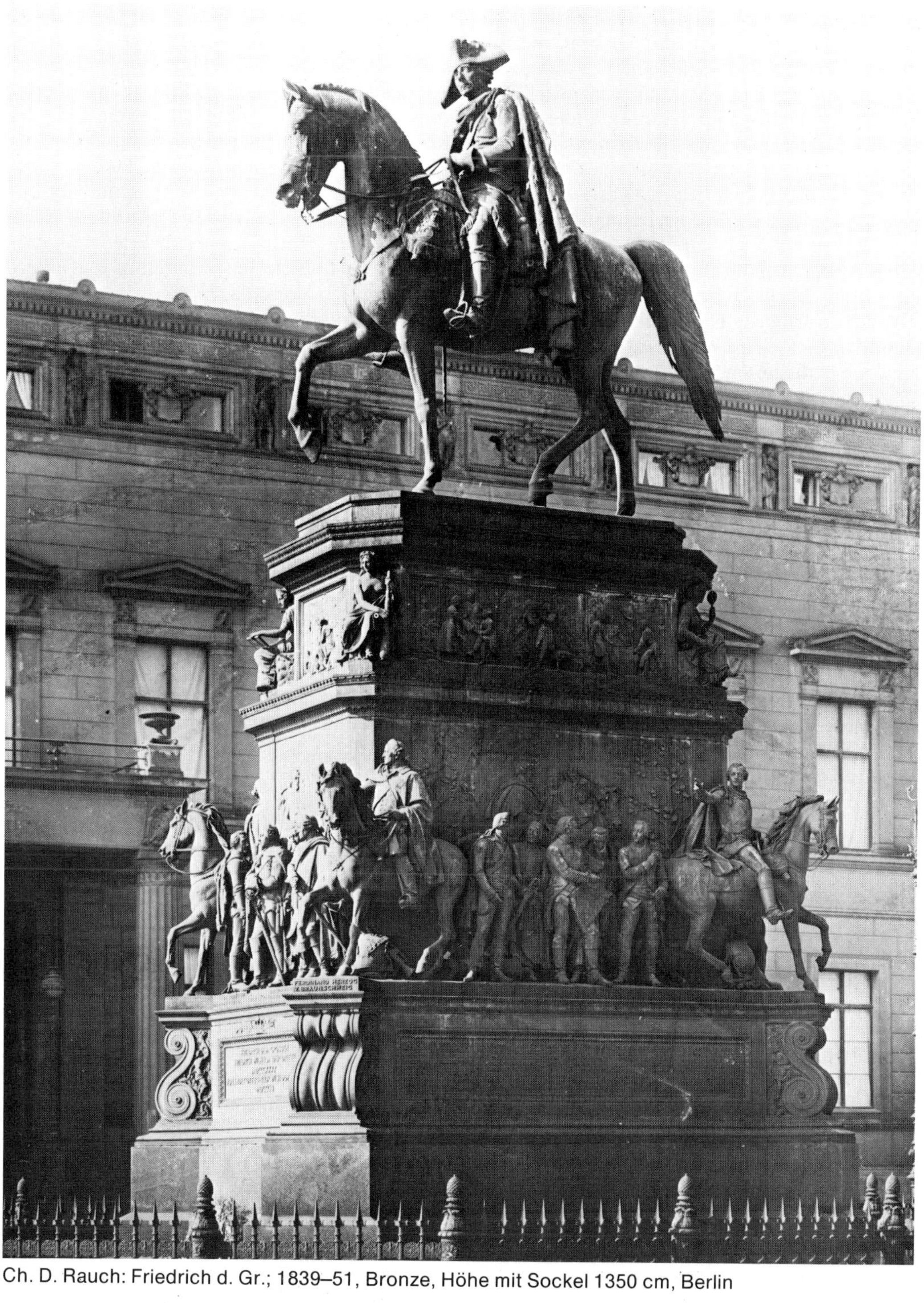

Ch. D. Rauch: Friedrich d. Gr.; 1839–51, Bronze, Höhe mit Sockel 1350 cm, Berlin

stes, die ›unter dem Schwanz des Pferdes‹ vereinigt sind, voran Kant und Lessing, die mit besonderer Sorgfalt gearbeitet erscheinen. Beide sind als Einzelstatuen konzipiert und sozusagen nachträglich erst einander zugewendet... So zeigt das Friedrich-Denkmal im Sinne ALEXANDER VON HUMBOLDTS einen Menschen ›seiner geistigen Kraft und aller Kraft des Geistes kühn vertrauend‹, getragen von Repräsentanten eines Staates, der von ›Helden der Aufklärung großgezogen worden ist‹. Menschliche Würde ist das Thema des Denkmalwürdigen. Das vollkommene Individuum findet seinen angemessenen Ausdruck in jener realistisch geschilderten Überhöhung, die man als den Berliner Spätklassizismus bezeichnet« (P. Bloch/ W. Grzimek: Das klassische Berlin. Die Berliner Bildhauerschule im neunzehnten Jahrhundert. Frankfurt/Berlin/ Wien 1978, Sp. 105f.).

Dekorative allegorische Reliefs sowie Darstellungen aus dem Leben Friedrichs in einer Verbindung allegorischer und realistischer Szenen bebildern den Sockel und ergänzen sich mit den Figuren zu einer gelehrten Abhandlung über den Herrscher und seine Zeit, ähnlich einem Historienbild. Eine Verlagerung vom Heroischen zum Erzählerischen zeichnet sich ab, was sich in der weiteren kunstgeschichtlichen Entwicklung in einer Absage an klassizistische Klarheit zugunsten einer Vermischung von Relief- und Vollfigurenstil, und zugunsten wuchernder Formen und Arrangements bis hin zu einem Verzicht auf die Denkmälerarchitektur niederschlägt. Diese Entwicklung mündet in den Neobarock, der in Berlin seinen Höhepunkt in dem Nationaldenkmal Kaiser Wilhelms I. (1892–97) von REINHOLD BEGAS fand. Es ist kein Geschichtsbild mehr. Statt durch Klarheit zu überzeugen, ist es mit seinen allegorischen Viktorien, Löwen und Genien auf Eindruck und propagandistische Wirkung angelegt; es stellt somit ein Gegenstück zu Rauchs Herrscherdenkmälern dar.

2. Das Kostüm als national-patriotisches Problem. Über siebzig Jahre lang erregte das Projekt für das Friedrich-Denkmal die Gemüter (vgl. den Entwurf F. Gillys S. 60). Zum einen führte der Anfang des 19. Jahrhunderts aufkommende Nationalgedanke zu einer reservierteren Einstellung gegenüber Friedrich d. Gr., dessen französische Prägung und mangelndes Nationalgefühl man nun kritisierte, zum anderen entbrannte ein Streit um das Kostüm, bei dem künstlerische und patriotisch-nationale Gesichtspunkte aufeinandertrafen. FRIEDRICH WILHELM II. hatte für die Statue das römische Kostüm gefordert, doch brachten die Wettbewerbsentwürfe 1791 entgegen dem festgelegten Programm die unterschiedlichsten Vorschläge.

»Eine Entscheidung fiel nicht, zumal nun trotz der Bestimmung des Königs ein Streit um das Kostüm entbrannte. Eine vom Geheimen Finanzrat VOGEL geschriebene Abhandlung suchte nachzuweisen, daß die Anwendung der antiken Tracht eine Ungereimtheit sei, da man den großen Friedrich dadurch 2000 Jahre zurückversetze zu den Römern, welche die ganze edle Menschengattung nur in Herrn und Sklaven abteilten, während Friedrich gerade den Gedanken der Einheit des Menschengeschlechtes befestigt und die Völker und Könige gelehrt habe, daß die Herrscher um des Volkes willen da seien. Das war eine Argumentation von patriotischer und fast revolutionärer Gesinnung. Der Finanzrat HAGEN widersprach: Der gute Geschmack aller gebildeten Nationen verlange antike Gewandung, verlange im Gegensatz zum Mittelalter Abweichung von der Wirklichkeit, wo sie häßlich sei. Der Minister VON HEINITZ leitete die Streitschriften den Mitgliedern der Akademie zu und erbat Stellungnahmen zur Kostümfrage. CHODOWIECKI erklärte lapidar: Der König muß vorgestellt werden, wie er war, denn keiner war wie er. So würde sein Kupferstich Friedrichs des Großen zu Pferde überall gekauft und sei mehr als dreißig Male nachgestochen... Auch SCHADOW kam aufgrund seiner skandinavischen Reise zu dem Schluß, daß das römische Kostüm zu verwerfen und der König in der Tracht seiner Zeit darzustellen sei. VON ARNIM verwies auf einen Brief Friedrichs des Großen an D'Alembert, in welchem er das griechische Kostüm der Büste Voltaires mit dem Hinweis kritisiert hatte, daß die Griechen in der Gegenwart durch die Knechtschaft unter den Türken degradiert seien. Auch LANGHANS votierte für das ›Teutsche

Costüm‹. Dagegen stimmte der Kanzler VON HOFFMANN für die römische Tracht, da sich der Wunsch des Königs mit dem guten Geschmack decke. Entschiedener äußerte sich FRISCH, der ein modernes Kostüm gegenüber den allegorischen Figuren auf dem Postament lächerlich findet. Die Stimme des Volkes sei unbeachtlich, denn weise Regierungen gründeten ja gerade Akademien der Wissenschaft und Künste, um den Geschmack des Publikums ›immer von dem Trivialen, wohin es gern geht, ab- und zum Wahren und Nützlichen und Schönen hinzulenken‹« (P. Bloch, a. a. O., Sp. 100f.).

Bezeichnenderweise befürwortete die Mehrheit der Akademie und Aristokratie das ideale Kostüm, während die von den Bürgern getragene Partei sich den König dargestellt wünschte, wie er in ihrem Gedächtnis fortlebte, sich also für eine realistischere Gestaltung im historischen Kostüm aussprach. Die von Rauch entwickelte und 1840 akzeptierte Lösung bedeutete einen Kompromiß zwischen beiden Richtungen. Er umhüllte das historische Kostüm mit einem antikisierenden Mantel, was gleichfalls der stilistischen Mittellage zwischen Idealisierung und Naturalismus entsprach.

6. Industrialisierung und Historismus

Gustave Courbet: Die Steinklopfer (1849)

1. Widersprüche zwischen Courbets Biographie und seinem realistischen Programm

2. Das Gemälde als Kritik an der vorindustriellen Arbeitswelt

3. Die soziale und politische Lage um 1850 als Erklärungsgrundlage

4. Das Neuartige und Befremdende an Bildthema und Malweise

Gustave Courbet (* 1819 in Ornans bei Besançon, † 1877 bei Vevey in der Schweiz) war der Sohn eines wohlhabenden Bauern; bildete sich autodidaktisch anhand der Werke von VELASQUEZ, REMBRANDT, HALS und durch das Studium der Natur. Nach Ablehnung einiger Bilder (Das Atelier, Das Begräbnis von Ornans) durch die Jury des Salons* veranstaltete er 1855 eine eigene Ausstellung unter dem Titel »Le Réalisme«. 1871 beteiligte er sich am Pariser Commune-Aufstand und am Sturz der Vendôme-Säule. Nach Niederschlagung des Aufstandes sechs Monate inhaftiert, entzog er sich 1873 durch Emigration in die Schweiz erneuter Verhaftung. – Courbet gilt als der Begründer der realistischen Strömung in der Malerei des 19. Jahrhunderts. Seine Gemälde, lange geschmäht als »Kult des Häßlichen«, beeinflußten auch die deutsche Malerei stark (LEIBL, THOMA).

1. Widersprüche zwischen Courbets Biographie und seinem realistischen Programm. »In der Kunst wie in der Politik war COURBET Revolutionär, nur daß er in der Politik bloß eine groteske Rolle spielte, in der Kunst aber wirklich eine Revolution anbahnte. Er erklärte den Krieg den beiden damals herrschenden Hauptrichtungen, dem Klassizismus* und der Romantik*, und predigte dafür den Realismus*. ›Der Realismus‹, so stand auch auf der Kunstbaracke [in der Courbet vor den Toren

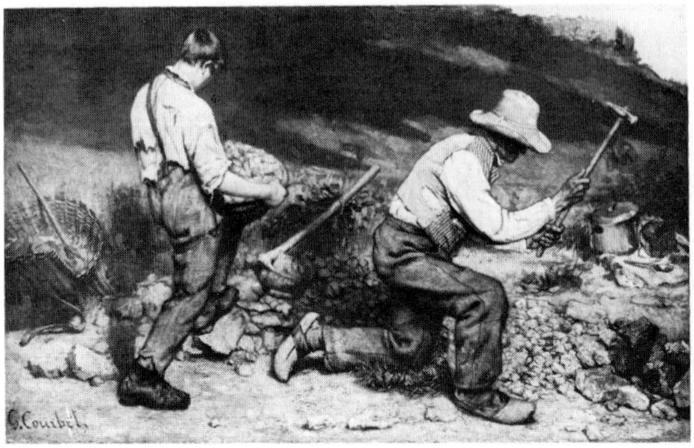

G. Courbet: Die Steinklopfer; 1849, Öl/Lwd., 159 × 259 cm (1945 zerstört). Vgl. die Farbtafel auf S. 170!

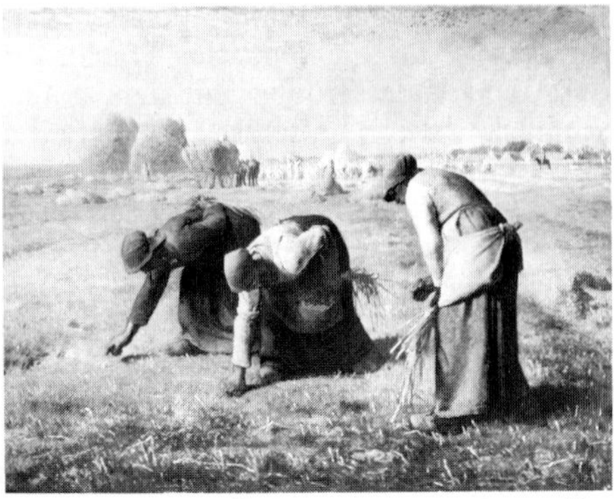

J.-F. Millet: Die Ährenleserinnen; 1857, Öl/Lwd., 83,5 × 111 cm, Louvre, Paris

der Pariser Weltausstellung seine Werke zeigte] ... 1855 zu lesen, und so hat man ihn mit Recht den ersten Realisten genannt. Das künstlerische Manifest dieser neuen Richtung waren seine ›Steinklopfer‹« (P. Brandt: Schaffende Arbeit und bildende Kunst vom Mittelalter bis zur Gegenwart. Stuttgart 1928, S. 233f.).

»Wer war Courbet? Sohn eines wohlhabenden Grundbesitzers aus der Franche-Comté, vom Vater zum Juristen bestimmt, fällt Courbet mit seinen ersten Malversuchen (ab 1840) eindeutig hinter die damalige Moderne (INGRES und DELACROIX) zurück, kopiert die alten Holländer, Venezianer und Spanier, hält sich bewußt aus der 1848er Revolution heraus und verweigert sich (anders als DAUMIER) dem Wettbewerb um das Bild der Republik, zeichnet statt dessen den Sozialistenschmäher Wallon, läßt sich nach dem blutigen Staatsstreich von 1851, während seine Freunde verhaftet und Tausende von Arbeitern erschossen oder verbannt werden, vom Innenminister Napoleons III., Graf Morny, protegieren und sich (ab 1853) von dem bonapartistischen Millionär Bruyas aushalten ... besucht in Frankfurt (1858) die renommiertesten Bankiers, wird in Frankreich selbst Aktionär, verkehrt in den vornehmsten Seebädern, wo er u. a. die Hunde des Grafen Choiseul porträtiert, malt 1866 zur Freude der bürgerlichen Kritiker die ›Dame mit Papagei‹ und die ›Rehe am Waldbach‹, läßt sich 1869 vom bayrischen König Ludwig II. dekorieren, dessen Schlafzimmer er mit dem ›Lohengrin‹ ausmalen sollte, und rettet während der Pariser Commune 1871 die Privatschätze des konservativen Politikers Thiers. In Courbets Werk fehlt jeder Hinweis auf das Hauptproblem seiner Epoche, das Elend der kapitalistisch organisierten Großindustrie, und obwohl sein Freund Dupont 1848 das ›Lied der Arbeiter‹ dichtete, kommt in seinem Œuvre kein einziger Fabrikarbeiter vor. Ja, er zeigt sich enttäuscht von dem ›kommunistischen Jahrhundert, in dem wir leben‹, will frei von jeder Regierung sein und glaubt, über den Klassen zu stehen. – War Courbet also ... [ein] bürgerlicher Opportunist ...? Keineswegs. Aber ernst zu nehmen sind diese Quellen dennoch; sie zu verschweigen, wie es häufig geschieht, und Courbet zu einem stromlinienförmig-glatten Tendenzkünstler zu stempeln, ihn vorschnell als gesellschaftskritischen ›Vater des Realismus‹ zu apostrophieren, ihn zum widerspruchsfreien Heros einer antikapitalistischen, radikaldemokratischen oder sozialrevolutionären Malerei zu machen, ergibt ebenfalls ein verkürztes Bild« (K. Herding, Vortragstext 1978).

Dieser Biographie steht der künstlerische Anspruch des »Realisten« Courbet gegenüber: »Man nennt mich einen sozialistischen Maler, diese Bezeichnung nehme ich mit Freuden an: ich bin nicht nur Sozialist, sondern auch Demokrat und Republikaner, mit einem Wort, Anhänger der gesamten Revolution und vor allem Realist ... denn Realist sein heißt, ein ehrlicher Freund der vollen Wahrheit zu sein« (Leserbrief Courbets vom November 1851, in: K. Herding: Realismus

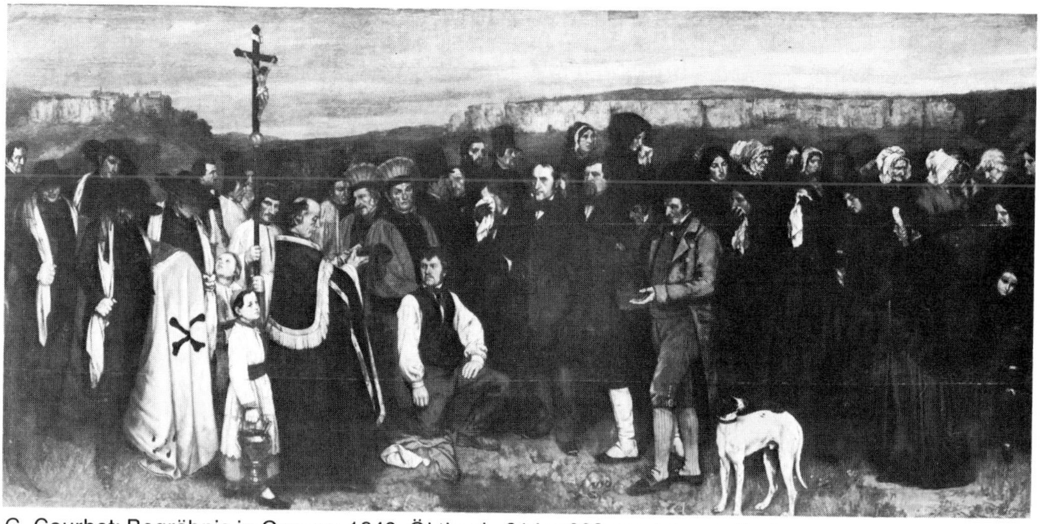

G. Courbet: Begräbnis in Ornans; 1849, Öl/Lwd., 314 × 663 cm, Louvre, Paris

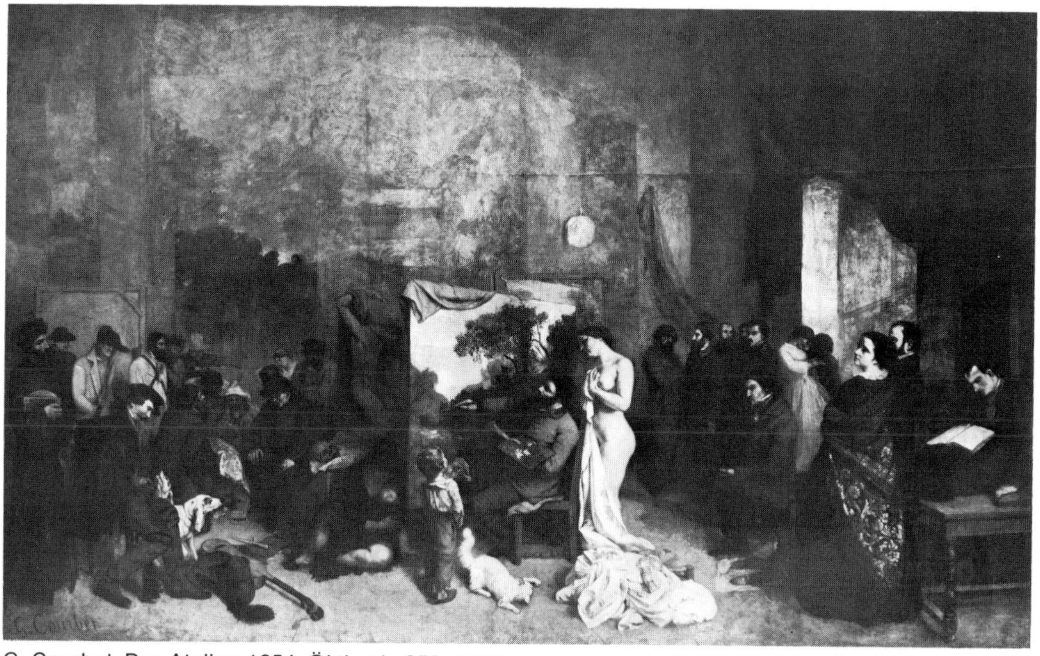

G. Courbet: Das Atelier; 1854, Öl/Lwd., 359 × 598 cm, Louvre, Paris

als Widerspruch. Frankfurt 1978, S. 23).

»Die Bezeichnung Realist ist mir aufgedrängt worden, so wie den Männern von 1830 die Bezeichnung Romantiker aufgedrängt wurde. Zu keiner Zeit haben Etikette die richtige Vorstellung von den Dingen gegeben; wäre es anders, so wären die Kunstwerke überflüssig ... Ich habe außerhalb jedes Systems und unvoreingenommen die Kunst der Alten und der Modernen studiert. Ich wollte weder die einen nachahmen noch die anderen kopieren; mein Denken war auch nicht auf das müßige Ziel einer Kunst um der Kunst willen ausgerichtet. Nein! Ich wollte nur ganz einfach aus der umfassenden Kenntnis der Tradition das begründete Gefühl der Unabhängigkeit meiner eigenen Individualität schöpfen. Wissen, um zu können, das war mein Gedanke. Imstande zu sein, die Sitten, die Vorstellungen, das Gesicht meiner Epoche nach meinem Dafürhalten zu übertragen, nicht nur ein Maler, sondern auch ein Mensch zu sein – mit einem Wort, lebendige Kunst zu machen, das ist mein Ziel« (Courbet: Manifest des Realismus, 1855. In: Herding, a. a. O., S. 27).

2. Das Gemälde als Kritik an der vorindustriellen Arbeitswelt. Courbet beschreibt die Entstehung seines Steinklopfer-Bildes folgendermaßen: »Ich hatte unsere Kutsche genommen und fuhr zum Schloß von Saint-Denis, um ein Landschaftsbild zu malen: Nahe bei Maisières hielt ich an, um zwei Männer zu betrachten, die auf dem Weg Steine klopften. Es ist selten, daß man einem so vollkommenen Ausdruck der Armut begegnet: auch kam mir auf der Stelle der Gedanke zu einem Gemälde. Ich vereinbarte mit ihnen für den folgenden Tag ein Treffen in meinem Atelier, und seitdem arbeite ich an diesem Bild ... Da ist ein alter Mann von 70 Jahren, über seine Arbeit gebeugt, den Hammer erhoben, die Haut gebräunt von der Sonne, sein Kopf im Schatten eines Strohhutes; seine Hosen aus grobem Stoff sind schon ganz geflickt; schließlich in seinen aufgesprungenen Holzschuhen Strümpfe, die ehemals blau waren und jetzt seine Fersen durchblicken lassen. Hier ein junger Mann mit staubbedecktem schwarzbraunem Kopf; das eklige Hemd hängt in Fetzen ... und gibt den Blick auf den bloßen Oberkörper und die Arme frei; ein lederner Hosenträger hält die Reste einer Hose, und die schmutzigen Lederschuhe lachen einen traurig von allen Seiten an. Während der Alte kniet, ist der Junge hinter ihm in aufrechter Haltung, er hebt voller Anstrengung einen Korb mit zerkleinerten Steinen. Ja leider. So beginnt man in diesem Beruf und so endet man ... All das spielt sich in der grellen Sonne ab, auf freiem Feld, am Rande eines Straßengrabens; die Landschaft füllt das Bild aus. Ja, Herr ... man muß die Kunst ordinär machen! Zu lange haben die Maler, meine Zeitgenossen, Kunst nach der Idee und nach dem Karton* geschaffen« (Courbet: Brief an Francis Wey, November 1849. In: Ausstellungskatalog G. Courbet. Hamburg 1978, S. 560f.).

Der Kommentar eines engen Freundes von Courbet deckt die gesellschaftskritische Anklage noch weiter auf: »Im Bild der ›Steinklopfer‹ sind zwei Personen in Lebensgröße dargestellt: ein Kind und ein Greis, Alpha und Omega, die Morgenröte und die Abenddämmerung dieses Sträflingslebens. [Zur Linken] Ein armer Knabe zwischen zwölf und fünfzehn Jahren, mit geschorenem Schädel, grindig und stumpf, so wie das Elend die Kinder armer Leute nur allzuoft zurichtet ... Zur Rechten der arme Steinklopfer ... Immerfort schwingt dieser Mann seine harmlose Keule, jahraus, jahrein. Immerfort ebnet er der Menschheit, die vorüberzieht, den Weg; immerfort arbeitet er, um gerade so viel zu verdienen, daß er nicht verhungert; und dennoch: dieser Mann, der keineswegs einer Erfindung des Künstlers entspringt, dieser Mann, der wirklich aus Fleisch und Blut in Ornans lebt, so wie Sie ihn hier sehen, dieser Mann mit seinem hohen Alter, seiner harten Arbeit, seinem Elend und seinem sanften Greisengesicht, dieser Mann ist noch nicht das letzte Wort menschlichen Jammers. Sobald der arme Teufel sich einfallen läßt, ein Roter zu werden, kann er Verdacht erregen, denunziert, verbannt, seiner Arbeit beraubt werden. Fragen Sie nur den Herrn Präfekten« (M. Buchon: Zur Ausstellung des Gemäldes in Dijon 1850. In: Herding, a. a. O., S. 71f.).

3. Die soziale und politische Lage um 1850 als Erklärungsgrundlage. »Wir sehen die ländlichen Gegenden [Frankreichs] heute als die Gebiete, wo der soziale und politische Kampf zwischen 1849 und 1851 sich entschied. Nach dem vergeblichen Pariser Aufstand von 1849 ging die revolutionäre Initiative auf die Landbevölkerung über: radikale und reaktionäre Aktivisten zogen von Paris und aus den großen Städten aufs Land und begannen einen heißen Kampf um die Anerkennung der Bauern. Der Kampf fand meistens im Geheimen und unter der Oberfläche statt – immerhin schwebte die Landbevölkerung zwei Jahre lang zwischen Konservativismus und Revolution. Als im Dezember 1851 LOUIS NAPOLÉON [Napoleon III.] seinen Staatsstreich gegen eine demoralisierte Pariser Arbeiterklasse inszenierte, wartete alles gespannt auf die Reaktion aus der Provinz ... innerhalb von drei Jahren hatte das Landvolk, nach den spontanen Bauernaufständen, die in den schlechten Erntejahren von 1847 und 1848 über Frankreich hinweggingen, inzwischen volles politisches Bewußtsein erlangt ... [In den Städten geriet] die Vorstellung, daß die Landbevölkerung unbeirrt die Ordnungspartei unterstütze ... ins Wanken, und als Paris von ihrem Versagen erfuhr, war die Aufregung groß. Die Aufmerksamkeit der Hauptstadt – sowohl auf der Rechten wie auf der Linken richtete sich auf den Kampf in der Provinz und auf das magische Jahr 1852, in dem, den Gerüchten zufolge, die Bauernrevolte stattfinden sollte ... Das also ist der Hintergrund für Courbets Ausstellung von 1851 [in der neben den ›Steinklopfern‹ vor allem das ›Begräbnis in Ornans‹ Anstoß erregte]« (T. J. Clark: Ein bürgerlicher Totentanz. Max Buchon über Courbet. In: Herding, a. a. O., S. 204f.).

4. Das Neuartige und Befremdende an Bildthema und Malweise. Wegen seiner schmutzigen Farben und derb-aufdringlichen Darstellung des Elends ist das Bild um 1850 als ›vulgär‹ verlacht worden; eine Reaktion, die durch sorgfältige Vergleiche mit anderen Bildern dieser Zeit, d. h. durch Untersuchung der Geschmackskonventionen, verständlich wird: Wenn man Courbets ›Steinklopfer‹ mit ähnlichen Darstellungen J. FR. MILLETS (1814–1875), zum Beispiel den ›Ährenleserinnen‹ aus dem Jahre 1857, vergleicht, wird deutlich, warum Millet größere Verbreitung und Anerkennung fand als Courbet. Millets Bild schließt mehr ein als nur eine bloße Alltagstätigkeit aus dem Landleben; es vermittelt – durch die Weite der Landschaft, die rhythmische Staffelung der Gestalten usw. – den tröstlichen Eindruck einer religiösen wie sittlichen Schönheit der Arbeit im allgemeinen. Courbets Steinklopfern dagegen fehlt offensichtlich die Perspektive; sie sind mit sich selbst und ihrer endlosen Arbeit allein vor einem Hintergrund, der keine Ausblicke gestattet. Wenn man Courbets Figuren-Stil untersucht, so ist zu erkennen, daß die ungelenke Schwerfälligkeit seiner Gestalten, die in zeitgenössischen Karikaturen so oft als ausgestopfte Puppen oder Spielzeuge auf Rädern angeprangert wurden, ein wesentliches Merkmal seines ›Realismus‹ sind (nach L. Nochlin: The Development and Nature of Realism in the Work of Gustave Courbet. New York 1963, S. 149).

Joseph Paxton: Kristallpalast (1851)

1. Neue Bauaufgaben durch die Steigerung von Warenangebot und -verteilung

2. Neue Baumaterialien

Joseph Paxton (* 1801 in Milton-Bryant, Bedfordshire, † 1865 in Sydenham) war seit 1826 Gartenarchitekt des Herzogs von Devonshire in Chatsworth, spezialisiert auf Landschaftsgestaltung und Gewächshäuser; berühmt wurde er durch den Kristallpalast mit den dazugehörigen Parkanlagen für die erste Weltausstellung in London 1851; das Gebäude wurde nach der Ausstellung abgetragen und in Sydenham wieder aufgebaut (wo es 1936 abbrannte); es fand in ganz Europa Nachahmung, u. a. im Münchner Glaspalast von 1854, der ebenfalls dem Feuer zum Opfer fiel (1931).

1. Neue Bauaufgaben durch die Steigerung von Warenangebot und -verteilung. Die Fortschritte der Bautechnik ermöglichten die Er-

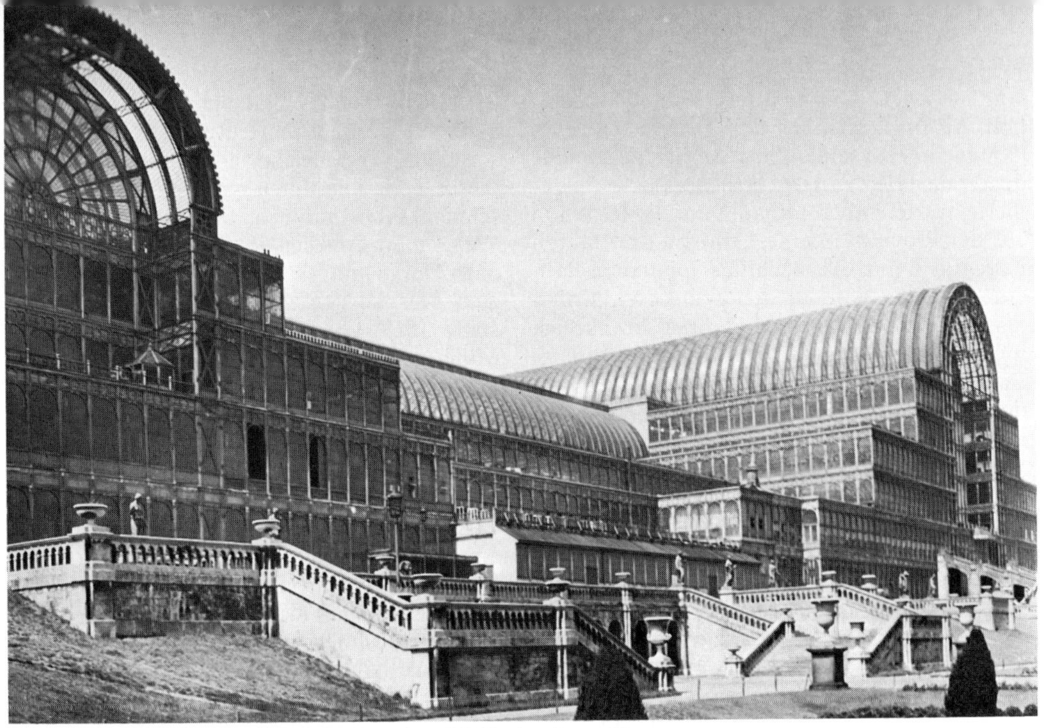

J. Paxton: Kristallpalast; 1850/51, London (1936 abgebrannt)

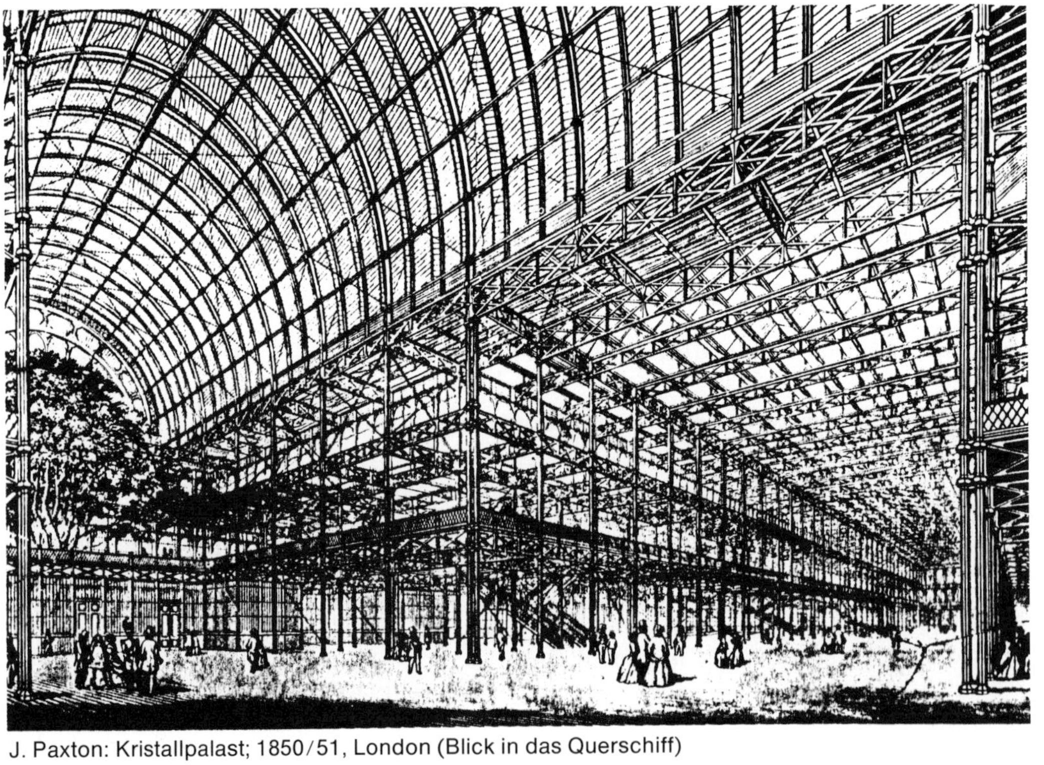

J. Paxton: Kristallpalast; 1850/51, London (Blick in das Querschiff)

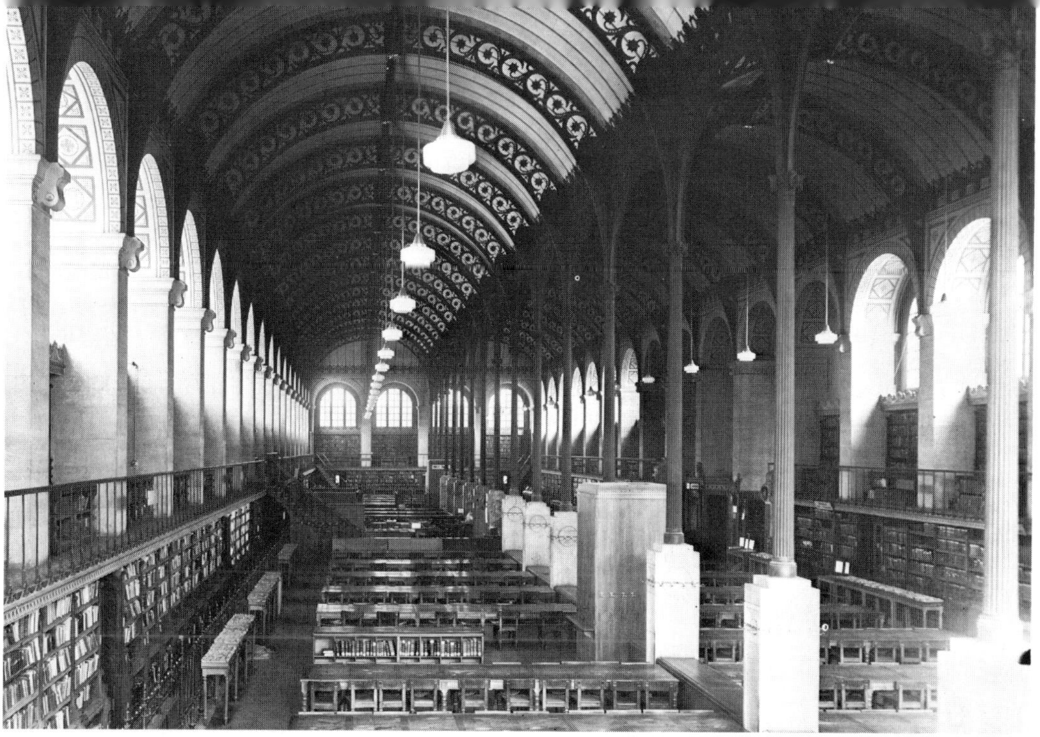

H. Labrouste: Lesesaal im Obergeschoß der Bibliothek Ste-Geneviève; 1843–50, Paris

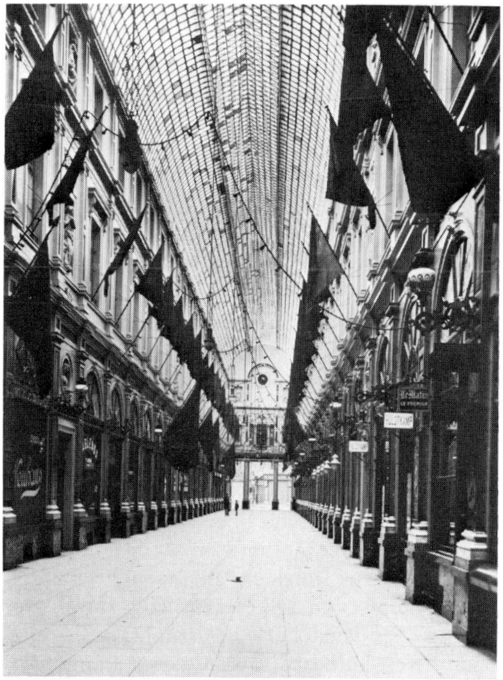

J. P. Cluysenaar: Galeries Saint-Hubert; 1846/47, Brüssel

richtung großer Hallenräume, die ab Mitte des 19. Jahrhunderts endgültig mit der Tradition des Palastbaues brachen und als reine Ingenieurbauten in Form von Markt- und Ausstellungshallen oder Fabriken errichtet wurden. Diese riesigen Ausstellungshallen, die vorrangig als Messezentren und Umschlagplätze für Industriegüter dienten, setzten mit Paxtons Kristallpalast von 1851 ein; in ihrer Nachfolge stehen die Maschinenhallen und Kaufhäuser unserer Zeit.

Eine fortdauernde Einrichtung wurden die überdachten Galerien und Passagen, die Vorläufer der modernen Fußgängerzonen. Wie die Weltausstellungen »spiegeln sie die unmittelbaren Beziehungen wider, die sich nach der Abschaffung der Zünfte zwischen Erzeugern, Händlern und Verbrauchern herausbilden« (L. Benevolo: Geschichte der Architektur des 19. und 20. Jahrhunderts. Neuauflage: München 1978, Bd. 1, S. 147).

»Eine ähnliche Neuordnung des Raumes wie durch die Eisenbahn bringt in der Architektur die Verwendung der neuen Baumaterialien Eisen und Glas. Durch das Ensemble von Schiene und Dampfmaschine wird Geschwindigkeit und Kapazität des Verkehrs multipliziert. Eisen und Glas als Baumaterial vervielfachen die Kapazität überdachter Räume. Beide, die Eisenbahn und die Gebäude der Glasarchitektur, sind direkter Ausdruck der multiplizierten Produktivität der industriellen Revolution. Die Bahn bringt die neuen Warenmengen in Zirkulation, die Glasarchitektur – Bahnhöfe, Markthallen, Ausstellungshallen, Passagen – dient als Durchgangsstation und Warenlager. Die Raumkapazität der Glasarchitektur verhält sich zu derjenigen der traditionellen Bauweise wie die Verkehrskapazität der Eisenbahn zum vorindustriellen Verkehr. Der Grund dafür ist die größere Festigkeit und Belastbarkeit des Eisens, dieses Komplements der Glasarchitektur, im Vergleich zu den bis dahin gebräuchlichen Baumaterialien. Nach ALFRED GOTTHOLD MEYER ist Eisen vierzigmal mehr belastbar als Stein, zehnmal mehr belastbar als Holz. Die Verbindung des Eisens als Trage- und des Glases als Füllmaterial führt zu einer Umwertung aller bis dahin geltenden architektonischen Werte ... Das Wesen der Glasarchitektur läßt sich dahin zusammenfassen, daß sie die für die traditionelle Architektur konstitutiven Licht-Schatten-Kontraste auflöst. Sie stellt einen ... reinen ›Hellraum‹ her ... Der Crystal Palace der Londoner Weltausstellung von 1851, das erste konsequent und im großen Stil ausgeführte Glas-Eisen-Gebäude, und das Palais de l'Industrie der Pariser Ausstellung von 1855 stellten architektonisch einen ähnlichen Wahrnehmungsschock her wie die ersten Eisenbahnreisen. ›Die ungeheuren Glasflächen der Überdachung‹, so ... die zeitgenössische Reaktion ... ›blendeten die damaligen Besucher, die an diese überraschende Lichtfülle nicht gewöhnt waren‹« (W. Schivelbusch: Geschichte der Eisenbahnreise. München 1977, S. 45f.).

2. Neue Baumaterialien. Die industrielle Revolution führte u. a. zur Herstellung und Verwendung neuer Baumaterialien, die gegenüber den herkömmlichen meist preisgünstiger und stabiler waren. Bis zur Mitte des 19. Jahrhunderts, also bis zur ersten Weltausstellung in London 1851, war es der Industrie – vor allem in England – gelungen, standardisierte Bauelemente in Gußeisen und Glas herzustellen. Beide Materialien befähigten erst die Architekten zum Bau großer Hallen. HENRI LABROUSTE (1801–75) hatte als erster Architekt an einem öffentlichen Großbau, nämlich der Pariser Bibliothek Ste-Geneviève (1843–50) ein Skelett aus gußeisernen Säulen und Trägern verwendet. Der Raumeindruck wurde dabei wesentlich durch dieses konstruktive Eisengerüst bestimmt.

Den Höhepunkt der damaligen Ingenieurbauten markiert der überdimensionale Kristallpalast (benannt nach der nahezu ausschließlichen Verwendung von Glas) im Londoner Hyde Park. Die Wettbewerbsausschreibung machte u. a. folgende Auflagen: leichte Montier- und Demontierbarkeit, Wiederaufbaumöglichkeit an anderem Ort, höchstens ein Jahr Bauzeit. Es wurden weit über 200 Entwürfe eingereicht und nach eingehender Prüfung verworfen. Schließlich erhielt PAXTON den Zuschlag, nachdem er seinen ursprünglichen Plan mehrmals überarbeitet hatte. Sein endgültiger Plan sah vor, die Einzelteile (mehrere tausend eiserne Trägerelemente, 3300 gußeiserne Säulen, 300 000 Glasscheiben) vorzufabrizieren und an Ort und Stelle zusammenzubauen. Die Montagezeit von lediglich vier Monaten stellte Paxtons außergewöhnliches organisatorisches Talent unter Beweis. »Zwei Londoner Bauunternehmer«, so CHARLES DICKENS, »die sich auf die Genauigkeit und Zuverlässigkeit einiger Eisenmeister und Glashersteller in der Provinz sowie auf einen Zimmermeister in London verließen, verpflichteten sich, für eine bestimmte Geldsumme und im Verlaufe von 4 Monaten 18 Acre [7,2 ha] Erdboden mit einem Gebäude zu überdecken, das über eine Drittel Meile lang [1851 Fuß: das Längenmaß entspricht dem Baujahr] und etwa 450 Fuß breit war. Um dieses zu ermöglichen, versprach der Glashersteller in der geforderten Frist 90 000 Quadratfuß Glas [im Gewicht von über 400 t] in einzelnen Scheiben zu liefern, den größten Scheiben, die bis dahin aus Fensterglas gemacht worden waren, jede von ihnen 49 Zoll lang. Der Eisengießer versicherte gleichfalls, rechtzeitig 3300 Eisensäulen zu gießen, deren Länge zwischen 14,4 und 20 Fuß variierte, 34 Meilen Abflußleitungen zu liefern und alle Rohre unter der Erde zu verbinden« (Ch. Dickens: Household Words, Bd. 5, Leipzig 1851, S. 341f.).

Zukunftsweisend war vor allem die serielle Fertigbauweise: »Beide, Entwurf wie Arbeitsorganisation, standen unter erhöhtem Zeitdruck, weil ja Paxton als Retter in der Not berufen war und nur wenige Monate zur Verfügung hatte. Der Zeitdruck hatte zur Folge, daß einerseits nur ein Entwerfer mit fertigem Konzept in Frage kam – Paxton war dieser Mann, denn sein Konzept war ausdrücklich und ausschließlich das Treibhauskonzept. Andererseits war die Arbeitsorganisation am Bau ungemein wichtig, denn es ging um die Ausnützung jedes einzelnen Tages ... Paxton hat die technische Entwicklung damals mit großer Aufmerksamkeit verfolgt und ständig auf ihre Anwendbarkeit auf seinem Spezialgebiet des Treibhauses überprüft. Wahrscheinlich war er auf diesem entscheidenden Spezialgebiet der erste, der die Serienproduktion von Bauelementen erprobte und zu einem profitablen Ende zu führen vermochte. Derartige Erfahrungen gaben ihm anderthalb Jahrzehnte später das Selbstvertrauen, beim Kampf um den Bauauftrag für 1851 öffentlich (in ›Illustrated London News‹ vom 6. Juli 1850) zu erklären, daß sein Glashallen-Entwurf nicht nur ›hell, luftig und angemessen‹ wirken würde, sondern in jeder Beziehung auch ökonomisch wäre ... Bei der Ausführung konnte man beobachten, wie der Bauplatz im traditionellen Sinn sich unter der industriellen Arbeitsteilung verwandelte in so etwas wie einen Montageplatz ... Die vorgefertigten Teile wurden am Montageplatz zusammengefügt und gehißt, wobei – das scheint für einen Gärtner wie Paxton selbstverständlich – auf die bestehenden Bäume des Hyde Park Rücksicht genommen wird. Eine Gruppe am Ort gewachsener Bäume ist übrigens mit Bedacht in die Klimaglocke der Glashalle einbezogen worden, was ein heikles Geschäft der Abstimmungen zwischen Baumkrone und Glaswölbung voraussetzte« (A. M. Vogt: Gottfried Semper und Joseph Paxton. In: Gottfried Semper und die Mitte des 19. Jahrhunderts. Basel/Stuttgart 1976, S. 185f.).

Die ungeheure neuartige Wirkung schildert ein deutscher Besucher der Weltausstellung: »Der Bau stieß auf keine Gegnerschaft. Er machte auf alle diejenigen, die ihn sahen, einen solchen Eindruck romantischer Schönheit, daß Reproduktionen des Palastes, an den Wänden von Gehöften in entlegenen deutschen Dörfern zu sehen waren. Beim Anblick dieses ersten nicht in gutem Mauerwerk errichteten Gebäudes wurde dem Beschauer alsbald klar, daß die Regeln, nach denen man bisher die Architektur beurteilt hatte, ihre Gültigkeit verloren hatten« (L. Bucher: Kulturhistorische Skizzen aus der Industrieausstellung aller Völker. Frankfurt/M. 1851, S. 10).

Ford Madox Brown: Arbeit (1852–1865)

1. Bilderklärung des Künstlers

2. Zwiespalt zwischen Gegenstandstreue und Freilichtmalerei

3. Zeitkritik und Zeitflucht in der Malerei der Präraffaeliten

4. Die »Stufenpyramide des Mittelstandes« als Zeitbild

Ford Madox Brown (* 1821 in Calais, † 1893 in London) übersiedelte nach Kunststudien in Antwerpen und Paris nach London; 1845 Reise nach Rom, wo er OVERBECK und CORNELIUS kennenlernte. Brown war zwar nicht formell Mitglied der PRÄRAFFAELITEN*, aber seine Malerei steht im engen Zusammenhang mit den Arbeiten und Ansichten dieser Künstler-

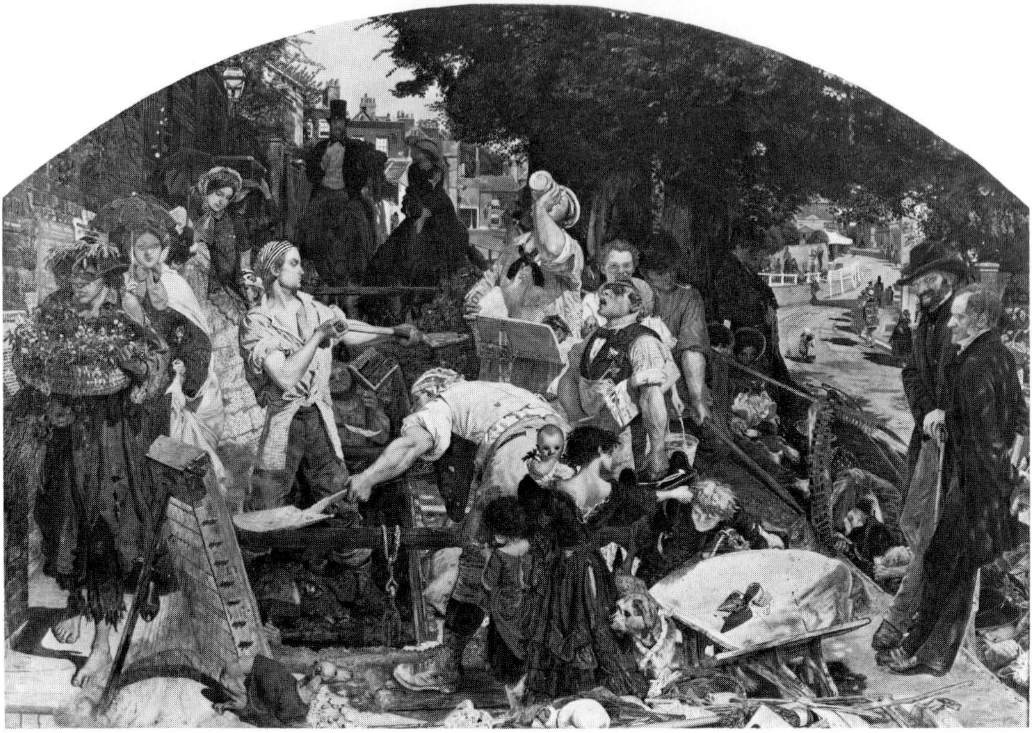

F. M. Brown: Arbeit; 1852–65, Öl/Lwd., 135 × 196 cm, City Art Gallery, Manchester (Vgl. Farbtafel S. 171!)

gruppe, obwohl ihn deren literarischer Vorkämpfer JOHN RUSKIN, ignorierte.

1. Bilderklärung des Künstlers. »Das Bild wurde 1852 in Hampstead begonnen. Der Hintergrund, der die Hauptstraße dieses [Londoner] Vororts ... darstellt, ist dortselbst gemalt. Damals waren in meiner Nachbarschaft umfangreiche Erdarbeiten für die Wasserversorgung im Gange, und da ich täglich den britischen Straßenarbeiter ... im vollen Schwung seiner Tätigkeit sah ... schien er mir der Aufmerksamkeit eines englischen Malers mindestens ebenso würdig wie der Adriafischer, der Bauer aus der Campagna oder der neapolitanische ›lazzarone‹. Allmählich entstand aus dieser Idee die heutige ›Arbeit‹ ... Hier sieht man den jungen Arbeiter in männlicher Gesundheit und Schönheit; den starken voll entwickelten Arbeiter ... der sein Bier liebt; den egoistischen alten Junggesellen, mit stämmigen Gliedern und vielleicht eine Idee zu zäh in jenen Regionen, wo sich das Mitgefühl aufhalten soll; den Arbeiter von animalisch starker Natur. Endlich Paddy, den Iren, mit seiner Schaufel und der Pfeife im Mund. Sinngemäß folgt links der zerlumpte Kerl, den man nie arbeiten gelehrt hat. Seine ruhelosen, glühenden Augen zweifeln und verzweifeln an allem. Dem Mann gegenüber, der nicht arbeiten kann, stehen in der anderen Ecke des Bildes zwei Männer, die scheinbar nichts zu tun haben. Es sind die Kopfarbeiter, die obschon untätig, doch arbeiten und der Grund für das Glück und die wohlgeordnete Arbeit der anderen sind. In ihrer Nähe sitzen Leute von der Arbeit abgewandt auf schattiger Bank. Hinter dem Paria, der nie arbeiten lernte, erscheint eine Gruppe sehr anderer Herkunft, die aus entgegengesetzten Gründen gleichfalls nicht genügend an Arbeit gewöhnt wurde. Dies sind die Reichen, die nicht zu arbeiten brauchen. Der Pastetenbäcker mit seinem Brett begleitet sie als Symbol des Überflusses. Vor ihm gehen zwei verheiratete Damen. Die ältere, gesetzte, widmet ihre Kraft dem Verteilen von Flugblättern und hat gerade eins mit dem Titel ›Hodman's Hafen oder Tranksame für dürstende Seelen‹ jenem nicht allzuviel versprechenden Vertreter der Erdarbeiterschaft zugeworfen, der die Leiter hinabsteigt und gutmütig darüber spottet. Vor ihr geht jene Dame, deren einziger Lebenszweck bisher darin bestand, sich uns zuliebe schön anzuziehen und schön auszusehen. Ich möchte die Aufmerksamkeit auf eine Gruppe ungewöhnlich abgerissener und schmutziger Kinder im Vordergrund meines Bildes lenken. Sie haben keine Mutter, wie die schwarzen Bänder des Babys und ihre Lumpen bezeugen. Das Paar zu Pferde am oberen Bildrand besteht aus einem noch nicht alten Herrn und seiner Tochter – die Armen und die Reichen heiraten früh, nur die mäßig Bemittelten schieben auf. Dieser Herr ist offensichtlich sehr reich, wahrscheinlich Offizier, er hat einen Sitz im Parlament und fünfzehntausend Pfund Einkommen im Jahr. Brächte man ihn nur dazu, sich anzuhören, was die zwei Weisen in der Ecke zu sagen haben, er würde gewiß ihre Ansichten teilen. Aber der Weg ist versperrt, und die Tochter sagt: Papa wir müssen andersherum zurück. Der Mann mit der Biertrage, der so munter sein Getränk ausruft, ist ein Vertreter städtischer Beherztheit und Energie, im Gegensatz zu ländlichen Fäusten und Sehnen. Als Kind war er vermutlich halbverhungert, durch Gingenuß verkümmert und duldete, daß man ihm übel mitspielte. Doch seine Energie hat aus ihm einen florierenden, ›sehr angesehenen‹ Bierverkäufer gemacht. An der Wand kleben Plakate und Anschläge, eines vom ›Boy's Home, 41, Euston Road‹, eines vom ›Working Men's College, Great Ormond Street‹ oder, wenn man gegen diese Art ist, eine Polizeimitteilung, die fünfzig Pfund in Sachen eines Straßenraubs verspricht« (F. M. Brown: Bildkommentar für eine Ausstellung 1865. In: G. Metken: Die Präraffaeliten. Köln 1974, S. 79f.).

2. Zwiespalt zwischen Gegenstandstreue und Freilichtmalerei. »Brown hatte schon in den vierziger Jahren . . . begonnen, seine Bilder im Freien zu malen, und versucht, ihnen die volle Helligkeit des Sonnenlichtes zu geben. Und so versucht er es auch hier. Das Sonnenlicht rieselt durch die Bäume und besät die Röcke der Arbeiter mit unzähligen hellen Pünktchen; die hellen Kleider, die blauen Blusen, alles wirkt bunt und unruhig durcheinander, ein verletzendes Chaos schreiender Farben, das Problem des Pleinairismus* ist angepackt, aber die Ausführung ist hart und barbarisch geblieben. Und wie konnte es anders sein? Gegenstandstreue und Freilicht . . . schließen sich gegenseitig aus. Der Engländer mit seinem an Spleen grenzenden, eigensinnigen, zu dem mit mystisch-philosophischen Ideen bepackten Künstlerwillen wollte beide vereinigen, aber es fehlt den bunt zusammengetragenen Lokalfarben* das einende, sie versöhnende, weil sie abtönende Medium der Atmosphäre . . . Doch gerade um dieser gegenständlichen, aber auch um seiner sozialpolitischen Bedeutung willen durften wir an diesem spezifisch englischen Denkmal der Arbeit nicht vorübergehen« (P. Brandt: Schaffende Arbeit und bildende Kunst. Stuttgart 1928, S. 252).

»Die Präraffaeliten übertrugen die Natur analytisch [zergliedernd] ins Bild, ›ohne etwas zu bevorzugen oder auszulassen‹ und die Mühe, die sie auf die Wiedergabe jeder Einzelheit verwendeten, wurde noch gesteigert durch ihren verrückten Eifer, mit dem sie ihr Handwerk über das Ziel der Wiedergabe hinaus verfeinerten und vervollkommneten, so daß es schließlich eine fieberhafte [Über]deutlichkeit ausstrahlte« (R. Ironside: Preraphaelite Painters. London 1948, S. 13).

3. Zeitkritik und Zeitflucht in der Malerei der Präraffaeliten. »Unübersehbar in seinem er-

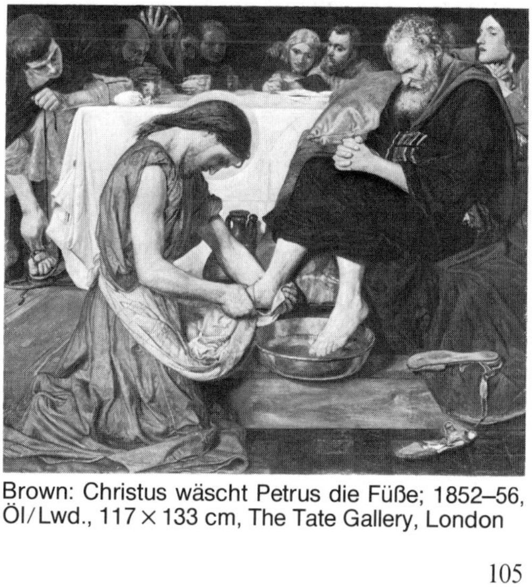

Brown: Christus wäscht Petrus die Füße; 1852–56, Öl/Lwd., 117 × 133 cm, The Tate Gallery, London

zählerischen Reichtum, ist das Bild doch ersichtlich auf die zentrale Gruppe der Straßenarbeiter hingeordnet, von denen der Stehende mit dem Spaten auf eine Art heroisiert erscheint, die ebensosehr die Solidarität des Malers mit der Arbeiterklasse wie seine künstlerische Herkunft aus der idealisierenden Historienmalerei verrät. BROWN bezeugt seine weltanschauliche Herkunft durch die Einfügung der Porträts von CARLYLE und FREDERICK DENISON MAURICE, dem christlichen Sozialistenführer, die rechts an der Brüstung lehnen und disputieren; seinen eigenen Einsatz dokumentiert er durch ein Plakat einer Arbeiterfortbildungsschule – an der Hauswand links, hinter dem Kopf des Bettlers –, in der Brown selbst viele Jahre Kunstunterricht gab. Alle übrigen Gruppen und Gestalten enthalten soziale Mahnungen und Spitzen, die Brown selbst in einem Begleittext ausführlich erläutert ... Unmißverständlich wird die Szene abgeschlossen von den müßigen Reichen auf dem Morgenritt, welche die Zeichen der Zeit nicht verstehen wollen. Dieses Bild ist das Äußerste an art engagé [parteiergreifender Kunst], was die Malerei der Präraffaeliten hervorgebracht hat; wenn sein Sozialismus trotzdem, gemessen an COURBET, etwas deklamatorisch anmutet, wenn das Bilderbogenhafte und Burleske stellenweise die ernste Intention übertönt, so entspricht das der ideologischen Haltung des Malers, die letztlich doch ästhetenhaft-theoretisch bleibt ... Nennenswerte sozialgeschichtliche Wirkung ist von dem Bild denn auch, soweit ich sehe, nicht ausgegangen« (G. Schiff: Zeitkritik und Zeitflucht in der Malerei der Präraffaeliten. München 1970, S. 171f.).

4. Die »Stufenpyramide des Mittelstandes« als Zeitbild. »›Work‹ ist ein Epochenbild ... Brown hat es, wie Tagebuchnotizen von 1855 bezeugen, in höchstem Enthusiasmus entworfen. Arme und Reiche, Nichtstuer und Werktätige, Verkäufer von Bier und von Parolen sind in einen Zusammenhang gebracht, der Browns Standpunkt erläutert ... Brown hat vierzehn Jahre an ›Work‹ gearbeitet und die Verflechtung der Bild- und Gesellschaftsebenen, die Überschneidung der Figuren, die Zusammenhänge zwischen den Gruppen zum komplizierten Rebus [Bilderrätsel] gesteigert ...

›Work‹ gehört in seiner undogmatischen Durchdachtheit zu den Schlüsselwerken des 19. Jahrhunderts ... Aber Brown ist weder realistischer Revolutionär noch verspäteter Romantiker wie der Franzose [COURBET; vgl. S. 95ff.]. Er bringt seine Ansichten und Erfahrungen auf eine betont bürgerliche, mittelständische Formel. Er malt, was er kennt; nicht die romantisch dramatisierte Industrie wie ... MENZEL [vgl. S. 135ff.], sondern den eigenen, kleinen Umkreis. Man könnte im Vergleich mit ... COURBET ... von Borniertheit sprechen. Jedoch – ohne den Horizont von Hampstead zu verlassen ... sagt dies Bild erstaunlich viel über die Jahrhundertmitte in England aus. Es wird aus dem Hier und Jetzt ins Typische erhoben. Im Kolorit wie in der fast sportlichen Freude an einer durch prächtige Burschen gut getanen Arbeit ist der pragmatische Idealismus von ›Work‹ spezifisch insular. Dazu gehören die Hunde, die Blumen, Schals, Schirme, Kopftücher, Hüte, auch die Mahlzeit, die das Paar ungeniert auf der Bank einnimmt. Dem Bettler wie dem Biertrinker, dem Schaffenden und Schmausenden fehlt alles Demonstrative ... Anklage und Utopie fallen in dieser praktisch orientierten Stufenpyramide des Mittelstandes aus« (G. Metken. a. a. O., S. 79).

Die scheinbar naturgetreue Wiedergabe einer alltäglichen Arbeiterszene verleitet dazu, BROWNS »Arbeit« mit COURBETS Gemälden zu vergleichen und sie gelegentlich ebenfalls als »realistisch« zu bezeichnen. Das Bild entspricht jedoch in seiner altmeisterlich-sorgfältigen Malweise ganz präraffaelitischen Zielsetzungen. Zur gleichen Zeit malte Brown mit ähnlicher Detailtreue ein Bild mit einem gänzlich anderen Wirklichkeitsgrad, nämlich eine Szene aus der biblischen Geschichte: Christus wäscht Petrus die Füße (1852–56). Es handelt sich bei Brown also nicht um einen »Realismus der Wiedergabe«, sondern allenfalls um einen »Realismus der Vergegenwärtigung«.

Heinrich von Ferstel: Votivkirche in Wien (1856–79)

1. Denkmalpflege

2. Neugotik als Nationalstil

Heinrich von Ferstel (* 1828 in Wien, † 1883 in Wien) arbeitete nach Studium an der Wiener Kunstakademie (1847–50) als freier Architekt hauptsächlich in Wien; berühmt wurde er durch seine neugotische Votivkirche (1856–79) an der Wiener Ringstraße; weitere, vor allem von der Hochrenaissance inspirierte Hauptwerke sind: das Palais Victor (1864–69), die Universität (1873–83) und das Chemische Institut (1869–72).

1. Denkmalpflege. Gleichzeitig mit dem Rundbogenstil und ebenfalls als Kritik am antikisierenden Klassizismus entstand die Neugotik. Bereits 1772 hatte GOETHE der neuen Begeisterung für die Gotik in seiner Abhandlung »Von deutscher Baukunst« breiten Raum gegeben: »Standen aber diese Gebäude Jahrhunderte lang nur als alte Überlieferungen da, ohne sonderlichen Eindruck auf die größere Menschenmasse, so ließen sich die Ursachen dafür gar wohl angeben. Wie mächtig hingegen erscheint ihre Wirksamkeit in den letzten Zeiten, welche den Sinn dafür wieder erweckten! Jüngere und Aeltere beyderley Geschlechts waren von solchen Eindrücken übermannt und hingerissen, daß sie sich nicht allein durch wiederholte Beschauung, Messung, Nachzeichnung daran erquickten und erbauten, sondern diesen Styl bey noch zu errichtenden, lebendigem Gebrauch gewidmeten Gebäuden wirklich anwendeten.«

Gotisierende Elemente hatten englische Architekten schon im 18. Jahrhundert verwendet, erst ab den 30er Jahren des 19. Jahrhunderts wurden aber Großbauten in reiner Gotik errichtet, die man in Deutschland als nationalen Stil empfand. Unter dem Einfluß der romantischen Dichter wurde die Gotik zunehmend Gegenstand wissenschaftlicher Forschung und Restaurierung. »In Deutschland ist der Kölner Dom das Werk, an dessen Vollendung und Wiederherstellung sich Jahrzehnte lang das romantische Interesse heftete, wie sich denn überhaupt der romantische Baueifer zunächst zum großen Teil an den überkommenen mittelalterlichen Baudenkmälern ausließ ... Im blinden Eifer, obgleich vom besten Willen beseelt, sind hier Eingriffe in den überkommenen mittelalterlichen Bestand unserer Denkmäler verübt worden, die jede folgende Zeit als barbarisch bezeichnen muß ... Restaurierte man jetzt alte Kirchen, brach Teile ab, setzte neue hinzu, überarbeitete den ganzen Bau und war dabei hier und da sogar so naiv sich einzubilden, daß man die alten Meister korrigieren könne ... Auch heute ist die Denkmalpflege noch in ihrer Kindheit begriffen; und solange man nicht allgemein eingesehen hat, daß es sich hier um geschichtliche Dokumente handelt, die in ihrem, wenn auch lückenhaften Bestande anzutasten ein historisches Verbrechen ist, solange kann man jedem alten Bau nur wünschen, daß er vorläufig der Aufmerksamkeit der Restauratoren zu seinem Heile noch entzogen bleiben möge« (H. Muthesius: Stilarchitektur und Baukunst. Mülheim-Ruhr 1902, S. 28).

Diese sachgemäße Nüchternheit entsprach keineswegs dem denkmalpflegerischen Konzept zu Beginn des 19. Jahrhunderts. JOSEPH VON GÖRRES hatte im Herbst 1814 im »Rheinischen Merkur« (Nr. 151), die Vollendung und Restaurierung des Kölner Domes als nationale Bauaufgabe gefordert: »In seiner trümmerhaften Unvollendung, in seiner Verlassenheit ist es ein Bild gewesen von Deutschland seit der Sprach- und Gedankenverwirrung; so wurde es denn auch ein Symbol des neuen Reiches, das wir bauen wollen.«

Die Fertigstellung des Domes wurde – gefördert von den preußischen Königen – 1842 begonnen und 1880 abgeschlossen. Der Kölner Dombau wurde ebenso wie die Restaurierung der Marienburg in Westpreußen zu einem Symbol des neuerwachten deutschen Nationalbewußtseins. Die erneute Wertschätzung der Gotik äußerte sich auch in der Errichtung zahlreicher neugotischer Großbauten, wie etwa FERSTELS Votivkirche. In

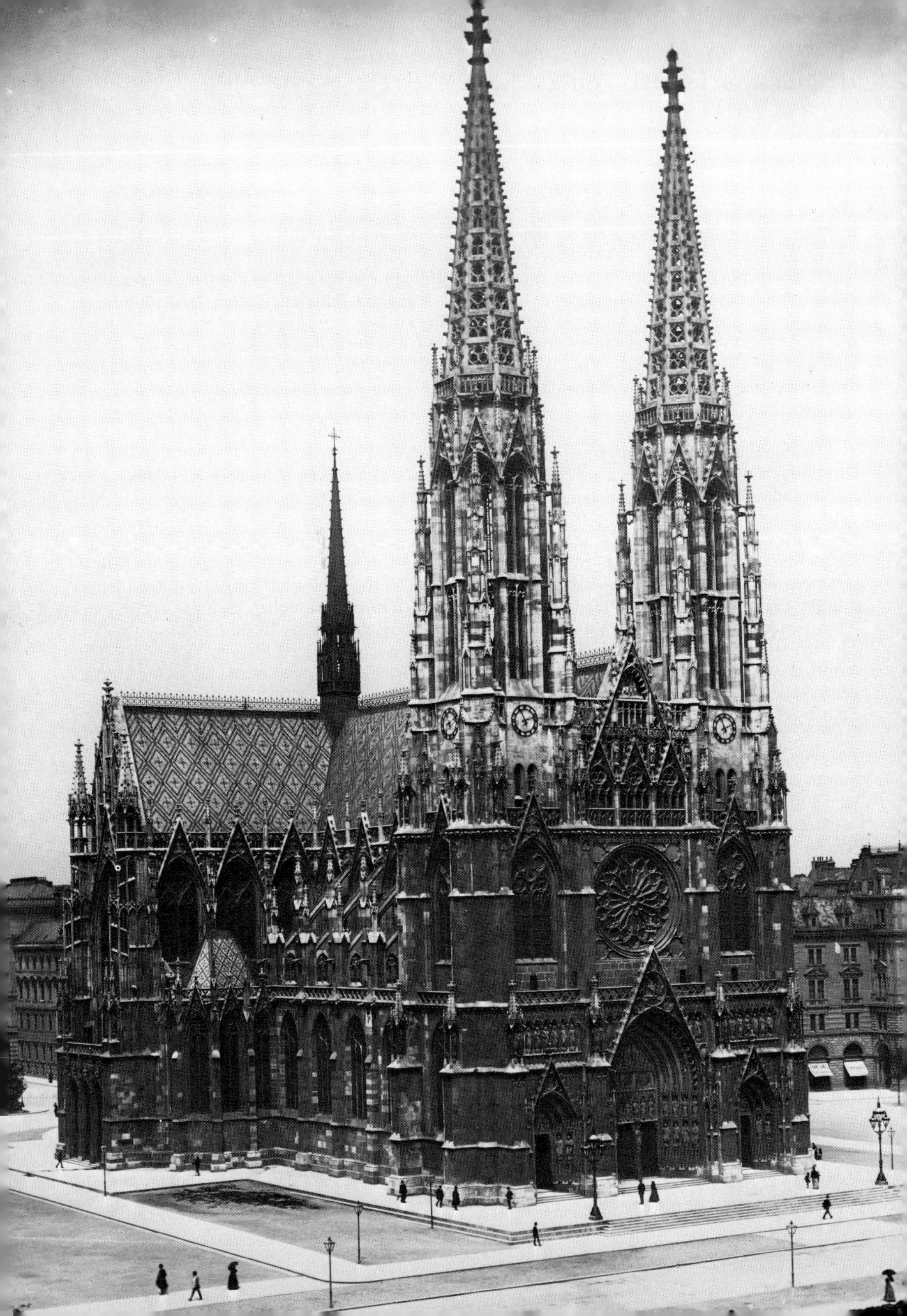

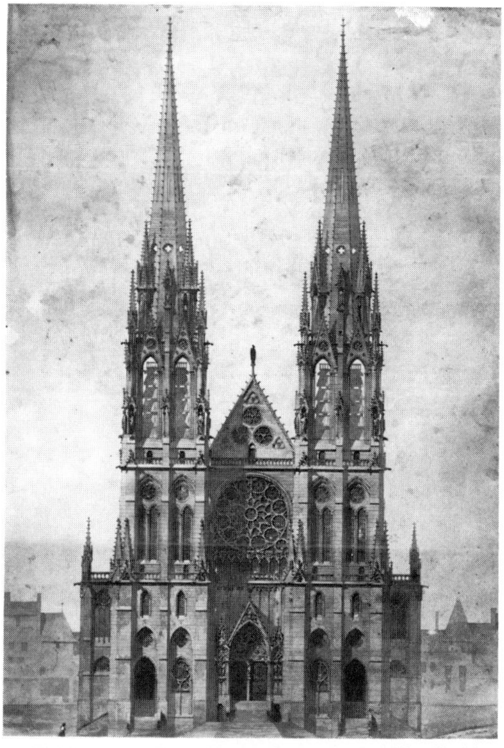

E.-E. Viollet-le-Duc: Fassadenentwurf für die Kathedrale von Clermont-Ferrand; 1864

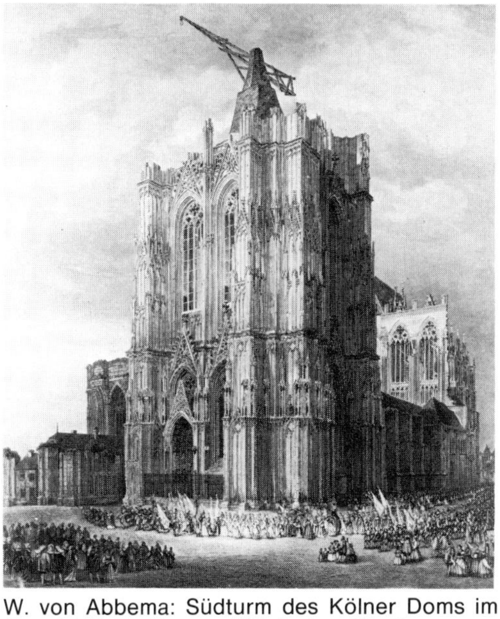

W. von Abbema: Südturm des Kölner Doms im Bau; 1842, Radierung, Kölnisches Stadtmuseum

Frankreich war EUGÈNE-EMANUEL VIOLLET-LE-DUC (1814–79), führender Restaurator mittelalterlicher Bauten, ein erfolgreicher Propagandist der Gotik, während in England die Erbauung des neugotischen Londoner Parlaments (Houses of Parliament, 1840–65) durch CHARLES BARRY (1795–1860) zu einem nationalen Anliegen wurde.

2. Neugotik als Nationalstil. Die Errichtung anspruchsvoller Bauwerke im neugotischen Stil stand im Zeichen einer überschäumenden Verehrung für die Gotik. Die Vollendung im Mittelalter begonnener gotischer Kirchen hatte die Bauleute mit einem Formenapparat bekannt gemacht, der eine getreue Nachbildung ermöglichte. Die Architekten der Neugotik wollten in sich geschlossene einheitliche und freistehende gotische Bauwerke errichten, auch wenn der Formenbestand aus ganz verschiedenen Landschaften und Stilphasen entlehnt wurde. Zu den gelungensten neugotischen Bauten gehört FERSTELS Votivkirche in Wien. Sie wurde 1856 zur Erinnerung an ein mißglücktes Attentat auf KAISER FRANZ JOSEPH begonnen und 1879 eingeweiht. »Dem Bau – in die Planungen an der Ringstraße einbezogen – fehlt jene Kühle und Distanziertheit, wie sie die neugotischen Bauten der ersten Jahrhunderthälfte in England, aber auch die Bauten von JEAN BAPTISTE ANTOINE LASSUS (1807–1857) auszeichnen ... Es ist in diesem Zusammenhang bezeichnend, daß Lassus die erste umfangreiche Monographie der Kathedrale von Chartres veröffentlichte und 1858 die erste Ausgabe der Zeichnungen von VILLARD DE HONNECOURT (um 1235) publizierte. FERSTELS Wiener Votivkirche ist die freie Nachbildung einer Kathedrale des 14. Jahrhunderts, deren Eigentümlichkeiten in ungewöhnlicher Vielfalt wiederholt sind. Dazu gehören nicht nur der Chorumgang mit Kapellenkranz und die an die Seitenschiffe angeschlossenen Kapellen, ebenso bezeichnend sind die Wimperge* über den Fenstern des Lichtgadens*. Für den Baumeister des 19. Jahrhunderts – dies gilt für LASSUS wie für FERSTEL – war es selbstverständlich, daß die Türme mit Helmen ausgestattet wurden, obwohl die französischen Vorbilder darauf zumeist verzichtet haben. Der Vollendungs-

◂ H. von Ferstel: Votivkirche; 1856–79, Wien

drang des Jahrhunderts hat in diesen Bauten seinen bezeichnenden Ausdruck gefunden« (H. Voss: Das 19. Jahrhundert. München 1969, S. 120).

Die neuere Kunstgeschichte interpretiert die Neugotik gelegentlich als eine »Gotik ohne Gott« (A. Kamphausen, 1952). Auch Zeitgenossen betrachteten die neugotische Bauweise als willkürliche Nachahmung. In einem Manifest der Académie Française von 1846 bekennen die Mitglieder, »daß ein Mensch, der von der echten alten Gotik ergriffen ist, angesichts dieser verfälschten, nachgeahmten Gotik kalt und unberührt bliebe ... Es gibt für die Künste und für die Gesellschaft nur eine einzige natürliche und berechtigte Weise, sich zu manifestieren, nämlich ihrer eigenen Zeit anzugehören« (zitiert nach L. Hautecœur: Histoire de l'architecture classique en France, Bd. 6. Paris 1953, S. 336).

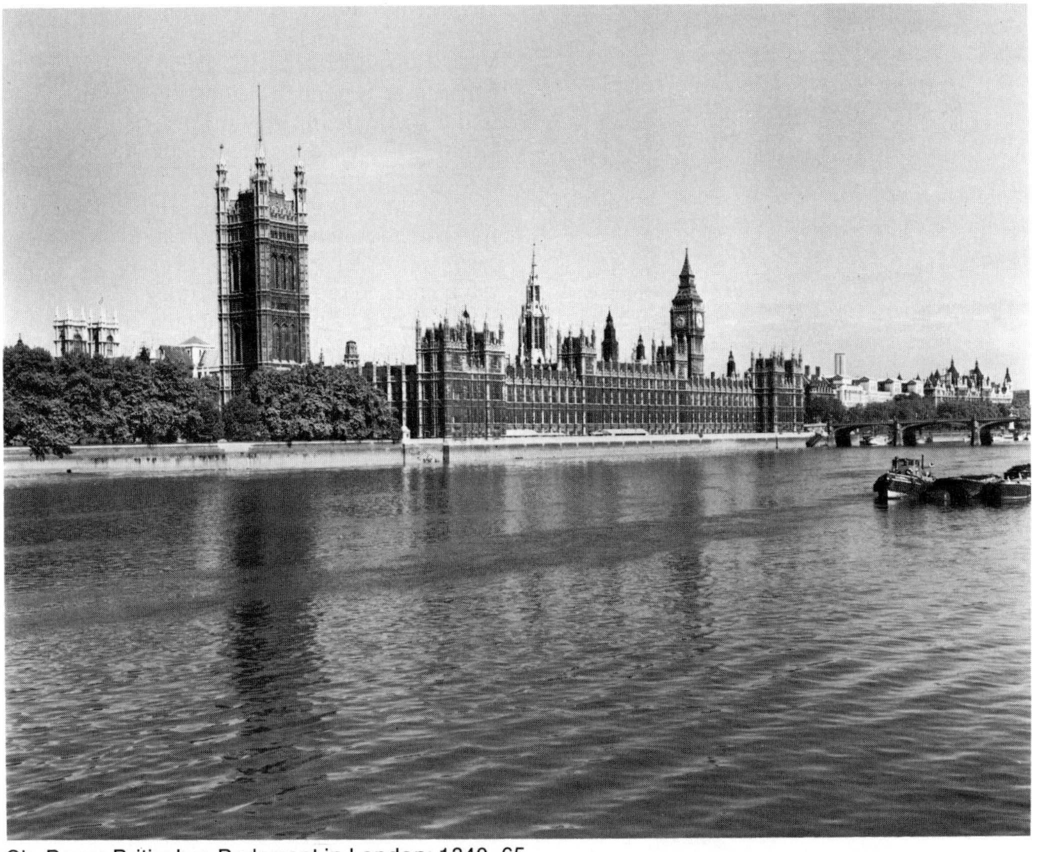

Ch. Barry: Britisches Parlament in London; 1840–65

Gottfried Semper: Eidgenössisches Polytechnikum in Zürich (1861–64)

1. Neorenaissance

2. Bekleidungstheorie

Gottfried Semper (* 1803 in Hamburg, † 1879 in Rom); Architekt und Kunsttheoretiker; Schüler FRIEDRICH VON GÄRTNERS in München; 1834–49 als freier Architekt in Dresden; 1849–51 in Paris und 1851–55 in London tätig; 1855–71 lehrte er am Polytechnikum in Zürich; zuletzt arbeitete er in Wien (1871–76). Zu seinen bekanntesten Bauten gehören das Hoftheater in Dresden (1837–41), das Eidgenössische Polytechnikum in Zürich (1861–64) sowie mehrere Bauten an der Wiener Ringstraße.

1. Neorenaissance. Seit etwa 1830 erfolgte eine Rückwendung zu Formen der italienischen Renaissancearchitektur. Die freie Verwendung von Renaissance-Motiven, wie Rustika*, Wandpilaster*, Fensterädikulen* und Balustraden* war u. a. durch LEO VON KLENZE eingeführt worden. Für die Fassade des Königsbaus der Münchener Residenz (1826–35) hatte er zunächst vorgeschlagen, »unten im toskanischen, in dem höheren Geschoß im römischen Stil«. Die Unvereinbarkeit beider Stile brachte schließlich die Entscheidung »für die Großartigkeit und Einfachheit der florentinischen Gebäude, welche ich soviel wie irgend jemand kenne und schätze« (Leo von Klenze; zitiert nach: O. Hederer: Leo von Klenze. München 1964, S. 264).

Semper führte die von Klenze eingeleitete Neorenaissance fort, griff aber in seinen Bauten, so auch in dem Eidgenössischen Polytechnikum in Zürich (1861–64), nicht wie jener auf die florentinische Frührenaissance, sondern auf den plastischeren Formenkanon der Hochrenaissance zurück. Dieser aufwendige Formenapparat hatte allerdings bei ihm eine bloß dekorative Aufgabe und blieb dem »Bedürfnis«, d. h. dem Zweck, untergeordnet. »Die Bedürfnisse sollen wir vom Gesichtspunkt des Schönen auffassen und ordnen und bloß Schönheit da sehen, wo der Nebel der Ferne und der Vergangenheit unser Auge halb verdunkelt. Nur einen Herrn kennt die Kunst – das Bedürfnis. Sie artet da aus, wo sie den Launen des Künstlers, mehr noch wo sie mächtigen Kunstbeschützern gehorcht« (G. Semper: Kleine Schriften; zitiert nach: H. Voss: Das 19. Jahrhundert. Frankfurt/M. 1969, S. 83).

2. Bekleidungstheorie. Aus dieser Definition der Kunst entwickelte SEMPER in seiner vielbeachteten Schrift: »Der Stil in den technischen und tektonischen Künsten oder praktische Ästhetik«, einem Handbuch für »Techniker, Künstler und Kunstfreunde«, die sog. »Bekleidungstheorie«. Die Oberfläche (= Bekleidung) der Fassade unterliegt, da sie keine tektonische Aufgabe erfüllt, einem reinen Dekorationsprinzip: »... Textile Kunst und Keramik [sind die Elemente], bei denen sich neben der Zweckverfolgung zuerst das Streben des Verschönens durch Formenwahl und durch Zierraht kund gab. Unter diesen beiden Künsten gebührt aber wieder der textilen Kunst der unbedingte Vorrang, weil sie sich dadurch gleichsam als Urkunst zu erkennen gibt, daß alle anderen Künste, die Keramik nicht ausgenommen, ihre Typen und Symbole aus der textilen Kunst entlehnten« (G. Semper: Der Stil in den technischen und tektonischen Künsten oder praktische Ästhetik, Bd. 1. Frankfurt/M. 1860. Neudruck: Mittenwald 1977, S. 13). Hierin drückt sich auch die Unterscheidung zwischen einem »bekleideten« Kunstbau und einem »nackten« Ingenieurbau aus, ein Phänomen, das während des ganzen 19. Jahrhunderts diskutiert wurde. Das Eidgenössische Polytechnikum in Zürich verdeutlicht exemplarisch Sempers Theorie und Baugesinnung: »Der als MICHELANGELO des 19. Jahrhunderts gefeierte SEMPER wählt aus innerer Affinität den Baustil der Hochrenaissance, die ihm Inbegriff einer freiheitlichen Zeit ist. Die Stadtfront verrät in ihrer dorisch-korinthischen Doppelordnung und im Wechsel von breiten und schmalen Achsen das Vorbild der Paläste SAMMICHELIS in

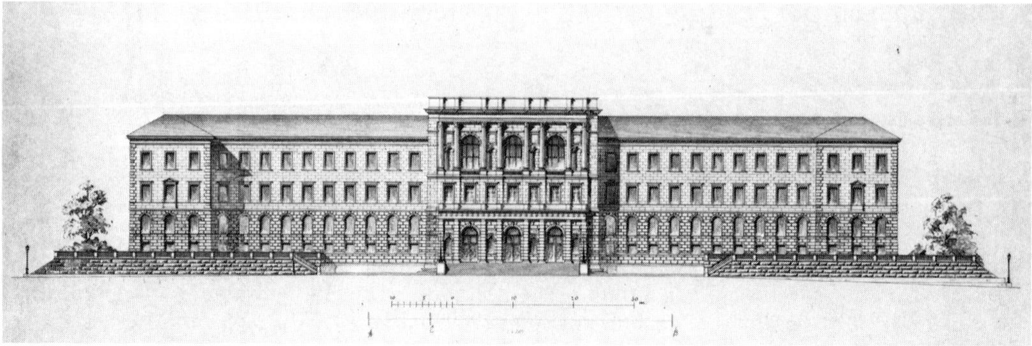

G. Semper: Eidgenössisches Polytechnikum in Zürich; 1861–64 (Westfassade)

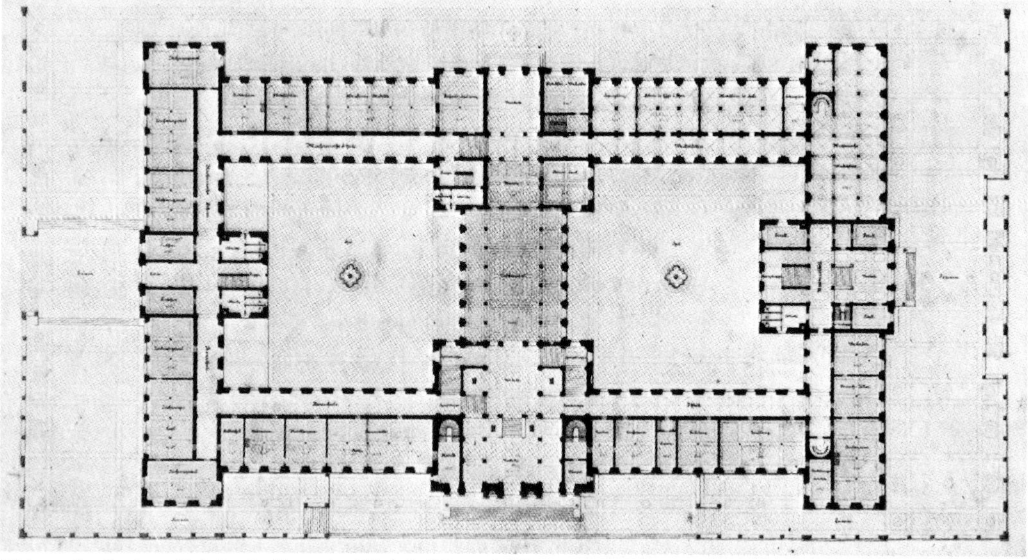

Eidgenössisches Polytechnikum in Zürich (Grundriß)

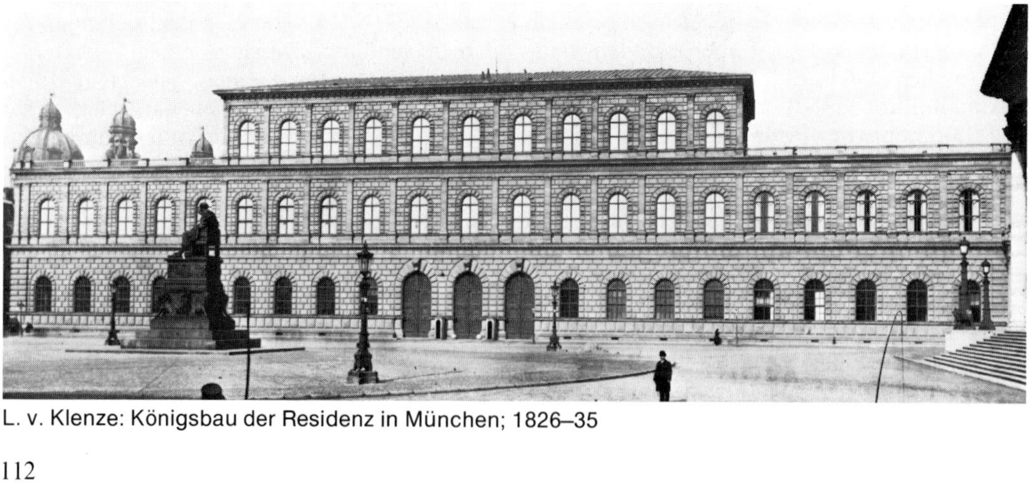

L. v. Klenze: Königsbau der Residenz in München; 1826–35

Verona ... 1859 zeichnet SEMPER die Pläne, und nach fünf Jahren wird der großartige Bau gemeinsam vom jungen Polytechnikum und von der schon dreißig Jahre alten kantonalen Universität bezogen ... Mit dem Bau des Polytechnikums stellte Semper alle bisherige, um 1700 mit dem Rathaus beginnende klassische Architektur Zürichs in den Schatten. Äußere und innere Größe halten sich die Waage ... Der um [zwei] Binnenhöfe konzentrierte Bau, dessen Volumen durch kräftige Mittelrisalite* und ein betontes Mittelgeschoß zusammengehalten wird, spiegelt sozusagen den Bundesstaat« (L. Carl: Zürcher Baukunst des Historismus; in: Festschrift für G. Jedlicka. Zürich 1974, S. 19ff.). A. M. VOGT charakterisiert die Bauelemente der Fassade in Übereinstimmung mit Sempers Theorie: »Die Hauptfassade präsentiert sich als streng bilaterale Anlage mit zweierlei Oberflachen, oder in Sempers Ausdruck, zweierlei ›Bekleidung‹. In den unteren Zonen betont rauh zubehauene Rustikablöcke*, in der oberen Zone glatte Wand. Im Mittelrisalit wird dieser Kontrast in Stufen aufgelöst, es vollzieht sich sichtbar eine ›Evolution‹ vom Rauhen zum Glatten. Unten wird uns eine kyklopische Welt suggeriert, in der sogar Pfeiler als wilde Brockengefüge aufgetürmt sind, im zweiten Geschoß wird die Rustika feiner, im dritten Geschoß stehen glatte Säulen auf glatten Sockeln. Der Betrachter erlebt einen Wandel von unten nach oben, das ungestüme Ausladende beruhigt sich zur ebenen, ungestörten Fläche. Das kyklopisch Rauhe der Terrassen oder ›Erdaufschüttungen‹ links und rechts wird aufsteigend übergeführt in eine gemäßigte rauhe Rustika (vergleichsweise der Stufe des Palazzo Pitti entsprechend) und weicht dann einer wenig unterteilten, betont hellen Wandfläche. Dieses ›Schauspiel‹, diese Bekleidungsregie der Hauptfassade – die mit Organisation und Ausgestaltung der Innenräume wenig oder gar nichts zu tun hat – ist so etwas wie eine geraffte Spiegelung dessen, was Semper ›theoretisch‹ gefordert hatte« (A. M. Vogt: G. Semper und Joseph Paxton. In: Gottfried Semper und die Mitte des 19. Jahrhunderts. Basel/Stuttgart 1976, S. 196).

»Die wichtigste, die Westfassade, bedeckt den Repräsentations- und Verwaltungsbau des Polytechnikums, der Südtrakt enthält die Universität des Kantons Zürich ... Der Nordflügel enthält die Übungs-, Hör- und Zeichensäle des Polytechnikums. Diese Räume bekommen angenehmes Nordlicht und haben entsprechend größere Fenster. Den Sammlungen, die beiden Hochschulen dienen, ist der lange Ostbau reserviert, der zwischen Hörsaaltrakt und Universität liegt ... Es wird deutlich, daß die Anlage kein Palast, sondern ein Komplex aus fünf ähnlichen Bauteilen darstellt, die alle aus einem Mittelbau mit der Vertikalverbindung und zwei Flügeln bestehen, die auf der Hofseite Korridore, auf der Außenseite Schulräume aufweisen ... Die Funktion des Baus ist aber nach Trakten verschieden. So muß notwendigerweise die Architekturform auf diese Unterschiede anspielen, wenn das Bauwerk nicht den Eindruck eines Renaissance-Palastes wecken soll ... Diese Schmuckteile, die die Architektur-Gestaltung der Mittelbauten ausmachen, sind nur ›lose‹ an den Bau angefügt, sie scheinen wegnehmbar, austauschbar zu sein« (M. Fröhlich: Zürcher Bauten G. Sempers. In: Gottfried Semper und die Mitte des 19. Jahrhunderts. Basel/Stuttgart 1976, S. 87).

Diese anspruchsvolle, theoriebelastete Bauweise Sempers verdeutlicht die nur z. T. gelösten Spannungen, die sich zunehmend zwischen Theorie und Praxis, Zweckbau und Dekorationssystemen der Vergangenheit auftaten.

7. Kunst im Zweiten Kaiserreich: Paris die Hauptstadt des 19. Jahrhunderts

Georges Eugène Haussmann: Sanierung und Modernisierung von Paris (1853–70)

Georges Eugène Haussmann (* 1809 in Paris, † 1891 in Paris) schlug unter König LOUIS-PHILIPPE die Verwaltungslaufbahn ein; wurde 1850 Präfekt von Var, 1853 von Paris; betrieb mit großer Energie die Sanierung und Modernisierung von Paris, wofür ihn Kaiser Napoleon III. zum Baron und Senator erhob; 1870 aufgrund seines großzügigen Finanzgebarens des Postens enthoben (seine Baumaßnahmen verschlangen die für die damalige Zeit ungeheuere Summe von 884 Mio. Franc).

1. Städtebau in der ersten Hälfte des 19. Jahrhunderts. Die Sanierung bevölkerungsreicher Wohn- und Industriegebiete wurde erst ab Mitte des 19. Jahrhunderts zu einer unumgänglichen Aufgabe der Architektur. Den ellipsenförmigen Idealentwurf einer Stadt als Ort menschlicher Arbeit hatte bereits 1775 der Revolutionsarchitekt CLAUDE-NICOLAS LEDOUX für die Salinenstadt Chaux bei Besançon entworfen (s. Seite 35f.). Der Architekt sieht sich hier aus dem Geist der Aufklärung als den Gründer einer Stadt paradiesischer Verhältnisse: »Laßt uns die Gegenwart in hellerem Licht sehen, der Zukunft aber laßt uns Blumen streuen ... im jungen Jahr, im Frühling neuer Tage, sehe ich, wie Tausende sich meiner Freude zugesellen, sehe ich sie bauen für die Unsterblichkeit. Dem arbeitsfrohen Volke gründe ich eine Stadt« (C.-N. Ledoux: L'Architecture considérée sous le report de l'art, des mœurs et de la législation, Paris 1804).

CHARLES PERCIER (1764–1818) und PIERRE FRANÇOIS FONTAINE (1762–1853) hatten 1806 in Paris mit der Rue de Rivoli eine vorbildlich konzipierte, einheitliche Straßenregulierung durchgeführt. In Deutschland gehört FRIEDRICH WEINBRENNERS (1766–1826) Schloßstraße in Karlsruhe (1797) zu den gelungensten urbanistischen Unternehmungen des frühen Klassizismus. »Was übrigens die ordnungsgemäße Überbauung einer Stadt betrifft«, so Weinbrenner in einem Brief vom 20. April 1809, »so glauben wir bemerken zu müssen, daß es wegen Feuersgefahr und auch bei Anlegung einer neuen Stadt, wo sich der Wohlstand erst in der Folge gründen soll, nicht immer gut seye, wenn im Anfang kleine unbedeutende Häußer aneinander errichtet werden, weil hierdurch alle weitere Vergröße-

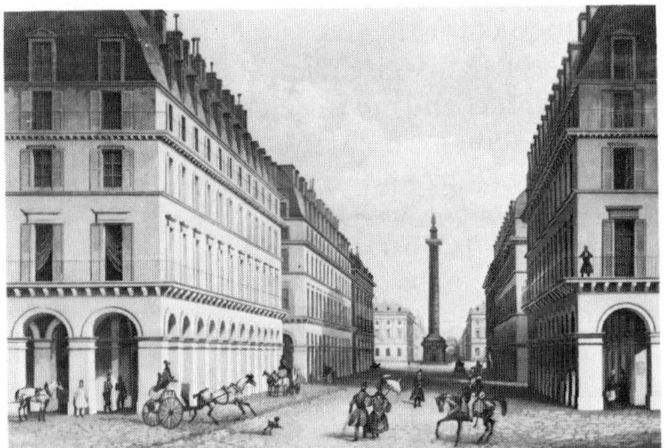

Ch. Percier und P.-F.-L. Fontaine: Rue de Rivoli; 1806–11 (von links nach rechts, unterbrochen von der Rue de la Paix mit Blick auf Vendôme-Säule)

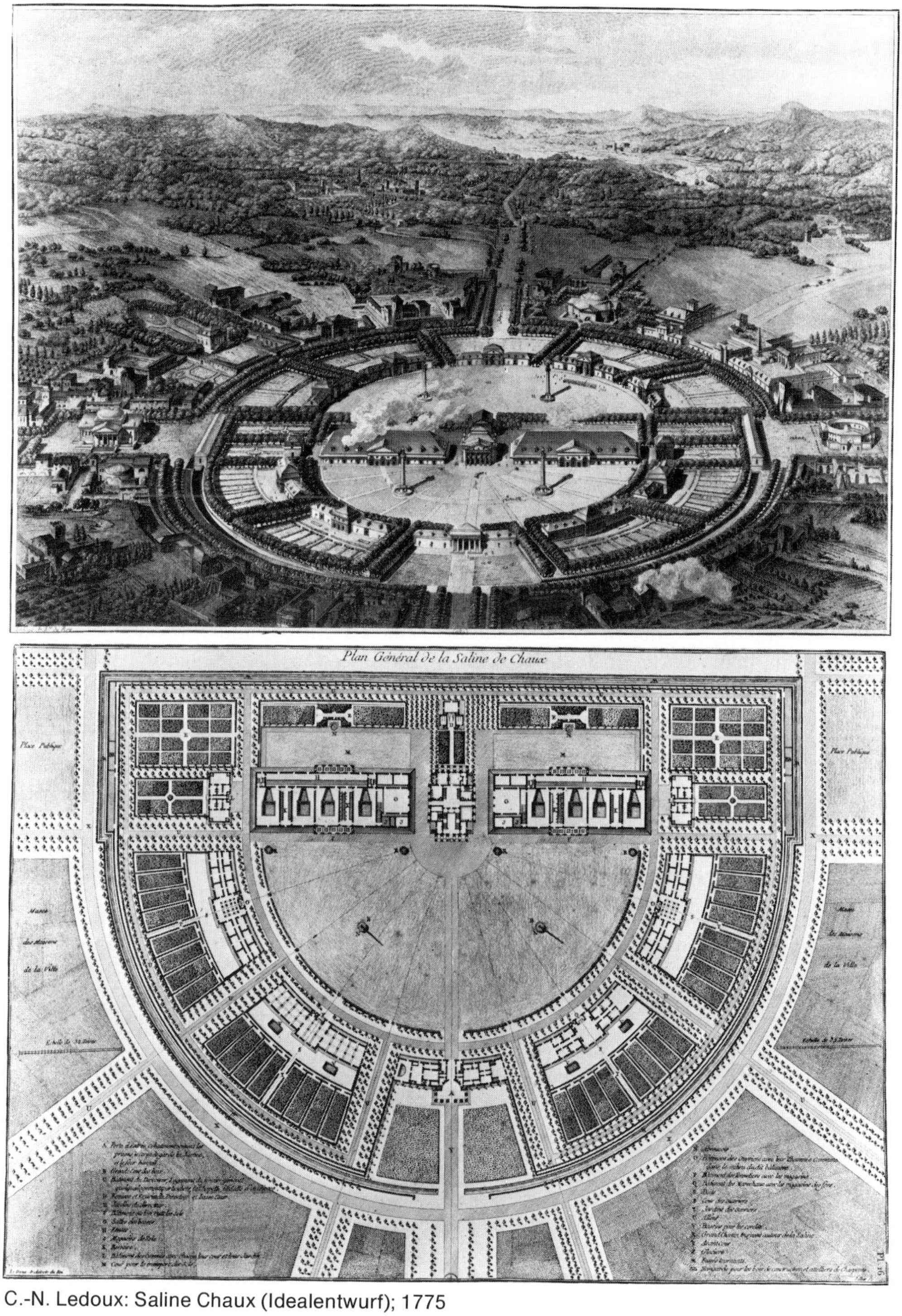

C.-N. Ledoux: Saline Chaux (Idealentwurf); 1775

rung der Häußer, so wie es hier in der Langen Straße [in Karlsruhe] seyn möchte, gehemmt wird; auch daß es in artistischer Hinsicht nicht immer schön und vorteilhaft seye, wenn Häußer an Häußer casernenhaft aneinander gesetzt sind, und hierdurch eine allzu große Monotonie veranlaßen.«

Nach 1830 prägte die industrielle Revolution die städtebaulichen Konzepte. Angesichts der Bevölkerungsexplosion, der Konzentration der Arbeitskraft in den städtischen Zentren, der steigenden Wohnungsnot, der mangelnden Hygiene, Lockerung der Sitten und unzureichenden Baugesetze wurden zunächst nur utopische Bauprogramme und Wohnformen vorgeschlagen. Frühsozialisten wie der Schotte RICHARD OWEN (1771–1858) oder die Franzosen CHARLES FOURIER (1772–1837) und ETIENNE CABET (1788–1856) planten kleine Dorfgemeinschaften als genossenschaftlich organisierte Produktionszentren. Zur Förderung eines menschenwürdigeren Zusammenlebens wurde in Mülhausen im Elsaß die Société Industrielle gegründet; sie forderte in ihrem Programm von 1853: »Bei der Entscheidung für den Plan, den wir Ihnen heute vorlegen, wurden wir vor allem von dem Wunsch, der uns mit Ihnen verbindet, geleitet, die Lebensbedingungen der Arbeiter in Stadt und Land gründlich zu verbessern. Denn der Haustyp, den wir Ihnen vorlegen, ist sowohl für städtische wie für ländliche Siedlungen verwendbar ... Die Hausgemeinschaft und die Sauberkeit haben auf die Moral und das Wohlbefinden einer Familie einen größeren Einfluß, als man auf den ersten Blick annehmen möchte. Wer beim Betreten seiner Wohnung Unordnung und Schmutz vorfindet und dort eine ekelerregende, ungesunde Luft einatmet, kann sich kaum wohlfühlen und ist froh, das Haus wieder zu verlassen und den größten Teil seiner freien Zeit in der Kneipe zu verbringen. So wird ihm sein Heim fremd.«

Erst ab Mitte des 19. Jahrhunderts setzte sich in der Stadtplanung die praktisch-technische Einstellung gegenüber den idealen Programmen durch. Von der Jahrhundertmitte an wurden auch differenziertere Baugesetze und -verordnungen erlassen sowie massive Eingriffe in die Stadtorganismen vorgenommen (etwa die Anlage der Wiener Ringstraße, ab 1856; oder der Bau der Untergrundbahn in London, ab 1863).

2. Umbau von Paris. Die konsequenteste Stadtregulierung erfolgte in Paris durch NAPOLEON III. und seinen Präfekten GEORGES EUGÈNE HAUSSMANN. Hier wurde zwischen 1853–70 erstmals der gesamte, historisch gewachsene Stadtkörper von einem städtebaulichen Programm betroffen. Haussmann ließ ganze Stadtviertel zugunsten gerader unb breiter Boulevards und großer Parkanlagen abreißen. Die neugeordnete und sanierte Stadt erhielt dadurch ein funktionstüchtiges Verkehrsnetz, das Paris zur Metropole Europas, zur »Hauptstadt des 19. Jahrhunderts« aufwertete.

»Haussmanns Plan interessiert uns Heutige vor allem als das erste Beispiel einer Aktion, die weitgespannt und tatkräftig genug ist, um mit den sich in einer modernen Großstadt vollziehenden Veränderungen Schritt zu halten und sie überlegen zu lenken, anstatt sie passiv über sich ergehen zu lassen. Damals jedoch gilt ein solches Vorgehen beinahe als eine Gewalttat, und Haussmann muß heftige Kritiken von allen Seiten der politischen und kulturellen Front über sich ergehen lassen. Die Liberalen machen ihm den Vorwurf, in seinen finanziellen Methoden allzu unbekümmert vorgegangen zu sein ... Die Intellektuellen und Künstler werfen ihm vor, das stimmungsvolle Milieu des alten Paris zerstört und durch häßliche Neubauten ersetzt zu haben ... Die Fähigkeit Haussmanns, die Wirklichkeit seiner Zeit vorbehaltlos anzunehmen, ist auch der Schlüssel zum Verständnis ... des ungeheuren Erfolgs seiner Methoden und ihrer zahlreichen Nachahmungen ... Haussmanns Verständnis für die Industriestadt erstreckt sich im Grunde nur auf ihre statischen, nicht auf die dynamischen Probleme. Er glaubt, Paris könne ein für allemal neugestaltet werden, und der Umbau könne mit den üblichen Kriterien von geometrischer Regelmäßigkeit, Symmetrie und Dekor besiegelt werden ... Haussmann kann sich nicht so verhalten wie die barocken Städtebauer ... er verwaltet öffentliche Gelder, über deren Verwendung er den zentralen Verwaltungsbehörden Rechenschaft ablegen muß, und er ist gehalten, Streitfälle mit Privatpersonen [als

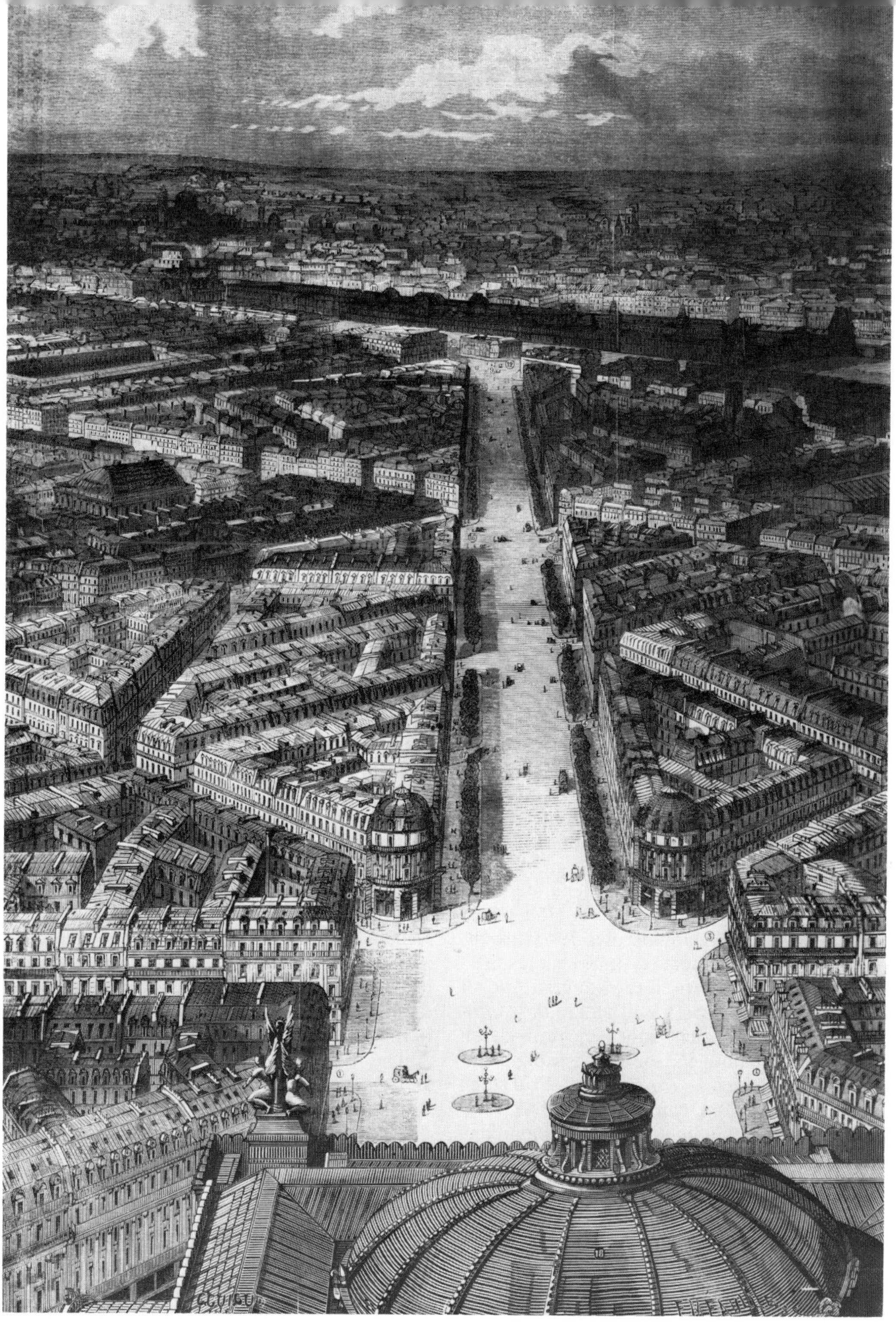

G. E. Baron Haussmann: Avenue de l'Opéra in Paris, fertiggestellt 1879

Grundstücksbesitzer] einer unabhängigen Richterschaft zu unterbreiten ... Hinzu kommt, daß die politische Macht nicht mehr mit der wirtschaftlichen zusammenfällt« (L. Benevolo: Geschichte der Architektur des 19. und 20. Jh. Neuaufl. München 1978, S. 122).

Haussmanns radikale Planung setzte Maßstäbe für den Städtebau der Zukunft. Obgleich seine Diagonaldurchbrüche »schematisch und gefühllos« sind, entstand seitdem »ein Kultus der Straße und dessen, was unter ihr liegt als Schöpfung einer selbstherrlichen Technik. Die Erweiterungsgebiete der Städte wurden schematisch durch breite, gerade Straßen aufgeteilt, durch Radial-, Diagonal- und Ringlinien und deren Zusammenfassung in Knotenpunkte ... Der Ingenieur und Geometer galten als die berufenen Städtebauer, ihnen gesellte sich als beratender Fachmann der Stadtbauhygieniker bei« (A. Christen: Zur Entwicklungsgeschichte des Städtebaus. Erlenbach-Zürich 1946, S. 78f.).

Edouard Manet: Das Frühstück im Grünen (1863)

1. Umdeutung klassischer Vorbilder

2. Weibliche Nacktheit als Herausforderung des Bürgertums

3. Kluft zwischen Salon* und Refusés

Edouard Manet (* 1832 in Paris, † 1883 in Paris) begann 1850 seine Studien im Atelier des renommierten Malers COUTURE. Erstes Aufsehen erregte er 1863 im »Salon des Refusés« – in der vom Kaiser NAPOLEON III. angeordneten Ausstellung der »abgelehnten« Bilder – mit dem Gemälde »Das Bad«, das zunächst einen Skandal auslöste, später aber unter dem Titel »Das Frühstück im Grünen« berühmt wurde. – Seine Gemälde sind ein Höhepunkt der französischen Malkunst des 19. Jahrhunderts. Als Wegbereiter des Impressionismus* stand Manet in Wechselbeziehung zu EDGAR DEGAS, CLAUDE MONET und PIERRE-AUGUSTE RENOIR, beteiligte sich jedoch nicht an deren Gruppenausstellungen, sondern verfolgte seinen eigenen Weg. – *Hauptwerke:* Frühstück im Grünen (1863), Olympia (1863), Der Pfeifer (1866), Erschießung Kaiser Maximilians (1867), Frühstück im Atelier (1868), Der Balkon (1868/69), Bar in den Folies Bergers (1882).

1. Umdeutung klassischer Vorbilder. »... man [muß] bei dem ›Frühstück im Freien‹ ... [wissen], daß die Gruppe im Walde sitzender Männer mit der nackten Frau ... auf einen Stich ... nach RAFFAEL zurückgeht, daß also ... hier eine ideale und mythische Situation zu einer biedermeierischen Stimmung des Lebens in der Natur umgedeutet wird, und daß echt französisch durch die Darstellung der Maler und ihrer Modelle mit einer Selbstverständlichkeit, die jedes moralische Bedenken ausschließt, zugleich ein Manifest für die Freiheit der Liebe hinzugefügt wird. Achtet man dann noch auf die teppichhaft zerlaufenen Farben des Hintergrundes und die symmetrische ... Anordnung der Bäume, dann liegt auch hier das Geheimnis des Bildes darin, daß eine durch und durch konstruktive Anlage doch zu der Klarheit und Schaubarkeit einer ganz natürlichen, anekdotisch stimmungsvollen Situation zurückgekehrt ist, und daß mit Hilfe satter, aber weicher Farbflächen und eines die Augen auf die Bildränder ziehenden Stillebens aus Kleidern und Früchten der Selbstwert der Farben gesteigert ist. Falsch wäre es [aber], deshalb das Gegenständliche auszuschalten ... Nie vergeht bei Manet ... das Persönliche ganz, ebensowenig die psychische Beziehung, die Anekdote. Das

Wesentliche ist vielmehr, daß auch hier mit feinster psychischer Augenblickserfassung von Personen um etwas geworben wird, was in gleicher psychischer Ebene liegt wie die zarten kostbaren Farbsensationen [Farbempfindungen] ... An die Stelle ... der geistreichen Rückbeziehung auf veraltete Formen und die Mehrdeutigkeit der Verwandlung tritt die Zartheit einer malerisch und psychologisch gleich bedeutsamen Andeutung. Damit rückt diese Kunst ... in die eigene französische Tradition hinein und knüpft wieder an das 18. Jahrhundert an ...

Gerade dies aber gelang der französischen Malerei leichter und intensiver ... insofern, als sie das Thema der von Frauen verschönten Geselligkeit und der Entfaltung frauenhafter Reize mit dem Gegenwartsrealismus der Biedermeierzeit und dem revolutionären Eintreten für die untersten Schichten des Lebens in Beziehung setzt. Indem man einfach die ... Halbwelt in irgendeiner Form, zum Gegenstand des Bildes wählt, und indem man sie ... in einer naturhaft wirklichen, selbstverständlichen Art ... dem Beschauer entgegenhält, wird auch Charakter und Wesen, Kostüm und Körper, Verkehr und Stimmung dieser Menschen natürlich und selbstverständlich ... Manet ... ist der Schrittmacher in dieser Bewegung. Die ›Olympia‹ wiederholt das alte Thema venezianischer Frauenbilder, die Venus auf dem Bett [TIZIAN], bei denen das Freudenmädchen zum Rang der Göttin erhoben und körperlich und geistig in einer idealen Form dem Beschauer gezeigt wird. Olympia aber ist ein Geschöpf der Zeit, sie hat die Beine fest übereinandergelegt, die Hand deckt mit unedler dreister Spreizung der Finger den Körper, und sie hat gerade noch so viel an, Schuhe, Armband, Haarband, Blume in den Haaren, daß die Nacktheit als gewerbsmäßige und aufreizende Absicht erfaßt wird. Die modellmäßige Wirklichkeit und sogar ein Rest von Biedermeierintimität – die Katze am Fußende des Bettes, die Dienerin, die einen Strauß bringt – machen das Bild anekdotischer als eine Venus von GIORGIONE und TIZIAN ... Die heutige Menschheit sieht nur diese in der farbigen Feinheit und ungebrochenen Leuchtkraft bis dahin unerhörte Bildschönheit und leitet daher die Unschuld des Gegenstandes ab. Die Zeit Manets sah nur die Kühnheit, Dinge mit Hilfe der Kunst zu entschleiern und zu legitimieren, von denen man wußte, aber nicht sprach, und bei denen der französische Betrachter sich in seiner Geheimexistenz plötzlich mitgetroffen fühlte. Durch die Kunstmittel eines großen veröffentlichenden Stiles wurden diese zur öffentlichen Angelegenheit gemacht und für selbstverständlich erklärt. Ein Sturm der Entrüstung brach los« (R. Hamann: Geschichte der Kunst. Berlin 1933, S. 823f.).

2. Weibliche Nacktheit als Herausforderung des Bürgertums. »1862 ... malt Manet die ›Straßensängerin‹, ein Großstadtgeschöpf, das seine Kunst ambulant zu Markt trägt und vielleicht auch sich selbst anbietet. [Der Schriftsteller] ZOLA glaubt zu wissen, daß es

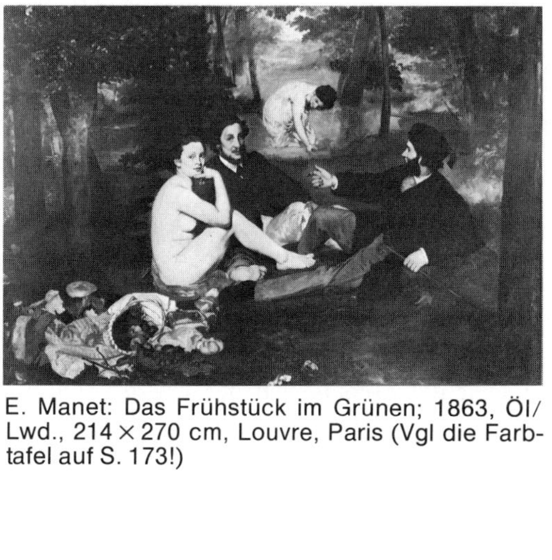

E. Manet: Das Frühstück im Grünen; 1863, Öl/Lwd., 214 × 270 cm, Louvre, Paris (Vgl die Farbtafel auf S. 173!)

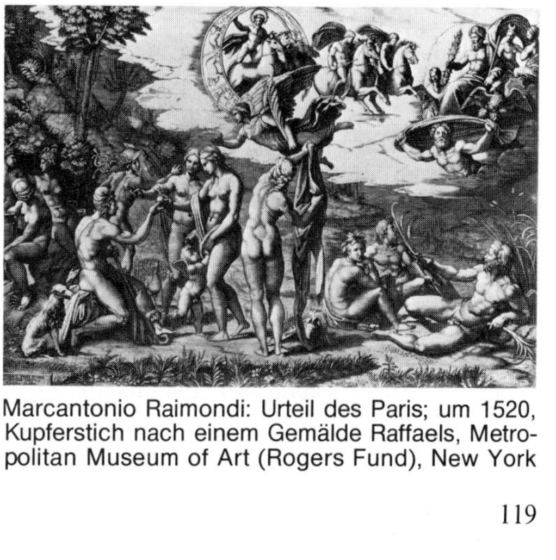

Marcantonio Raimondi: Urteil des Paris; um 1520, Kupferstich nach einem Gemälde Raffaels, Metropolitan Museum of Art (Rogers Fund), New York

sich um eine im [Pariser] Pantheon-Viertel wohlbekannte junge Frau handelt... VICTORINE MEURENT, das Modell der Straßensängerin, treffen wir wieder im ›Frühstück im Freien‹ an: als Modell und in ihrer Rolle, denn es wäre denkbar, daß die beiden Herren sich in der Gesellschaft einer Straßensängerin befinden. Die Herren sind bekleidet, die Frau entkleidet. Dieses Kontrastmotiv hat die Zeitgenossen schockiert. Was sie Manet vorwarfen, nahmen sie jedoch bei den alten Meistern widerspruchslos als poetische Lizenz in Kauf... Der Vorwurf, das Bild sei ›ein buntes Durcheinander von häßlichen nackten Leibern‹, der noch 1884 in einem Nachruf auf Manet erhoben wurde, ist längst durch den Hinweis auf RAFFAEL entkräftet. Dieser Stammbaum hat Manets Komposition nobilitiert*, aber auch ihre Problematik sichtbar gemacht... Wir vermuten, daß Manet sich nicht nur mit der von Raffael vorempfundenen Antike auseinandersetzte, sondern überdies die sentimental-deklamatorische Antikenverehrung seines Lehrers COUTURE mißbilligend im Auge hatte. In seinem berühmten Bild ›Die Römer der Verfallzeit‹ (1847) stellte Couture ein vornehm ermattetes ›Durcheinander‹ zur Schau. Die Nachbarschaft von bekleideten und nackten Gestalten wurde gleichwohl von den Anstandswächtern geduldet, denn die Szene trägt sich in einem antiken Rahmen zu, außerdem hat der Titel einen moralischen Unterton... Manet [stellt] die Situation unter andere Vorzeichen: er setzt der ermatteten Antike seine ›Modernität‹ als eigenständige Lebenskraft entgegen. Die nackte Frau verkörpert das Natürliche, von dem schon STENDHAL behauptete, man treffe es nur mehr bei den Tänzerinnen, also außerhalb der gesellschaftlichen Konventionen an. Diese ›Natur‹ ist freilich das Produkt der Unnatur, sie ist auf die Konventionen bezogen und von ihnen abhängig wie der Widerspruch von der Regel. Auf diesem Umweg provoziert die bürgerliche Gesellschaft die von ihr Ausgeschlossenen zu Sprechern der Wahrheit. Das bezeugen seit BALZAC, BAUDELAIRE, DELACROIX und COURBET die verschiedenen Verkörperungen der Flaneuse [Spaziergängerin], die Schauspielerinnen und Kokotten. Das Künstliche schlägt in das Natürliche um, das Laster entlarvt die Pharisäer... Manet malt die ausgezogene Nacktheit, das Natürliche als Provokation. Die beiden Begleiter der Frau empfinden die Situation offenbar als selbstverständlich – anders als das Publikum, das in den drei Gestalten das antibürgerliche Bündnis des Künstlers oder Intellektuellen mit der Dirne wittert. Manet muß diese Reaktion vorausgesehen haben, vielleicht hat er sie auch angestrebt, denn erst sie gibt dem Kontrastmotiv die volle Schärfe und Aggressivität. Die bürgerliche Welt der Verkleidungen und heuchlerischen Konventionen herausfordernd, ist die Nacktheit dieser modernen PHRYNE [die berühmteste Hetäre des antiken Griechenland] zugleich Indiz der Pseudofreiheit der zur Schau gestellten Ware, über die jeder verfügen kann. Die Frau darf sich entkleiden, ihr ist alles erlaubt, aber der Mann kann auch alles von ihr verlangen. Als Objekt und Ware ist sie für jede Rolle, jeden Konsum verfügbar. Auch die Nacktheit ist eine solche Rolle, sie verkörpert nicht mehr die Rückerinnerung des verlorenen Paradieses, nicht die Ursprünglichkeit, sondern deren Verlust« (W. Hofmann: Nana – Mythos und Wirklichkeit. Köln 1973, S. 38–40).

3. Kluft zwischen Salon* und Refusés. »Es fragt sich, ob Manets Bild ebenso heftig kritisiert worden wäre, wenn es nicht so starke malerische Kontraste mit einer Tendenz zur Vereinfachung aufgewiesen hätte. Seine Vulgarität lag in den Augen des Publikums wahrscheinlich mehr in der Technik als im Thema des Bildes. Man verurteilte fast allgemein das Abweichen von der glatten (d. h. modellierenden) Malweise, das skizzenhafte Andeuten der Einzelheiten des Hintergrundes, ferner die Art, Formen ohne die Hilfe von Linien nur durch den Gegensatz der Farben hervorzubringen, Konturen* gelegentlich mit energischen Farbstrichen flüchtig hinzuwerfen« (J. Rewald: Die Geschichte des Impressionismus. Köln 1965, S. 61).

In den Augen der meisten Kunstkritiker verbanden sich die Anstößigkeit der Form mit der des Inhalts; den Ton bestimmte der Kaiser, der das Gemälde in der Ausstellung der »Zurückgewiesenen« (Refusés) einfach als »unanständig« bezeichnete. – »GIORGIONE

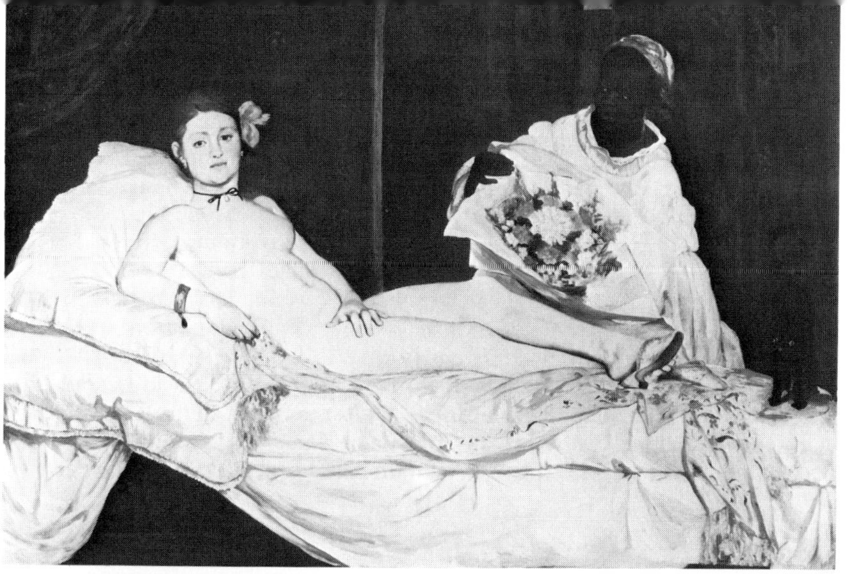

E. Manet: Olympia;
1863, Öl/Lwd.,
130 × 190 cm,
Louvre, Paris

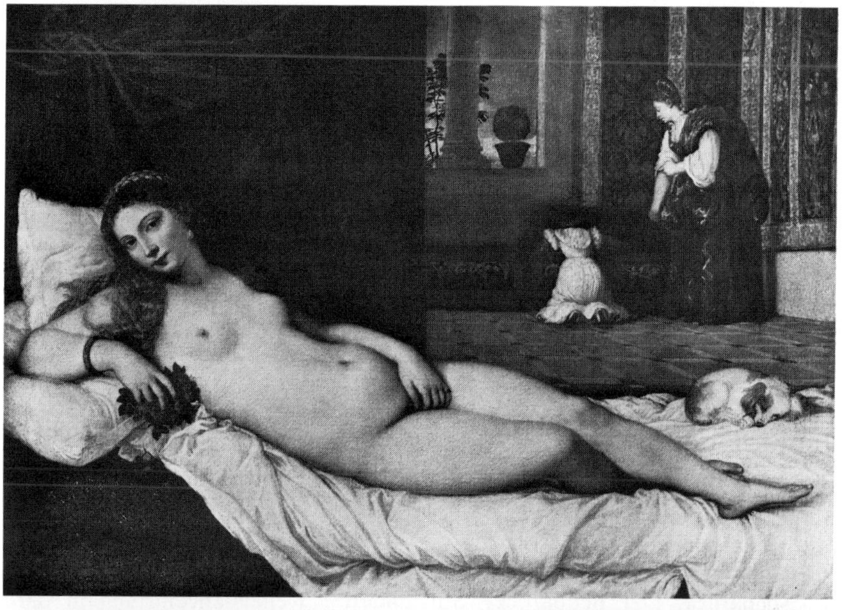

Tizian: Venus
von Urbino;
um 1538, Öl/Lwd.,
119 × 165 cm,
Uffizien, Florenz

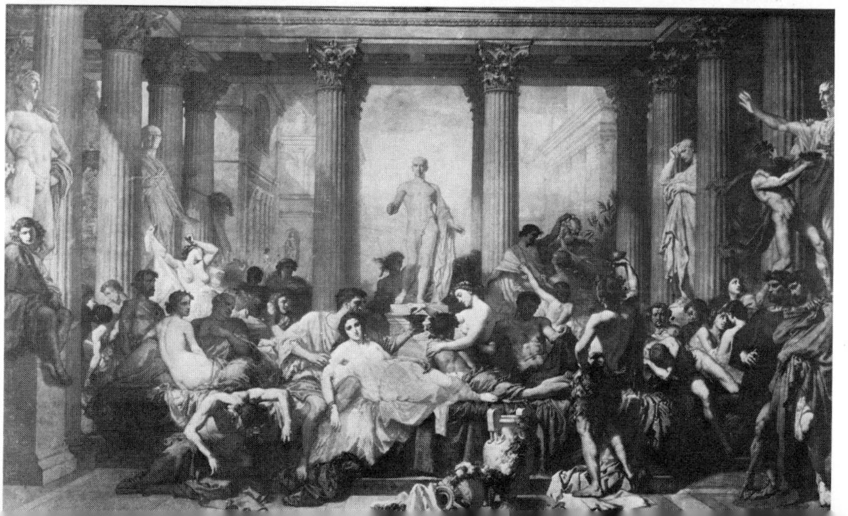

T. Couture: Römer
der Verfallszeit;
1847, Öl/Lwd.,
466 × 775 cm,
Louvre, Paris

[1477–1510; es geht um sein Gemälde ›Das ländliche Fest‹, heute im Louvre] hatte den glücklichen Einfall, ein Fest im Freien darzustellen, bei dem die Männer bekleidet, die Frauen aber unbekleidet sind; der zweifelhafte moralische Charakter jenes Gemäldes wird jedoch von den wunderbaren Farben aufgewogen ... Nun hat ein kläglicher Franzose dies in die Sprache des neuen französischen Realismus übersetzt, in viel größerem Format und mit der scheußlichen heutigen französischen Kleidung an Stelle der eleganten venezianischen Kostüme. Da sitzen sie nun unter den Bäumen; die Hauptfigur vollkommen nackt ... eine andere Frauengestalt entsteigt im Hemd einem kleinen Bach, der in der Nähe vorbeifließt, und zwei töricht und glückselig dreinschauende Franzosen, einer mit einer Quastenmütze, sitzen im Gras. Es gibt andere Bilder dieser Art; sie beweisen, daß Nacktheit unweigerlich unanständig wirkt, wenn sie von vulgären Künstlern gemalt ist« (P. G. Hamerton: The Salon of 1863, in: Fine Arts Quarterly Review, 1863, S. 152).

Wurde Nacktheit jedoch dem vorherrschenden Geschmack entsprechhend im Stil der sogenannten Salon*-Malerei geboten, so waren sogar anstößige Themen zumutbar.

Charles Garnier: Pariser Oper (1861–74)

1. Neobarock

2. Prachtentfaltung des Bürgertums

3. Fassadenanalyse

Charles Garnier (* 1825 in Paris, † 1898 in Paris); Ausbildung an der Ecole des Beaux-Arts in Paris sowie bei Viollet-le-Duc; Reisen nach Italien und Griechenland; gewann 1860 den Wettbewerb für die von NAPOLEON III. ausgeschriebene Pariser Oper, dem größten Bauauftrag, der im 19. Jahrhundert in Frankreich vergeben wurde. Garnier widmete sich dieser Aufgabe bis in alle Details.

1. Neobarock. Der neobarocke Stil bildete sich zuerst in Frankreich aus, während der Neugestaltung von Paris durch BARON HAUSSMANN im Auftrag Kaiser Napoleons III. Der neue Stil entstand sowohl in Reaktion auf den glatten und kühlen Klassizismus als auch auf ingenieurhaft und rationalistisch vorgehende Konstrukteure wie HENRI LABROUSTE (1801–75), der forderte, »daß in der Architektur die Form stets der Funktion entsprechen muß« (s. Seite 102). Der Klassizismus erschien jetzt zu nüchtern und farblos, der Rationalismus zu streng, da er Säulenstellungen und weite, prächtige Hallen vermied. Mit ein auslösendes Moment für die Ausbildung des Neobarock war die überraschende Entdeckung der Polychromie* antiker Bauten um die Mitte des 19. Jahrhunderts durch die Architekten JAKOB-IGNAZ HITTORF (1792–1867) und GOTTFRIED SEMPER (1803–79). In mondänen Bauten (Oper, Theater, Casino, Hotel, Badeanlagen), die zu bevorzugten Treffpunkten der großbürgerlichen Gesellschaft wurden, häufte man Renaissanceformen in barocker Vielfalt und Großartigkeit an. Das prachtvollste und einflußreichste Gebäude dieser Art war die Pariser Oper (1861–74) von CHARLES GARNIER. Diesem französischen Neobarock entspricht in Deutschland die Architektur der Gründerjahre, der sogenannte Wilhelminische Stil, der nach der Reichsgründung von 1871 einsetzte.

2. Prachtentfaltung des Bürgertums. Obgleich die Pariser Oper auf Anordnung NAPOLEONS III. erbaut wurde und auch Staatsempfängen dienen sollte, wurde sie doch in erster

Linie Schauplatz des Großbürgertums und Kulisse seines gesellschaftlichen Anspruchs. Garnier beschrieb in diesem Sinne das Treppenhaus: »Wenn die große Zentraltreppe einen feierlichen und bewegten Aufgang besitzt, wenn die dekorative Anordnung elegant ist, wenn die Belebung, die über die Räumlichkeiten dominiert, ein aufregendes und abwechslungsreiches Schauspiel bietet, dann wird es jedermann zum Vorteil sein ... Auf jeder Etage besetzen Zuschauer die Balkone und verlebendigen sozusagen die Mauerflächen. Die Anordnung der Stoffe oder fallenden Vorhänge, die Leuchter, Kandelaber und Lüster, Marmor und Blumen, die überall wirksame Farbe, machen dieses Ensemble zu einer feierlichen und brillanten Komposition, die an die Natur erinnert ... an VERONESE. Die Figuren wirken bewegt und heiter, das Licht funkelt, die Toiletten strahlen, alles erhält einen Abglanz von Fest und Freude« (Ch. Garnier: Le Théâtre, Paris 1871, S. 185f.).

»Garniers Treppenhaus ist gesellschaftlicher Mittelpunkt der Oper, ist Festsaal ... Das Treppenhaus erfüllt gleichsam dieselbe Funktion wie der Zuschauerraum. Die Treppe wird zur Bühne, die Balkone und umziehenden Galerien werden zu Logen, die Besucher zu Schauspielern und Zuschauern ... Bestimmend ist die Repräsentation, die Selbstdarstellung der Gesellschaft« (M. Steinhauser: Die Architektur der Pariser Oper, München 1969, S. 133). Dementsprechend sind auch die Raumakzente gesetzt: »Vestibüle, Treppenhaus und Foyer nehmen ungefähr zwei Drittel des Bauwerks ein, für Bühnenhaus und Garderoben werden sogar noch etwas mehr als abermals zwei Fünftel beansprucht. Der Zuschauerraum dagegen hat mit einem letzten Fünftel einen bemerkenswert kleinen Anteil am Ganzen. Zu den Repräsentationsräumen gehört nicht nur der vor dem Zuschauerraum liegende Teil des Gebäudes, sondern auch ein großer runder Saal unter dem Parkett; er öffnet sich zum großen Treppenhaus wie auch zu den beiden Seitenpavillons, deren einer dem Kaiser persönlich vorbehalten war ... Glanzstück des Bauwerks ist das große Treppenhaus, in dem die vielfältig unterschiedlichen Stockwerkhöhen zusammengefaßt werden – die kühnste Raumschöpfung des 19. Jahrhunderts« (A. Aman, in: Die Kunst des 19. Jahrhunderts. Propyläen Kunstgeschichte Bd. 11. Berlin 1966, S. 332).

Der Architekt HITTORF hatte als Sprecher der Jury auch die »monumentale und charakteristische Gestaltung der Fassaden« hervorgehoben. »Die Fassade, deren Geschoßteilung und Proportionierung der Disposition des Inneren entspricht, ist doppelt so breit wie hoch. Das niedrige Erdgeschoß erscheint im Verhältnis zu dem hohen Obergeschoß und der Attika* als Sockel. Die äußeren einachsigen Abschnitte sind als flache, breite Risalite* ausgebildet. Sie verfestigen die Fassade und setzen sie betont von den übrigen Teilen des Gebäudes ab. Das Erdgeschoß, das durch eine flach ansteigende Treppe von elf Stufen feierlich vorbereitet wird, ist einheitlich durch rundbogige Öffnungen mit kräftig profilierter Rahmung und Scheitel-Konsolen* gegliedert. Vor den Mauerabschnitten zwischen den Öffnungen des Mittelteiles sind Postamente mit Einzelfiguren aufgestellt, während in den Bogenzwickeln darüber reich gefaßte Medaillons* mit Profilköpfen sitzen. Die Risalite sind durch hohe Postamente mit Figurengruppen zu Seiten der jeweiligen Öffnung besonders betont. Im etwas tiefer liegenden Obergeschoß ... tragen kannelierte*, gedoppelte Dreiviertelsäulen korinthischer Ordnung* und Pilaster* an den Enden des Mittelteils ein kräftig profiliertes Gebälk mit abschließender Traufleiste. Sie bilden das große Hauptmotiv der Fassadengliederung ... Die Fassade ist polychrom*. Das Mauerwerk ist in hellem, gelblichen Sandstein ausgeführt, die Doppelsäulen in fast weißem Stein und die Säulen der kleinen Ordnung* [im Fensterbereich] in dunkel geädertem Marmor. Die rückliegende Mauer ist dunkelgrün und bildet so zusammen mit den die oculi* rahmenden dunkelroten Ornamentbändern eine Folie, von der sich das farbig abgestufte Gebälk der kleinen Ordnung und die hell umrandeten oculi mit ihren vergoldeten Büsten leuchtend abheben. In den ornamentierten Fries des Gebälkes über den Doppelsäulen sind dunkelgrüne Tafeln mit goldenen Aufschriften eingesetzt, in den monochromen* Schmuck der Attika* farbige Marmormedaillons« (M. Steinhauser, a. a. O., S. 16f.).

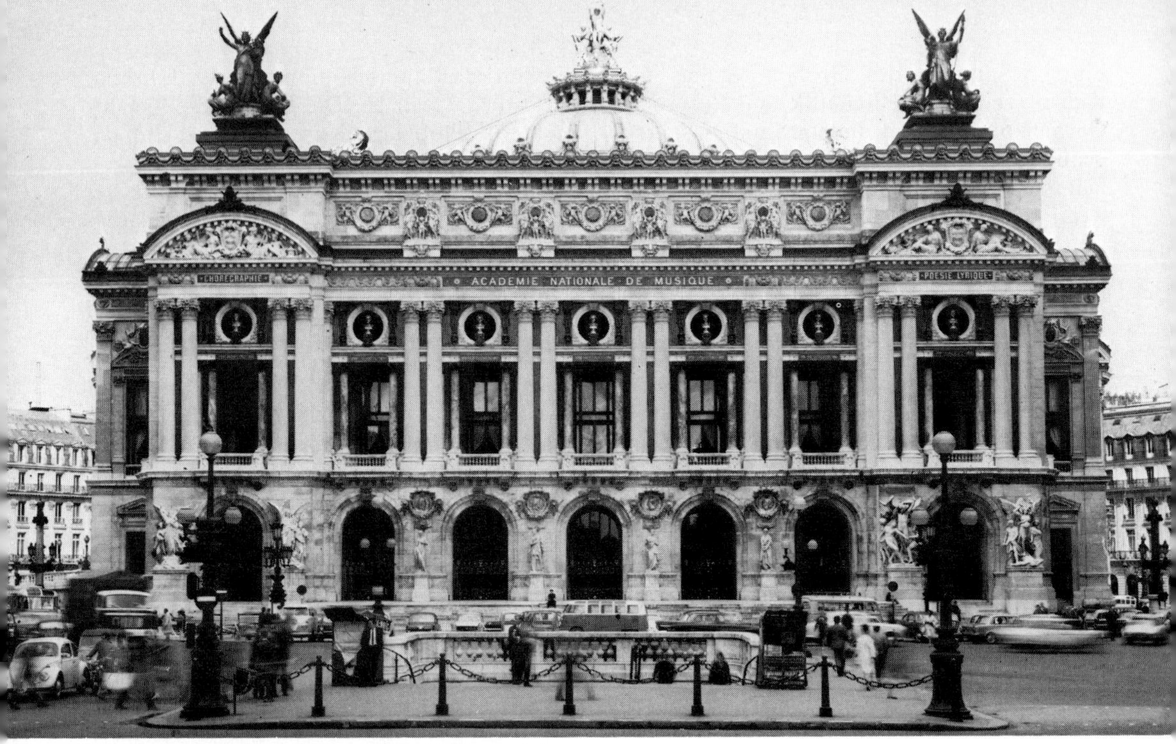

Ch. Garnier: Pariser Oper; 1861–74 (Fassade)

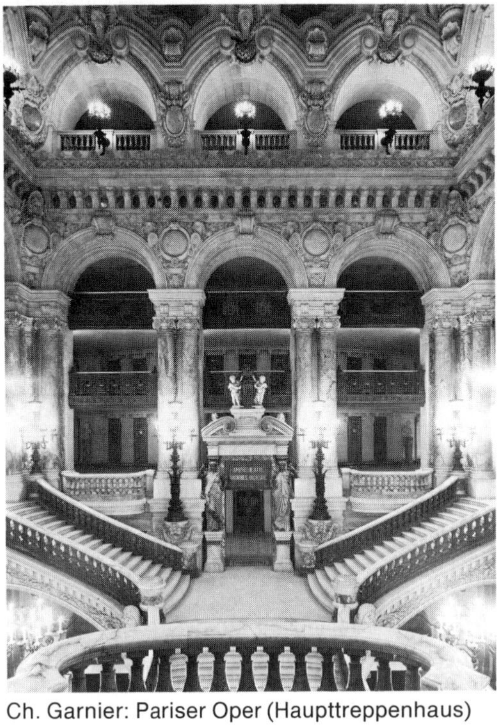

Ch. Garnier: Pariser Oper (Haupttreppenhaus)

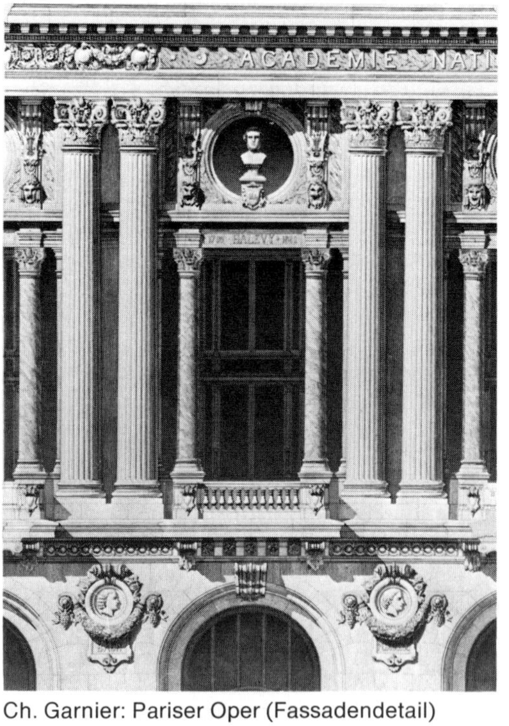

Ch. Garnier: Pariser Oper (Fassadendetail)

A. Palladio: Basilika in Vicenza; Baubeginn 1549

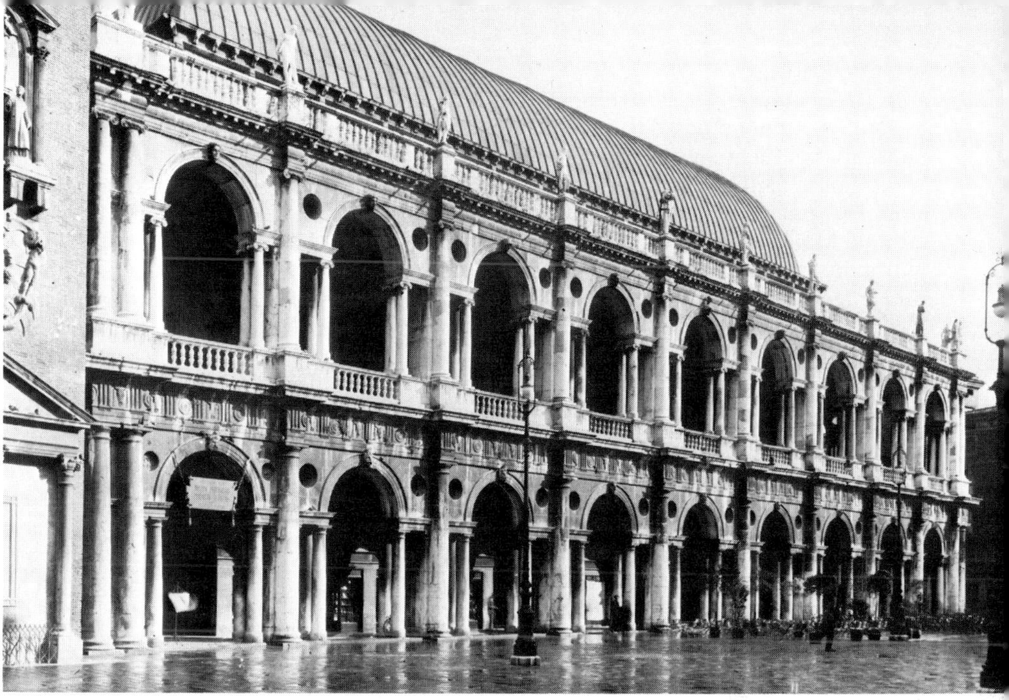

C. Perrault: Ostfassade des Louvre in Paris; 1667–1670

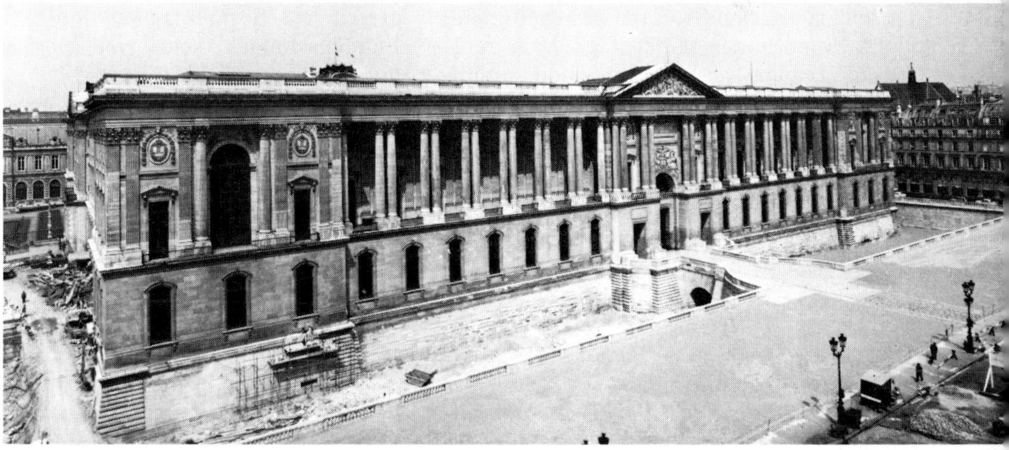

J. Sansovino: Libreria in Venedig; Baubeginn 1537

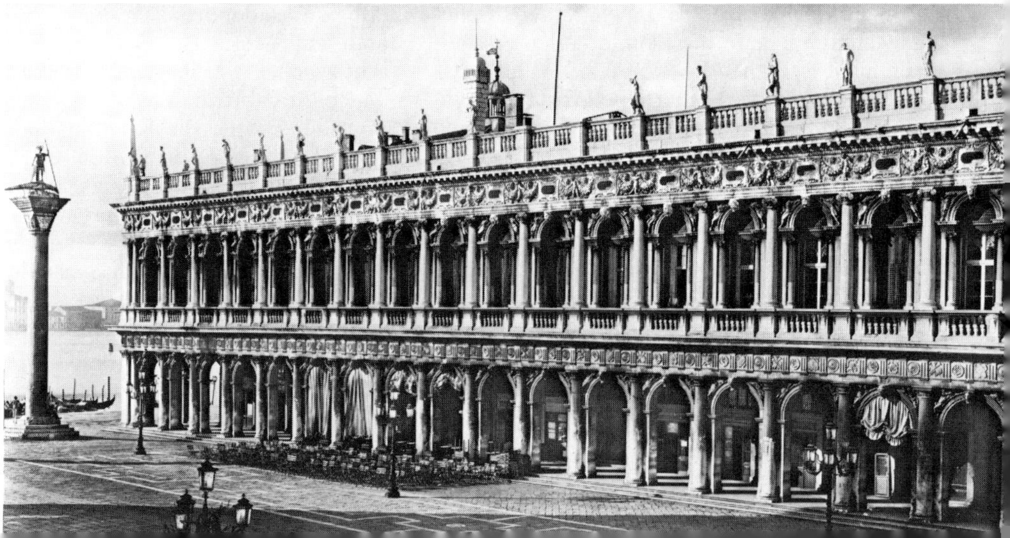

Unter der barocken Haut verbirgt sich das statische Gerüst, ohne das der gesamte Dekorationsaufwand nicht anwendbar gewesen wäre: »Das ganze Gefüge ist durchsetzt mit Konstruktionen aus eisernen Trägern und Rohren, die mit Mauerwerk, Marmor und Stuck verhüllt und zu Formen umgestaltet werden, die das tragende Gerüst kaum spüren lassen. Überall wird deutlich, daß der Architekt jede Möglichkeit nutzte, die ihm das Material Eisen bot« (E. Schild: Zwischen Glaspalast und Palais des Illusions. Frankfurt/M. 1967. S. 92).

3. Fassadenanalyse. »Eines der großen Vorbilder war für Garnier CLAUDE PERRAULTS Louvrekolonnade, die wie die Oper flache Eckrisalite*, ein niedriges Sockelgeschoß und ein hohes Obergeschoß hat, im Unterschied zu Garnier aber auch einen flachen, giebelbekrönten Mittelrisalit. Garnier selbst verweist ausdrücklich auf die Louvrekolonnade, um die von zeitgenössischen Autoren z. T. heftig kritisierten Proportionen seiner Fassade zu rechtfertigen: Louvre- und Opernfassade stimmen im Verhältnis der Höhe von Sockelgeschoß und Obergeschoß überein. Dabei ist die Gesamtproportionierung – das Verhältnis von Höhe und Breite – bei beiden Fassaden aber verschieden, ohne daß dies freilich von Garnier berücksichtigt würde. Denn PERRAULTS Fassade ist langgestreckt, GARNIERS Fassade vergleichsweise kurz und gedrungen. Dadurch wirkt das Sockelgeschoß der Oper im optischen Maßstab niedriger und gedrückter als das der Louvrekolonnade.

Das gilt auch für das Obergeschoß. Garnier übernimmt zwar von Perrault das Motiv der Doppelsäulen – freilich in charakteristischer Abwandlung, denn die Doppelsäulen erscheinen nicht freistehend, sondern als Wandvorlagen –, aber er verbreitert die Abstände zwischen den Säulenpaaren und die Proportionen der Säulen selbst.

Bei Perrault ist die Ordnung insgesamt durch den strengen Zusammenhang aller Teile in einer ›idealen‹ Fläche bestimmt, d. h. Säulenschaft, Kapitell* und Gebälk stehen bzw. liegen in einer Ebene, während die Kapitelle bei Garnier über Säulenschaft und Gebälk vorragen. Insgesamt ist die Gliederung der Opernfassade plastisch akzentuierter als die der Louvrekolonnade. So etwa ist das Gebälk der Loggia* kräftiger profiliert und lädt weiter aus, sind die Balkone nicht nur zwischen die Säulen eingestellt, sondern treten vor die Flucht der Säulen. Es gibt bei Garnier kein Flächenkontinuum, sondern nur ein mehrschichtiges, unruhig gegliedertes Relief. Dabei ist bezeichnend, daß sowohl die Einzelformen als auch der Gesamtaufbau der Fassade kopflastig sind: die schwersten und reichsten Formen erscheinen jeweils in der oberen Zone. Bei Perrault sind es schlanke Kapitelle und ein in feinster Abstufung profiliertes Gebälk, bei Garnier hingegen gedrungene Kapitelle und ein kräftig und vergleichsweise sehr viel gröber profiliertes Gebälk mit höherem Abschlußgesims; bei Perrault ist die Bekrönung ein flacher Spitzgiebel über dem Mittelrisalit und eine zierliche Balustrade mit eingestellten, glatten Sockeln in den Achsen der Pilaster* und Säulen, bei Garnier hingegen sind es schwere Segmentgiebel* mit kompaktem Figurenschmuck und eine vergleichsweise hohe, reich gezierte Attika.

Garnier übernimmt von SANSOVINO und PALLADIO, deren Fassaden sich in ihren Proportionen grundsätzlich von der Oper unterscheiden, die Kombination von großer und kleiner Säulenordnung, das Motiv der Serliana*. In der Basilika tragen je zwei hintereinandergestellte Säulen der kleinen Ordnung eine halbkreisförmige Archivolte*. Dabei stehen die Säulenpaare in geräumigem Abstand neben einem Pfeiler, mit dem sie durch das verlängerte Kämpfergesims* verbunden sind. Die Pfeiler haben Halbsäulenvorlagen*, die in Scheitelhöhe der Archivolten* ein Gebälk mit kräftig ausladendem Gesims* tragen. Die durch das Motiv der Serliana entstehenden Wandzwickel werden von kreisrunden Öffnungen durchbrochen.

Garnier konnte die Kombination von großen und kleinen Säulen in dieser Form nicht übernehmen, da seine Loggia dafür zu hoch, die Intercolumnien* zu eng waren. Deshalb rückt er die kleinen Säulen – im Unterschied zu Palladio sind es wie bei Sansovino Einzelsäulen – dicht an die pfeilerartigen Wandteile, die die Doppelsäulen hinterfangen, und ersetzt die Archivolte durch einen breiten, von oculi* durchbrochenen Wandstreifen.

Garnier löst damit einzelne Motive aus dem architektonischen Zusammenhang der für ihn vorbildlichen Bauten und fügt sie einem andersartigen Gestaltzusammenhang ein. Dieser aber unterscheidet sich eigenartig von den Vorbildern. Serliana und Halbsäule, d. h. große und kleine Säule, sind bei Palladio gleichberechtigte Motive, die in rhythmischem Wechsel die Gliederung der Fassade bestimmen. Dabei ist die Wand zusammen mit den plastischen Gliedern ein konstitutives Element des Aufrißsystems. Pfeiler, Halbsäule und Wand sind prägnant als solche artikuliert und stehen – hinterfangen vom schattenden Dunkelgrund der Loggia – in klarem Verhältnis zueinander. Es sind weite, geräumige Öffnungen, die zusammen mit den plastischen Gliedern eine kontinuierliche Folge bilden, die ihrerseits vergleichsweise mehr in der Fläche als in räumlichem Vor- und Hintereinander abgelesen wird.

Bei Garnier hingegen erscheint die kleine Ordnung zusammen mit dem von oculi durchbrochenen Wandstreifen als raumverstellendes Gerüst, das die große Ordnung – darin entfernt mit Sansovino vergleichbar, bei dem die kleinen Säulen ebenfalls dicht an die Pfeiler gerückt sind – gleichsam hinterfängt, ihr untergeordnet ist. Dadurch aber, daß die pfeilerartigen Wandteile von den Doppelsäulen verdeckt, d. h. nur zwischen den einzelnen Säulen sichtbar werden, Gebälk und horizontaler Wandstreifen der kleinen Ordnung nicht durchlaufen, sondern in Felder unterteilt sind, tritt in der Beziehung der Gliederungselemente eine Ambivalenz auf. Sie drückt sich darin aus, daß die pfeilerartigen Wandteile, Gebälk und Wandstreifen über den kleinen Säulen sowohl als hinterfangende, durchbrochene Wand als auch als einzelne, zusammengesetzte Formen erscheinen. Horizontale und vertikale Gliederungselemente durchkreuzen sich dabei in ähnlicher Weise wie das gußeiserne, die zurückliegenden Fenstertüren unterteilende Gestänge. Damit wird die Loggiafassade nicht wie bei Palladio als kontinuierliche Folge von Öffnung und Wand, Weitung und Verengung aufgefaßt, sondern als Nebeneinander einzelner, selbständiger Kompartimente, das in etwa einer Palastfassade vergleichbar ist, in deren Obergeschoß Fenster und mezzaninartige* Felder mit Säulenvorlagen wechseln« (M. Steinhauser, a. a. O., S. 144–147).

Jean-Baptiste Carpeaux: La Danse (1865–69)

1. Zusammenhang von Architektur und Plastik

2. Naturalistische Gestaltung neobarocker Skulptur

Jean-Baptiste Carpeaux (* 1827 in Valenciennes, † 1875 in Courbevoie); Besuch der Ecole des Beaux-Arts in Paris; Prägung besonders durch seinen Lehrer RUDE; Rom-Preis; intensives Studium der Natur sowie MICHELANGELOS und der italienischen Barockskulptur während seines Italienaufenthalts 1854–59; gefördert durch NAPOLEON III. stieg er zum bevorzugten Bildhauer des Zweiten Kaiserreichs auf; auch bedeutender Zeichner. – Im Rückgriff auf das 18. Jahrhundert legt Carpeaux seine Plastiken auf eine malerische Wirkung hin an. Durch die Materialbehandlung erreichte er ein intensives Spiel von Licht und Schatten und somit den Eindruck lebendiger Bewegung. Die Anmut und Sinnlichkeit seiner Werke spiegeln die dekadente Eleganz des Zweiten Kaiserreichs. – *Hauptwerke:* Neapolitanischer Fischerknabe (1858); Ugolino und seine Kinder (1861); Giebelfiguren am Pavillon de Flore des Louvre (1866); Der Tanz (1865–69); Brunnen der vier Weltteile des Pariser Observatoriums (1872); zahlreiche Büsten.

1. Zusammenhang von Architektur und Plastik. Mit den Fassadenreliefs der Pariser Oper wurden Bildhauer beauftragt, die weitgehend der akademischen Lehre verhaftet waren; unter ihnen nahm Carpeaux eine Sonderstellung ein. Der Architekt der Oper, CHARLES GARNIER, hatte sowohl die Themen vorgegeben als auch ein unmittelbares Zusammenwirken von Architektur, Malerei und Skulptur mit dem Ziel eines »Gesamtkunstwerkes« gefordert. Dabei sollte der Architektur eine dominierende und integrierende Rolle zufallen, während Malerei und Skulptur hauptsächlich der Dekoration dienen sollten. Dieses Zusammenspiel der drei Kunstgattungen war damals keine Selbstverständlichkeit, denn seit Ende des 18. Jahrhunderts war es üblich, Malerei mehr oder weniger bezuglos in den vorgegebenen architektonischen Rahmen einzufügen. Diese Praxis stieß bei Garnier wie auch bei einigen anderen Künstlern in Frankreich, Deutschland und England auf Kritik. Vorbild für Garnier waren die italienische Hochrenaissance und der Manierismus mit ihrer den Raum illusionistisch erweiternden Ausmalung. Ähnlich sollte die Skulptur dekorativ-flächenbezogen aufgefaßt werden. Nicht der plastische Wert zählte für Garnier, sondern die sich von der Architektur absetzende Kontur*, d. h. eine die Fläche unterstreichende Silhouettenwirkung. Diesem Gesichtspunkt war auch das ikonographische* Programm untergeordnet. Zwar mußte es sich auf die Bestimmung des Bauwerks beziehen, war aber in der Auswahl der allegorischen Darstellungen nicht festgelegt, was einen wesentlichen Unterschied zum Gesamtkunstwerk des 16. und 18. Jahrhunderts ausmacht, wo Gestalt und Bedeutungszusammenhänge eine Einheit bildeten. Garnier dagegen war die dekorative Geschlossenheit wichtiger. Um diese zu verwirklichen, mußten sich Maler und Bildhauer dem Architekten unterordnen. Bei gleich qualifizierten und an selbständiges Arbeiten gewöhnten Künstlern mußte diese Vorrangstellung Probleme schaffen.

»Es ist dieses Programm, mit dem Garnier in seiner Oper versucht, die sich seit der zweiten Hälfte des 18. Jahrhunderts anbahnende Autonomie der einzelnen Kunstgattungen zu überwinden. Bezeichnend aber für den auch von Garnier erkannten tiefen Riß zwischen Architektur und Malerei/Skulptur ist, daß er qualitative Höchstleistungen der Malerei oder Skulptur von vornherein aus einem dekorativen Ensemble ausschließt: der Architekt ›soll sich bei den plastischen Werken, die sein Monument dekorieren, vielleicht weniger um elegante Perfektion, die Meisterwerke ausmacht, als diese Art unvollkommener und konventioneller Üppigkeit, die dekorative Werke bestimmt, bemühen‹. Wie richtig Garnier die Situation der verschiedenen Künste in ihrem Verhältnis zueinander beurteilt, zeigt die Genesis der einzigen, wirklich bedeutenden Plastik der Oper: ›la Danse‹ von Carpeaux. Wäh-

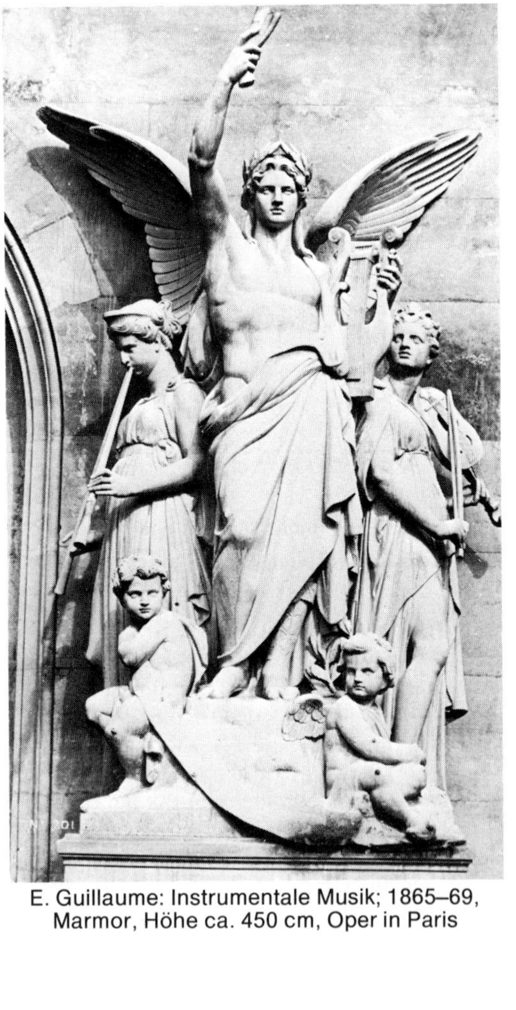

E. Guillaume: Instrumentale Musik; 1865–69, Marmor, Höhe ca. 450 cm, Oper in Paris

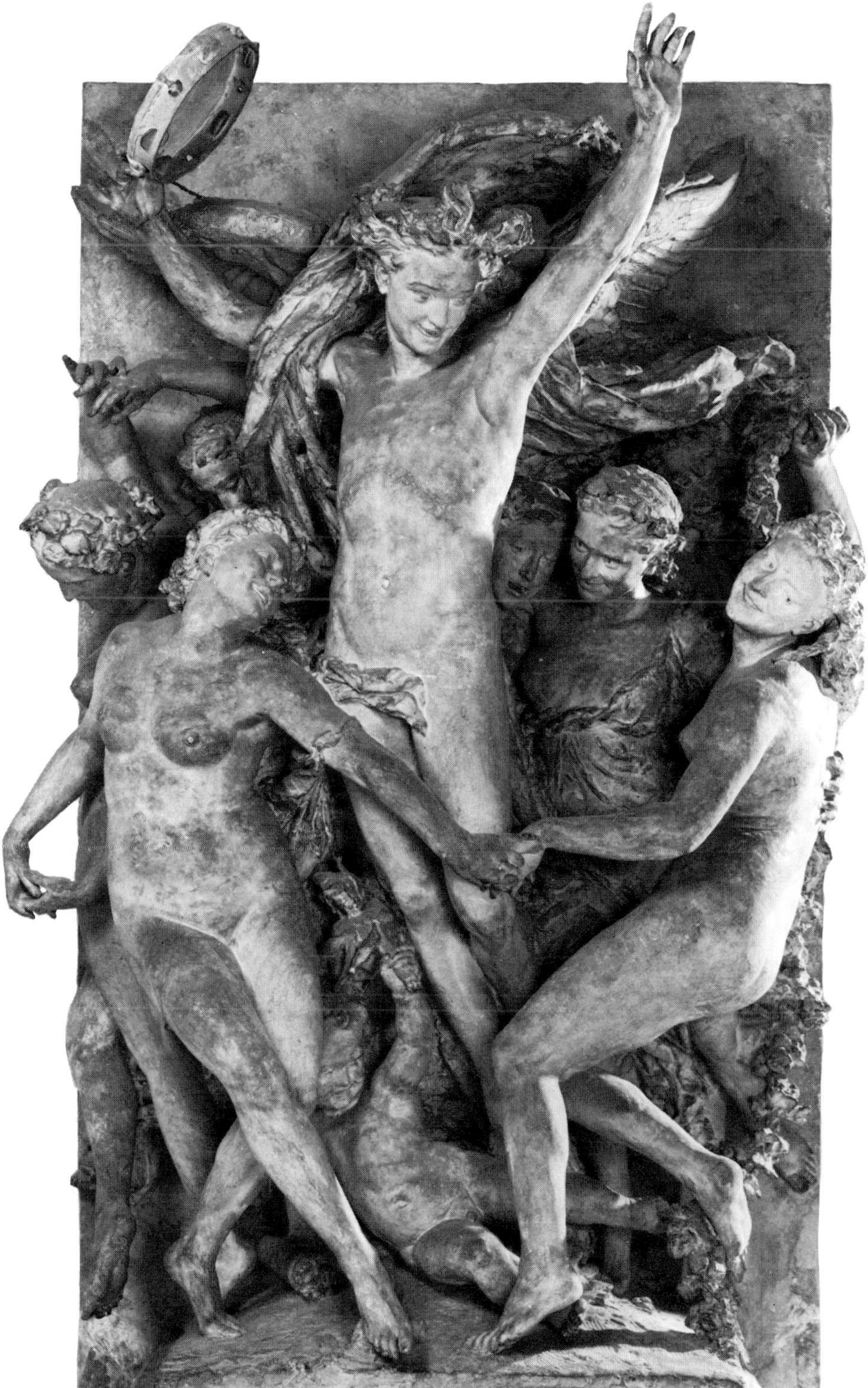

J.-B. Carpeaux: La Danse; 1865–69, Marmor, Höhe etwa 450 cm, Oper in Paris

rend sich die übrigen Bildhauer streng an das vorgeschriebene Programm hielten – Garnier hatte für alle Bildhauer Modelle der Sockel und der rückliegenden Wand anfertigen lassen, die Dimensionen angegeben und die Grundzüge der Komposition skizziert –, schafft Carpeaux, ›Schrecken der Architekten‹, ein Modell, das nach Garnier weder das gestellte Thema adäquat illustrierte, noch die vorgeschriebenen Maße einhielt. ... Erst nach zahlreichen Auseinandersetzungen einigten sich Garnier und Carpeaux ...

Carpeaux faßt seine Figurengruppe zunächst nicht als Bauplastik, sondern als freie Atelierplastik auf. Die Einbindung in den architektonischen Zusammenhang wird als belastende Beschränkung empfunden. Das ist symptomatisch für das Verhältnis von Architektur und Dekoration im 19. Jahrhundert und erklärt vielleicht, weshalb die an eine überlieferte, weit zurückliegende Tradition anschließenden Reformversuche Garniers nur mit Künstlern geringerer Qualität, deren akademische Grundhaltung freilich mit der Garniers übereinstimmt, durchführbar waren« (M. Steinhauser: Die Architektur der Pariser Oper. München 1969, S. 154).

2. Naturalistische Gestaltung neobarocker Skulptur. Im Gegensatz zu Carpeaux paßten sich die anderen Bildhauer dem Programm Garniers an, das für die Reliefs Symmetrie in Form und Inhalt vorsah. Resultat ist eine nahezu übereinstimmende Gestaltung mit zentraler Mittelfigur, Assistenzfiguren und allegorischem Beiwerk. Allegorie* wird hier traditionell – wie beispielsweise bei EUGÈNE GUILLAUMES »Instrumentaler Musik« – als Zitat* aufgefaßt, das über einen Apparat von Genien, Putten und Instrumenten im überlieferten Bildungsgut wurzelnde, mit dem Tanz in Beziehung stehende Assoziationen herstellt. Carpeaux gestaltete dagegen den Tanz selbst, keine Schrittfiguren oder vorgeschriebenen Haltungen, sondern die Bewegung an sich. Mit einem Kreis begeistert tanzender weiblicher Figuren um einen Tamburinschläger rief er eine akustische und rhythmische Vorstellung des Tanzes hervor. Er verließ damit den Bereich konventioneller Allegorik, um in realistischerer Weise das Thema zu gestalten. Eine naturalistische Durchformung der Figuren, verbunden mit rokokohafter Anmut der Linienführung, unterstützt die lebendige Wirkung und damit den Ausdruck ekstatischer Freude. Gerade aber an dieser sinnlich-körperlichen Auffassung entzündete sich heftige Kritik.

»Kaum aber war die Skulptur an Ort und Stelle, kam es auch schon zum Skandal. Die Öffentlichkeit beurteilte Carpeaux' Werk als ›unerträglich unsittlich‹ ... Kurz nach der Aufstellung der Gruppe veröffentlichte ein gewisser C. A. DE SALELLES, ›Mitglied mehrerer Sittlichkeitsvereine und philanthropischer Gewerkschaften‹, eine Schrift mit dem Titel: ›Die Gruppe des Tanzes von Monsieur Carpeaux, vom Standpunkt der Moral beurteilt‹. Darin werden die anmutigen Tänzerinnen als ›die Verkörperung der Lüsternheit im höchsten Grade sittlicher Fäulnis‹ apostrophiert ... Der Philanthrop beschimpfte das Werk als ein ›schamloses Bacchanal‹, hieß es ein ›Meisterwerk der Sittenlosigkeit‹ und ›eine Beleidigung der öffentlichen Moral‹ und fürchtete keineswegs, sich lächerlich zu machen, als er zu guter Letzt forderte, ›Der Tanz‹ müsse von der Fassade der Oper verschwinden.

Wir mögen heute darüber verständnislos den Kopf schütteln. Denn gerade die allegorische Bildhauerei geizte in keiner Epoche mit Darstellungen des nackten menschlichen Körpers. Wer hätte in der Renaissance gewagt, es GIOVANNI BOLOGNA zum Vorwurf zu machen, daß er der ›Tugend‹ die Formen einer nackten Frau gab? Dennoch zeigte man sich angesichts der Carpeauxschen Tänzerinnen indigniert, die im Reigen den lächelnden Genius des Tanzes umringen. Schwerelose Fröhlichkeit und musikalische Rhythmik beseelen diese schönen Leiber mit einer Grazie, die unbeachtet blieb. Eine solche Verblendung ist uns ein Beweis mehr, wie sehr und zutiefst sich die Kunst Carpeaux' von der zu seiner Zeit akkreditierten Skulptur unterschied. Das Publikum, an eine Epigonenkunst gewöhnt, die ... bald schon ihren Höhepunkt überschreiten sollte, war unfähig, anderes zu erfassen als Konventionelles in der Ästhetik und armselige Beschränkung in der Technik. Nicht mit seiner Thematik schockierte ›Der Tanz‹, denn bei jedem anderen Bildhauer hätte man einen Reigen nackter Frauen um eine geflügelte mythische Gestalt schweigend akzeptiert. Was bei Carpeaux empörte, war vielmehr die Lebensechtheit und der Gefühlsreichtum, mit denen er seine Figuren gestaltete und die von einer Art des Sehens zeugten, wie sie sich nicht mehr mit den Prinzipien irgendeiner Schule vereinbaren ließ. Die Auffassung Carpeaux' war den züchtigen Betrachtern ein Dorn im Auge, weil sie die Frische einer unmittelbaren Beobachtung der Natur enthüllte. So bestand Carpeaux' wertvoller Beitrag zur Plastik des 19. Jahrhunderts in einer ergreifend aufrichtigen Übertragung eigener Sensibilität auf die Materie« (J. Selz: Ursprünge der modernen Plastik. München 1963, S. 61 und 72).

Die Reaktion auf die Gruppe ging so weit, daß ein Attentat mit Tinte darauf verübt wurde. Auch die Akademie sprach sich für die Ablösung durch ein dezenteres Werk aus, was jedoch infolge des deutsch-französischen Kriegs 1870/71 unterblieb. Hinter ihrer Ablehnung stand das Beharren auf der klassizistischen Hochkunst. Einem allmählichen Abstieg ausgesetzt, mußte sie sich durch eine lebendigere Wirklichkeitserfassung provoziert fühlen und konnte den »Tanz« nur in den Bereich des Vulgären einordnen. Heute gilt das Relief als eins der Werke Carpeaux', das den Charakter des Zweiten Kaiserreichs mit seinem ausgeprägten Sinn für Dekoration und operettenhafte Leichtigkeit beispielhaft einfing. Carpeaux' Neobarock verband die Tradition barocker Skulptur sowie des 18. Jahrhunderts (deshalb auch als Neorokoko bezeichnet) mit naturalistischen* Seh- und Gestaltungsweisen. Er verdrängte den Klassizismus, ohne jedoch dessen beherrschende Stellung einzunehmen, und wurde offizieller Stil des Zweiten Kaiserreichs.

8. Technischer Fortschritt und soziale Probleme

Arbeiterwohnungen in Berlin

1. Die Mietskaserne. Die ständig zunehmende Industrialisierung, die rasch wachsende Bevölkerung und die spekulationsfördernde Wirtschafts- und Gewerbefreiheit führten in europäischen und nordamerikanischen Großstädten zur Vermassung und Verelendung der Bevölkerung, zur Errichtung von Barackensiedlungen in verwahrlosten Randgebieten und zur Anlage von düsteren, gartenlosen Wohnblocks, sog. Mietskasernen. JAMES HOBRECHT, ein preußischer Baubeamter, verteidigte diese Verhältnisse unter dem moralischen Vorwand einer grundsätzlichen Gleichstellung aller Bewohner: »Unsere Art zu wohnen steht – wie bekannt – in einem prinzipiellen Gegensatz zu der englischen. In einer sogenannten Mietskaserne befindet sich im I. Stockwerk eine Wohnung zu 500 Talern Miete, im Erdgeschoß und II. Stockwerk je zwei Wohnungen zu 200 Talern Miete, im III. Stockwerk je zwei Wohnungen zu 130 Talern, im IV. drei Wohnungen à 100 Taler, im Keller, auf dem Bodenraum, im Hinterhaus oder dergleichen noch mehrere Wohnungen à 50 Taler. In einer englischen Stadt finden wir im Westend oder irgendwo anders, aber zusammenliegend, die Villen und einzelnen Häuser der wohlhabenden Klasse, in den anderen Stadtteilen die Häuser der ärmeren Bevölkerung, immer in Gruppen nach dem Vermögen der Besitzer zusammenliegend, ganze Stadtteile dabei lediglich von der Arbeiterbevölkerung be-

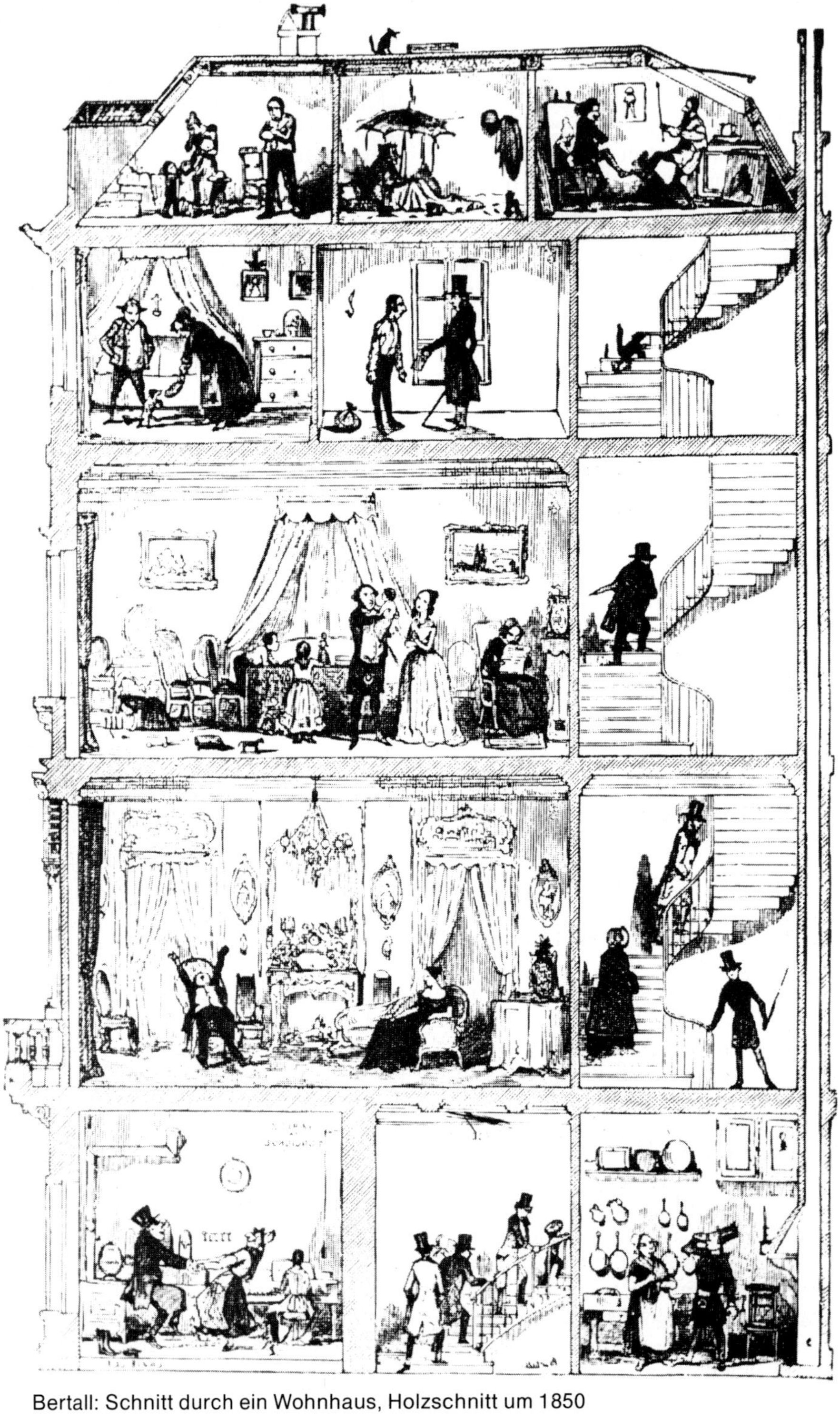

Bertall: Schnitt durch ein Wohnhaus, Holzschnitt um 1850

Berliner Mietskaserne mit fünf Hinterhöfen, Ende 19. Jahrhundert ▶

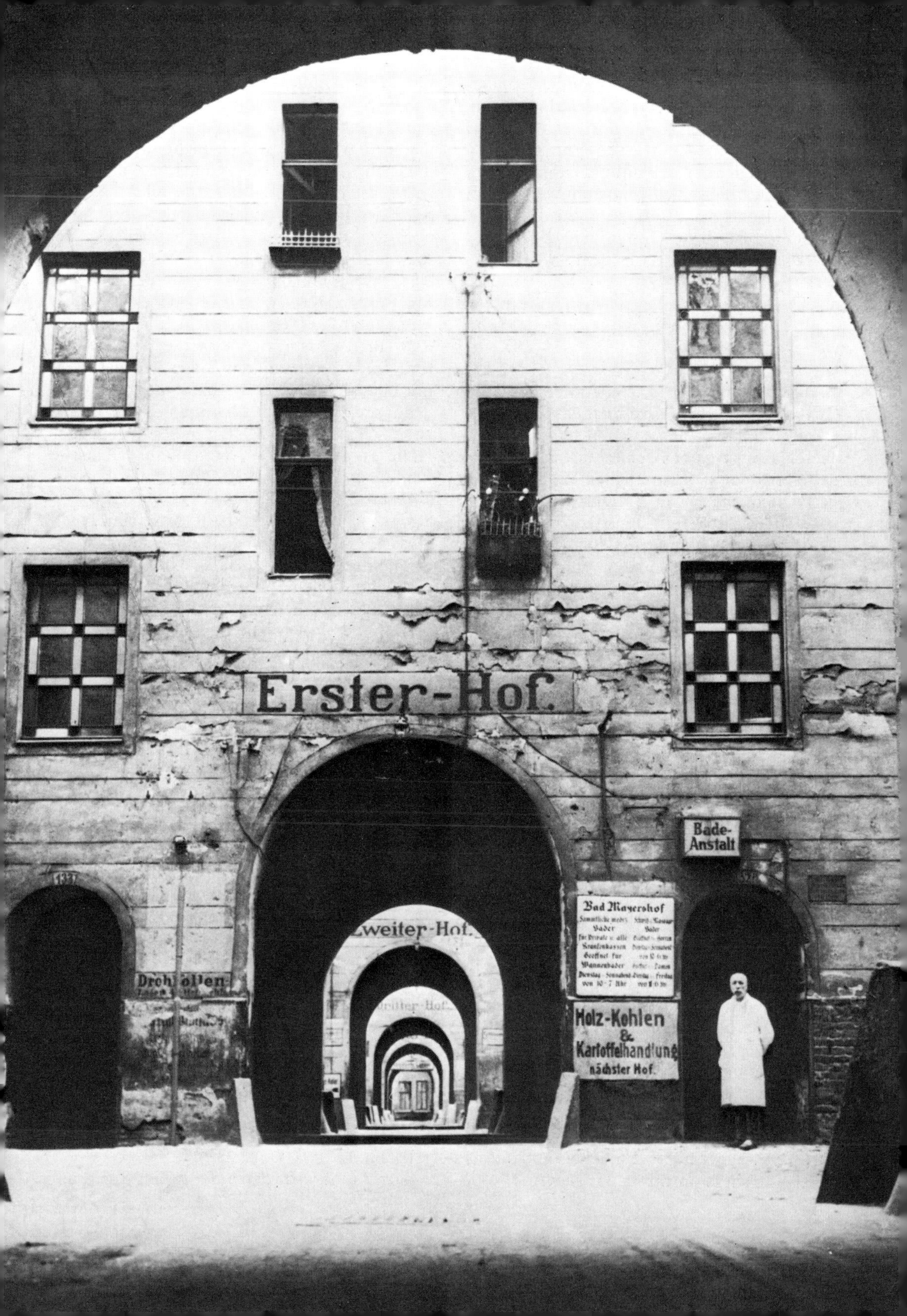
Erster-Hof.
Bade-
Anstalt
Bad Mayershof
Holz-Kohlen
&
Kartoffelhandlung
nächster Hof.
Zweiter-Hof.

wohnt... Nicht ›Abschließung‹, sondern ›Durchdringung‹ scheint aus sittlichen und darum aus staatlichen Rücksichten das Gebotene zu sein. In der Mietskaserne gehen die Kinder aus den Kellerwohnungen in die Freischule über denselben Hausflur wie diejenigen des Rats oder Kaufmanns« (J. Hobrecht: Über die öffentliche Gesundheitspflege. Stettin 1868; zitiert nach W. Hegemann: Das steinerne Berlin. Berlin 1930, S. 328f.). Hinzuzufügen ist, daß dennoch wie in allen anderen Städten auch in Berlin reine Arbeiterwohnviertel entstanden.

2. Das steinerne Berlin. Neben den repräsentativen öffentlichen Großbauten wurde der private Wohnungsbau zu einer immer dringlicheren Aufgabe der Architektur; sie überforderte aber den herkömmlichen Wohnungsbau bei weitem. Die erste Berliner Volkszählung von 1861 ergab bereits ungeheure Mißstände: Auf jedem bebauten Grundstück wohnten im Durchschnitt 48 Personen; von den 521 933 Einwohnern hatten 48 326 lediglich eine Kellerwohnung; die Hälfte aller verfügbaren Wohnungen besaß nicht mehr als ein einziges heizbares Zimmer, das von etwa vier Personen belegt war. Das übliche Wohnhaus war die in mehrere Hinterhöfe aufgeteilte Mietskaserne, die Berlin trotz der oft prunkvollen Straßenfassaden zu einer trostlosen, »steinernen« Stadt machte.

»Was die Zeit architektonisch Gutes leistete, zeigt sich fast ausschließlich in den öffentlichen Bauten, während die Wohnhäuser in der Regel mit dieser Baukunst überhaupt nichts zu tun haben... Durch die Fabrikarbeit auf kapitalistischer Basis gab es plötzlich eine ganze Klasse von Menschen, die weder an ihrer Arbeitsstätte wohnen konnten, noch das Geld zum Erwerb eines eigenen Hauses besaßen... So griff man – hilflos wie man war – auf die einzige Bauform zurück, die es für Massenquartiere schon im vergangenen Jahrhundert gegeben hatte: auf die Kaserne. Man setzte Wohnung neben Wohnung, ein Geschoß über das andere, bebaute jeden freien Raum in der Innenstadt und zwängte die Menschen in diese Mietskasernen hinein. Das war kein sachgemäßes Eingehen auf die neu entstandenen Bedürfnisse, das war eine Notlösung, die in normalen Zeiten so schnell wie möglich von Grund auf hätte verändert werden müssen. Aber die Zeiten waren nicht normal und wurden es auch nicht so bald. Die ungeheure Bevölkerungszunahme und das Anwachsen der Städte hörte nicht auf... Stieg der Bodenwert infolge der Ausdehnung und des allgemeinen wirtschaftlichen Aufschwungs der Stadt, so erreichte der Boden eine Preishöhe, die eine Ausnutzung durch Einfamilienhäuser oder zwei- bis dreistöckige Mietbauten unmöglich machte. Man mußte fünf- bis sechsstöckige Kasernen bauen, mit restloser Ausnutzung des freien Raumes, d. h. mit ein oder zwei Hinterhäusern und engen, lichtlosen Höfen, um überhaupt einen Ertrag zu erzielen und die Mieten in erschwinglicher Höhe zu halten« (W. Herrmann: Deutsche Baukunst des 19. und 20. Jahrhunderts. Neuauflage: Basel und Stuttgart 1977, S. 56ff.).

WERNER HEGEMANN hatte in seinem Buch »Das steinerne Berlin« (1930) erstmals auch die politischen und sozialen Ursachen dieser verhängnisvollen Entwicklung aufgezeigt: »Erkrankte auch der deutsche Städtebau mit furchtbaren Folgen an den Leistungen jener neunmalweisen, vielgeschäftigen, aber in jedem höheren Sinne verantwortungslosen Bürokratie, deren Eigenschaften von vielen als ›echt preußisch‹ bewundert werden... Diese preußische Unfruchtbarkeit hat in höchstem Maße unserem Städtebau... geschadet... Aber es gelang ihnen, eine deutsche Reichshauptstadt zu schaffen, die als die größte Mietskasernenanhäufung der Welt vielleicht die erstaunlichste Schöpfung des deutschen Geistes genannt werden muß. Diese Leistung kann nur durch Vergleiche gewürdigt werden. In der größten Stadt der Welt, in London, wohnen durchschnittlich 8 Menschen in jedem Haus; in Philadelphia wohnen 5, in Chicago 9, in der Insel- und Wolkenkratzerstadt New York 20, in der eingeklemmten alten Festungsstadt Paris 38 Menschen in jedem Haus. Aber in Berlin, das sich wie London, Chicago oder Philadelphia ungehemmt im flachen Land entwickeln konnte, wohnen durchschnittlich 78 Menschen in jedem Haus, und die meisten dieser Kasernen sind gartenlos« (Hegemann, a. a. O., S. 23f.).

Der Autor wirft der preußischen Regierung

unter Kaiser Wilhelm I. Schuld und Versagen im privaten Wohnungsbau vor, da sie wider besseres Wissen handelte. Der Statistiker ERNST BRUCH hatte z. B. ohne Erfolg realisierbare Verbesserungsvorschläge eingereicht. In seinem Gutachten »Berlins bauliche Zukunft und Bebauungsplan« (1870) forderte er einen »Gruppenbau, d. h. die Vereinigung der einem Straßenviertel angehörigen Häuser zu einem organischen Ganzen, mit einer größeren zentralen offenen Park- und Hofanlage, wodurch erreicht wird, was das Streben aller Wohnungsreformen ist, Licht, Luft, Sonne nach allen Seiten; vorn die mäßig breite Straße, hinten der stattliche Hof mit Gartenanlagen, bei dem die Gefahr nicht vorliegt, durch Hintergebäude und Fabriken verdrängt zu werden, wie dies bei noch so gutem Willen des Bebauers in Berlin doch selten abgewendet werden kann. Für bescheidenere Verhältnisse, wie sie bei uns die Regel sind, paßt ein derartiger Gruppenbau ungleich besser, als die (von privater Seite) vielfach vorgeschlagenen Villenanlagen« (Hegemann, a. a. O., S. 324f.).

Adolf von Menzel: Das Eisenwalzwerk (1875)

1. Menzels malerischer Realismus*

2. Arbeitsdarstellung zwischen Bilderzählung, Spiegelung der industriellen Produktion und der Arbeitsvorgänge

3. Vom bürgerlichen Gruppenporträt zur malerischen Atomisierung des Massenmenschen

Adolf Friedrich Erdmann von Menzel (* 1815 in Breslau, † 1905 in Berlin) erhielt 1839 den Auftrag, FRANZ KUGLERS »Leben Friedrichs d. Gr.« zu illustrieren. Dadurch kam Menzel zu dem Thema seiner Friedrich-Gemälde, die ihn in den 50er Jahren schnell berühmt machten; 1856 wurde er zum Professor ernannt. Menzel gilt als der bedeutendste deutsche realistische Maler des 19. Jahrhunderts. – *Hauptwerke:* Balkonzimmer (1845), Die Berlin–Potsdamer Eisenbahn (1847), Tafelrunde Friedrichs d. Gr. (1850; 1945 zerstört), Flötenkonzert in Sanssouci (1852), Théâtre du Gymnase (1856), Das Eisenwalzwerk (1875), Ballsouper (1878).

1. Menzels malerischer Realismus. »Die Erscheinung dieses kleinen großen Mannes hat etwas Wunderbares. Zur Zeit von Goethes Tod malte und zeichnete er bereits, und noch am Anfang des 20. Jahrhunderts stand er im Mittelpunkt der Berliner Kunstausstellungen. Der Umfang und die Vielseitigkeit seines Schaffens sind gleich erstaunlich. Schreibt man eine Geschichte der graphischen Künste: Menzel steht als Lithograph und Holzschneider obenan. Betrachtet man die Historienmalerei: Menzel wies sie in ganz neue Bahnen; die religiöse Malerei: er hat zuerst Christus unter wirklichen Juden dargestellt; das Arbeiterbild: er war sein erster großer Vertreter in Deutschland. Und so findet man ihn bei der Landschaft, beim Tierbild, beim Gesellschaftsbild. Er kann alles, was er will, denn er will nichts, was er nicht kann ... Überall im Leben findet er das Malerische. Als junger Mann malt er den Eisenbahnzug, der durch die Felder von Berlin nach Potsdam eilt, als Greis das Gewimmel Unter den Linden an einem Wintertag. Die Glut des Eisenwalzwerks, die schwielige Arbeiterarme und rußige Gesichter beleuchtet, fesselt ihn ebenso, wie der Kerzenschimmer, der auf bestickten Uniformen und ausgeschnittenen Ballkleidern glänzt ... Ein unübertrefflicher Beobachter, ein ausgezeichneter Erzähler, ein genialer

Zeichner und ein bedeutender Maler, ist er eine der allerbedeutendsten Erscheinungen der neuen deutschen Kunst« (Knackfuß, Zimmermann, Gensel: Allgemeine Kunstgeschichte. Bd. 3. Bielefeld u. Leipzig 1903, S. 530f.).

»Durch die Wahrheit [d. h. Wahrhaftigkeit seines Darstellungsvermögens] wurde Menzel zum größten Maler seiner Zeit. Die Tafelrunde Friedrichs des Großen in Sanssouci entstand 1850, also in einer Zeit, in der Belgien auf Deutschland zu wirken, die Auswanderung der Berliner Künstler nach Paris begann. Welchen Vorsprung hatte Menzel vor ihnen! Ein völliges Beherrschen der Leinwand in der Einheit des Tones, eine Klarheit und Feinheit im Beobachten des Lichts, eine Freiheit den Regeln der damaligen Malerei gegenüber, die jede Farbe zur höchsten Kraft zu steigern, das Bild zu einem Mosaik leuchtender Töne zu machen bestrebt war ... Man sucht vergeblich den einzelnen Maler, der ihm Vorbild gewesen wäre. Mit einem Schlage ist das moderne Geschichtsbild geschaffen. Vollendet richtige Wiedergabe einer vergangenen Zeit, aufgebaut auf einem künstlerischen Sehen des Vergangenen ... Dabei vollendet eigenartige moderne Auffassung. Ein Bild, welches das 18. Jahrhundert nicht schaffen konnte, weil es bis in jeden Faltenzug der mit emsigstem Fleiß nach alten Bildnissen zusammengetragenen Köpfe ein Zeugnis für den malerischen Realismus des 19. Jahrhunderts ist« (C. Gurlitt: Die deutsche Kunst des 19. Jahrhunderts. Berlin 1899, S. 505).

2. Arbeitsdarstellung zwischen Bilderzählung, Spiegelung der industriellen Produktion und der Arbeitsvorgänge. »1875 entstand ein Gemälde im Maßstab etwa der Friedrichs-Bilder, aber mit völlig anderem Gegenstand: das Eisenwalzwerk. Menzel hatte in Königshütte [Schlesien] gesehen, wie die Schienen für Eisenbahnen gemacht werden; das Gewirr der Menschen, des Gestänges, der Kampf des matten grauen Tageslichts mit dem rötlichen Schein des Feuers, der fabelhaft reich zerteilte Raum, die vielerlei Bewegungen – all das fesselte ihn, so wie immer seltsame Formenzersplitterung und Bewegungsgekribbel ihn zum Zeichnen und Malen gereizt hatte. Wer in dem Schöpfer der Friedrichs-Bilder nur einen Geschichtsmaler sieht, der muß sich allerdings wundern, daß Menzel auf einmal einen Fabrikraum in vollem Betrieb darstellt. Wer aber den Künstler Menzel kennt, wer verstanden hat, was seinem Auge Freude machte und sein Können zum Überwinden des Schwierigen reizte, der wundert sich nicht, den Maler von Sanssouci in Königshütte wiederzufinden. Man hat lange in dem Gegenstand dieses Bildes ein Bekenntnis Menzels zum neuen industriellen Deutschland gesehen und gepriesen; und neuerdings dann wieder fand man umgekehrt, daß Menzel das Wesen der Fabrik, das Leben des Arbeiters doch nicht ernst genug genommen habe. Menzel hat eben dieses Bild, wie seine anderen, mit dem Auge und dem Verstand erfaßt, nicht mit dem Herzen« (L. Justi: Deutsche Malkunst im 19. Jahrhundert. Ein Führer durch die Nationalgalerie [Berlin] 1920. S. 171f.).

»Das ›Eisenwalzwerk‹ ... bleibt eine Sammlung genrehafter Einzelfiguren. Mit einer etwas gezwungenen Übertriebenheit, mit einem ›Bourgeoisieren‹ [Verbürgerlichen] des Arbeiters in Gestenführung und Gesichtsausdruck, das angesichts der sonstigen restlosen Erlebenstreue Menzels nur aus seiner reaktionären politischen Gesinnung verständlich werden kann, war er hier, im Gegenwärtigen, historisch unzuverlässiger, als im Rokoko-Zeitalter seiner Friedrichsbilder. Man merkt an diesem Bilde vielleicht am stärksten, daß Menzel eines der konservativsten, jeder künstlerischen Weiterentwicklung feindlichsten Mitglieder der ohnedies so schwerfälligen Berliner Akademie war. Dabei ist überall ›zuviel‹ in diesem Bilde: zu viel an ›Pathetik‹ der Gesten, zuviel an ›Jovialität‹ der Gesichter, zuviel an zusammengeholtem ›Genre‹ von den sich Waschenden links bis zu den Essenden rechts, zuviel [des] bewußten Zuspitzens jedes Lichtes, jedes Handgriffs, jeder Szenerie. Bei genauester Detailform kaleidoskopartig wechselnd: so wie das menschliche Auge die Natur niemals *erlebt,* sondern wie nur der menschliche Intellekt sie *weiß:* so hat Menzel hier gestaltet« (M. Deri: Die Malerei im XIX. Jahrhundert. Berlin ^{2}1919, S. 358f.).

»CARL BLECHEN hat bereits vierzig Jahre vor Menzels ›Eisenwalzwerk‹ das Walzwerk in

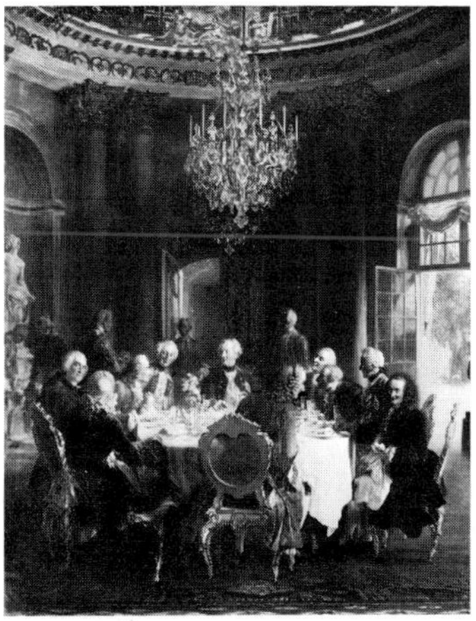

A. von Menzel: Tafelrunde Friedrichs d. Gr.; 1850, Öl/Lwd., 204 × 175 cm (1945 zerstört)

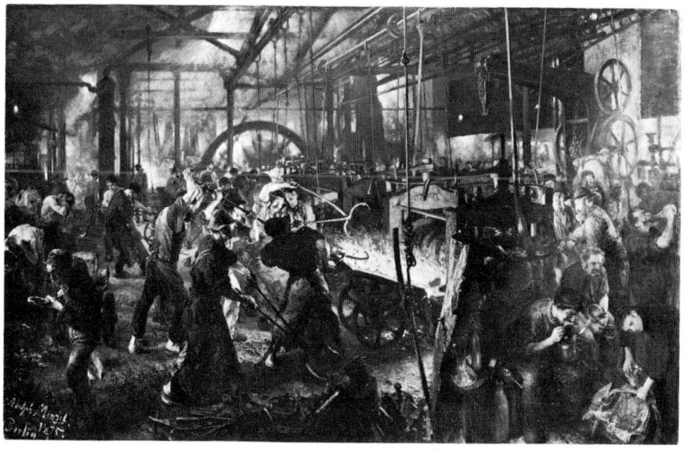

A. von Menzel: Eisenwalzwerk; 1875, Öl/Lwd., 158 × 254 cm, Staatliche Museen zu Berlin (Ost), Nationalgalerie (Vgl. die Farbtafel auf S. 174!)

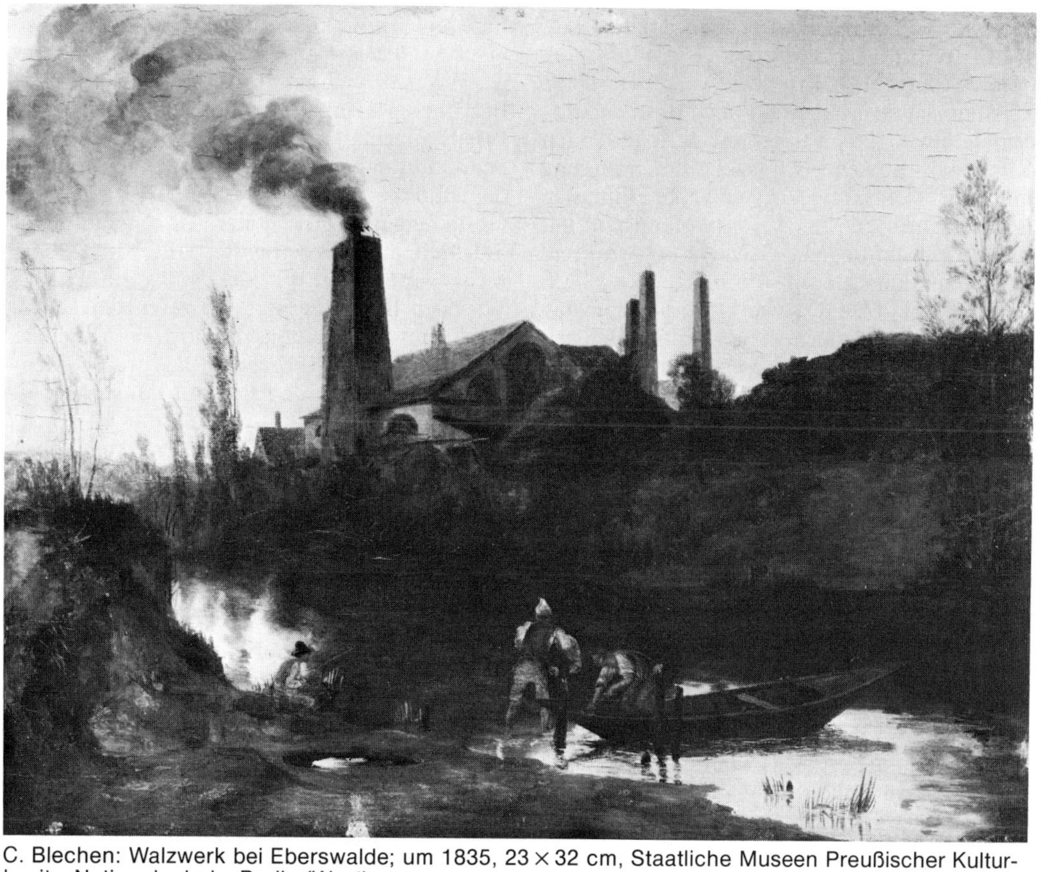

C. Blechen: Walzwerk bei Eberswalde; um 1835, 23 × 32 cm, Staatliche Museen Preußischer Kulturbesitz, Nationalgalerie, Berlin (West)

Neustadt Eberswalde gemalt, doch wurde dort lediglich ein Fabrikgebäude zu einer romantischen Landschaft und nicht der Mensch zur industriellen Arbeit in ein Verhältnis gebracht. Daß man den Entwicklungsstand der Industrialisierung im Bilde nur deutlich machen kann, indem man ihn am Menschen in seinem Verhältnis zur Arbeit aufweist, indem man also das typische Produktionsverhältnis der Zeit zum Bildinhalt erhebt, hat MENZEL als erster bildender Künstler erkannt... Im Schaffen Blechens wird die Zwiespältigkeit zwischen romantischer Abkehr und realistischer Hinwendung zur Welt erkennbar... Menzels Schaffen ruht dagegen in der realistischen Kunstauffassung: nur aus ihr heraus war er in der Lage, die industrielle Wirklichkeit zu erkennen und zu gestalten.... Es bedeutet Adolph Menzels unauslöschliches Verdienst... Der moderne Industriearbeiter betritt die Welt der Kunst; er wird darstellungswürdig.

Wie Menzel im ›Eisenwalzwerk‹ das Neue künstlerisch formt, so stellt auch das Gemälde selber etwas Neuartiges in der bildenden Kunst dar... Menzels spezielle Beschäftigung mit dem Thema eines Eisenwerkes läßt sich für die Jahre 1869 bis 1875 an Hand von datierten Zeichnungen, Skizzenbüchern und dem Gemälde belegen. Ob ein direkter Auftrag für das ›Eisenwalzwerk‹ vorgelegen hat, läßt sich heute nicht mehr eindeutig nachweisen und ist darüber hinaus unwahrscheinlich, da sich die Entstehungszeit über rund fünf Jahre erstreckte und kein nennenswerter Briefwechsel existiert, der darauf Bezug nimmt und auch die zeitweiligen Unterbrechungen rechtfertigend erwähnt... Der Auftrag zu einem ›Gedenkblatt für die Firma C. Heckmann‹ (1869) mag der äußere Anlaß gewesen sein, in ein Eisenwerk zu gehen und dort Skizzen zu machen. Hier hat Menzel den Atem des Neuen verspürt und im angeborenen und methodisch ausgebildeten Erkenntnisdrang den Anstoß erhalten, die Welt der Industrie als zeittypische Erscheinungsform näher zu studieren. Das konnte er aber mit letzter Gründlichkeit nicht in einem Betriebe wie dem Heckmannschen, der noch mit extensiven Arbeitsmethoden arbeitete. Hierzu mußte Menzel in einen der Konzentrationspunkte der Industrie gehen. Er fuhr nach Königshütte in Oberschlesien, um die neueste Entwicklungsphase kennenzulernen und um das neue Verhältnis der Menschen zur Arbeit zu untersuchen... Fünf Jahre – von 1870 bis 1875 – sammelt und gestaltet Menzel die Eindrücke, die von der sich gewaltig entwickelnden Industrie auf ihn einstürmen. Er erkennt dabei, daß er das Wesentliche nur an der Darstellung des neuen Verhältnisses des Menschen zur Arbeit zum typischen Ausdruck bringen kann, will er wahr und ehrlich die Welt der Industriearbeit dieser Zeit wiedergeben« (K. Kaiser: Adolf Menzels Eisenwalzwerk. Berlin 1953, S. 9–13, 16).

Sogar jene Beschreibungen, die in erster Linie das malerische Vielerlei herausstreichen, lassen erkennen, daß Menzels Gemälde eine sorgfältige Zusammenstellung der wesentlichen Arbeitsvorgänge und nicht nur eine momentane Impression zur Anschauung bringt: »Der Eindruck ist... keineswegs einfach abgeschrieben, vielmehr ist alles sehr überlegt. Im oberen Teil der Bildfläche die vielen Eisenstangen, stärksten Raumeindruck gebend, und dabei doch trotz ihrer Vielfältigkeit das Bild beruhigend, weil sie sich über das Gestaltengewimmel unten in geradliniger Starrheit hinziehen. In der Mitte die Arbeit, rechts vorn das Frühstück, links zurück das Waschen. Die Hauptgruppe zeigt den Höhepunkt des Fabrikationsverlaufs, wo Maschine und Mensch sich begegnen, das weißglühende, funkensprühende Eisen mit Zangen ergriffen wird; Höhepunkt natürlich nur im künstlerischen Sinne, indem dieser Augenblick stärkste Bewegung und Spannung fordert. Dahinter, vielleicht allzudicht, eine spätere Stufe des Vorgangs: als rotglühende Stange kommt das Eisen nun schon in schmalerem Querschnitt hervor. Vorn links der erste Zustand des Eisens: ein kurzer Block, auf einem Wagen gefahren« (L. Justi, a. a. O., S. 172f.).

3. Vom bürgerlichen Gruppenporträt zur malerischen Atomisierung des Massenmenschen. »Es gibt zwar schon im Biedermeier Darstellungen, auf denen der Mensch als gehäufte Masse erscheint, doch diese Häufung gleicht eher einer Summe deutlich ausgeprägter Einzelpersonen als einer mit sich selbst identischen Masse ... Wenn man solche Bilder in ihrer Gesamtheit aufnehmen will, muß man wohl oder übel von Gesicht zu Gesicht wandern, während bei einem echten Massenbild oft ein einziger Blick genügt, um die gemeinsame Aktion aller auf dem Bild erscheinenden Personen mit einem Schlage zu erfassen. Trotz der dargestellten Massensituation liegt dem Ganzen, wie fast allen Bildern dieser Epoche, das bürgerliche Gruppenportrait zugrunde, auf dem sich der einzelne zwar biedermeierlich unterordnet, aber doch in seiner Individualität gesehen werden will. Kaum anders liegen die Verhältnisse im Realismus. So hat Menzel selbst bei seinem ›Eisenwalzwerk‹, wo die Darstellung einer homogenen Masse eigentlich nahegelegen hätte, am Prinzip einer genau charakterisierten Gruppe festgehalten, was dem Ganzen einen Zug ins Genrehafte verleiht ... Eine Schilderung der durch Industrie und Großstadt bedingten Massensituation ist erst das Werk der achtziger Jahre« (R. Hamann/J. Hermand: Epochen deutscher Kultur von 1870 bis zur Gegenwart, Bd. 2: Naturalismus. München 1972, S. 152f.).

»In Menzels Schaffen gibt es alle Stufen des Überganges vom konventionellen Portrait bis zu Studien, in denen der Mensch in den fragwürdigsten Stellungen aufgenommen erscheint ... Der späte Menzel hat vor allem in Deckfarbenmalerei kleinen Formates Menschen in voller Gestalt, als Halbfiguren oder als bloße Köpfe immer wieder nicht eigentlich portraitiert, sondern wohl meist ohne ihr Wissen in irgendeiner beliebigen, flüchtigen Situation festgehalten« (H. Beenken: Das Neunzehnte Jahrhundert in der deutschen Kunst. München 1944, S. 396).

Die malerische »Atomisierung der Masse Mensch« (Beenken) gab also auf ihre Weise einen charakteristischen Einblick in die Veränderungen der Gesellschaft.

Constantin Meunier: Der Dockarbeiter (1893)

1. Die Darstellung des Arbeiters in der Plastik und das Problem engagierter Kunst

2. Die Suche nach neuen Ausdrucksmitteln für soziale Inhalte

Constantin Meunier (* 1831 in Brüssel, † 1905 in Brüssel) beginnt als Bildhauer in klassizistischer Tradition; ab 1857 Hinwendung zur Malerei, um mit deren Möglichkeiten das soziale Elend zu schildern; entscheidende Prägung durch die belgische Arbeiterbewegung; 1886 Wiederaufnahme der Bildhauerei; sein beherrschendes Thema war der Arbeiter (Konzeption eines großen Denkmals der Arbeit, das 1930 in Brüssel aufgestellt wurde). Bestimmt von christlich-sozialem Engagement nahm sich Meunier als einer der ersten der Darstellung des Arbeiters in der Plastik an, für den er eine idealisierte heroische Form fand.

1. Die Darstellung des Arbeiters in der Plastik und das Problem engagierter Kunst. Als Folge der industriellen Revolution entstand im 19. Jahrhundert das Proletariat. Die Notlage der Arbeiter weckte das Bewußtsein für die soziale Frage, die im Zuge einer realistischeren Betrachtungsweise der Umwelt auch von der Kunst aufgegriffen wurde. Mitte des 19. Jahrhunderts nahm sich die Malerei des Themas der Arbeit und des Arbeiters als eines selbständigen Sujets* an, das bis dahin nur in mythologischem, religiösem oder allegorischem Zusammenhang aufgetreten war. Unterschiedliche Beweggründe bestimmen die neue Darstellung, von sozialer Anklage (COURBET, vgl. S. 170), idealisierender Verherrlichung der Arbeit (BROWN, vgl. S. 171), allgemeiner Philanthropie (MILLET, vgl. S. 96) bis zu bloß ästhetischem Interesse an den neuen Motiven. Die Plastik griff das Thema erst in den 80er Jahren auf, als sich die Lebensbedingungen der Arbeiter durch Wirtschaftskrise und zunehmende Konzentration der Industrie extrem verschlechterten. Ihr Darstellungsbereich erweiterte sich damit entscheidend. Inhalt und Wirkung des Kunstwerks wurden wieder vorrangige Bedeutung eingeräumt; dies bedeutete eine Abkehr von der sinnentleerten, rein dekorativen Zwecken untergeordneten Salonkunst* sowie von der L'art-pour-l'art*-Bewegung. Verbunden war damit das Ziel, Kunst nicht mehr einer privilegierten Schicht vorzubehalten, sondern sich an das ganze Volk zu wenden. Gerade den sozial Schwachen sollte der Einsatz gelten und sie ermutigen. Nie jedoch rief die realistische, bzw. naturalistische Plastik des ausgehenden Jahrhunderts ähnliches Aufsehen und ähnliche Wirkung hervor wie zuvor die Malerei COURBETS.

Ihre Wegbereiter und Exponenten waren der Belgier CONSTANTIN MEUNIER und der heute weniger bekannte Franzose JULES DALOU (1838–1902). Meunier fand zu dem Thema Arbeit und Industrieproletariat über seine Eindrücke in der Borinage, dem Kohlenrevier Belgiens (wo auch V. van Gogh entscheidende Eindrücke empfing), das von der Wirtschaftskrise Ende des 19. Jahrhunderts besonders schwer betroffen war. Hatte er sich schon vorher in Zeichnungen und Gemälden mit der Situation der Arbeiter befaßt, so gelang ihm mit seinen plastischen Werken eine Steigerung des Ausdrucks, indem er den Arbeiter in Einzelstatuen monumentalisierte und zum Repräsentanten der ganzen Arbeiterklasse machte, wie beispielsweise in seinem »Dockarbeiter«. Er entwickelte einen Arbeitertypus, den er mit heroischer Pose in der Art eines »antiken Herakles« ins Mythische überhöhte. In Anlehnung an RODIN bediente er sich dazu stilisierender Mittel. Er präsentierte seine Arbeiter in markanten Posen, meist aufrechtstehend, den Kopf erhoben. Die Modellierung vereinfachte er zu großen geglätteten Formen. Die Kostümfrage löste er mit einer abstrahierenden Gewandung, die den Körper nachzeichnete und zeitgebundene Details nur angab, soweit sie zur Charakterisierung des Dargestellten nötig waren. Mit Hilfe dieser formalen Mittel entstand das Idealbild eines weniger vom Leid gezeichneten als trotz Sorgen und Härte Selbstsicherheit und Würde ausstrahlenden Arbeiters. Diese Art der Interpretation mit übersteigerten bedeutungsgeladenen Gesten barg jedoch die Gefahr in sich, in Pathos und Sentimentalität zu verfallen oder auch in ihrem Engagement mißdeutet zu werden.

»Mitleid und Anklage sind die charakteristischen Faktoren engagierter Kunst im 20. Jahrhundert. Beides findet sich bei Meunier nicht. Seine Arbeiter erscheinen nicht als deformierte Opfer eines inhumanen Systems, vielmehr selbstbewußt als Helden der Arbeit. Auch wo Meunier Einzelheiten, die Muskulatur oder die Kleidung, veristisch ausarbeitet, hält er sich doch – und das mag irritieren – an die Regeln antiker Idealität: sein ›Dockarbeiter‹ etwa posiert mit griechischem Profil in klassischer Haltung.

Diese Eigenart ist durch die Entwicklung der Plastik im 19. Jahrhundert mitbegründet. Während sich ein sozialkritischer Realismus im Anschluß an COURBET immer stärker durchsetzt, bleibt die Plastik entschieden einer formalen klassizistischen Tradition verhaftet ... Freilich kann die idealisierende Darstellung nicht allein als gattungsspezifisches Stilproblem gedeutet werden. Als Frage nach der Heroisierung des Arbeiters – oder auch der Arbeit – führt sie in die zentrale Problematik des Werks, seiner politisch-sozialen Relevanz, seiner Parteinahme, auch seiner Korrumpierbarkeit. Was bedeutet es, wenn Meunier seine Arbeiter, diese Helden der Arbeit, mit antikischem Profil, mit erlauchten klassischen Standmotiven ausstattet, wie sie bis dahin den Herrschenden vorbehalten waren? Mit einer solchen Nobilitierung* des Arbeiters durchbricht Meunier die traditionelle hierarchische Gliederung der Kunst im 19. Jahrhundert, die den einzelnen künstlerischen Gattungen bestimmte festgelegte Inhalte vorbehielt, die die Darstellung der produktiven Arbeit allenfalls im Genre* zuließ. Im Umfunktionieren der Gattungen und der ihnen traditionell zugehörigen ästhetischen Mittel artikuliert Meunier seinen Protest gegen die traditionelle Ästhetik als Klassenästhetik.

Freilich bleibt die Frage, wie weit künstlerische Mittel, die bis dahin der Affirmation von Herrschaft dienten, für die Beherrschten brauchbar gemacht werden können. Meuniers

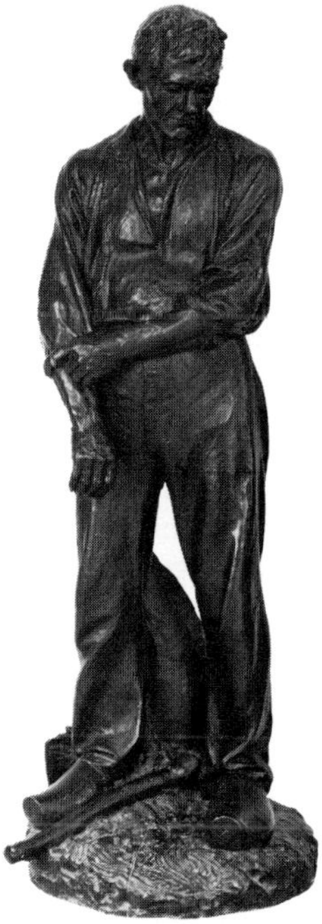

J. Dalou: Grand Paysan;
1898/99, Bronze, Höhe:
195 cm, Louvre, Paris

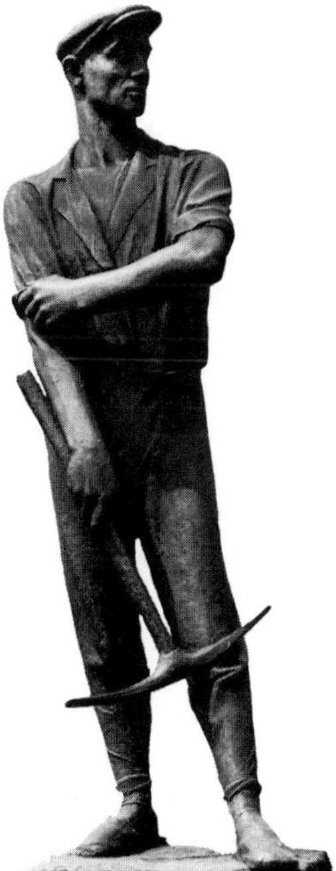

F. Cremer: Aufbauhelfer;
1952/53, Bronze, Höhe:
255 cm, Berlin

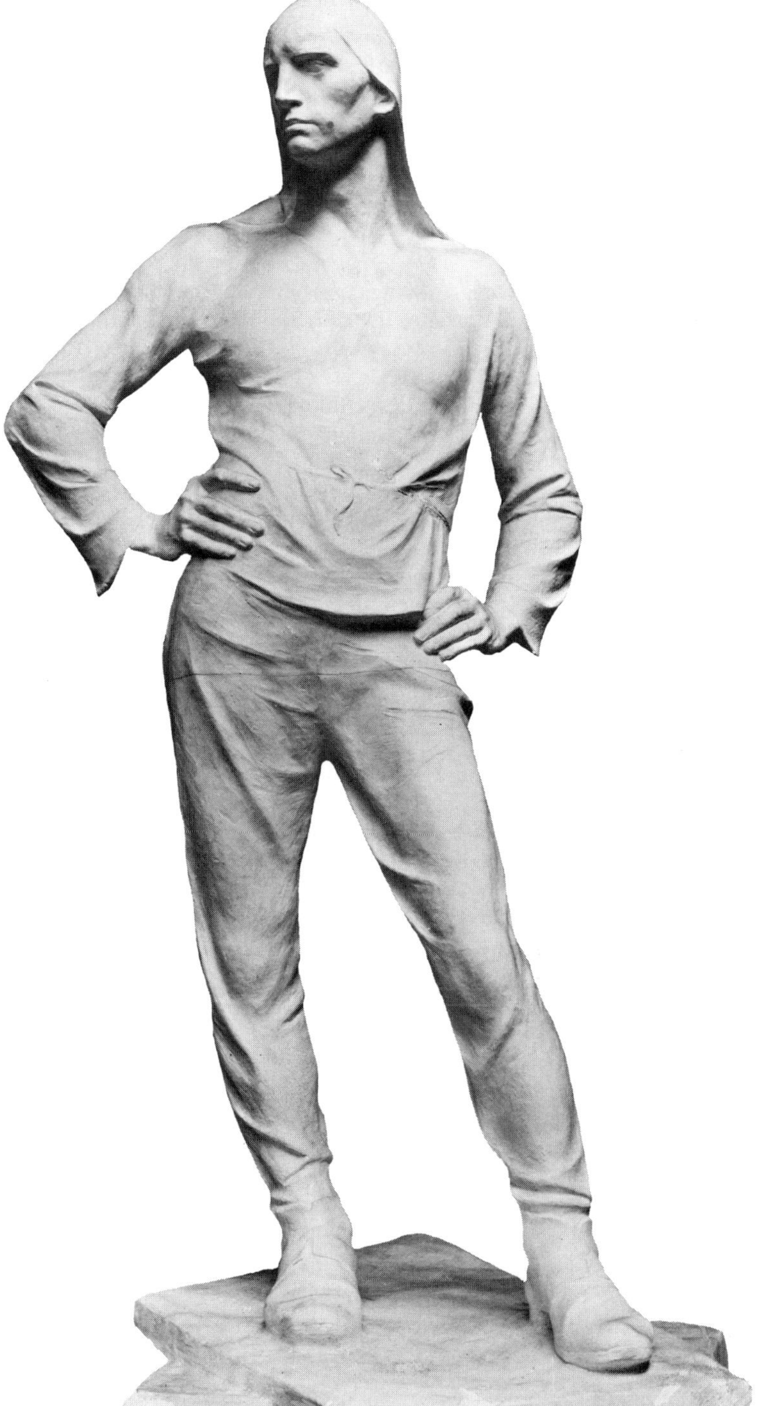

C. Meunier: Dockarbeiter; 1893, Bronze, Höhe: 120 cm,
Meunier-Museum, Brüssel

Protest war korrumpierbar. Das Selbstbewußtsein von Meuniers idealisierten Arbeitergestalten kann so gedeutet werden (und ist so gedeutet worden), als wäre die Emanzipation schon geleistet, der Klassenkampf damit überflüssig« (Katalog Constantin Meunier. Hrsg. Neue Gesellschaft für bildende Kunst. Berlin 1971, S. 4).

2. Die Suche nach neuen Ausdrucksmitteln für soziale Inhalte. »Die Vorteile, die der Skulptur aus der neuen Stilrichtung erwachsen, sind nicht zu verkennen. Ihr Stoffkreis, der hin und wieder die Ausgefahrenheit des antiken Geleises hatte verspüren lassen, erweiterte sich in ungeahntem Maße, das ganze reale Leben in seinen tausend und tausend Manifestationen war ihr plötzlich erschlossen, es galt die reiche Fülle seiner Motive der Kunst dienstbar zu machen, etwas von dem Strom seiner Unmittelbarkeit in ihre Schöpfungen überzuleiten. Mit der neuen Stoffwelt kam aber auch die Notwendigkeit, sie in der ihr eigenen Formensprache zu gestalten. Die kalt konkreten Formen des Klassizismus bieten der Ausdrucksbedürftigkeit der Motive gegenüber nicht Stand. Man mußte auf die des unmittelbaren Lebens, der Natur zurückgreifen, oder richtiger, man mußte sie mit weniger abstrahierenden, ihre individuellen Besonderheiten schärfer erfassenden Augen betrachten, mit treuerer charakterisierender Hand nachbilden lernen, als es die antikisierende Richtung, deren Grundlage ja das Studium des Nackten in ihrer Weise auch immer geblieben war, nötig gehabt hatte« (C. v. Fabrizy: Die französische Skulptur der Gegenwart. In: Zeitschrift für Bildende Kunst. 1882, S. 26).

Auf der Suche nach neuen Formen plastischer Gestaltung für soziale Themen wurden verschiedene Wege beschritten. Etwa zur gleichen Zeit wie MEUNIER fand DALOU andere Lösungen. Er versuchte, ein umfassenderes Bild als der Belgier von dem breiten Spektrum der Arbeitswelt zu geben, wobei er der wirtschaftlichen Struktur Frankreichs entsprechend der Landarbeit besondere Aufmerksamkeit schenkte. Wie bei MEUNIER, RODIN und später den Deutschen WILHELM LEHMBRUCK und BERNHARD HOETGER gipfelten seine Studien in der Konzeption eines großen Denkmals, das er aber nicht wie jene »Denkmal der Arbeit«, sondern »Denkmal für die Arbeiter« nannte. Dieses aus eigener Initiative begonnene Werk gelangte nie zur Ausführung, von den zahlreichen Entwürfen wurde nur eine Einzelfigur, der ›Grand Paysan‹, vollendet und als großformatige Bronze gegossen. Im Unterschied zur idealistischen Auffassung Meuniers zeigte Dalou seinen Arbeiter realistisch analysierend, ohne Pathos und Heroisierung als Alltagsmenschen. Anstelle von Stilisierung und Idealisierung feilte er in naturalistischer Manier an Details, wie z. B. den Muskelpartien, und versah die Skulptur mit individuellen Zügen. Statt in einer eleganten, klassizistischer Tradition entstammenden Pose präsentierte er ihn in natürlicher aufrechter Haltung mit gesenktem Kopf. So drücken sich – im Gegensatz zum demonstrativ Selbstbewußten, Heldenhaften des Dockarbeiters – in seinen kräftigen Formen und seinem zerfurchten Gesicht die ganze Schwere körperlicher Arbeit, Anstrengung und eine gewisse Resignation oder Müdigkeit aus, die auf die Strapazen und das Leidvolle seines Lebens hinweisen. Zugleich strahlt er aber verhaltene, würdevolle Monumentalität aus. Sowohl MEUNIER als auch DALOU wurden zu prägenden Vorbildern für Arbeiterdarstellungen und den sozialistischen Realismus des 20. Jahrhunderts, wie ihn etwa FRITZ CREMER vertritt.

Hermann Eggert: Hauptbahnhof in Frankfurt a. M. (1883–88)

1. Neue Bauaufgaben im Zuge der industriellen Revolution

2. Das Jahrhundert der Eisenbahn

Hermann Eggert (* 1844 in Burg bei Magdeburg, † 1920 in Weimar), Schüler an der Berliner Bauakademie; arbeitete ab 1875 in Straßburg (Kaiserpalast 1883–89), ab 1889 in Berlin als Kirchenbaumeister, ab 1898 in Hannover (Neues Rathaus). Ein Hauptwerk ist der Frankfurter Hauptbahnhof, den er unter Mithilfe HOTTENROTS entworfen hat.

1. Neue Bauaufgaben im Zuge der industriellen Revolution. Der explosionsartige technische und zivilisatorische Fortschritt, die zunehmende Ablösung des Handwerks durch die Industrie, die serielle Fertigung von Baumaterialien sowie das Bedürfnis nach nationaler Repräsentation brachten neue Bauaufgaben mit sich und forderten von den öffentlichen Bauträgern neue Konzeptionen. Verwaltungsbauten (Justizpalast, Parlament, Börse), Kulturinstitutionen (Museum, Universität, Theater, Oper), Ingenieurbauten (Ausstellungshallen, Fabriken, Türme) und Versorgungseinrichtungen (Kanalisation, Wasserversorgungsanlagen, Feuerwehrgebäude) veränderten das Bild der Städte im 19. Jh. wesentlich.

Es darf allerdings »nicht das Mißverständnis entstehen«, so der Architekturtheoretiker A. M. VOGT, »es habe nicht schon früher Bankgeschäfte, Theateraufführungen und Parlamente gegeben. Aber Gebäude, die speziell für derartige Bedürfnisse angelegt sind, werden tatsächlich erst nach oder vor der Französischen Revolution zum ersten Mal gebaut. Vorher finden Theateraufführungen in den Theatersälen fürstlicher Residenzen statt ... Nach der Revolution und mit zunehmenden zivilisatorischen Neuerungen wachsen aber Bevölkerung und Stadt sehr schnell, und es müssen leistungsfähigere und besondere Gebäude erstellt werden, so daß die Bautypen Justizpalast, Parlament, Konzertsaal, Börse tatsächlich erst im 19. Jahrhundert entstehen« (A. M. Vogt: 19. Jahrhundert. Stuttgart 1971, S. 55).

Mit dem Aufkommen der Eisenbahn stellte sich als neue Bauaufgabe die Errichtung von Bahnhöfen und Empfangshallen. Zu den bedeutendsten Bauten dieser Art in Deutschland gehört der Frankfurter Hauptbahnhof. Darüber hinaus stellten der Ausbau des Eisenbahnnetzes und der dadurch ermöglichte Massentourismus Architekten, Ingenieure, Stadtplaner und Verwaltungsbeamte vor eine Reihe städtebaulicher Folgeaufgaben: Hotels, Kurhäuser, Bäder, Kliniken, Bildungseinrichtungen wurden in einem erheblichen Umfang erforderlich.

2. Das Jahrhundert der Eisenbahn. Die Erfindung der Lokomotive durch die englischen Ingenieure HEDLEY (1813) und STEPHENSON (1829) revolutionierte den Verkehr in einer Weise, daß man vom »Jahrhundert der Eisenbahn« sprach. »Diese große und nützliche und höchst zeit- und fachgemäße Erfindung ist in den weiten Kreis der Verbesserungen aufzunehmen, deren Bayern unter des Königs Zepter sich erfreut. Ein längeres Zögern würde Bayern der doppelt so großen Gefahr aussetzen, von anderen Nachbarstaaten umgangen und überflügelt zu werden ... Die Eisenbahnlust erreicht einen unglaublichen Grad. Welch tiefen moralischen und politischen (militärischen) Einfluß diese unglaublich schnellen Kommunikationen haben werden ... Ich halte sie für wesentlich antipoetisch und antiartistisch, aber durch den Drang der Zeit unvermeidlich« (L. v. Klenze in einem Brief an Ludwig I. von Bayern vom 19. 3. 1837).

HEINRICH HEINE schrieb 1843: »Welche Veränderungen müssen jetzt eintreten in unsrer Anschauungsweise und in unseren Vorstellungen! Sogar die Elementarbegriffe von Zeit und Raum sind schwankend geworden. Durch die Eisenbahnen wird der Raum getötet, und es bleibt uns nur noch die Zeit übrig ... In vierthalb Stunden reist man jetzt nach Orléans, in ebensoviel Stunden nach Rouen. Was wird das erst geben, wenn die Linien nach Belgien und Deutschland ausgeführt und mit den dortigen Bahnen verbunden sein wer-

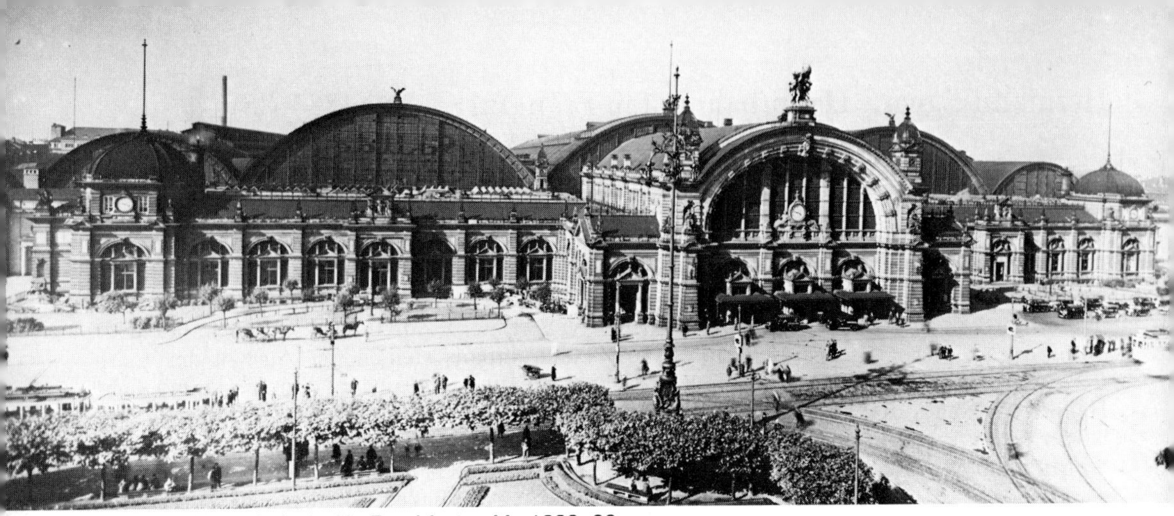

H. Eggert: Hauptbahnhof in Frankfurt a. M.; 1883–88

den! Mir ist, als kämen die Berge und Wälder aller Länder auf Paris angerückt. Ich rieche schon den Duft der deutschen Linden; vor meiner Tür brandet die Nordsee« (H. Heine: Sämtl. Schriften. Darmstadt 1974, Bd. 5, S. 449).

»In England entstehen die ersten Linien in den dreißiger Jahren, für Deutschland bringen die Jahre zwischen 1850 und 1870 den entscheidenden Ausbau des Eisenbahnnetzes. Damit erscheint die Bauaufgabe Bahnhof in der Architekturgeschichte dieses Jahrhunderts, die bis in die Mitte des 20. Jahrhunderts über so wichtige Stationen wie ELIEL SAARINENS Hauptbahnhof in Helsinki (1906–1916), den Stuttgarter Bau (1913–1927) durch PAUL BONATZ, bis zur Stazione Termini in Rom (1948–1950) von E. MONTUORI weitergeführt wird. Erst dann tritt sie hinter die neue Aufgabe des Flughafenbaues zurück. Die englischen Anfänge des Bahnhofbaues zeigen abermals, daß auch hier die Architekten zunächst nicht in der Lage sind, das gestellte Problem zu lösen ... Es bedarf keiner Erläuterung, daß auch die Bahnhöfe zunächst in reiner Mauerwerktechnik ... die späteren Bauten aus Mauerwerk, Glas- und Eisenkonstruktionen errichtet werden. Die Euston Station in London von PHILIP HARDWICK (1792–1870), erbaut von 1835 bis 1839, zeigte vor den Gleisanlagen für die ankommenden und abfahrenden Züge eine monumentale Eingangsfront mit einem dorischen Portikus* aus Gußeisen. Er wirkte wie eine großartige rhetorische Geste ... Mit der von 1851 bis 1852 errichteten Londoner King's Cross Station von LEWIS CUBITT (1799–1883) erscheint dann ein frühes Beispiel für den in der Zukunft wirksamen Bahnhoftypus: Die Bahnsteige und die Gleisanlagen sind mit zwei parallelen Tonnen von 24 m Spannweite überdeckt, die ursprünglich in Holz errichtet, später aber durch eine Eisen-Glaskonstruktion ersetzt wurden. Damit ist auch die Durchbildung der Fassade gegeben, die von nun an eine oder mehrere verglaste Bogenöffnungen aufweist. Diesem Vorbild folgen alle Pariser Bahnhöfe, so auch der von 1863 an durch J. I. HITTORF (1793–1867) errichtete Gare du Nord ... Auch der Hauptbahnhof in Frankfurt a. M. folgt dem Beispiel der Londoner King's Cross Station. Wie bei vielen Bauten der Frühzeit fällt auch hier die Entscheidung zugunsten der Kopfstation. Damit wird das Muster der barocken Schloßanlage in gewandelter Form aufgenommen: Aus dem Ehrenhof werden Anfahrtsstraßen, aus der Gartenseite die Hauptfassade. Mit dem Bau [Frankfurter Hauptbahnhof] wird 1883 nach Plänen von HOTTENROT und HERMANN EGGERT begonnen, die eine Dreigelenkkonstruktion [der Pfeiler] vorsehen. Die drei Schiffe erreichen eine Höhe von 28,5 m und eine Breite von 56 m, die auch das architektonisch bestimmende Element der Fassade bilden. Für den langsamen Ausklang der Gründerjahre* – der Bau wird 1888 vollendet – ist bezeichnend, daß jetzt schon weitgehend auf Schmuckelemente verzichtet wird« (H. Voss: 19. Jahrhundert. Frankfurt 1969, S. 148).

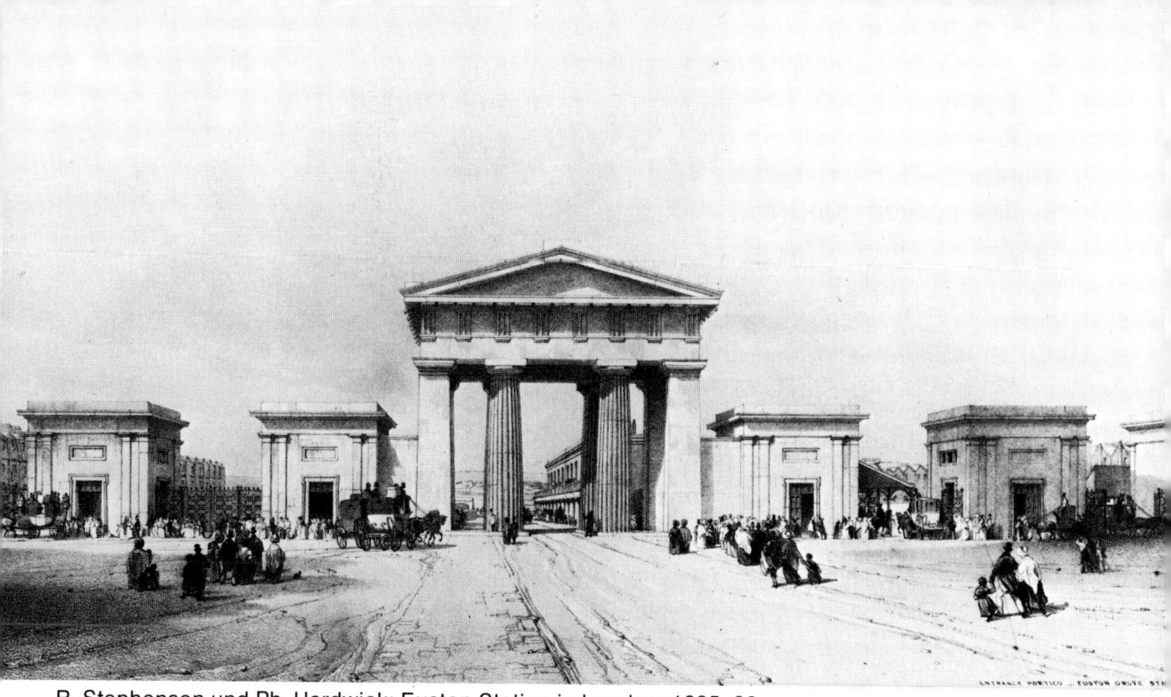

R. Stephenson und Ph. Hardwick: Euston Station in London; 1835–39

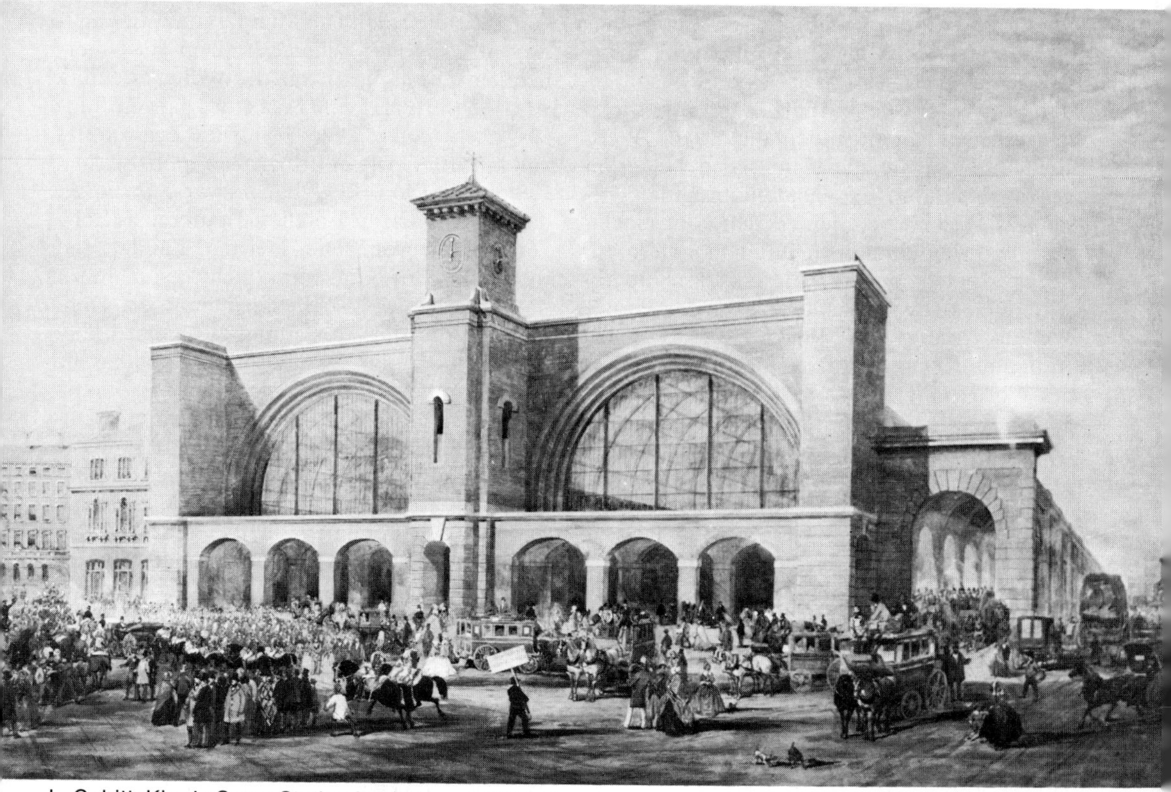

L. Cubitt: King's Cross Station in London; 1851/52

Louis Fernand Dutert: Galérie des machines (1889)

1. Weltausstellungen

2. Maschinenhallen als Triumph der Technik

Louis Fernand Dutert (* 1845 in Douai, † 1906 in Paris) lieferte seit 1869 Entwürfe für große öffentliche Bauten in neuen Materialien. Den Plan für die Maschinenhalle der Pariser Weltausstellung von 1889, seinen bedeutendsten Bau, entwickelte er unter Hinzuziehung mehrerer Ingenieure, vor allem PIERRON CONTAMINS (1840–93).

1. Weltausstellungen. Die Weltausstellungen des 19. Jahrhunderts in London (1851, 1862), Paris (1855, 1867, 1878, 1889, 1900), Wien (1873), Philadelphia (1876) und Chicago (1893) demonstrierten in der Präsentation modernster Industriegüter den wirtschaftlichen Fortschritt und das politische Gewicht des ausstellenden Landes. Die Abschaffung der Zünfte und die Propagierung des Freihandels durch die Lockerung der Zollschranken ermöglichte den Austausch von Rohstoffen, Fertigwaren und Erfindungen unter den fortschrittlichen Nationen der Welt. Jede Weltausstellung suchte die technischen Neuerungen auch in riesigen Ausstellungshallen, besonders Maschinenhallen (Galérie des machines), und monumentalen Baudenkmälern zur Schau zu stellen. »Wer diese Paläste durchschreitet«, so der offizielle Führer der Pariser Weltausstellung von 1867, »rund wie ein Äquator, der unternimmt im wahren Sinne des Wortes eine Reise um die Welt. Alle Völker sind gekommen: Feinde leben friedlich Seite an Seite. So wie am Beginn der Schöpfung der göttliche Geist über den Wassern schwebte, so schwebt er jetzt über diesem Meer aus Eisen.«

Die Weltausstellungen dienten in erster Linie der nationalen Selbstdarstellung; mit unverhohlenem Stolz auf seine Leistung stellte man dort die neuesten Industriegüter, Techniken und Raumkonstruktionen (vor allem Ingenieurbauten) vor. »Geplant aus wirtschaftlichem Interesse und nationalem Geltungsbedürfnis, waren [sie] Selbstdarstellungen im großen Format des vielumstrittenen 19. Jahrhunderts, dessen Erbe wir angetreten haben. Für die Epoche bedeuteten sie ein Novum: eine Bilanz des Bestehenden und Vorhandenen, des Gewollten und Erwünschten in einem den engen Rahmen des einzelnen Landes und der einzelnen Nation sprengenden Ausmaß.

Vieles von dem, was auf den Ausstellungen gezeigt wurde, ist mit Recht längst der Vergessenheit anheimgefallen, vieles besitzt nur noch historisches Interesse, vieles benutzen wir noch heute, und es bildet einen Teil unseres Lebens. Auf einer Weltausstellung des 19. Jahrhunderts spazieren zu gehen, bedeutet darum nicht nur die Konfrontation mit der Vergangenheit, sondern auch mit der eigenen Umwelt . . . War die Londoner Ausstellung von 1851 die staatliche Manifestation des englischen Großbürgertums, vor allem der Unternehmer, gewesen, so war die Weltausstellung von 1889 in Paris eine Sache des ganzen französischen Volkes. Die Wahl des Zeitpunktes zur Jahrhundertfeier der großen französischen Revolution von 1789 hatte zwar zur Folge, daß die politische Isolation Frankreichs noch verstärkt wurde. Die meisten Länder mit monarchischer Staatsform, nicht nur in Europa, sagten eine offizielle Teilnahme ab. Dennoch wurde die Ausstellung zu einem unbestrittenen Erfolg. Gestärkt durch die rasche Ausweitung seines Kolonialreiches in knapp zwei Jahrzehnten . . . und die kräftige Entwicklung seiner Industrie nach 1871 hatte Frankreich eine wirtschaftliche Leistungsfähigkeit erreicht, die allgemein überraschte. Sie äußerte sich vor allem in den großen Ingenieurbauten der Ausstellung, dem Eiffelturm und der Galérie des machines, Giganten der neuen Stahlarchitektur, wie den drei Kuppelbauten, dem des Dôme central und denen des Palais des Beaux-Arts sowie des Palais des Arts-Libéraux. Der von nun an enzyklopädische Charakter der Weltausstellungen kam u. a. in einer Retrospektive des menschlichen Wohnens und Arbeitens und einer Geschichte

G. Eiffel: Eiffelturm; 1889, Höhe 300 m, Paris ▶

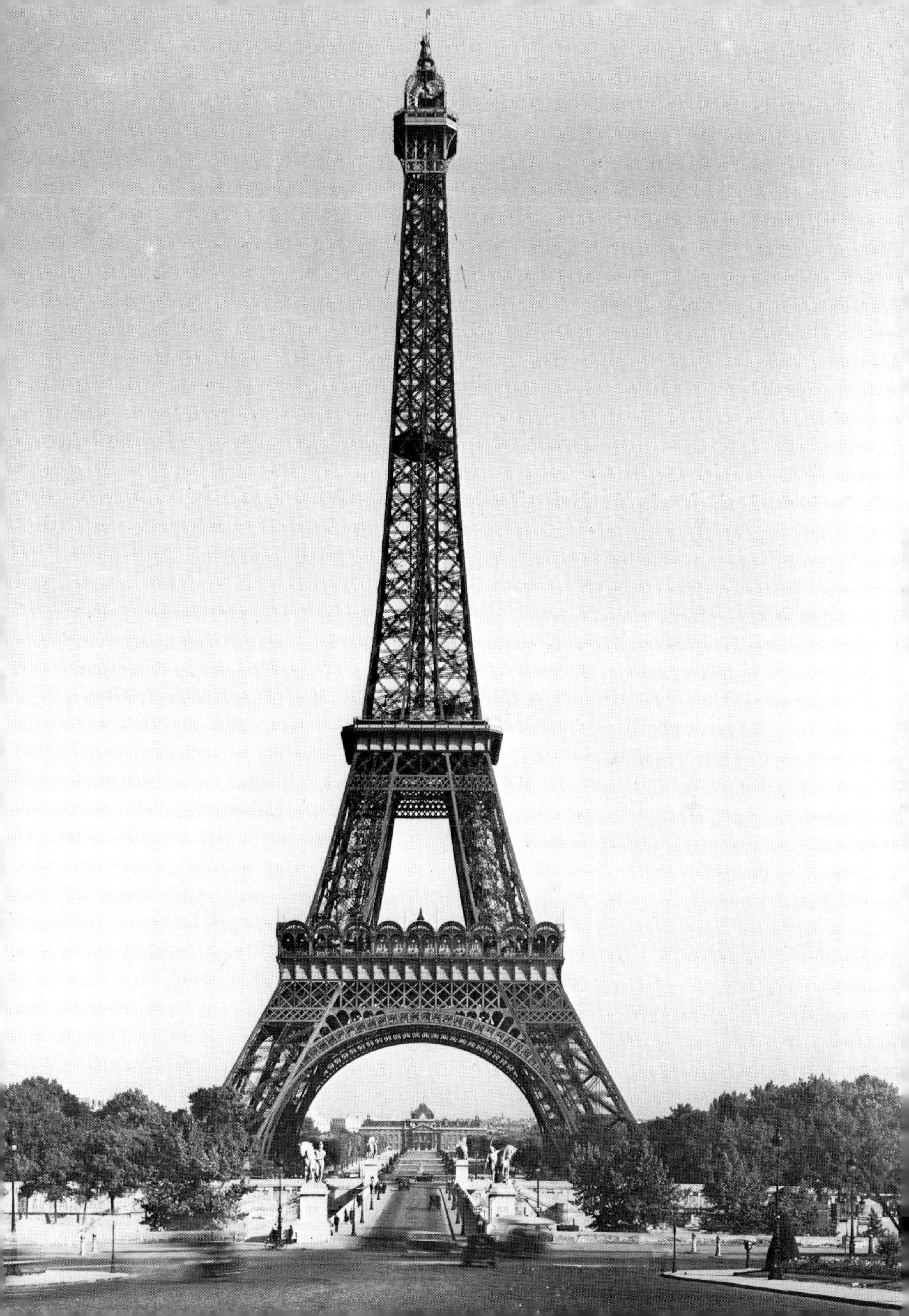

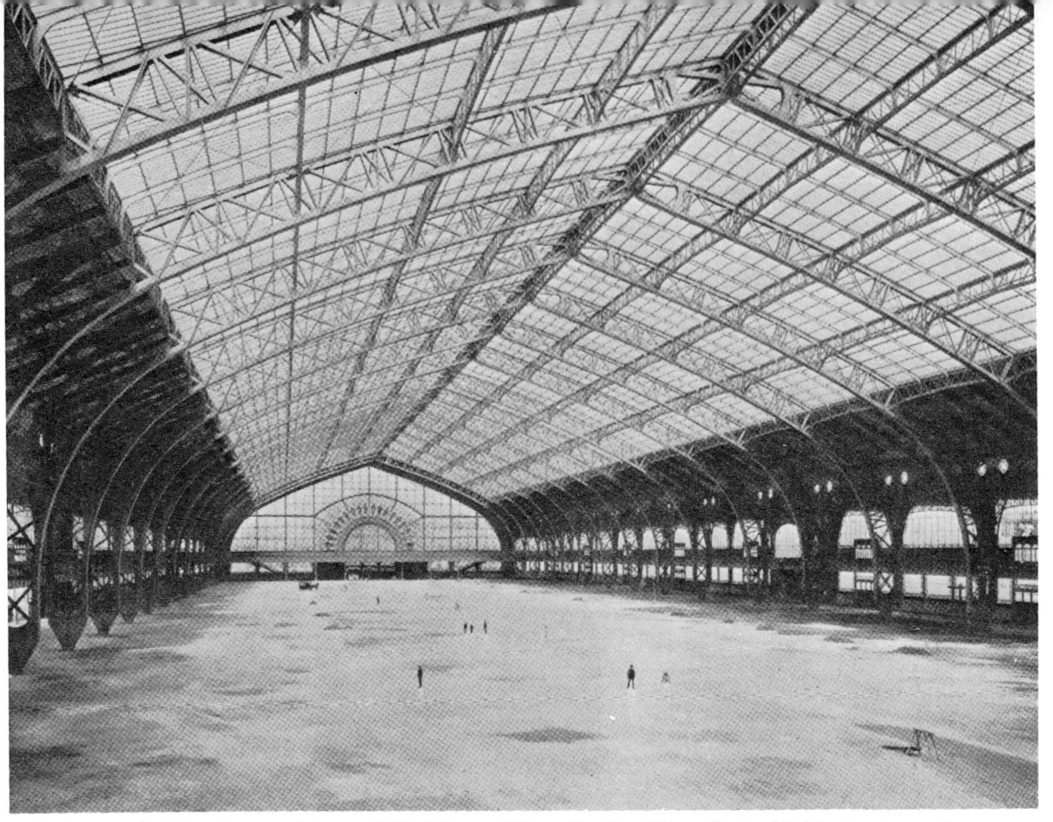

L. F. Dutert: Galérie des machines; 1889, Länge 420 m, Breite 115 m, Paris (1910 abgetragen)

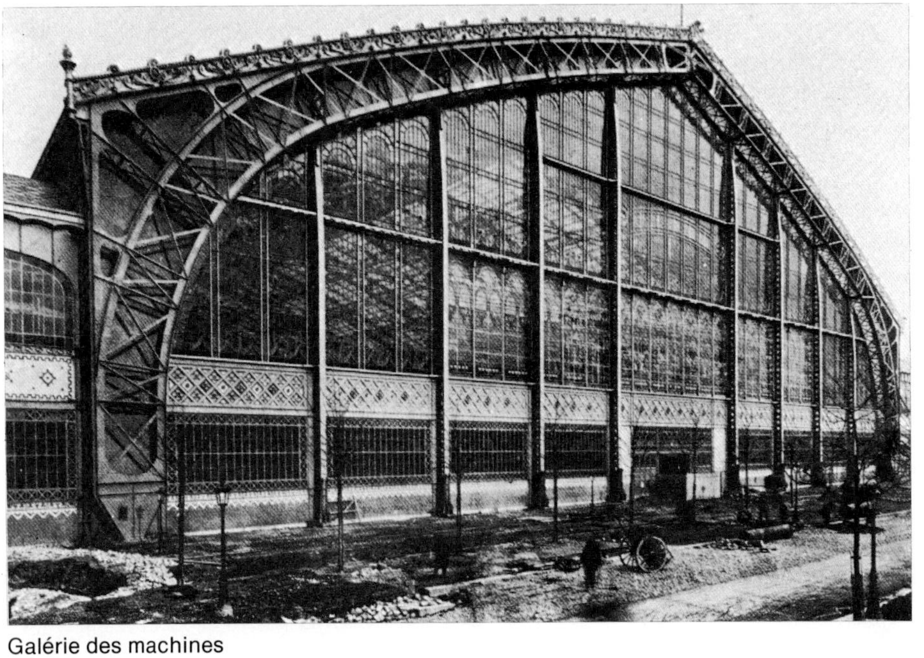

Galérie des machines

der Transportmittel zum Ausdruck. Eine besondere Abteilung war den sozialen Bedürfnissen der Arbeiter gewidmet ... So zeigt man das Haus eines Arbeitervereins mit einem Konferenzsaal für 300 Teilnehmer und die unterschiedlichen Typen von Arbeiterwohnhäusern verschiedener Siedlungsgenossenschaften und Baugesellschaften« (C. Beutler: Weltausstellungen im 19. Jahrhundert. Ausstellungskatalog. München 1973, S. IVff.).

2. Maschinenhallen als Triumph der Technik. Die Hauptattraktion der Pariser Weltausstellung von 1889 waren der Eiffelturm von GUSTAVE EIFFEL (1832–1923), eine reine Stahlkonstruktion und mit 300 m Höhe das höchste Bauwerk seiner Zeit, sowie die Galérie des machines des Architekten FERNAND DUTERT.

Mit Hilfe der sog. Dreigelenkkonstruktion (bestehend aus den beiden Kämpfergelenken der Bodenzone und dem Scheitelgelenk in Firsthöhe) konnte Dutert eine gigantische Halle von 115 m Spannweite, 420 m Länge und 43 m Höhe errichten (1910 abgetragen). PAXTONS Kristallpalast von 1851 hatte nur eine frei überspannte Weite von 22 m, das 1855 errichtete Palais de l'Industrie in Paris eine solche von 48 m.

Die Besonderheiten von Duterts Lösung waren der Verzicht auf Mittelstützen und Hilfskonstruktionen, die ungeheuren Ausmaße des Raumes, ferner die statische Lösung der Fußpunkte: Die über 60 m langen Stahlgitterbalken saßen auf spitz zulaufenden Gelenken, nicht mehr auf massiven Fundamenten, und waren beweglich mit den Bodenlagern verankert. Die gesamte Konstruktion erhielt dadurch eine nahezu schwerelose Struktur und einen schwebenden Charakter. Diesen Eindruck vermittelt auch der Bericht von H. DE PARVILLE, einem zeitgenössischen französischen Journalisten: »Es ist gelungen, Metall allen künstlerischen Zwecken dienstbar zu machen. Bis jetzt hielt man es nicht für möglich, dem Eisen wirkliche künstlerische Effekte abzugewinnen ... Trotz der Gliederung durch die schönsten Seitengalerien fällt es dem Blick schwer, sich an solche bisher unerhörte Dimensionen zu gewöhnen, und er weiß mit einer solchen Maßlosigkeit nichts anzufangen. Auch der gedrückte Spitzbogen der Arkaden täuscht das Auge und vermittelt nicht allen Beschauern einen genauen Begriff von der Höhe des Gebäudes; nach und nach wird das Auge sich an diese riesigen Perspektiven gewöhnen; anfangs überrascht, wird es schließlich alles bewundern. Eine Vision der Größe« (zitiert nach: Parigi e l'Esposizione universale del 1889. Mailand 1889, S. 62).

An der ästhetischen Qualität der Galérie des machines begeistert sich auch ein italienischer Journalist: »Die vollendet bogenförmige, durchsichtige Wölbung wird von weißen Glasscheiben geschlossen, die mit ein paar schlicht-harmonischen, bläulichen Ornamenten verziert sind ... Solange [der Palast] leer war, verlieh ihm die Bauart – Eisen und Glas – eine solche Leichtigkeit, daß ein Dichter ausrief: ›Schade, daß man ihn verschandeln wird, indem man Maschinen hineinstellt‹« (Folchetto, in: Parigi e l'esposizione universale del 1889. Mailand 1889, S. 22).

»Konstruktion und Form waren an diesem Bau vollständig eins. Der gewaltige Binder, der die Wirkung des Innenraums bestimmte, war auch das beherrschende Motiv der Fassade, die hier nicht mehr als dekorative Schaufront ausgebildet wurde, sondern nur durch ihr tragendes Gerüst zu wirken hatte. Aus den emaillierten Friesen, den Füllungen aus Glas und keramischen Platten und dem Netz der Binderverstrebungen ergab sich eine völlige Einheit. Ornamentik und Schmuck wiesen dabei kaum Anleihen an vergangene Stilepochen auf, so daß das Ganze dem heutigen Beschauer als eine glückliche Manifestierung neuer Ausdrucksmöglichkeiten erscheinen mag« (E. Schild: Zwischen Glaspalast und Palais des Illusions. Frankfurt/M. 1967, S. 119).

9. Kunst im Deutschen Kaiserreich

Arnold Böcklin: Die Toteninsel (1880)

1. Jenseitserwartungen und Einsamkeit als Leitmotive
2. Mythische Naturüberhöhung
3. Böcklin, der Anti-Impressionist
4. »Der Fall Böcklin« und die Kunst des Deutschen Kaiserreichs

Arnold Böcklin (* 1827 in Basel, † 1901 in Fiesole) besuchte die Düsseldorfer Akademie und übte sich dort an »historischen Landschaften« im Stil LORRAINS und POUSSINS; nach Studienaufenthalten in Genf und Paris übersiedelte er 1850 nach Rom; 1859 hatte er in München mit seinem Gemälde »Pan im Schilf« den ersten durchschlagenden Erfolg. Böcklins stilistische Entwicklung verläuft von der Spätromantik zum Symbolismus* der Jahrhundertwende. Besonders Gestalten aus der griechischen Mythologie werden in seinen Bildern zu Bedeutungsträgern von Lebenskräften (Nymphen, Faune, Tritonen, Kentauren und dgl.).

1. Jenseitserwartungen und Einsamkeit als Leitmotive. »Den Gedanken mag Böcklin schon längere Zeit mit sich herumgetragen haben, ausgelöst wurde die schöpferische Tat durch eine Bestellung. Frau BERNA, spätere GRÄFIN ORIOLA, kam im April des Jahres 1880 nach Rom in Böcklins Atelier, um ein Bild zu bestellen. Dieser dachte zuerst an etwas Heiteres, einen Kinderreigen. Frau Berna wollte aber eine Landschaft, ›etwas zum Träumen‹. Böcklin ging dann an den ganz anders gearteten Stoff, offenbar nicht ohne daß dabei die Teilnahme an dem Schicksale der Bestellerin mitgespielt hätte. Sie hatte, noch sehr jung, nach kurzer glücklicher Ehe ihren jungen Gemahl plötzlich verloren. Im Gemälde ist die Gattin dargestellt, die den geliebten Mann zur letzten Ruhe führt. Als Frau Berna im Mai von Rom zurückkam, standen die zwei frühesten Fassungen im Atelier. Die erste hatte Böcklin zurückgestellt und er malte an der zweiten ... Es fehlte noch der Kahn und etwas Kraft in den Tönen. Das Gemälde für Frau Berna ist Ende Juni an die Bestellerin abgeschickt worden. Böcklin ging darauf sofort nach Ischia ... Dieser zweite Aufenthalt in Ischia fand aber ein jähes Ende. Bei der Rückkehr von einer kleinen Fahrt stand der Depeschenbote am Ufer, der die Nachricht von der tödlichen Krankheit von Böcklins Vater brachte. Als der Künstler wieder nach Florenz zurückgekehrt war, vollendete er nun auch die erste Fassung« (H. A. Schmid: Arnold Böcklin. München 1922, S. 44).

»Das Thema der Villa am Meer könnte man auch das Thema der Einsamkeit nennen ... [Bilder dieser Art] zeigen uns das einsam machende Schicksal, dessen Gedanke offenbar hinter allen Villen- und Ruinenbildern gestanden hat ... Die stillste und ergreifendste Blüte an diesem weit verzweigten Stamme aber ist die ›Toteninsel‹. Hier ist es ganz einsam geworden ... Mit diesem Bilde griff er den Deutschen am tiefsten in die Seele – über die ihm innewohnende Stimmungsgewalt wird man nicht hinauszugehen vermögen. Fünfmal sah der Künstler sich [vor] dieselbe Aufgabe gestellt, und jedesmal schuf er etwas durchaus anderes ...

Der Vergleich mit der zweiten Lösung zeigt, daß die erste im Vordergrund der Insel von einer zerstreuenden Unruhe erfüllt ist ... Auf dem zweiten Bilde ist alles strenger geworden, feierlicher Ernst erfüllt die Szene. Mächtig wachsen die Felswände und Zypressen empor und scheinen weiter zu wachsen und zu steigen, wie die Pracht alter Gesänge in einem gotischen Dome ... Sehr lehrreich für die Unterschiede der Stimmung ist ein Vergleich zwischen der dem Entwurf nach ersten Toteninsel ... und der letzten ... [Im ersten Gemälde] sehen wir scharfe Gegensätze: Nachthimmel, geheimnisvoll durchleuchtet, und nachtschwarzes Meer. Zwischen blendend hellen Mauern olivschwarze Zypressen, aufsteigend in ernster Pracht ... Der Eingang zur Insel, im Grunde eines kleinen Hafens, ist finster und mächtig, und die erzenen Tiergestalten auf den Torpfeilern sind aufgerichtet, den Ankömmlingen drohend zugewandt. Alles atmet unerbittliche Strenge, ist mächtig und leidenschaftlich ... [Bei der letzten Version] erleben wir einen vollen Gegensatz: Ruhig, beinahe heiter steigt die Insel aus spiegelnder Flut. Hinter ihr ein bewegter dunstschwerer Frühlingshimmel. In kaltem schimmerndem Grün ... leuchten die Zypressen. Auf den Felsen zur Rechten wuchert rotblühendes Gebüsch. Alles erscheint gemildert, lieblicher. Der Priester im ... Boot breitet die Arme über dem mit Rosenketten bekränzten Sarge aus, und der stehend rudernde Fährmann gleicht einem neapolitanischen Schiffer. Der Hafen fehlt, die Tiere über dem breiten Zugang sind ruhig gelagert, und die Grabkammern zur Linken schlummern in wundervoller grüner Dämmerung. Friede und Ruhe sind die Signatur dieses Bildes« (H. Floerke: Der Dichter Arnold Böcklin. München 1905, S. 17–20).

2. Mythische Naturüberhöhung. »Es muß ausdrücklich betont werden, daß das Böcklinsche Gebilde keine Insel der Seligen vorstellt in dem Sinne, wie in der antiken Mythe ein solches Land geschildert wird. Die Insel der Seligen ist bei den griechischen Dichtern etwas ganz anderes: es ist die Stätte, wo glückliche Helden wohnen, in paradiesischen Gefilden, die dreimal im Jahre blühende Früchte tragen, ›wo herab in der Goldkelche Glut des Gesträuches Pracht im nährenden Bach sich spiegelt‹, wie PINDAR singt, wo die Bewohner weiterleben in seliger Lust, sich an Spielen erfreuen und die Schönheit des Landes genießen in aller Leidenschaft, die sie auf dieser Erde besessen haben. Ein solches seliges Dasein führen die Bewohner der Toteninsel nicht. Sie fahren hinüber im Sarg und ruhen, ohne wiederzukehren, in der Felsenkammer aus von den Mühsalen des Erdenlebens – es ist eine christliche Auffassung, die das Bild beseelt« (J. Vogel: Boecklins Toteninsel und Frühlingshymne. München 1902, S. 18).

»Nicht Menschenwerk und sei es noch so ernst und streng aufgebaut, die Natur selbst nimmt hier den Menschen, den sie aus sich geboren, wieder in ihren dunklen Schoß zu-

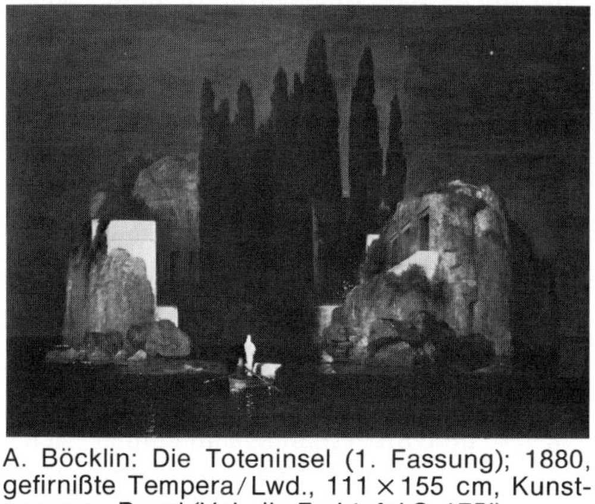

A. Böcklin: Die Toteninsel (1. Fassung); 1880, gefirnißte Tempera/Lwd., 111 × 155 cm, Kunstmuseum, Basel (Vgl. die Farbtafel S. 175!)

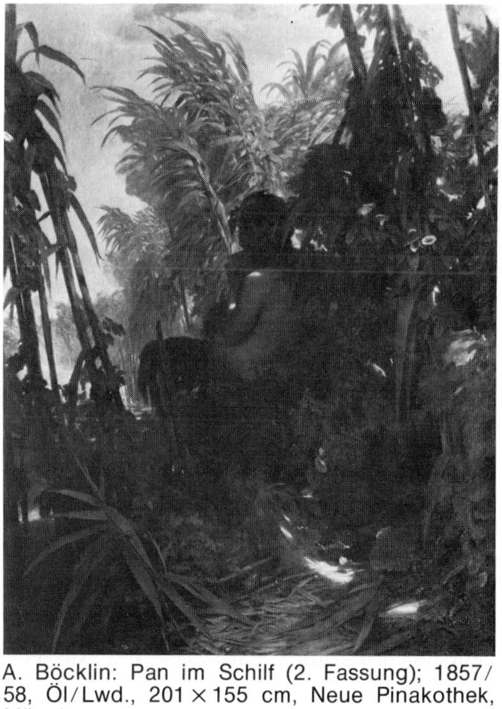

A. Böcklin: Pan im Schilf (2. Fassung); 1857/58, Öl/Lwd., 201 × 155 cm, Neue Pinakothek, München

rück: das ewige Meer, der ewige Fels, eine Handvoll Erde und die uralten Zypressen. Die Natur überdauert Menschenwerk, sie ist so groß geschaut, wie Böcklin es hier tut, monumental, mag auch der Stoff, in dem der Künstler das Geschaute gestaltet, vergänglich sein. Diesen Eindruck steigert noch die Bildform. Wie mächtig die aufstrebenden Vertikalen durch die Knappheit des Bildraums zur Ruhe gezwungen werden, wie die groß gefaßten Formen für den inneren Sinn ins Unendliche zu wachsen und fast den Rahmen zu sprengen scheinen, auch darin liegt monumentale Größe. Einen Trost hinzuzufügen für das Menschenwesen selbst, das für ihn doch auch nur ein Stück Natur ist, verschmäht der Meister« (P. Brandt: Sehen und Erkennen. Stuttgart [5]1923, S. 346).

Gegen Böcklins Pantheismus wurden allerdings auch Bedenken erhoben: »Das charakteristische Merkmal der Böcklinschen Kunst ist die packende unwiderstehliche Kraft einer meist ernsten, aber vagen Stimmung. Es ist oft ein strenger, freudloser Schauer, der durch seine Bilder geht. Sein ›Pan‹ hat einen wahrhaft magischen Odem und geheimnisvollen Zauber, aber kein romantisch weicheres Gefühl. Dunkle Zypressen oder Pyramideneichen, diese offiziellen Kirchhofsbäume, sind recht typisch für diese Landschaften. Naturallegorien, Meeres- und Landesidyllen, Vorwürfe mit Todesgedanken ... d. h. in seinem Sinne gesprochen, mit der Auflösung des persönlichen Bewußtseins im Urchaos der Natur sind häufig wiederkehrende Gegenstände seiner Werke ... Die Landschaft hat nicht die Klarheit eines in Worten gesprochenen Prinzips; daß aber die Böcklinsche Kunst auf pantheistischer Grundlage stehe, darüber herrscht eine Meinung. Das pantheistische Wesen liegt nicht darin, daß die Landschaft zur Behausung von Nymphen und Centauren und dem ganzen mythischen Publikum gemacht worden; auch darin nicht, daß sie überhaupt belebt und durchgeistigt ist, sondern vielmehr darin, daß es das gleiche Leben ist, welches alle Geschöpfe belebt: Erde, Vegetation, Menschen sind nur verschiedene Gestalten, in denen sich die unnahbare Seele des Alls verkörpert, und das Gefühl der All-Einsheit fesselt sie alle. Desselben allgemeinen Lebens Odem weht in der Dämmerung, kräuselt die Welle, spielt im Lichte und Tropfen Tau, durchwühlt des Meeres und der Erde Schoß und pocht, nur mit mehr Bewußtsein, in des Menschen Brust« (J. Sörensen S. J.: Malerei, Bildnerei und schmückende Kunst. Freiburg i. Br. o. J., S. 170–172).

3. Böcklin, der Anti-Impressionist. »Böcklins Bilder ... muten uns in stiller Größe wie Lieder auf die Vergänglichkeit und auf die Ewigkeit an. In der ›Insel der Toten‹, wo nur leise die Welle flüstert, der Kahn sanft dahingleitet, neigen sich lind die Wipfel der Zypressen unter dem Hauch, der von der Welt des Lebens herweht; sie wollen die Schläfer da drunten in der heiligen Stille nicht stören. Böcklins Kunst ist wie eine Harfe, auf der Leid und Lust wehmütig zusammenklingen und die Tiefe der unendlichen Natur und der unbegrenzte Reichtum germanischen Gemütes ihre engste Verschmelzung finden. Böcklins Bilder leisten in dieser Hinsicht das Höchste, was die Landschaftsmalerei zu geben vermag, in schärfstem Gegensatz zur Augenblickskunst des Impressionismus*, der nur den Erscheinungen des veränderlichen, flüchtigen Daseins nachgeht. Böcklin ist ... ein Seher, der ins Innere der Natur eindringt und dort die Einheit zwischen Natur und Geist entdeckt« (A. Biese: Das Naturgefühl im Wandel der Zeiten. Leipzig 1926, S. 229).

»Das festgewurzelte, stundenlange Betrachten der Dinge ist eine von den Eigentümlichkeiten, die im Umgang mit Böcklin jedem aufgefallen sind. Im Prinzip ist diese Schaffensweise die Negation des sog. Impressionismus, und die historische Bedeutung Böcklins wird erst dann recht hervortreten, wenn die Abrechnung mit dieser gewaltigen Macht, die unser Zeitalter beherrscht, endgültig stattgefunden hat.

Was Böcklin gibt, ist nie der einzelne Fall, sondern das Resultat von vielen Beobachtungen, das geklärte ausdrucksvolle Bild, wie es die Vorstellung festhält ... Aus der innern Vorstellung wachsen nun nicht die einzelnen Stücke des Bildes hervor, sondern das Bild als Ganzes, und die Figuren sind immer gleich zusammen gesehn mit der Landschaft. Darum erscheinen sie so notwendig an ihrem Platze,

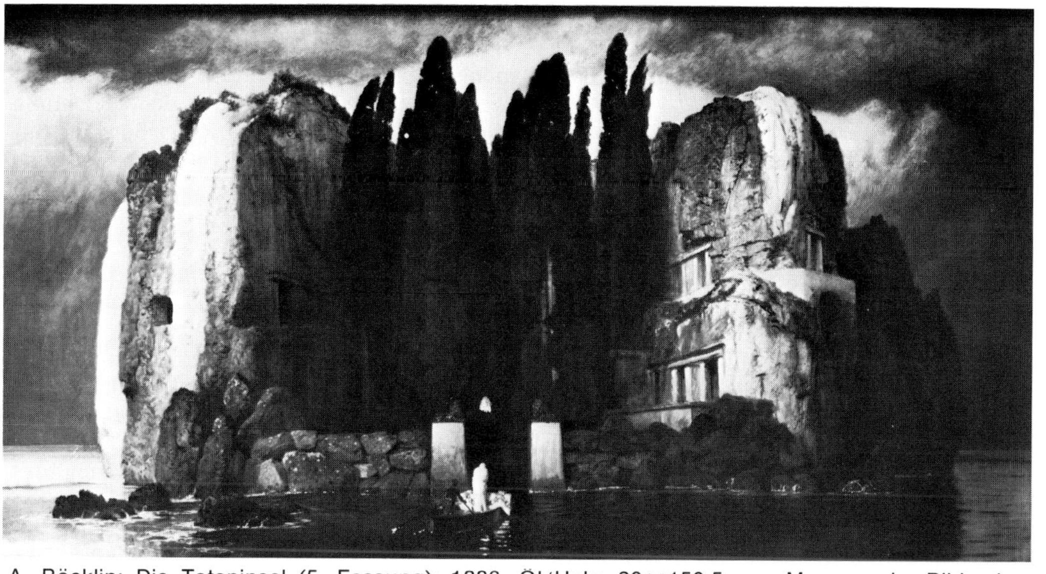

A. Böcklin: Die Toteninsel (5. Fassung); 1886, Öl/Holz, 80 × 150,5 cm, Museum der Bildenden Künste, Leipzig

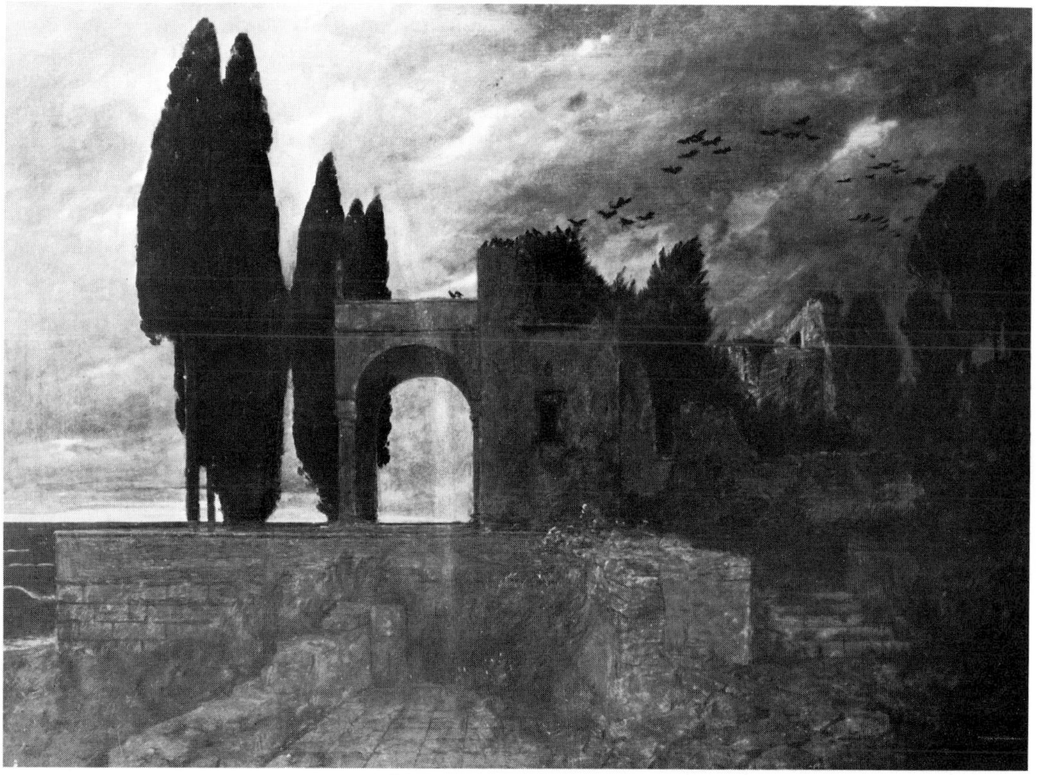

A. Böcklin: Ruine am Meer; 1878–80, Öl/Lwd., 110 × 155 cm, Hessisches Landesmuseum, Darmstadt

darum besitzt die Szene, der Raum eine so große Klarheit« (H. Wölfflin: Arnold Böcklin, Festrede 1897; in: Kleine Schriften. Basel 1946, S. 110).

4. »Der Fall Böcklin« und die Kunst des Deutschen Kaiserreichs. »Versuchen wir andeutend die Stationen der Wertschätzung zu bezeichnen, so können wir nach einer verhältnismäßig nur kurzen Zeit der Verständnislosigkeit, des Achselzuckens und der öffentlichen Bekämpfung rasch zunehmende Erfolge feststellen, schließlich einen Stimmungsumschlag auf der ganzen Linie zu des Künstlers Gunsten. Die Bewunderung nahm noch zu Böcklins Lebenszeiten geradezu hymnische Formen an ... Schon 1905 aber, vier Jahre nach des Künstlers Tode, erschien JULIUS MEIER-GRAEFES Buch ›Der Fall Böcklin‹, eine verführerisch argumentierende Kampfschrift, die einer Götzenzertrümmerung gleichkam, eine Abkühlung der Begeisterung bewirkte und weiteste Kreise ergriff. Hatte man sich früher dem ›Heros‹ nur ›mit Gefühlen der Andacht‹ genähert und seine Kunst bezeichnet als ›eine jener großen Offenbarungen, wie sie der Welt nicht jedes Jahrhundert bietet‹, so ... kam [es nun] so weit, daß es unter ›Gebildeten‹ als ein Zeichen bedauerlich geringer Geschmackskultur galt, sich offen zu Böcklin zu bekennen ... Es verdient [jedoch] hinzugefügt zu werden, daß selbst zu Zeiten der Verfemung durch die gelehrten Kunstrichter Böcklins Bilder [wie] die ›Toteninsel‹ etwa ... sich eine Volkstümlichkeit errungen und bewahrt haben, die sich mit der Verehrung für keinen anderen deutschen Künstler seiner Zeit vergleichen läßt« (C. G. Heise: Arnold Böcklin, in: Die Großen Deutschen, Bd. 3. Berlin 1936, S. 10).

MEIER-GRAEFE hatte in seiner Streitschrift den ›Fall Böcklin‹ zum ›Fall Deutschland‹ erklärt, d. h. aus seiner vom französischen Impressionismus bestimmten Sicht Böcklins Malerei als typische Kulturerscheinung des neuen deutschen Kaiserreichs gedeutet: die theatralisch-unwirkliche Bildwelt des gefeierten Künstlers erschien ihm als treffender Ausdruck der neureichen, aber geschmacklosen Gründerzeit-Mentalität in Deutschland – ein Werturteil, das im historischen Rückblick zunehmend revidiert worden ist. Festzuhalten bleibt jedoch, daß Böcklin mit manchen seiner Bildmotive, insbesondere mit der ›Toteninsel‹, die mythisch-sentimentalen Stimmungen der Zeit adäquat eingefangen hat.

Paul Wallot: Reichstagsgebäude in Berlin (1882–94)

1. Verlorene Architektursprache

2. Übertragung von Symbolen

Paul Wallot (* 1841 in Oppenheim, † 1912 in Langenschwalbach/Taunus); 1867–68 Studien in Italien und England; erhält 1882 den ersten Preis im Wettbewerb um das neue Reichstagsgebäude, dem größten öffentlichen Bau im Kaiserreich; 1894–1911 Professor in Dresden, wo er 1901–06 das Sächsische Ständehaus errichtet.

1. Verlorene Architektursprache. Die Architektur der zweiten Hälfte des 19. Jahrhunderts ist gekennzeichnet durch eine zunehmende Freiheit gegenüber den historischen Stilen. Diese allgemeine Entwicklung, die unter dem Begriff HISTORISMUS* zusammengefaßt wird, erweist sich als Mischstil, der seinen Formenbestand eklektizistisch*, d. h. je nach Bedarf und ohne Berücksichtigung der ursprünglichen Bestimmung auswählt. Charakteristisch ist die Ablehnung der Maschinenwelt bzw. der »nackten« Ingenieurkunst, indem man in »künstliche Paradiese« ausweicht. Die bemerkenswertesten Bauten dieser Art sind die frei in die Natur gestellten Schlösser LUDWIGS II. VON BAYERN (1864–86). Vorrangig aber war nach 1870 in Deutschland die sinnbildliche Repräsentation des Nationalstaates. Die öffentlichen Bauträger hatten den Wunsch, Würde und Macht des so schwer erkämpften Staates vor Augen zu führen.

Der Rückgriff auf die Dekorationsformen der Vergangenheit – besonders der Renaissance – konnte kaum befriedigen, da die meist überdimensionalen Gebäude neuartige politische Ideen verkörpern und mehreren Aufgaben zugleich dienen sollten. Das Reichstagsgebäude in Berlin verdeutlicht exemplarisch diese Tendenz. Wie der kolossale Justizpalast in Brüssel (1866–83) von JOSEPH POELAERT als ein Wahrzeichen des neugeschaffenen belgischen Staates errichtet worden war, so suchte man nun auch bei dem Reichstagsgebäude durch Massenanhäufung, überdimensionierte Hallen und Korridore sowie durch eine aufwendige Ausstattung der Macht und Größe des neugegründeten Nationalstaates Ausdruck zu geben. Wallot »suchte und fand das Schöne überall, in den Werken aller Zeiten, aller Stile; eben dadurch ist er in so hohem Maße ein moderner Künstler, ein echter Sohn seiner Zeit, die alles Vorangegangene kennt und mit noch nie dagewesener ästhetischer Gerechtigkeit genießt und beurteilt ... Freilich – manch strenger Verfechter einer archäologisch abgeleiteten Stilreinheit mag bedenklich den Kopf geschüttelt haben, als er sah, wie Wallot altes und neues, klassisches und romantisches, gothisches und barockes, römisches, deutsches, altfranzösisches und spanisches kühn vermengte ... alle Architektur ist bisher an der ausdrücklich gestellten Aufgabe gescheitert, der staatlichen Repräsentation des Volkes angemessenen Ausdruck zu geben« (R. Streiter: Der deutsche Reichstag. Berlin 1894, S. 14, 27).

Eine sehr viel kritischere Haltung nimmt ein zeitgenössischer Pressebericht ein: »Der neue Prachtbau am Königsplatz [in Berlin] ist eine Sehenswürdigkeit für die Fremden mit mehreren Sternchen im Baedeker, eine Art Museum für Bildhauerei und für das Kunsthandwerk in Holz, Leder, Geweben und Glasmalerei, weder seinem Zweck noch dem Charakter der Menschen entsprechend, die in ihm hausen und arbeiten sollen. Die von einem demokratischen Wahlrecht ernannten Gesetzgeber unserer Zeit sind nun einmal keine Renaissancemenschen, die durch hohe Säulenhallen und Kuppelbauten auf polierten Marmorfußböden imposant und ihrer dekorativen Wirkung sicher dahinschreiten... Es gibt einen einzigen Raum im Reichstagspalast, der nicht imposant wirkt, nicht einmal ernst und würdig; das ist der einzige, bei welchem es angezeigt wäre, nämlich der Sitzungssaal. Der nimmt sich in seiner hellen, überladenen Holzarchitektur, mit seinen koketten Logen und Tribünen wie ein elegantes Sommertheater in einem Steinpalaste aus« (A. Stein in der Frankfurter Zeitung vom 6. März 1897; zitiert nach: J. Schmädeke: Der deutsche Reichstag. Berlin 1970. S. 32f.).

2. Übertragung von Symbolen. Es war das Anliegen der Staatsführung, dem Reichstagsgebäude den Charakter einer nationalen Architektur zu geben. Es sollte im Stil sowie in der Anlage vor allem »monumental« und »deutsch« sein. In zweiter Linie wohl auch den Gedanken der Volksvertretung zur Geltung bringen. Diese Bauaufgabe war durchaus neu und nicht unumstritten. Der Aufriß sollte sichtbar machen, »daß dieser Bau das deutsche Reichstagsgebäude sei und gerade nur dieses, oder überhaupt nur ein Reichstagsgebäude sein könne ... England hat ein gotisches Parlamentshaus gebaut, Österreich lädt, vermutlich um keiner Nationalität wehe zu thun ... in einen durchaus neutralen griechischen Bau ein. Für uns Deutsche bleibt wohl nur ein Renaissancebau übrig: ist doch gerade die Berechtigung des Volkes durch seine Vertreter ein Wörtlein mitzureden, in der That eine Wiedergeburt sowohl germanischer als auch antiker Keime in moderner Umgestaltung und Anpassung. Wenn nun aber keine traditionellen Formen für ein Reichstagsgebäude da sind, wie kommt der besondere Zweck eines solchen Hauses dennoch zum Ausdruck? So wie es zu allen Zeiten geschehen ist, durch Skulptur in erster, durch Malerei in zweiter Linie ... Der monumentale Charakter soll ... die Aufmerksamkeit auf sich ziehen als auf etwas Bedeutsames, Behaltenswertes, als etwas über das Privatinteresse

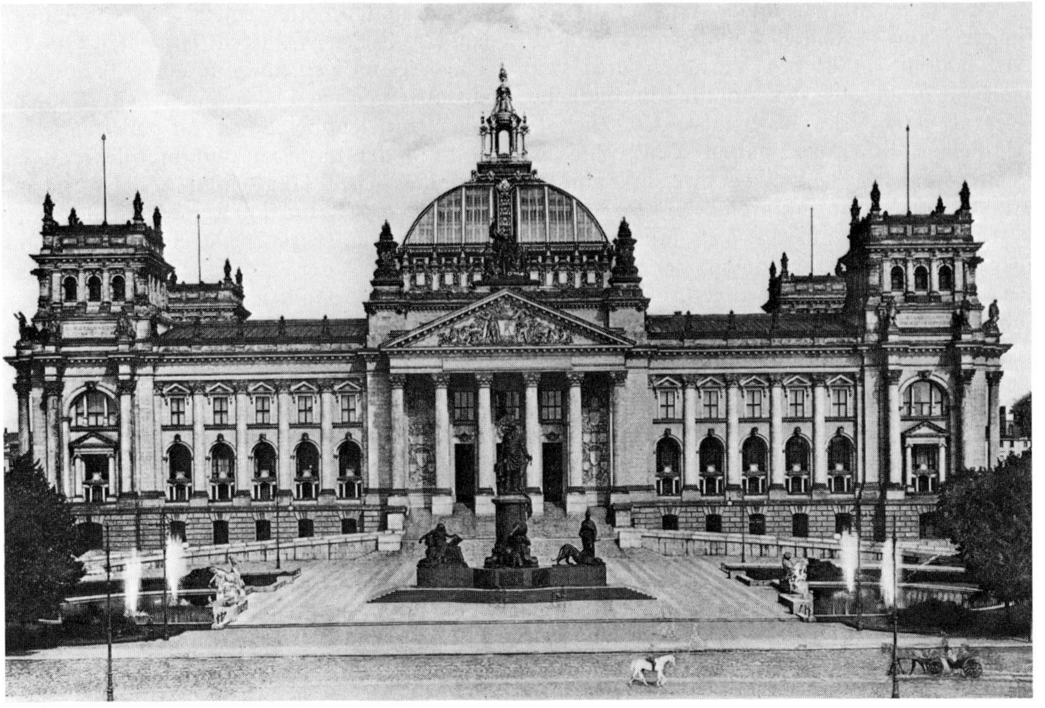

P. Wallot: Reichstagsgebäude in Berlin; 1882–94

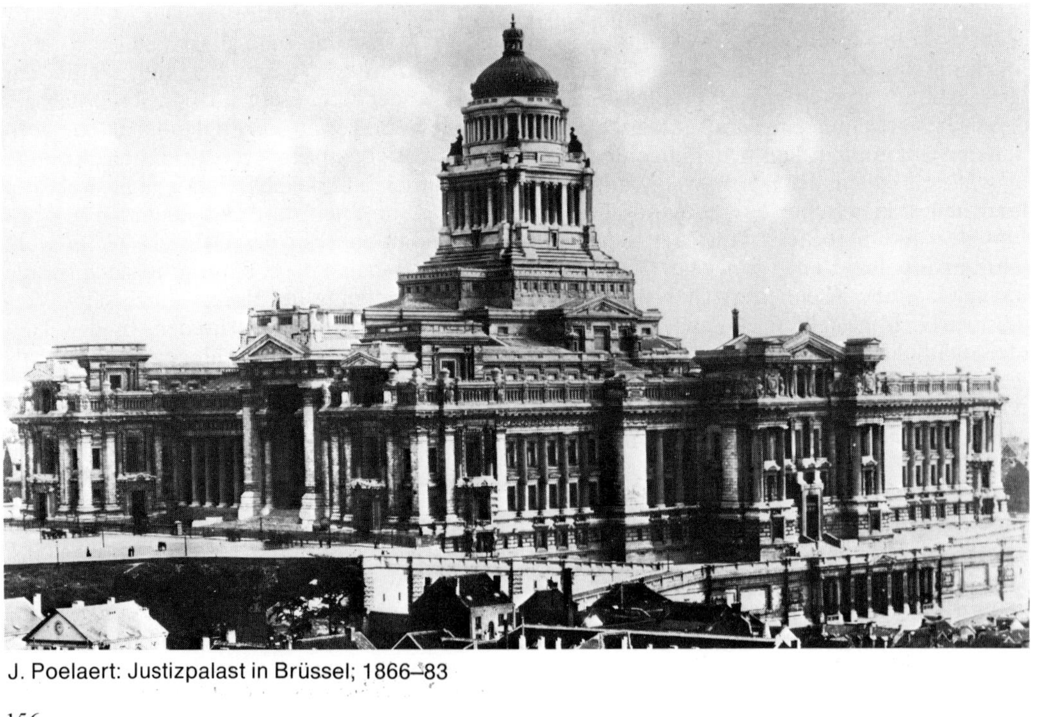

J. Poelaert: Justizpalast in Brüssel; 1866–83

Hinausgehendes. Wollten wir dabei stehen bleiben, so erreichte bereits ein großes Hotel ... diese Absicht ... Der Zweck muß als solcher fühlbar werden, indem sich ihm alle Einzelzwecke unterordnen ... Nicht der gegenwärtige Geschmack verlangt diesen [Renaissance-]Stil, sondern der erwähnte Umstand bewirkt, daß trotz der in moderner Weise hastenden Geschmacksveränderungen, welche eine Stilart nach der anderen durchjagen und abnutzen, der Renaissancestil für Bauten allgemeinerer Bedeutung sich zu behaupten scheint. Auch Wallots Aufriß zeigt diesen Stil« (V. Valentin: Über Kunst, Künstler und Kunstwerke. Frankfurt/M. 1889, S. 295ff.).

»Es will den neuen Staat repräsentieren, und in diesem Sinne war es zur Zeit seiner Entstehung wirklich modern und fortschrittlich. Deshalb ist es überaus kennzeichnend, nicht nur für den Wallotbau, sondern auch für die ganze Symbolarchitektur, daß WILHELM II. das Reichstagsgebäude den ›Gipfel der Geschmacklosigkeit‹ genannt hat. Ästhetische Bedenken können für den, der den neuen Dom [von J. C. RASCHDORFF 1894–1905] gutheiß, nicht ausschlaggebend gewesen sein. Es erschien ihm vielmehr unerträglich, daß das Volksparlament, ›die Schwatzbude‹, einen derart repräsentativen Bau erhielt. Deshalb lehnte er auch die Kuppel, dies sakrale Motiv, das bisher in der profanen Baukunst nur im Schloßbau und auch dort nur selten Verwendung gefunden hatte, auf das entschiedenste ab. Dagegen forderte nun gerade der Sozialist AUGUST BEBEL von Wallot eine reiche Gestaltung. Denn ihm, dem Revolutionär, lag daran, daß der neue Staatsgedanke durch dieses Parlamentshaus aufs glänzendste in Erscheinung trete. Weder Bebel noch Wilhelm II. wird der grundlegende Fehler dieser Art von Repräsentation aufgegangen sein: Nichts aber ermöglicht einen tieferen Einblick in die geistigen Triebkräfte der Symbolarchitektur als dieser Vorgang: Der Monarch lehnt den Wallotbau ab, der Sozialist stimmt ihm zu.

Außerdem glaubten die Zeitgenossen, wie schon so oft bei Werken bedeutender Architekten auch diesmal, den neuen, eigenen Baustil gefunden zu haben. Hier zum ersten Male sei der Wahrheitsgedanke wieder verwirklicht und die Architektur vom Geiste der Stilnachahmung befreit ... Wir heute sehen in diesem Gebäude dagegen den Endpunkt einer Epoche« (W. Herrmann: Deutsche Baukunst des 19. und 20. Jahrhunderts. 1. Teil. Breslau 1932, S. 54f., Nachdruck Basel und Stuttgart 1977).

Adolf von Hildebrand: Wittelsbacherbrunnen (1889–95)

1. Hildebrands Kunsttheorie

2. Der Wittelsbacherbrunnen als Umsetzung seiner Theorie

Adolf von Hildebrand (* 1847 in Marburg, † 1921 in München) lebte lange in Italien; in Rom Begegnung mit den Deutschrömern und dem Maler HANS VON MARÉES, dessen Theorien für die Malerei er auf die Plastik übertrug. Nachhaltigere Wirkung als seine bildhauerischen Arbeiten (Wittelsbacher-, Vater-Rhein- und Hubertusbrunnen in München) hatten seine kunsttheoretischen Schriften (u. a. »Problem der Form« 1893), in denen er sich gegen BEGAS' Neobarock (s. Seite 92) und RODINS plastischen Impressionismus (s. Seite 192ff.) für eine neoklassizistische Form und Ausgewogenheit aussprach.

1. Hildebrands Kunsttheorie. In der Auseinandersetzung um eine neue Formfindung in der Plastik Ende des 19. Jahrhunderts nahm HILDEBRAND die Gegenposition zu RODIN ein. Beeinflußt von der klassizistischen Tradition

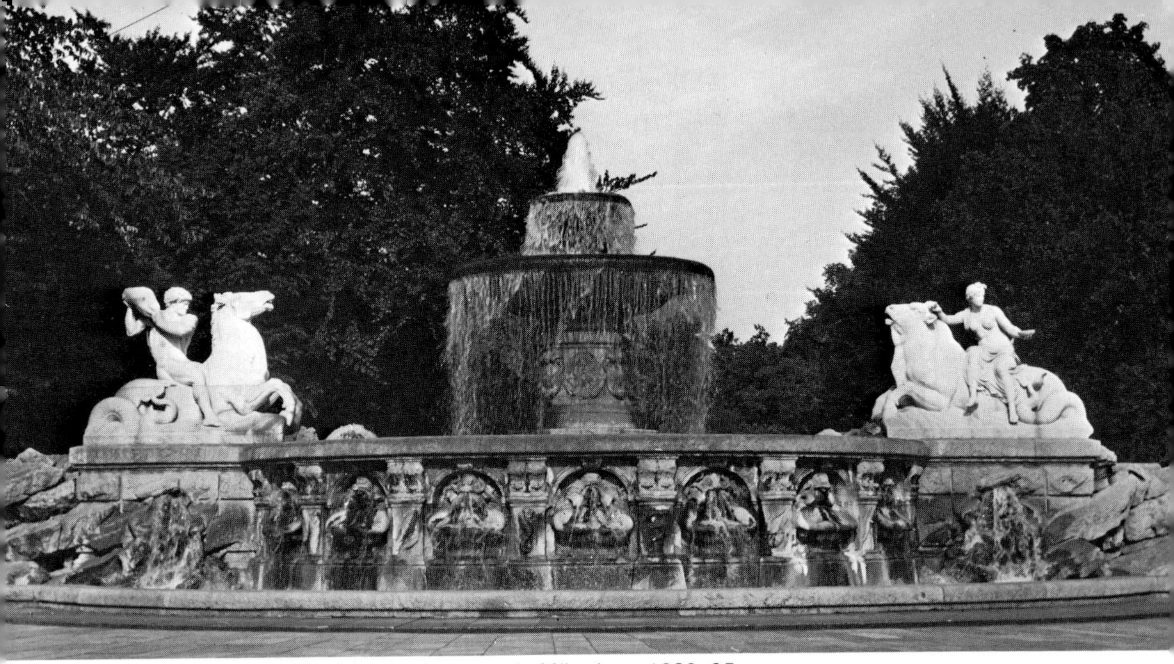

A. von Hildebrand: Wittelsbacherbrunnen in München; 1889–95

ging es ihm nicht um Außergewöhnliches, Subjektives und Anekdotisches, sondern um Einfaches, denn »je normaler und typischer die Wirkungsakzente in einem Kunstwerk fallen, desto objektivere Bedeutung besitzt es«. Er trat daher für Formvereinfachung ein, die er mit einer tektonischen Gestaltung der Skulptur erreichen wollte, um eine klare, übersichtliche Bildwirkung und besonders ein einheitlich strukturiertes Fernbild zu schaffen. Seine kunsttheoretischen Betrachtungen gab er im »Problem der Form«, einer Art Lehrbuch des Sehens, wieder, das zur Programmschrift der sich auf Hildebrand berufenden Münchner Schule wurde. Es geht ausschließlich auf den formalen Aspekt des Kunstwerks ein. Ausgangspunkt seiner Überlegungen sind die unterschiedlichen Sehweisen von einem entfernten oder nahen Standpunkt aus. Während man aus der Distanz mit ruhig schauendem Auge das Gesamtbild wahrnimmt, erfaßt man aus der Nähe die Einzelteile, und zwar durch die Bewegung des Auges. Aus ersterem resultieren die von Hildebrand so bezeichneten »Gesichtsvorstellungen«, aus letzterem die »Bewegungsvorstellungen«, die durch Abtasten die plastische Form der Objekte begreifen und von sich wandelnden Aspekten abhängen, wie Farbe, Licht, Umgebung, Standpunkt. Aufgabe des Bildhauers ist, die dreidimensionale Welt so zu ordnen, daß sich eine zum geschlossenen Fernbild formende Gesichtsvorstellung ergibt. Am besten faßbar sind Dinge im Raum, wenn sie auf wenigen, klar getrennten Ebenen liegen. Daraus folgerte Hildebrand seine Relief-Theorie: die einzige Möglichkeit dreidimensionaler Gestaltung bestehe darin, einen Körper in gleichmäßig dicke Schichten zu gliedern. Er nahm damit eine Gegenposition zu Rodin ein, nach dessen Ansicht Formen niemals auf einer Ebene zu begreifen sind.

»Wir haben ... gezeigt, wie der Künstler bei seiner Aufgabe – für die komplizierte dreidimensionale Vorstellung eine einheitliche Bildvorstellung zu schaffen – zu einer immer konzentrierteren Gegenüberstellung der gegenständlichen Flächenwirkung zu der allgemeinen Tiefenvorstellung gezwungen wird. Mit dieser Gegenüberstellung gelangt er zu einer einfachen Volumenvorstellung, zu einer Fläche, die er nach der Tiefe fortsetzt. Um sich diese Vorstellungsweise recht deutlich zu machen, denke man sich zwei parallel stehende Glaswände und zwischen diesen eine Figur, deren Stellung den Glaswänden parallel so angeordnet ist, daß ihre äußersten Punkte sie berühren. Alsdann nimmt die Figur einen

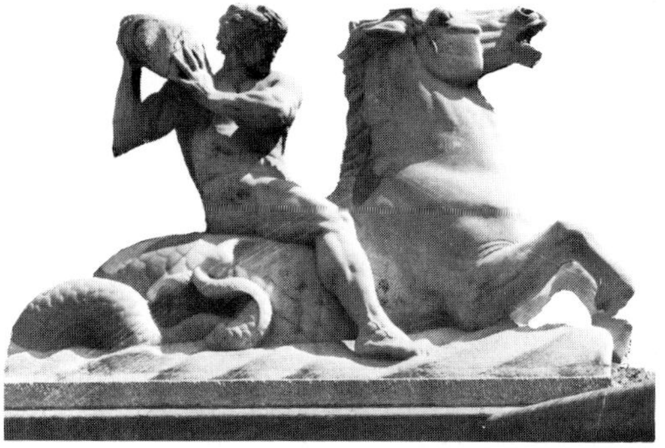

A. von Hildebrand: Wittelsbacherbrunnen, linke Gruppe: »Gebirgswasser« (Zustand vor der Restauration)

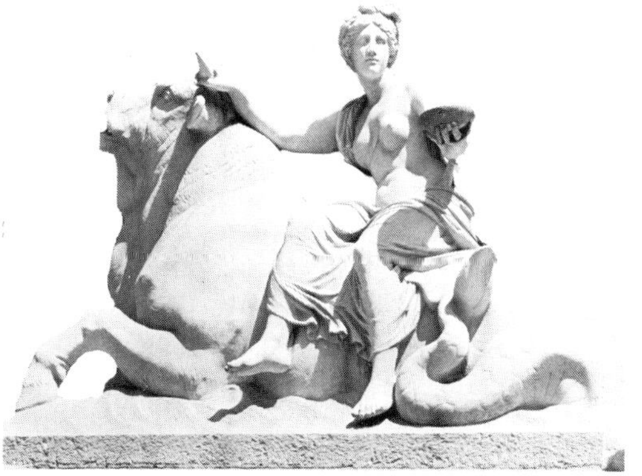

A. von Hildebrand: Wittelsbacherbrunnen, rechte Gruppe: »Der landbefruchtende Strom«

Raum von gleichem Tiefenmaß in Anspruch und beschreibt denselben, indem ihre Glieder sich innerhalb desselben Tiefenmaßes anordnen. Auf diese Weise einigt sich die Figur, von vorn durch die Glaswand gesehen, einerseits in einer einheitlichen Flächenschicht als kenntliches Gegenstandsbild – andererseits wird durch die Auffassung des Volumens der Figur, welches an sich ein kompliziertes wäre, durch die Auffassung eines so einfachen Volumens, wie es der Gesamtraum darstellt, den sie einnimmt, ungemein erleichtert.

Die Figur lebt sozusagen in einer Flächenschicht von gleichem Tiefenmaße, und jede Form strebt, in der Fläche sich auszubreiten, sich kenntlich zu machen. Ihre äußersten Punkte, die Glaswände berührend, stellen, auch wenn man sich die Glaswände wegdenkt, noch eine gemeinsame Fläche dar.

Diese Vorstellungsweise beruht also auf der Auffassung des Gegenständlichen als einer Flächenschicht von gleichem Tiefenmaße. Das Gesamtvolumen eines Bildes besteht aber je nach Art des Gegenständlichen aus mehr oder weniger solchen hintereinander gereihten imaginären Flächenschichten, welche sich wiederum zu einer Erscheinung von einheitlichem Tiefenmaße einigen. Auf diese Weise gelangt der Künstler dazu, die Raumvorstellung und Formvorstellung, welche ursprünglich aus einem Komplex unzähliger Bewegungsvorstellungen bestehen, so anzuordnen, daß uns ein Flächeneindruck mit starker Anregung zu einer Tiefenvorstellung übrig bleibt, welchen alsdann das ruhig schauende Auge ohne Bewegungstätigkeit aufzunehmen imstande ist.

Diese Vorstellungsweise ist also das notwendige Produkt des Verhältnisses unserer dreidimensionalen Vorstellung zum einheitlichen Gesichtseindruck und wird zur notwendigen künstlerischen Auffassung von allem Dreidimensionalen, gleichviel, ob es sich um die Darstellung einer Einzelform oder einer weiteren Gesamtheit handelt, gleichviel, ob wir diese Erscheinungsweise als Bildhauer oder als Maler erreichen« (A. von Hildebrand: Problem der Form, zitiert nach: Gesammelte Schriften zur Kunst, hrsg. von H. Bock. Köln/Opladen 1969, S. 231f.).

Der Auffassung eines Körpers in Schichten entsprechend sollte jedes plastische Werk – gleich welcher Größe – wie ein Relief angelegt werden, bei dem man von der vordersten Raumschicht in gleichmäßigen Stufen in die Tiefe vordringt. Dabei mußte besonders die jeweilige Umgebung und Situation eines Kunstwerks berücksichtigt werden, was ein formales Schema ausschloß und zu individuellen Lösungen führte.

2. Der Wittelsbacherbrunnen als Umsetzung seiner Theorie. Der Wittelsbacherbrunnen in München stellt eine beispielhafte Verwirklichung seiner kunsttheoretischen Ansichten dar. Nach zwei gescheiterten Konkurrenzen wurde 1891 Hildebrand damit beauftragt. Vier Jahre später war der Brunnen fertiggestellt. Anlaß für die Errichtung war die Ablösung der Münchener Trinkwasserversorgung aus Brunnen durch Wasserzuführung aus dem Mangfalltal. Nach römischem Vorbild wollte man dieses Ereignis mit einem Denkmal feiern. Darüber hinaus sollten die neuen Grünanlagen auf dem Maximiliansplatz architektonisch hervorgehoben werden. Diese städtebauliche Aufgabe löste Hildebrand mit einer eigens für den Standort entwickelten Brunnenanlage, für die er italienische Schalenbrunnen der Barockzeit zum Vorbild nahm. Sie schließt den Lenbachplatz nach Nordosten ab und ist den höher gelegenen Maximiliansanlagen vorgelagert. In einem ebenerdigen Bassin wölbt sich ein mächtiges Brunnenbecken nach vorn, in dessen Mitte erhebt sich ein Zweischalenbrunnen, von dem das Wasser in einem dichten Schleier herabfällt. Wasserbögen leiten zu zwei flankierenden überlebensgroßen Reitergruppen über. Sie ruhen auf Rustikasockeln, die aus Felsgestein herauswachsen, das den Übergang zur rückwärtigen, über Treppen erreichbaren Anhöhe bildet. Vorrangig für Hildebrand war die städtebauliche Aufgabe sowie eine harmonische Verbindung von Architektur, Skulptur und Wasserspiel, wobei er letzterem eine gleichsam architektonische Aufgabe zuwies. Hinter dem formalen Problem und der Gesamtwirkung spielte das Programm für ihn und die Jury nur eine zweitrangige Rolle. Sein allegorisches Konzept beschränkte er auf die Monumentalskulpturen – die wasserspeienden Köpfe und Reliefs am Brunnenbecken und die Masken am Schaft des Schalenbrunnens sind reine Dekoration –, die er folgendermaßen erklärte: »Die seitlichen Sockel tragen Colossalgruppen, in denen sich die zerstörende und fruchtbringende Kraft des Wassers darstellt. Jene ist durch einen Mann symbolisiert, der auf einem Wasserpferd reitet und einen Felsstein schleudert; es ist das Gebirgswasser gemeint, welches das Geröll mit sich führt; diese durch ein Weib, das auf einem Wasserstier reitet und eine Schale in der Hand hält; der das Land befruchtende Strom.« Ohne genau auf die Mythologie zu achten, verband er mit letzterer Gruppe Europa, die von Jupiter in Gestalt eines Stiers entführt wurde, mit ersterer die Geschwister Phryxos und Helle, die ein Widder vor der nach ihrem Tod trachtenden Stiefmutter über das Meer nach Asien retten sollte, wobei Helle ertrank. In Anlehnung an derartige Darstellungen und über die Vorstufe steineschleudernder Kentauren entwickelte Hildebrand eine eigene Bildersprache für den Brunnen, die ohne seine Erklärung kaum verständlich wäre. Um so klarer ist seine formale Lösung. Seiner Theorie der »Gesichtsvorstellung« folgend baute er den Brunnen als monumentales Relief zum Platzabschluß auf. Auf Fernsicht angelegt, ergeben sich in der betonten Frontalansicht keine Überschneidungen. Innerhalb eines geschlossenen Gesamtumrisses sind die Formen in Schichten ablesbar.

Der Wittelsbacherbrunnen muß als neue Tektonisierung* der Plastik gesehen werden. Daß Aufbau und Gliederung auch die Skulptur untergeordnet ist, macht Hildebrands Werke zu einem Wendepunkt in der Plastik. Mit ihrer strengen, auf Klarheit ausgerichteten Konzeption sind sie wegweisend für die neoklassizistische Richtung im deutschsprachigen Raum in der ersten Hälfte des 20. Jahrhunderts. Ihr Mangel an Lebendigkeit und Unmittelbarkeit im Gegensatz zu den Werken RODINS macht sie aber zugleich problematisch.

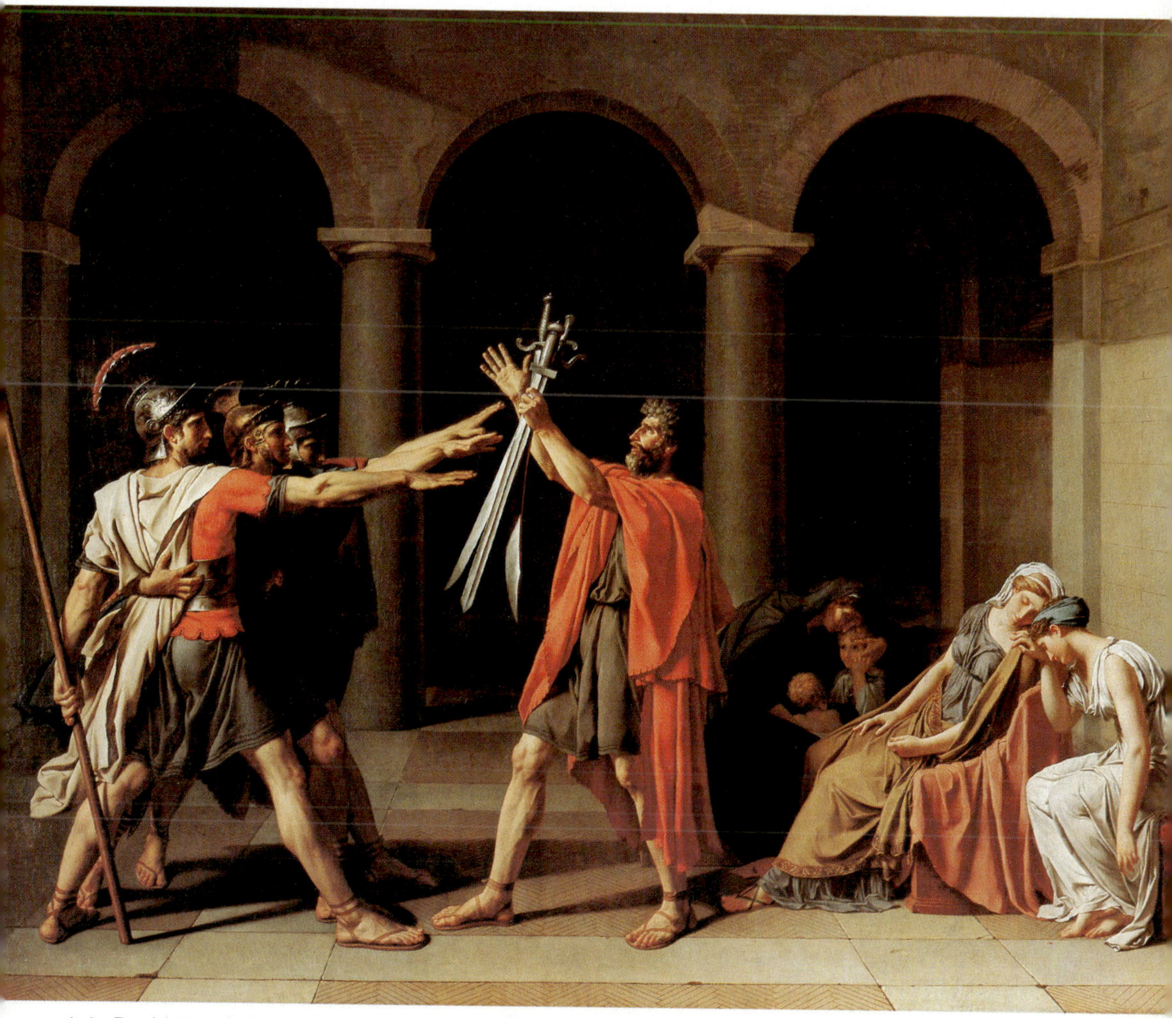

J.-L. David: Der Schwur der Horatier; 1784, Öl/Lwd., 330 × 425 cm, Louvre, Paris

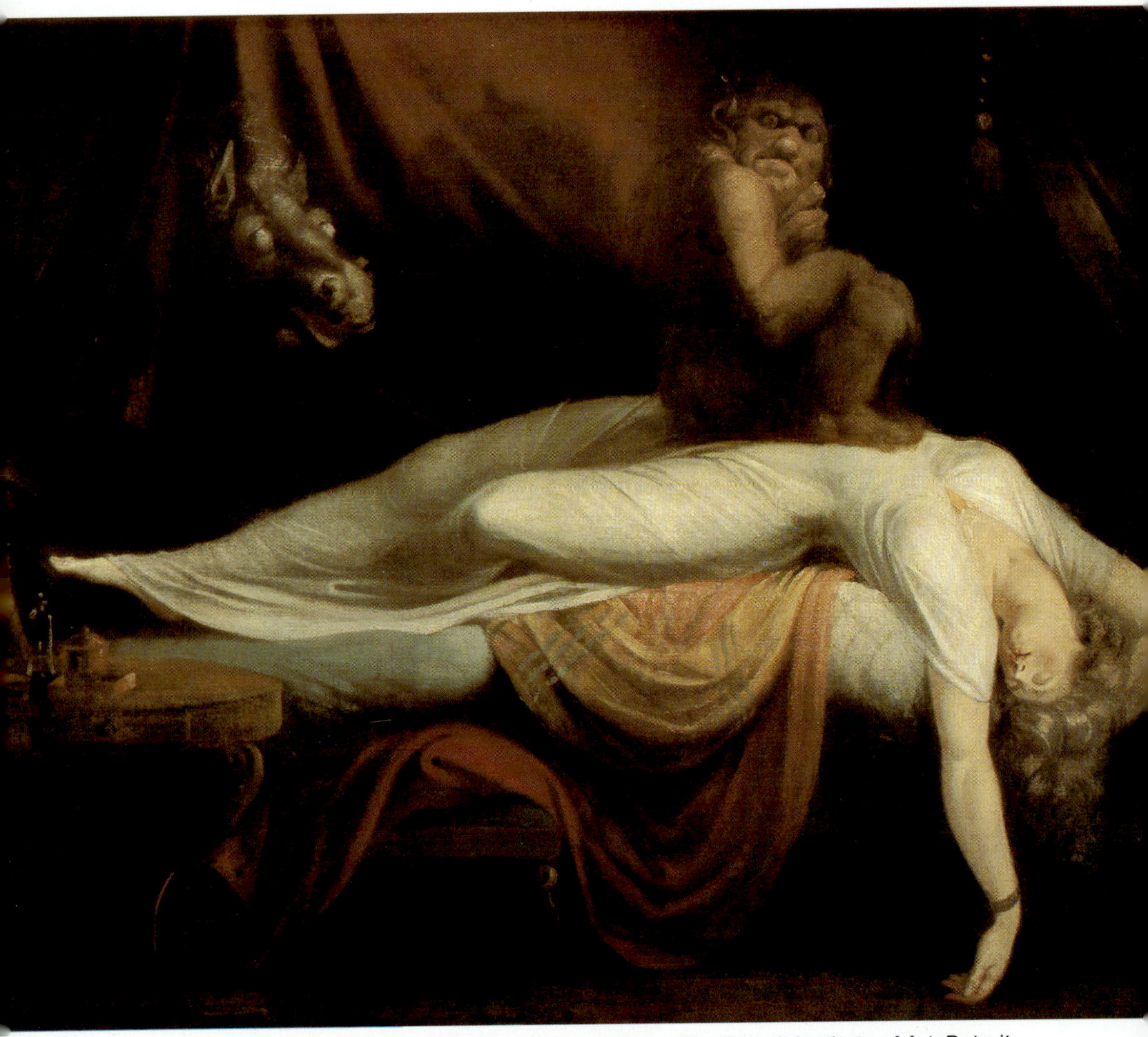

J. H. Füßli: Die Nachtmahr; 1781, Öl/Lwd., 102,5 × 128 cm, The Detroit Institute of Art, Detroit

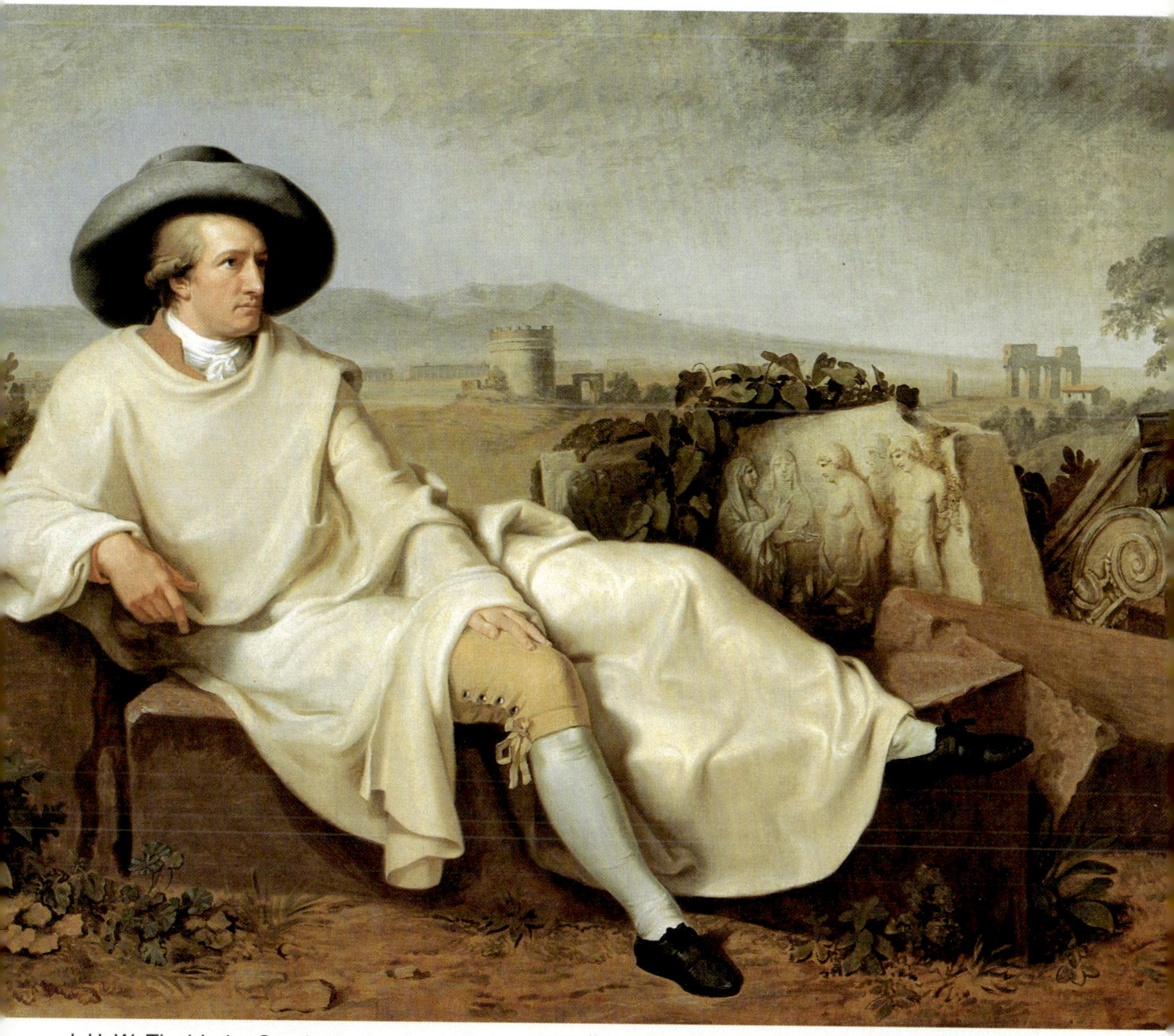

J. H. W. Tischbein: Goethe in der Campagna; 1787, Öl/Lwd., 164 × 206 cm, Städelsches Kunstinstitut, Frankfurt/M.

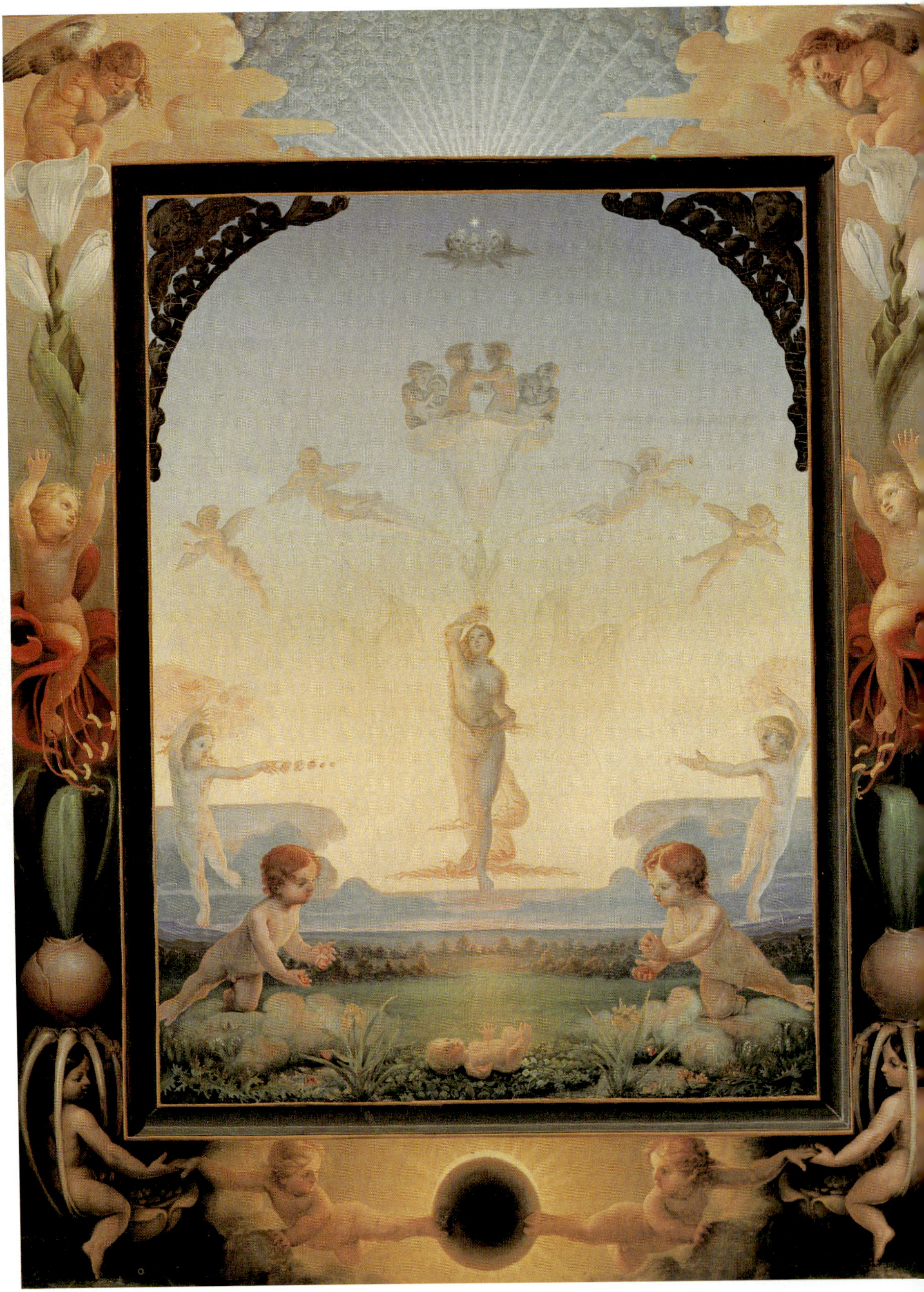

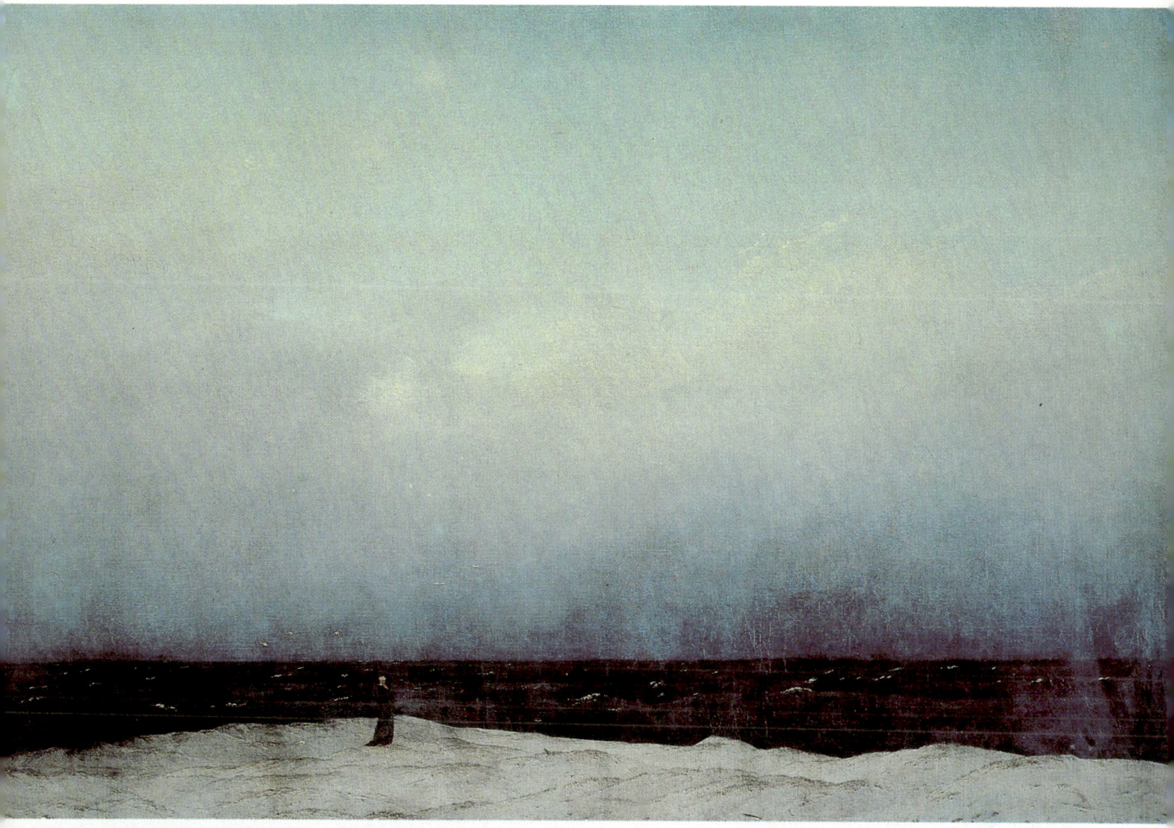

C. D. Friedrich: Mönch am Meer; um 1808/09, Öl/Lwd., Schloß Charlottenburg, Berlin (Staatliche Museen Preußischer Kulturbesitz)

◂ Ph. O. Runge: Der Morgen (1. Fassung); 1808, Öl/Lwd., 106 × 81 cm, Kunsthalle, Hamburg

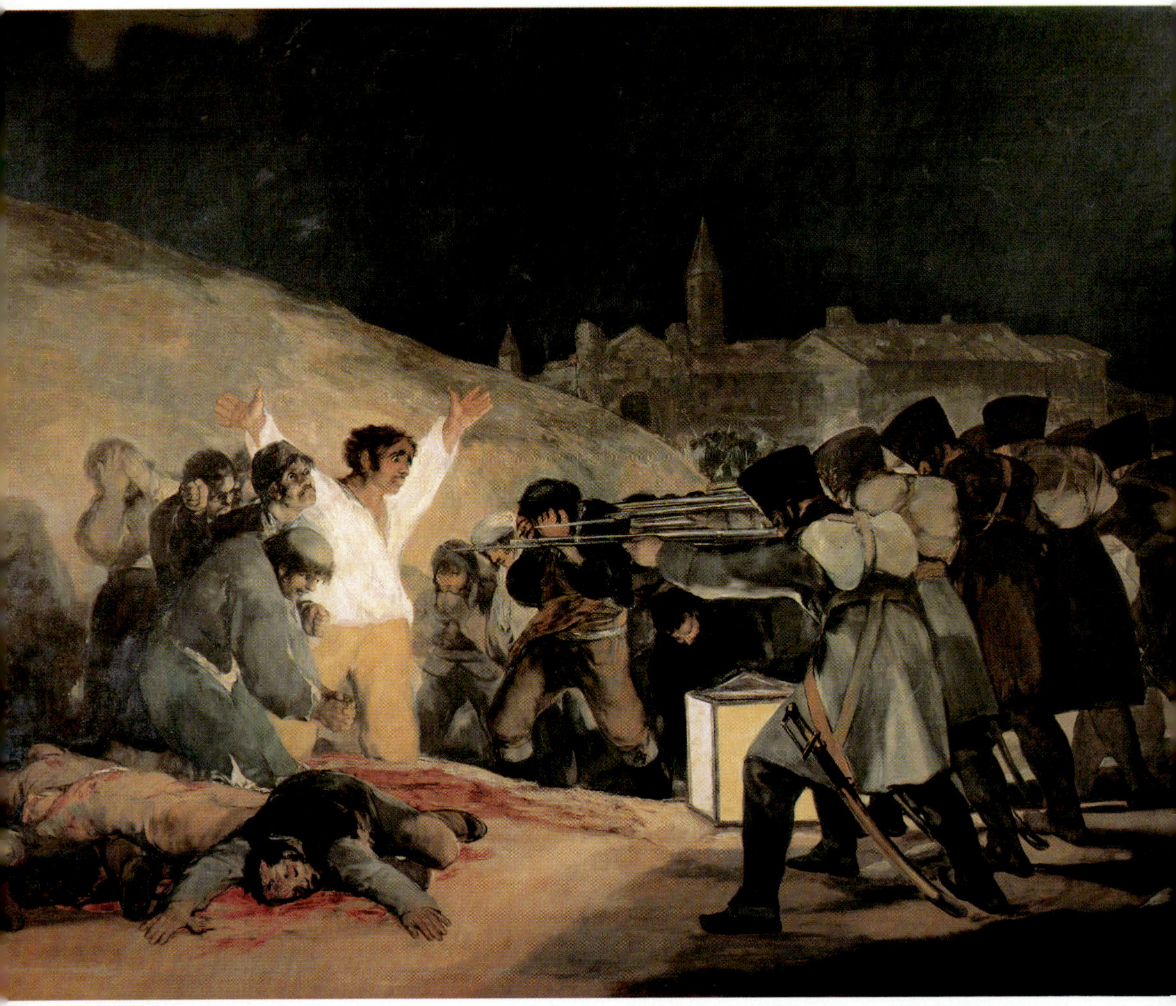

F. de Goya: Die Erschießung der Aufständischen am 3. Mai 1808; 1814, Öl/Lwd., 255 × 345 cm, Prado, Madrid

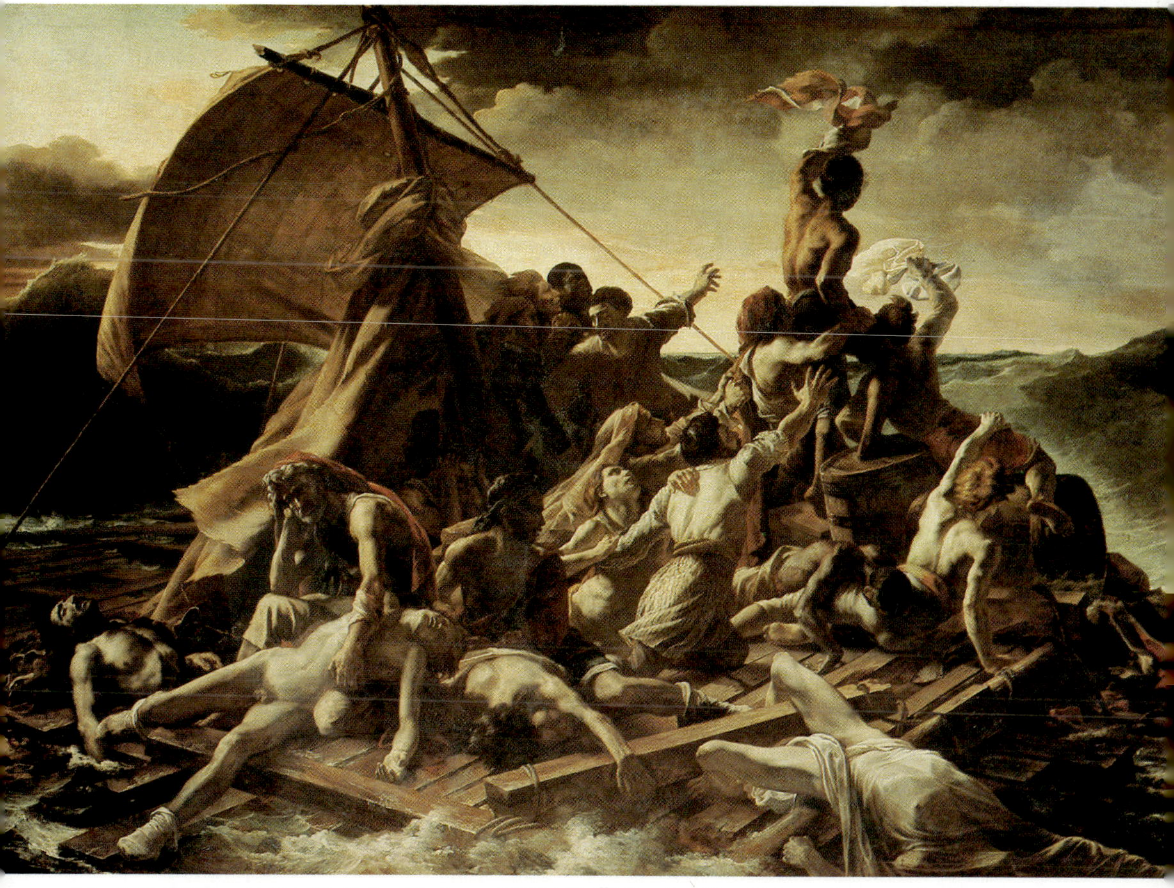

J. L. A. T. Géricault: Das Floß der Medusa; 1818/19, Öl/Lwd. 491 × 716 cm, Louvre, Paris

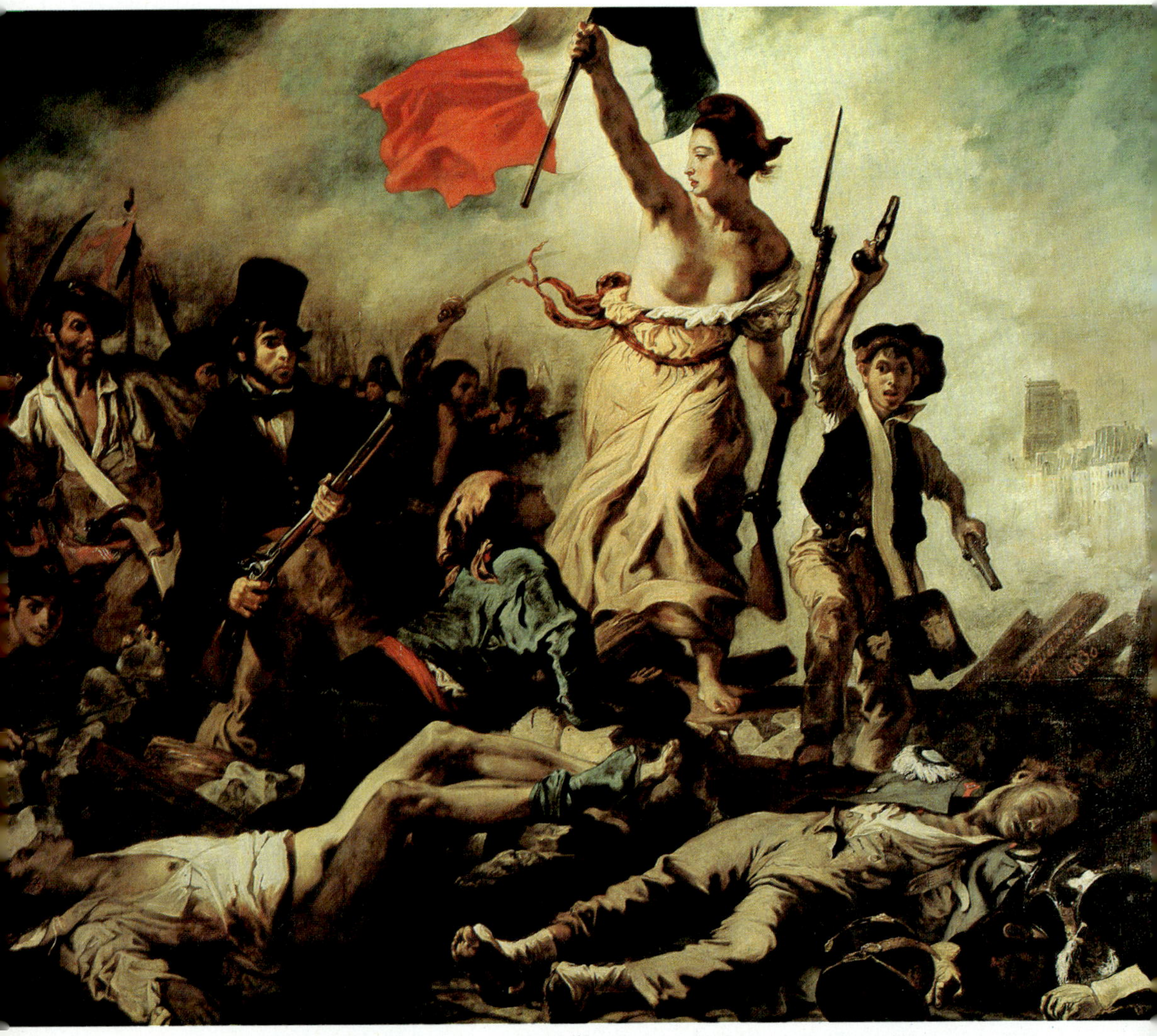

E. Delacroix: Die Freiheit führt das Volk an; 1830, Öl/Lwd., 260 × 325 cm, Louvre, Paris

P. von Cornelius: Jüngstes Gericht; 1836–39, Fresko, 1830 × 1150 cm, Ludwigskirche, München ▸

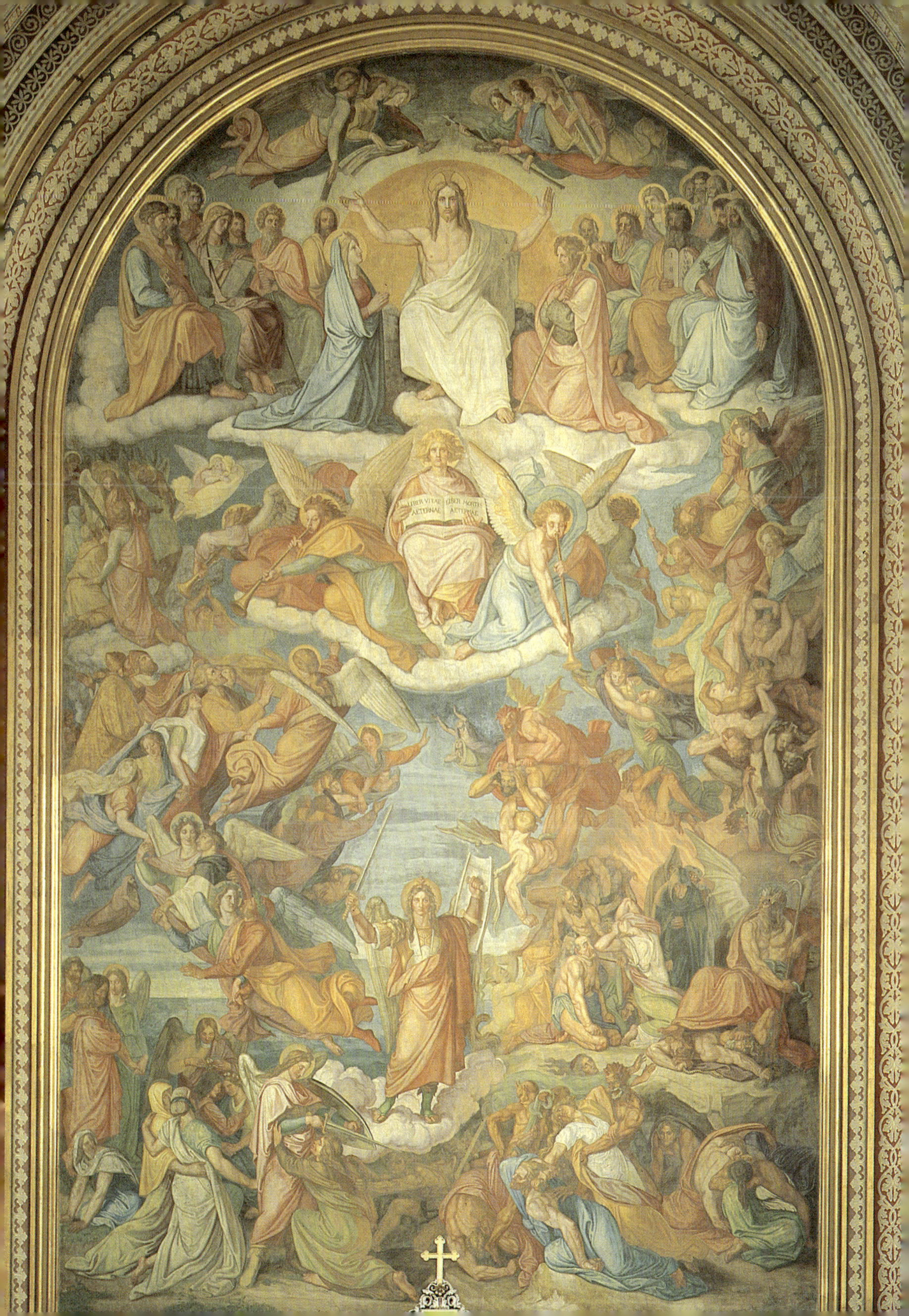
LIBER VITAE AETERNAE
LIBER MORTIS AETERNAE

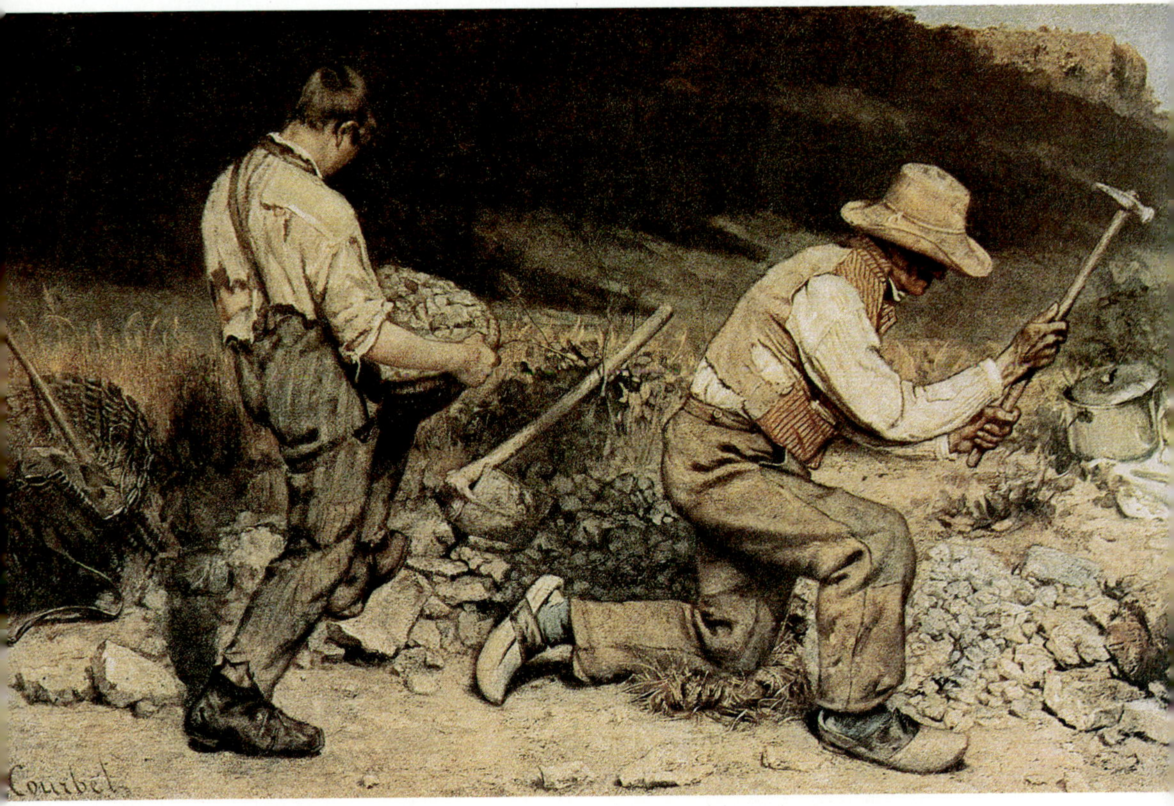

G. Courbet: Die Steinklopfer; 1849, Öl/Lwd., 159 × 259 cm (1945 zerstört)

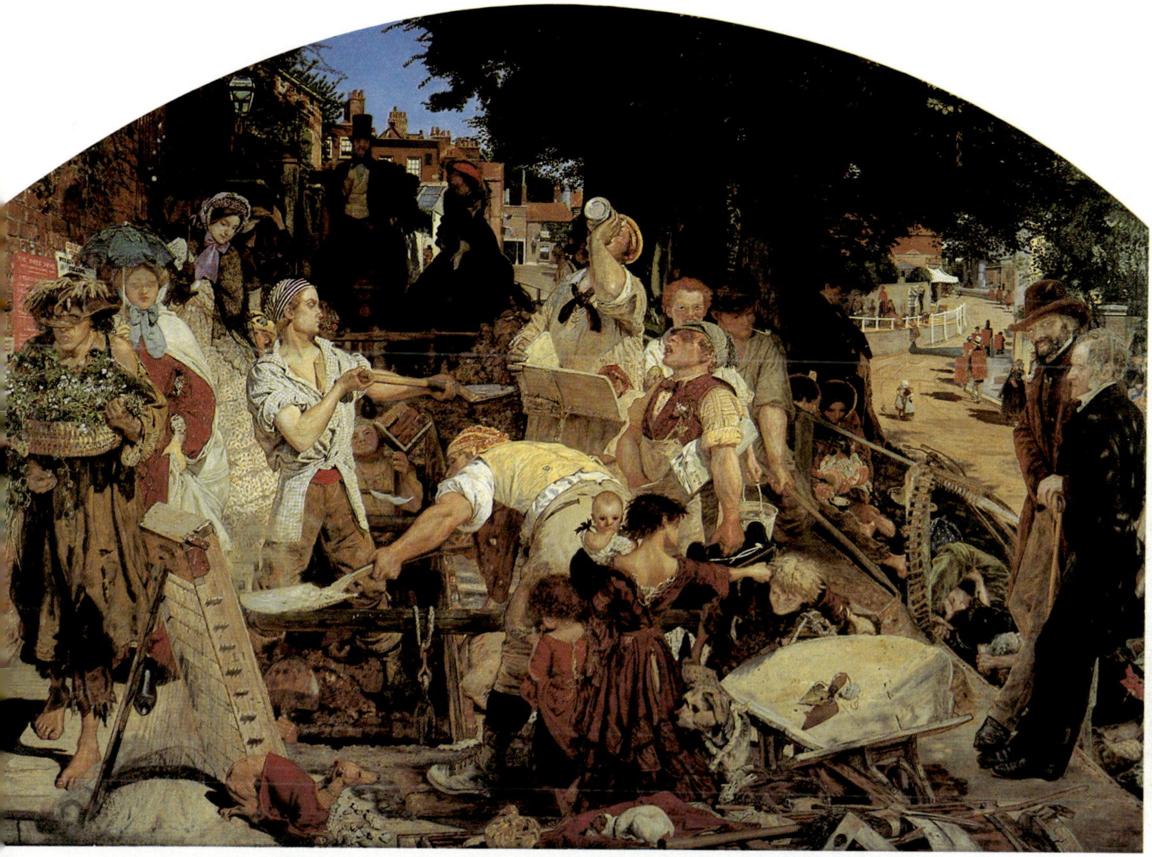

F. M. Brown: Arbeit; 1852–65, Öl/Lwd., 135 × 196 cm, City Art Gallery, Manchester

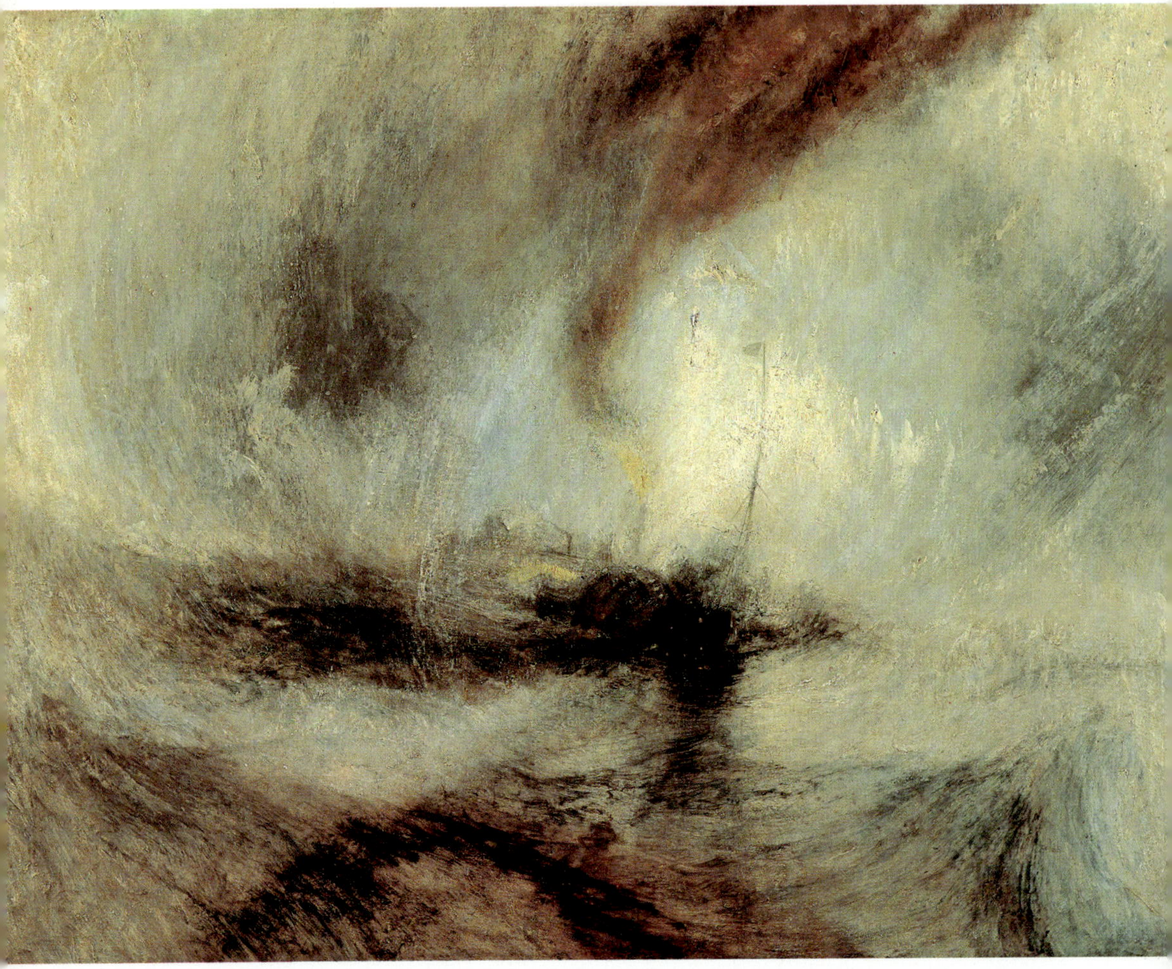

W. Turner: Schneesturm auf dem Meer; 1842, Öl/Lwd., 91,5 × 122 cm, The Tate Gallery, London

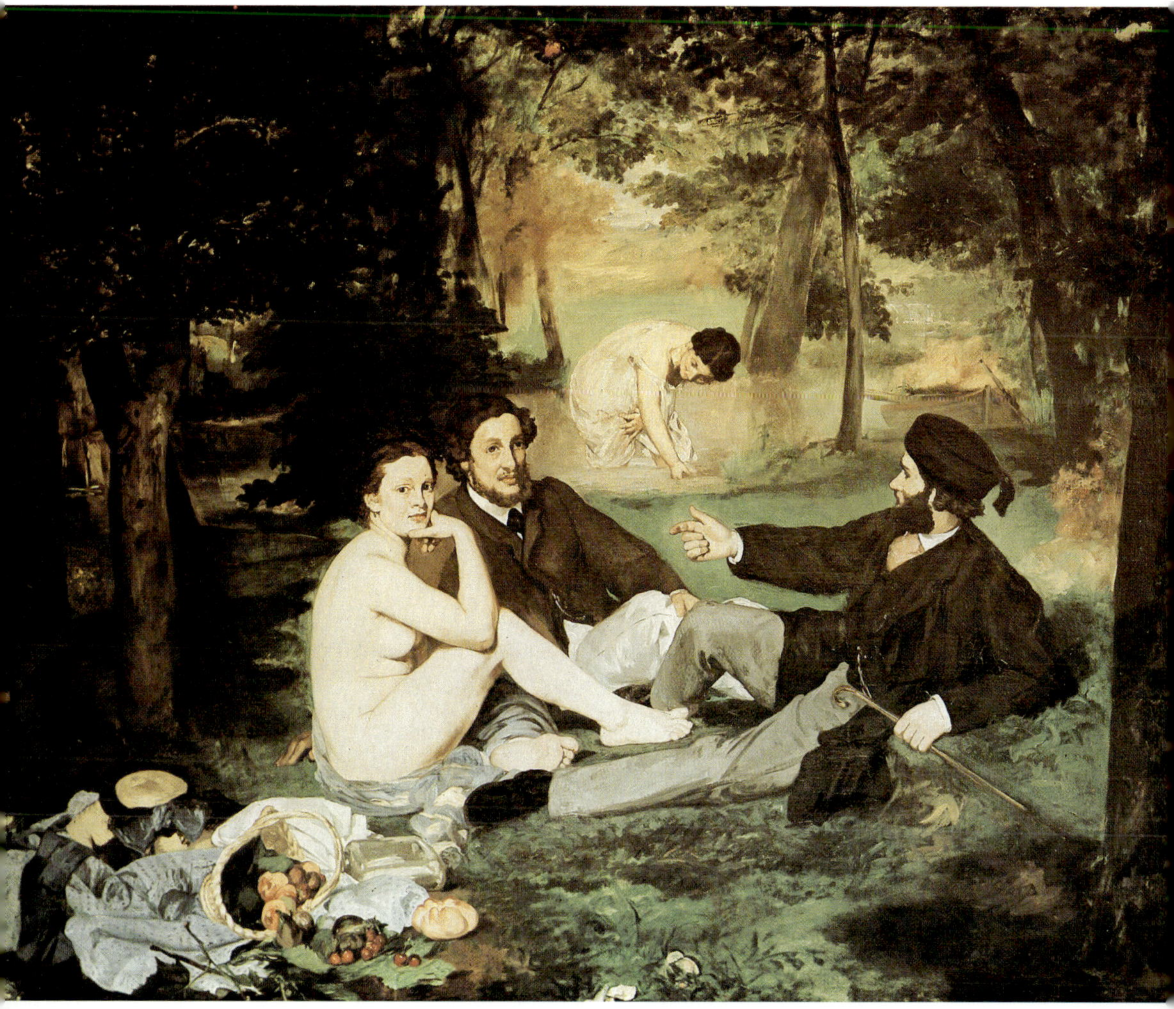

E. Manet: Das Frühstück im Grünen; 1863, Öl/Lwd., 214 × 270 cm, Louvre, Paris

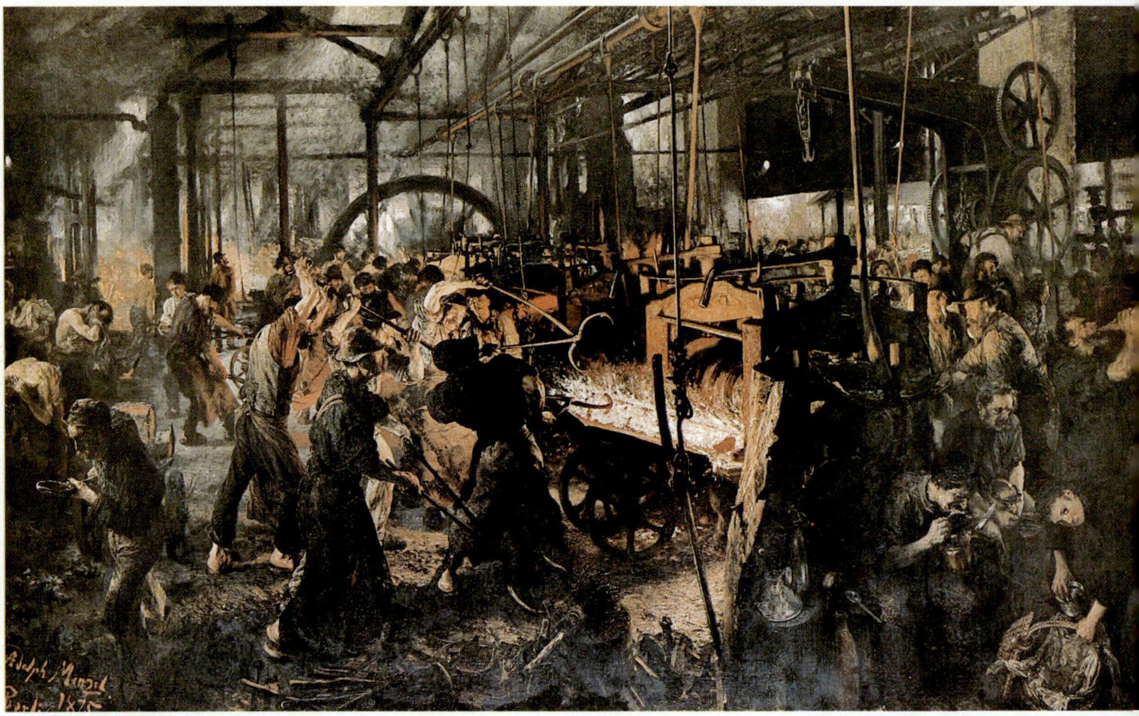

A. von Menzel: Eisenwalzwerk; 1875, Öl/Lwd., 158 × 254 cm, Staatliche Museen zu Berlin (Ost), Nationalgalerie

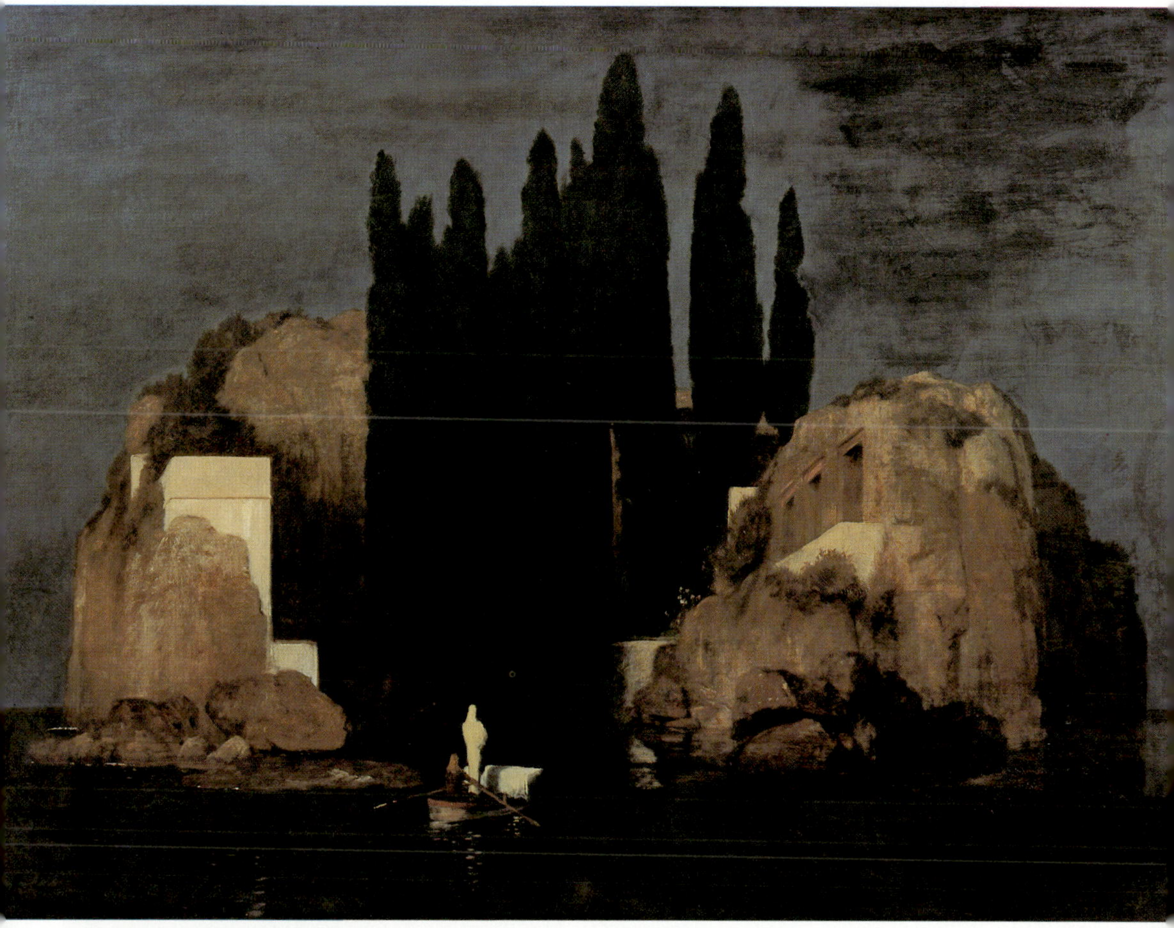

A. Böcklin: Die Toteninsel (1. Fassung); 1880, gefirnißte Tempera/Lwd., 111 × 155 cm, Kunstmuseum, Basel

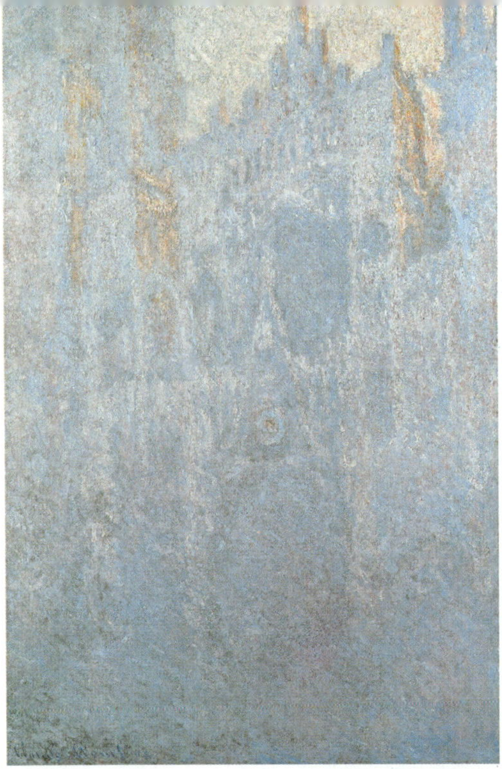

C. Monet: Kathedrale von Rouen im lichten Nebel; 1894, Öl/Lwd., 101 × 66 cm, Museum Folkwang, Essen

C. Monet: Kathedrale von Rouen am frühen Morgen; 1894, Öl/Lwd., 101 × 66 cm, Museum of Fine Arts, Boston

C. Monet: Kathedrale von Rouen im Sonnenlicht; 1894, Öl/Lwd., 100 × 66 cm, National Gallery of Art, Washington

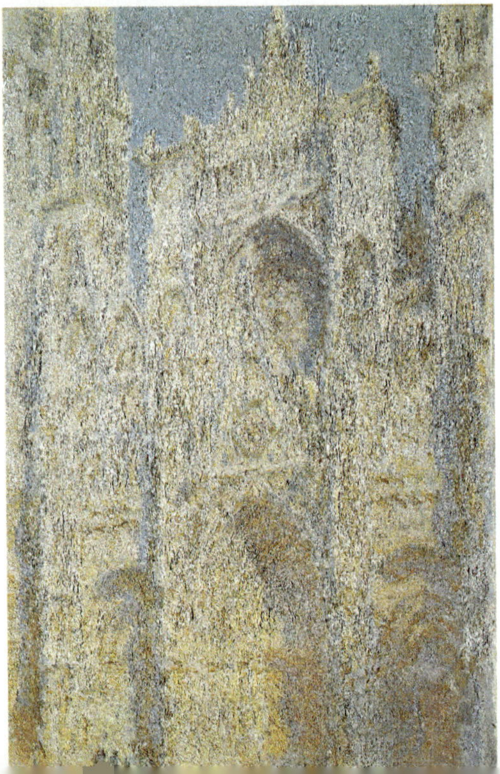

C. Monet: Kathedrale von Rouen; (Harmonie brune), 1894, Öl/Lwd., 107 × 73 cm, Louvre, Paris

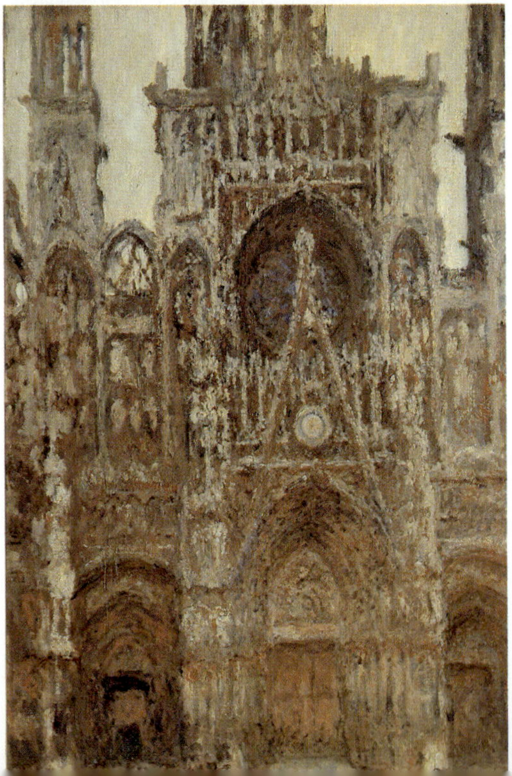

Bruno Schmitz: Kaiser-Wilhelm-Denkmal auf dem Kyffhäuser (1892–96)

1. Das Wesen des deutschen Nationaldenkmals

2. Der Kyffhäuser als Beispiel eines romantisch-naturbezogenen Nationaldenkmals

Bruno Schmitz (* 1858 in Düsseldorf, † 1916 in Berlin); Ausbildung an der Akademie Düsseldorf; frühzeitige Erfolge bei internationalen Denkmalswettbewerben (1. Preis bei dem Wettbewerb für das Denkmal Viktor Emanuels II. in Rom, 1887). – Seine archaisierende, wuchtige Denkmalsarchitektur unter freier Verwendung historischer Formen machte Schmitz zum bedeutendsten deutschen Denkmalarchitekten um die Jahrhundertwende. – *Hauptwerke:* Kaiser-Wilhelm-Denkmäler: Kyffhäuser (1892–96), Porta Westfalica (1896), Deutsches Eck bei Koblenz (1897); Völkerschlachtdenkmal in Leipzig (1913).

1. Das Wesen des deutschen Nationaldenkmals. Fast in ganz Europa und Amerika werden im 19. Jahrhundert Nationaldenkmäler errichtet. Die damit verbundenen Wettbewerbe, Denkmalsfeste oder politischen Manifestationen geben Aufschluß über die jeweilige Nationalbewegung und Nationalidee. Die Nationaldenkmäler kamen mit der Französischen Revolution auf, als das Politische, bis dahin nur Sache einer privilegierten Oberschicht, allgemeines Anliegen wurde und der Glaube an die Nation wie vergleichsweise der heutige Glaube an Demokratie oder Sozialismus sinngebende und lebensbestimmende Züge annahm. Ihre Auftraggeber waren immer staatliche Organe oder besonders staatstreue Gruppierungen, die sich der Plastik als Mittel der politischen Propaganda bedienten. Durch Pathos sollten die Denkmäler an das Gefühl appellieren, um eine nationale Erziehung und patriotische Parteinahme zu erreichen. Nach Kirche, Rathaus und Schloß wurden sie nun in dem vom Bürgertum geprägten Jahrhundert zu repräsentativen Monumenten.

»Der hier verwandte Begriff, der Begriff des Nationaldenkmals scheint zunächst wenig eindeutig, im späten 19. Jahrhundert kann jedes große patriotische Denkmal oder jedes von der Nation durch Sammlungen oder aus Steuermitteln finanzierte Denkmal oder auch nur das Niederwalddenkmal als Nationaldenkmal bezeichnet werden. Die Nation kann Stifter oder Adressat des Denkmals sein, das Denkmal kann ihr gewidmet sein, sie kann im Denkmal dargestellt sein, die Person oder die Personen, das Ereignis oder die Idee, denen das Denkmal geweiht ist, können eine repräsentative Bedeutung für die Nation haben. Man könnte in Ermangelung einer sachbezogenen Definition nominalistisch sagen, Nationaldenkmal ist, was als Nationaldenkmal gilt. Diese Geltung freilich hängt nun doch von Sachbedingungen ab, in erster Linie von dem letzterwähnten Faktor, davon, wieweit die Nation als Ganzes in einem Denkmal, in dem eine Vergangenheit, sei es Ereignis oder Person, Mythos oder Geschichte, vergegenwärtigt (Hermann 1875, Leipziger Völkerschlacht 1913), in dem eine Gegenwart verewigt (Reichsgründung: Niederwald 1883, Bismark seit etwa 1895), in dem eine Idee sichtbar gemacht wird (Walhalla, oder die in Deutschland nicht gebauten Freiheitsdenkmäler), sich selbst repräsentiert findet, wieweit ihr im Bekenntnis zu dem Dargestellten ihre Identität mit sich selbst anschaulich werden kann und wieweit darum dem Denkmal eine integrierende Funktion zukommt. Das Nationaldenkmal ist ein Versuch, der nationalen Identität in einem anschaulichen, bleibenden Symbol gewiß zu werden; das ist die Idee des Nationaldenkmals, die den Zeitgenossen des 19. Jahrhunderts vorschwebte und die in allem unterschiedlichen Begriffsgebrauch noch gegenwärtig ist, sie muß die Grundlage jeder Untersuchung sein. Nun stellt aber die nationale Identität in Suchen und Finden, in Verlust, Bedrohung und Vergewisserung ein ständiges Problem dar; darum ist das Nationaldenkmal, zumal in Deutschland, eher Idee, Versuch, Anspruch und Problem als anerkannte Wirklichkeit, und die Geschichte des Nationaldenkmals muß darum zugleich die

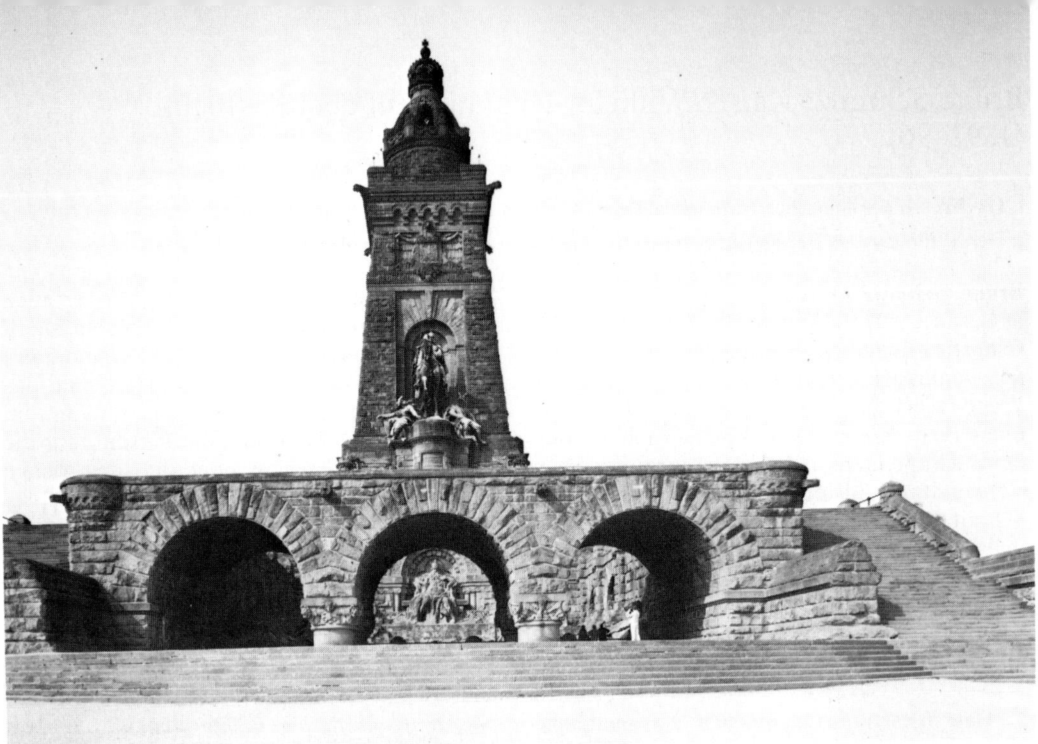

B. Schmitz: Kaiser-Wilhelm-Denkmal auf dem Kyffhäuser (DDR); 1892–96 (Ansicht von Osten)

Geschichte seiner Problematik sein, wenn sie für die Geschichte des Nationalbewußtseins aufschlußreich sein will« (T. Nipperdey: Nationalidee und Nationaldenkmal in Deutschland im 19. Jahrhundert. In: Historische Zeitschrift. 1968, S. 532f.).

Im Laufe des 19. Jahrhunderts machte das Nationaldenkmal in Deutschland eine Wandlung durch: Auf die architektonische Monumentalisierung (Walhalla, s. Seite 60ff.), die sich mit kultisch-sakralem Anspruch verband, folgte der schlichtere Typus der in sein geschichtliches Umfeld eingeordneten Herrscherpersönlichkeit, der das Geschichtsbewußtsein des Betrachters wecken sollte (Denkmal Friedrich d. G. von Rauch, s. Seite 91ff.). Nach der Reichsgründung kam es einerseits zur Verherrlichung der Reichseinheit in Gestalt der Reichsgründer (Kaiser-Wilhelm- und Bismarck-Denkmäler), andererseits zu einem Kult der Nation in Form romantisch-naturbezogener Monumentaldenkmäler, die durch ihre weihevolle Atmosphäre und ihren sakralen Charakter zu Wallfahrtsstätten der Nation wurden (Kyffhäuser). Keinem der Nationaldenkmäler gelang es jedoch, für das aus verschiedenartigen Traditionen zusammengewachsene Deutschland allgemein verbindliches Wahrzeichen zu werden, vergleichbar der Freiheitsstatue für Amerika.

Für uns heute sind die Nationaldenkmäler problematisch. Diese Welt der Symbole und visualisierten Ideale, die politischen Enthusiasmus bekunden, ist uns fremd geworden. Das moderne, weitgehend anonyme Staatswesen und unsere gesellschaftlichen Leitbilder lassen sich nicht mehr durch Personen und Allegorien* darstellen. Und machtbewußter Nationalismus mit Heldenkult, Siegespathos und Wallfahrtsatmosphäre ist gerade in Deutschland fragwürdig geworden, wo das Dritte Reich den Begriff des Nationalen pervertierte. Da die Nationaldenkmäler ihrer vorrangigen Inhalte wegen repräsentative Selbstdarstellung der Epoche sind, wurden und werden sie als Kunstwerke angezweifelt. Den Künstlern ging es jedoch genauso sehr um die Lösung ästhetischer Probleme als um eine angemessene Gestaltung des Nationalbewußtsein. Bei ihrer Beurteilung muß deshalb zwischen historisch-politischen und ästhetischen Kriterien unterschieden werden: ein

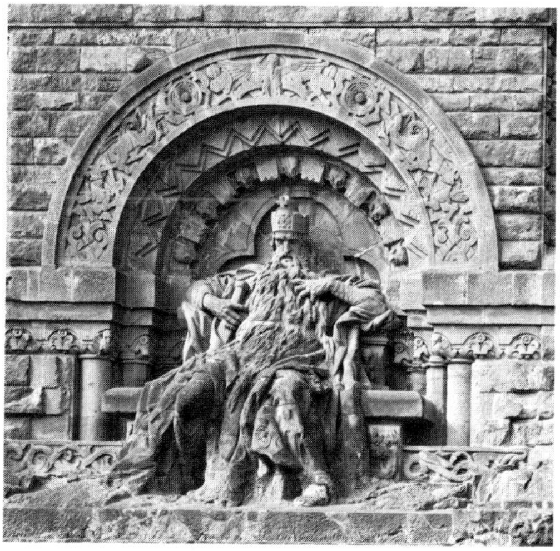

N. Geiger: Der erwachende Barbarossa, Figur im Vorhof des Kaiser-Wilhelm-Denkmals auf dem Kyffhäuser; 1895, Rotsandstein

Werk kann künstlerisch zukunftsweisend und qualitätvoll, inhaltlich aber reaktionär sein.

2. Der Kyffhäuser als Beispiel eines romantisch-naturbezogenen Nationaldenkmals. Fast durchgängig war während des 19. Jahrhunderts in Deutschland das stadtferne Denkmal – ein in anderen Ländern nahezu unbekannter Denkmalstyp – besonders beliebt. Eingebettet in die Natur stellte es eine Art Bergheiligtum dar. Abseits der Zivilisation in den übergeschichtlichen Rahmen der Natur eingeordnet, sollte es Zeugnis geben von der überzeitlichen, nie versiegenden Kraft der Nation. Man sah die Natur in religiös verklärter Weise als Abbild des Unendlichen an. Romantischer Tradition entsprechend sollte der Betrachter durch die Natureindrücke eingestimmt werden auf die Botschaft des Monuments. Wallfahrten und Festspiele unterstützten diese Absicht. Ein Hauptbeispiel dieser romantisch-naturbezogenen Denkmalsrichtung ist das Kaiser-Wilhelm-Denkmal auf dem Kyffhäuser in Thüringen, das die deutschen Kriegervereine 1888 als Nationaldenkmal für den eben verstorbenen ersten Kaiser des neuen Reiches stifteten. Es wurde an historischer Stelle, auf den Ruinen der mittelalterlichen Kaiserburg Kyffhausen, errichtet, mit der sich seit dem Zerfall des Stauferreichs

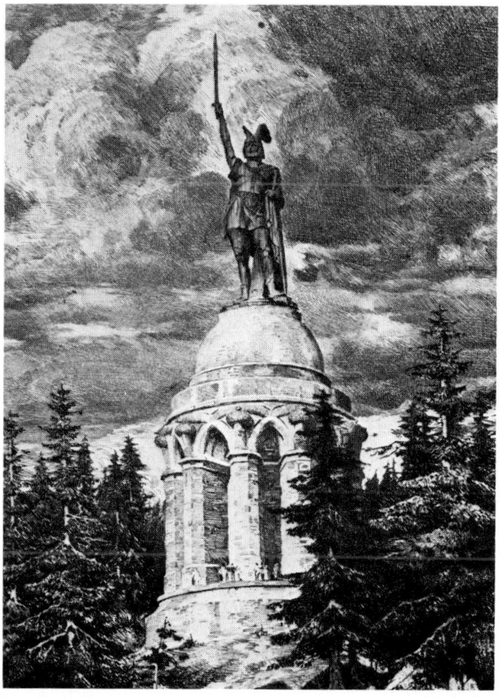

H. Bandel: Hermannsdenkmal im Teutoburger Wald; 1871–75, Bronze, Gesamthöhe etwa 12 m

Mythen von Reichseinheit und -größe verbanden. Der Sage nach soll einst der sich verzaubert im Kyffhäuser aufhaltende FRIEDRICH BARBAROSSA als Reichseiner wiederkommen. Die Einigungsbewegung des 19. Jahrhunderts benutzte diesen Sagenstoff für ihre Ziele und feierte WILHELM I. als Erfüllung der Kaisersage und Erbe und Erlöser Barbarossas. Hieraus erklärt sich die Gegenüberstellung der beiden Kaiser in dem Denkmal. BRUNO SCHMITZ unterstrich durch freie Verwendung romanischer Stilelemente den immer wieder behaupteten Zusammenhang von Bismarck-Reich und mittelalterlicher Kaiseridee.

»Charakteristisch ist hier zunächst die Wahl des Ortes auf einem stadtfernen Berg, an einer durch Sage und Geschichte geheiligten Stätte mit einer staufischen Burg im Hintergrund. In der Grundsteinurkunde heißt es: ›Auf dem Kyffhäuser, in welchem nach der Sage Kaiser Friedrich der Rotbart der Erneuerung des Reiches harrte, soll Kaiser Wilhelm der Weißbart erstehen, der die Sage erfüllt hat.‹ Die Anknüpfung an Geschichte und Mythos wird in Inhalt und Form des Denkmals aufgenommen. Im Untergeschoß der riesigen Architektur, im Berg und in ihn hineingebunden sitzt Barbarossa im Augenblick des Erwachens, und oben in der freien Höhe reitet Wilhelm der Erfüller, gleichsam aus dem Berg heraus, vor einer ›trotzigen‹ Turmarchitektur, mit Adler und Krone an der Spitze. Das Einzelergebnis und die Einzelperson treten hinter historisch-mythischen Vorstellungen von alter deutscher Kaiserherrlichkeit zurück, das Reich wird in die Tiefe der Zeit hineingestellt und zugleich als Erfüllung der nationalen Geschichte gefeiert. Der aus dem Berg und der riesigen Turmanlage heraustretende Kaiser nun reitet, ganz anders als bei einem bloß plastischen Denkmal auf städtischem Platz, in den freien Raum hinein und damit gegen die Unendlichkeit an, gegen ein Ungreifbares, Absolutes oder Transzendentes. Darin wird sichtbar, wie wenig das Nationalbewußtsein in sich ruht, wie stark es auf ein unbestimmtes Gegenüber und wie stark es auf ein Absolutes bezogen ist und wie es selbst Absolutheit beansprucht... Die Form ist romanisch stilisiert, das sollte, nachdem die Wissenschaft die Identifizierung von Gotik und Deutschtum unmöglich gemacht hatte, ein Ausdruck des typisch Deutschen sein. Und die Form ist monumental, wenn sie auch ins mystisch Dumpfe und massig Auftrumpfende gerät. Monumentalität und Massenentfaltung sind gewollt. Sie sollen die Unbezwinglichkeit des Kaiserreiches, die Macht und die Größe der in Urzeiten gegründeten Nation ausdrücken, und sie sollen die sich hier zu patriotischen Festen sammelnden Massen in eine geschlossene Gemeinschaft einbeziehen und verwandeln.

Das Denkmal ist noch ein durchaus monarchisches Denkmal, in allen Äußerungen der Denkmalsfeste ist der monarchische Ton – ›treu zu Kaiser und Reich, Fürst und Vaterland‹, zu den ›Einrichtungen des monarchischen Staates, dessen Segnungen die neue Größe des Reiches zu verdanken ist‹, ›gegen jeden uns im Innern drohenden Sturm‹ (!) – durchaus dominierend. Aber es ist nicht nur monarchisches Denkmal, es ist zugleich eine Stätte ›deutsch-nationaler Erinnerung und Erhebung‹, ein ›Wahrzeichen der unerschütterlich festen Grundlage des in Sturm und Kampf geeinten Vaterlandes‹; und zumal die architektonische Form, ihr überdimensionaler Geltungsanspruch und ihr Sich-ins-Unbegrenzte-Hineinstellen, geht über das monarchisch-dynastische Symbol hinaus. Es ist die Nation selbst, die monarchisch verfaßte, aber vor allem die mächtige und geschlossene Nation, die sich hier in Erfüllung einer mythischen Geschichte selbst feiert. Die Zeitgenossen sahen in jenem Denkmal nicht die wilhelminische Attitüde, die gewollte Mythisierung, das Pochen auf die Macht, sondern sie sahen in der monumentalen einheitlichen Architektur einen künstlerischen Fortschritt, eine Überwindung der epigonalen Plastik und des dekorativen Pathos von BEGAS, und einen politischen Fortschritt, denn hier schien jenseits der dynastischen Loyalität ein zeitgemäßer Ausdruck der überindividuellen nationalen Solidarität und Größe gefunden zu sein« (Nipperdey, a. a. O., S. 545f).

Das Kyffhäuser-Denkmal gehörte mit seiner gegenüber den allegorisch überhöhten Figurendenkmälern (z. B. Bavaria, Hermann) völlig veränderten Denkmalsgesinnung zu einer Bewegung, die durch die Mächtigkeit des Architektonischen die Grenzen zwischen Architektur und Bildhauerkunst verwischte. Ähnliches war bei den Nationaldenkmälern am Anfang des Jahrhunderts, wie der WALHALLA zu beobachten. Die Tendenz zur Stilisierung und Tektonisierung* der Kunst am Ausgang des 19. Jahrhunderts fand ihren Höhepunkt in dem noch ganz diesem Denken verhafteten VÖLKERSCHLACHTDENKMAL in Leipzig 1913, das ebenfalls BRUNO SCHMITZ entworfen hatte.

10. Typische Phänomene des 19. Jahrhunderts

L. J. M. Daguerre: Boulevard du Temple in Paris (1838)

1. Verunsicherung durch die neue Reproduktionstechnik

2. Photographie und Malerei

3. Möglichkeiten und Grenzen der Photographie im 19. Jahrhundert

Das Geburtsdatum der Photographie ist umstritten. 1727 entdeckte JOHANN HEINRICH SCHULZE die Lichtempfindlichkeit der Silbersalze. 1802 machte THOMAS WEDGWOOD Lichtpausen von Naturobjekten und versuchte – allerdings vergeblich – Camera-obscura-Bilder auf Papier zu fixieren; das gelang NICÉPHORE NIÈPCE nach 1814. Nièpce tat sich 1826 mit LOUIS JACQUES M. DAGUERRE zur weiteren Vervollkommnung der Erfindung zusammen. Nach dem Tode Nièpces (1833) gab Daguerre sein Verfahren 1839 vor der französischen Akademie der Wissenschaften bekannt. Danach folgten schnell weitere Verbesserungen; so entwickelte der Engländer FOX TALBOT das Negativ-Positiv-Verfahren, das beliebig viele Abzüge ermöglicht.

1. Verunsicherung durch die neue Reproduktionstechnik. »Wer erwägt, mit welcher Gleichgültigkeit man in unserer Zeit die wunderbaren Leistungen der Photographen hinnimmt, gerade als ob sich das alles von selbst verstünde, der wird unwillkürlich an LESSINGS Ausspruch erinnert, daß eben darin der Wunder größtes liege, daß uns die Wunder so alltäglich werden. Wenn man vor einem Menschenalter einem sogenannten ›aufgeklärten‹ Manne gesagt hätte, es sei vielleicht möglich, einen Spiegel so einzurichten, daß er das Bild des Hineinblickenden auf immer festhalte, so würde dieser eine solche Behauptung wahrscheinlich für eine Lächerlichkeit erklärt haben; hätte die Unterhaltung aber ein paar Jahrhunderte früher stattgefunden, so hätte man vielleicht ein Kreuz geschlagen und höchstens zugegeben, nur mit Hilfe des bösen Feindes könne so etwas möglich sein« (O. Spamer: Buch der Erfindungen, Gewerbe und Industrien. Leipzig u. Berlin [6]1872, Bd. 4, S. 445).

Dieser Gleichgültigkeit gegenüber den photographischen Künsten war eine erstaunliche Beunruhigung der Gemüter vorausgegangen: »Der Mensch ist nach dem Ebenbild Gottes geschaffen, und Gottes Bild kann durch keine menschliche Maschine festgehalten werden«, war z. B. 1841 im »Leipziger Stadtanzeiger« zu lesen. »Höchstens der göttliche Künstler darf, begeistert von himmlischer Eingebung, es wagen, die gottmenschlichen Züge, im Augenblick höchster Weihe, auf den höheren Befehl seines Genius ohne jede Maschinenhilfe wiederzugeben ... Flüchtige Spiegelbilder [des Menschen] festhalten zu wollen, dies ist nicht bloß ein Ding der Unmöglichkeit, wie es sich nach gründlicher deutscher Untersuchung herausgestellt hat, sondern schon der Wunsch, dies zu wollen, ist eine Gotteslästerung« (W. Benjamin: Kleine Geschichte der Photographie. Frankfurt/M. 1963, S. 68).

Die religiösen Vorbehalte gegenüber der Photographie wurden bald von profanen abgelöst. Man lastete ihr vor allem eine Übersättigung durch Bildeindrücke an und sah durch sie die Sonderstellung des schöpferischen Menschen gefährdet. »[Zwar] ließ die Vermehrung und Verbilligung der photomechanischen Reproduktionen nach Kunstwerken wohl deren allgemeine inhaltliche und kompositionelle Kenntnis zum Besitz aller Gebildeten werden, die eigentlich künstlerischen Qualitäten wurden dabei aber nicht wiedergegeben ... Die Photographie hat die Kunstbetrachtung ins Unermessene erweitert, sie hat sie aber auch in betrübender Weise verflacht.

Man stelle sich vor, wie der Kunstfreund vor hundert Jahren, nach Eckermanns Gesprächen mit Goethe zu urteilen, jeden neuen Kupferstich, der ihm zu Gesicht kam, gründlich durchstudiert und genossen, gleichsam wie einen guten alten Wein zuerst vorsichtig prüfend gekostet und dann mit Behagen ausgeschlürft hat, und man vergleiche damit, wie wir gegenwärtig von Bildeindrücken übersättigt sind, die dank der Photographie überall und von allen Seiten auf uns einstürmen« (F. Haack: Die Kunst des 19. Jahrhunderts. Esslingen 1907, S. 7).

Lastete der Kunsthistoriker F. HAACK der photographischen Bilderflut eine Verflachung und Übersättigung an, so wies W. BENJAMIN vor allem auf die soziale Funktion der Photographie hin und auf die in Reaktion darauf erfolgte Abkapselung der traditionellen Kunst im Sinn eines l'art pour l'art*. Daß Photographie an sich auch zur Kunst zu rechnen sein könnte, wurde im 19. Jahrhundert und selbst zu Beginn des 20. Jahrhunderts noch nicht in Erwägung gezogen; sogar als Hilfsmittel des Kunsthistorikers hatte sie im Grunde nur den Rang eines »notwendigen Übels«.

»Als ... mit dem Aufkommen des ersten wirklich revolutionären Reproduktionsmittels, der Photographie – gleichzeitig mit dem Anbruch des Sozialismus – die Kunst das Nahen der Krise spürt, die nach weiteren hundert Jahren unverkennbar geworden ist, reagierte sie mit der Lehre vom l'art pour l'art, die eine Theologie der Kunst ist. Aus ihr ist dann weiterhin geradezu eine negative Theologie in Gestalt der Idee einer *reinen* Kunst hervorgegangen, die nicht nur jede soziale Funktion, sondern auch jede Bestimmung durch einen gegenständlichen Vorwurf ablehnt« (W. Benjamin: Das Kunstwerk im Zeitalter seiner technischen Reproduzierbarkeit. Frankfurt/M. 1974, S. 481).

»Das Gemälde hatte stets Anspruch auf die Betrachtung durch einen oder durch wenige. Die simultane [gleichzeitige] Betrachtung von Gemälden durch ein großes Publikum, wie sie im 19. Jahrhundert beginnt, ist ein frühes Symptom der Krise der Malerei ... Es liegt eben so, daß die Malerei nicht imstande ist, den Gegenstand einer simultanen Kollektivrezeption [gleichzeitige gemeinschaftliche Wahrnehmung] zu bilden ... wie es heute für den Film zutrifft« (W. Benjamin: Das Kunstwerk, a. a. O., S. 497).

2. Photographie und Malerei. »Die Dinge entwickelten sich so schnell, daß schon um 1840 die meisten unter den zahllosen Miniaturmalern Berufsphotographen wurden, zunächst nur nebenher, bald aber ausschließlich. Dabei kamen ihnen die Erfahrungen ihrer ursprünglichen Brotarbeit zustatten, und nicht ihre künstlerische, sondern ihre handwerkliche Vorbildung ist es, der man das hohe Niveau ihrer photographischen Leistungen zu verdanken hat. Sehr allmählich verschwand diese Generation des Übergangs ... Schließlich aber drangen von überallher Geschäftsleute in den Stand der Berufsphotographen ein, und als dann später die Negativretusche, mit welcher der schlechte Maler sich an der Photographie rächte, allgemein üblich wurde, setzte ein jäher Verfall des Geschmacks ein. Das war die Zeit, da die Photographiealben sich zu füllen begannen ... Noch erinnert die Staffage solcher Porträts mit ihren Postamenten, Balustraden* und ovalen Tischchen an die Zeit, da man der langen [Belichtungs]Dauer wegen den Modellen Stützpunkte geben mußte, damit sie [still hielten] ... so folgte bald weiteres Beiwerk, wie es in berühmten Gemälden vorkam und darum *künstlerisch* sein mußte. Zunächst war es die Säule oder der Vorhang« (W. Benjamin: Kleine Geschichte, a. a. O., S. 76).

Die meisten Maler des 19. Jahrhunderts bedienten sich – in verschiedener Weise – der Photographie. Sie verwendeten die photomechanische Reproduktion als Gedächtnisstütze, als Mittel, die Zeit für Modellsitzungen abzukürzen, aber auch als Pausvorlage oder als Leinwand mit lichtempfindlicher Schicht. Auch wenn diese Arbeitsweise nicht mit der Vorstellung vom genialen, aus sich selbst schöpfenden Künstler übereinzustimmen scheint, so ist doch die Qualität von Kunstwerken im Grunde unabhängig von der Verwendung von Hilfsmitteln.

3. Möglichkeiten und Grenzen der Photographie im 19. Jahrhundert. »Nach der Erfindung der Daguerreotypie erkannten urteilsfähige

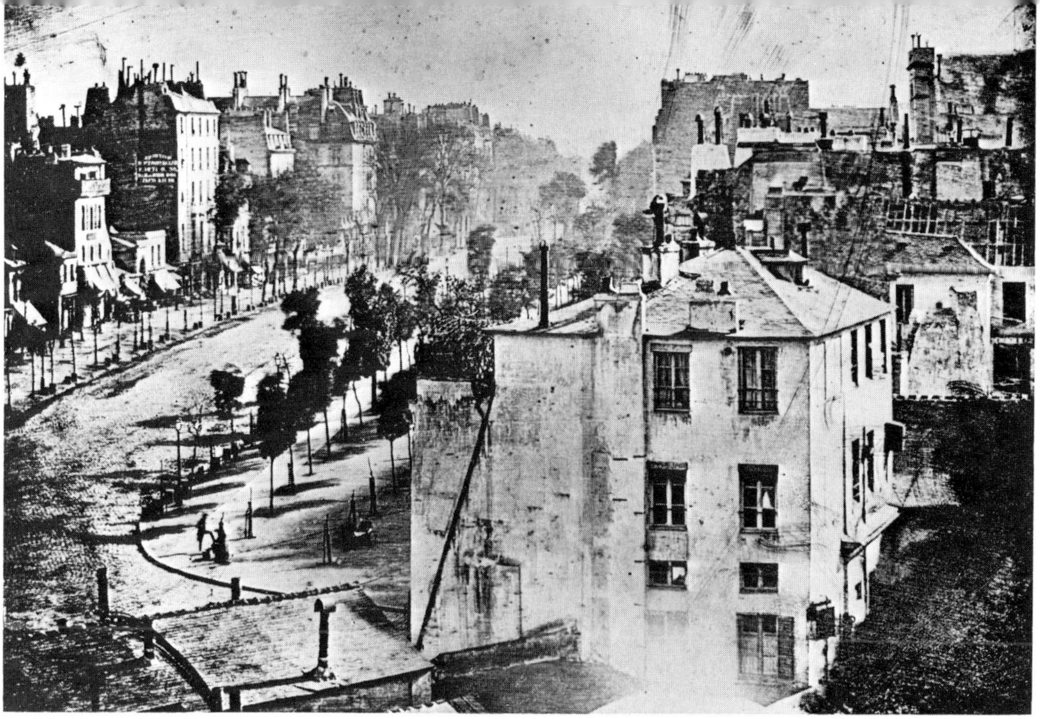

L. J. M. Daguerre: Boulevard du Temple in Paris; 1838, Daguerreotypie

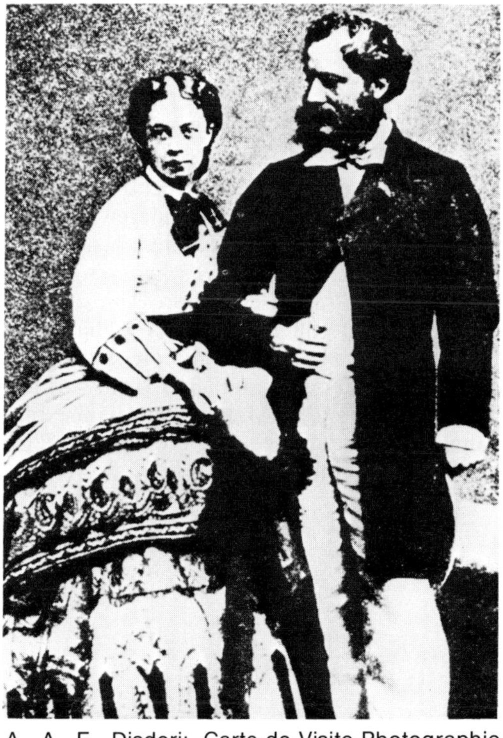

A. A. E. Disderi: Carte-de-Visite-Photographie des Fürsten Metternich mit Gemahlin; um 1860

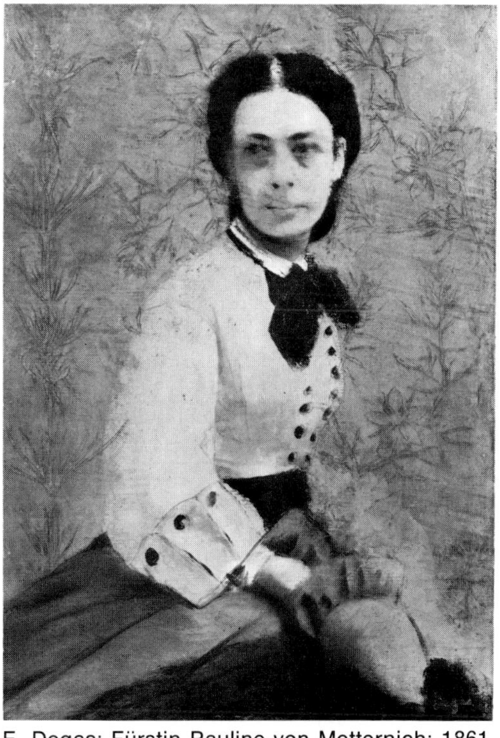

E. Degas: Fürstin Pauline von Metternich; 1861, Öl/Lwd., 41 × 29 cm, National Gallery, London

Zeitgenossen unverzüglich die spezifischen Eigenschaften dieses neuen Mediums, sie bezeichneten sie einstimmig als die einzigartige Fähigkeit der Kamera, die sichtbare – oder potentiell sichtbare – physische Realität nicht nur wiederzugeben, sondern auch zu enthüllen. Man war sich allgemein bewußt, daß die Photographie die Natur mit einer Vollkommenheit reproduziere, ›die der Natur gleichkommt‹ . . .[sie] schwärmten . . . von der ›mathematischen Genauigkeit‹ und ›unvorstellbaren Vollendung‹, mit der die Kamera jede Einzelheit wiedergebe . . . Die Erkenntnis der sowohl aufzeigenden wie aufdeckenden Funktionen dieses ›mit einem Gedächtnis begabten Spiegels‹, das heißt also seiner ihm innewohnenden realistischen Tendenz, war großenteils der Entschiedenheit zu verdanken, mit der damals realistische Impulse der romantischen Bewegung entgegenwirkten. Im Frankreich des 19. Jahrhunderts fiel der Aufstieg der Fotografie zeitlich mit der Ausbreitung des Positivismus zusammen; dieser verkörperte weniger ein philosophisches System als eine von vielen Denkern geteilte geistige Haltung, die metaphysische Spekulationen zugunsten einer wissenschaftlichen Einstellung entmutigte und sich damit in völliger Übereinstimmung mit der fortschreitenden Industrialisierung befand . . . Das positivistische Denken erstrebte eine getreue, ganz unpersönliche Wiedergabe der Wirklichkeit im Sinne . . . [des] radikalen Ausspruchs: ›Ich will die Objekte so wiedergeben, wie sie sind oder wie sie wären, auch wenn ich nicht existierte‹ [H. Taine]« (S. Kracauer: Theorie des Films. Frankfurt 1964, S. 26).

»Es ist ja eine andere Natur, welche zur Kamera als welche zum Auge spricht« (W. Benjamin). Dieser vielzitierte Ausspruch bezieht sich auf das Medium Film, das sozusagen als Keim schon in der Photographie enthalten war: ». . . so wenig es bei der Vergrößerung [Nahaufnahme] sich um eine bloße Verdeutlichung dessen handelt, was man ›ohnehin‹ . . . sieht . . . so wenig bringt die Zeitlupe nur bekannte Bewegungsmotive zum Vorschein, sondern . . . entdeckt in diesen bekannten ganz unbekannte« (W. Benjamin: Das Kunstwerk, a. a. O., S. 500).

»Die Tatsache, daß man die Photographie nicht als ein Verfahren, die Illusion der Wirklichkeit zu erzeugen, sondern als ein Mittel, die Wirklichkeit selbst präsent zu machen, betrachtete, führte dazu, daß man von Anfang an und mit aller Deutlichkeit die Mängel der neuen Technik bemerkte . . . so gehört zu allen frühen Texten über die Photographie die Feststellung, ein Daguerreotyp gebe weder die Farben noch die Bewegung wieder. Den letzteren Mangel machten einige Bilder sehr drastisch bewußt. So ist häufig von einer Aufnahme des BOULEVARD DU TEMPLE die Rede, die den Boulevard zu einer Tageszeit zeigt, in der er stark belebt war. Von dem Gewimmel der Fußgänger und Fahrzeuge ist jedoch nichts zu sehen. Nur ein Mann ist zu erkennen, dem die Schuhe geputzt werden« (H. Buddemeier: Panorama – Diorama – Photographie. München 1970, S. 82). Genau genommen war es allein das vorgesetzte Bein des Mannes, das in diesem Lichtbild festgehalten werden konnte; alle anderen Körperteile waren dem Auge der Kamera fast ebenso entwischt wie die übrige Menschenmenge.

Die Konzentration der Impressionisten auf die Erfassung flüchtigster atmosphärischer Momente und besonders auf die Farbigkeit aller Gegenstände kann auch als Antwort auf die Entlastung der Malerei von einer rein »ähnlichen« Naturwiedergabe durch die Photographie gedeutet werden.

1. Das Grabmal von Augusto Rivalta auf dem Friedhof von Staglieno bei Genua als Beispiel eines übersteigerten Naturalismus (1880). Die Auflösung der traditionellen Wert- und Kunstbegriffe gegen Ende des 18. Jahrhunderts, die Übernahme der Auftraggeberrolle durch das Bürgertum, Industrialisierung, Demokratisierung, Massenproduktion und neue Materialien (Ersatzstoffe) haben den Phänomenen Kitsch und Trivialkunst nach und nach einen neuen Stellenwert gegeben. Obwohl beide wahrscheinlich zu allen Zeiten existierten, wurden sie doch erst im 19. Jahrhundert (der Begriff Kitsch entstand um 1860 in München) zum Problem. Sie konnten bis heute nicht allgemein verbindlich definiert werden. Um nur einige problematische Werke anzuführen, sei für die Architektur auf die bayerischen Königsschlösser Ludwigs II., für die Malerei auf die Monumentalgemälde Makarts und für die Plastik auf die Salon- und Friedhofskulptur verwiesen.

Von den zahlreichen Fragen, die Trivialkunst und Kitsch aufwerfen, sollen hier zwei herausgegriffen werden: der übersteigerte Naturalismus* und die Ablösung von Kunst durch Kunsthandwerk im Historismus*. Der erste Problemkreis läßt sich besonders gut an der Friedhofskulptur aufzeigen. Sie ist noch heute ein getreues Spiegelbild des vorherrschenden Geschmacks des 19. Jahrhunderts, der sich an den ästhetischen Normen ausrichtete, die der Salon* anerkannte und propagierte. Obwohl dieser Geschmack die zeitgenössische Kunstproduktion bestimmte, wurde er im 20. Jahrhundert durch die Aufwertung der Avantgardisten zu den alleinigen Repräsentanten ihres Zeitalters verdrängt. Von der Mitte des vergangenen Jahrhunderts an fanden in der Friedhofskunst besonders sentimentale Darstellungen Gefallen, die den Vergleich mit bürgerlichen Rührstücken heraufbeschwören, wie beispielsweise das Grabmal AUGUSTO RIVALTAS auf dem Friedhof von Staglieno bei Genua:

»Das Dilemma, vor dem wir angesichts des gezeigten Ausschnitts stehen, scheint aber doch darin zu liegen, daß hier eine allgemein menschliche und in der ikonographischen* Tradition lang bekannte Gebärde der Trauer auf ein ganz bestimmtes erkennbares Individuum übertragen ist. Die Verewigungsabsicht zielt auf eine individuelle Gestalt, sie ist nicht ins Zeitlose gesteigert. Das Penetrante an diesem Naturalismus des Details besteht doch wohl eben darin, daß man nicht nur die jeweilige Stofflichkeit des verschiedenen Materials bemerkt, sondern sogar die Herrenmode präzis bestimmen kann. Das vermag man bei einem Bildnis von BRONZINO und RIGAUD, selbst von BERNINI oder gar RAUCH freilich auch. Aber vor unserem Bildwerk erschrickt man, weil man zunächst glaubt, dort stehe ein lebendiger trauernder Mensch. Die Illusion wirkt desillusionierend. MAX J. FRIEDLÄNDER hat die Problematik des panoptikumhafen Illusionismus so ausgedrückt: ›Je mehr Naturwahrheit geboten wird, um so mehr darüber hinaus wird verlangt. Die Illusion gleicht dem Gott, der seine Kinder verzehrt‹ ... Das Fehlen jenes ›darüber hinaus‹, das unabdingbar ein Element des echten Kunstwerkes ist, wird für uns durch die Zusammenordnung mit der idealisierenden Architektur noch augenfälliger – aber erhebt etwa für den Autor des Werkes gerade diese Zusammenordnung auch die naturalistische Figur in eine höhere Sphäre?« (K. Lankheit: Der Stand der Forschung zur Plastik des 19. Jahrhunderts. In: Bibliographie zur Kunstgeschichte des 19. Jahrhunderts, Publikationen der Jahre 1940–1966. München 1968, S. 21f.).

2. Josef Keplinger: Hochaltar der Pfarrkirche von Eggenburg in Niederösterreich (1894) als Beispiel der Dominanz des Kunsthandwerks im Historismus. »Der neogotische Hochaltar der Pfarrkirche von Eggenburg, N.Ö., ist ein sechzehn Meter hohes Schnitzwerk von Josef Keplinger, 1894. Er baut sich in mehreren Etagen auf, in denen zwei Figurengruppen die Steinigung des hl. Stephanus (Patrozinium der Kirche) und Maria unter den zwölf Aposteln darstellen. Als Material ist weiches Holz verwendet. Die Struktur der gestalteten Linie ist durchgehend glatt und widerstandslos, sie gleitet die Konturen stilisiert entlang. Flächen sind möglichst vermieden, wo sie aufscheinen, wirken sie unbeholfen, ungestaltet und zufällig (›Hintergrund‹). Die Plastik ist knapp gehalten; sie ist modellierend mehr auf das äußerliche Zeichnerische bedacht als auf ein inneres Volumen; dem entspricht die Fassung in realfarbigem Lokalkolorit* mit aufgesetzten Mustern. Auch die räumlich gestellten Figuren und Fialen* wirken nicht echt raumfüllig; die figuralen Szenen spielen sich auf schmaler Raumbühne ab, in einer Raumschichte und in posierter Anordnung, unfrei und völlig ohne eigene Ausstrahlung. Das Licht findet nirgends nachdrücklich gesetzte Akzente, das rohe Holz schimmert diffus und glänzt nur durch oberflächige Politur. Der kompositionelle Aufbau wirkt vor allem in den Szenen starr und unfrei; der des Gesprenges* ist ebenso wie der der figuralen Szenen stockwerkweise schematisch angelegt. Die Fialen sind überaus reich und handwerklich fein ausgeschnitzt; aber sie wirken zusammengezogen, verfestigt, es fehlt ihnen jede luftige Bewegtheit und jede Eigenart im Wachsen, Durchwachsen, Emporwachsen; sie wirken wie Vorhänge aus Gußeisen. Der äußere Aufbau des Ganzen steht gut im Chor* und füllt ihn – in (neo-)barocker Art – voll aus. Das Dargestellte endlich, Steinigung und Disputatio, hat durchwegs den Ausdruck puppenhafter Starre bei gestenbetonter Dramatik, die rein äußerlich angebracht wirkt und dem eigentlichen Inhalte kaum gerecht wird.

Die durchgehenden Charakterzüge sind somit das künstlich Arrangierte, die mumienhafte Starre, das Wachsfigurenartige, Panoptikumhafte der Figuren; die solide ›Anständigkeit‹ der handwerklichen Ausführung tötet letztlich jeden Keim an Kunstwert; von einem Kunstwerk kann nicht mehr die Rede sein. Aber die in allen Schichten gleichartige und überzeugend verdichtete Gesinnung beweist dennoch eine gewisse Ranghöhe; freilich nicht der Gestaltung eines Künstlers von subjektivem Willen, sondern der Arbeit eines Handwerkers von objektivem Wollen. Als Kunstgewerbe betrachtet, gewinnt das Werk schlagartig eine völlig neue Position; man wird es nicht aus künstlerischen, sondern aus kulturellen Gründen als echtes Denkmal ver-

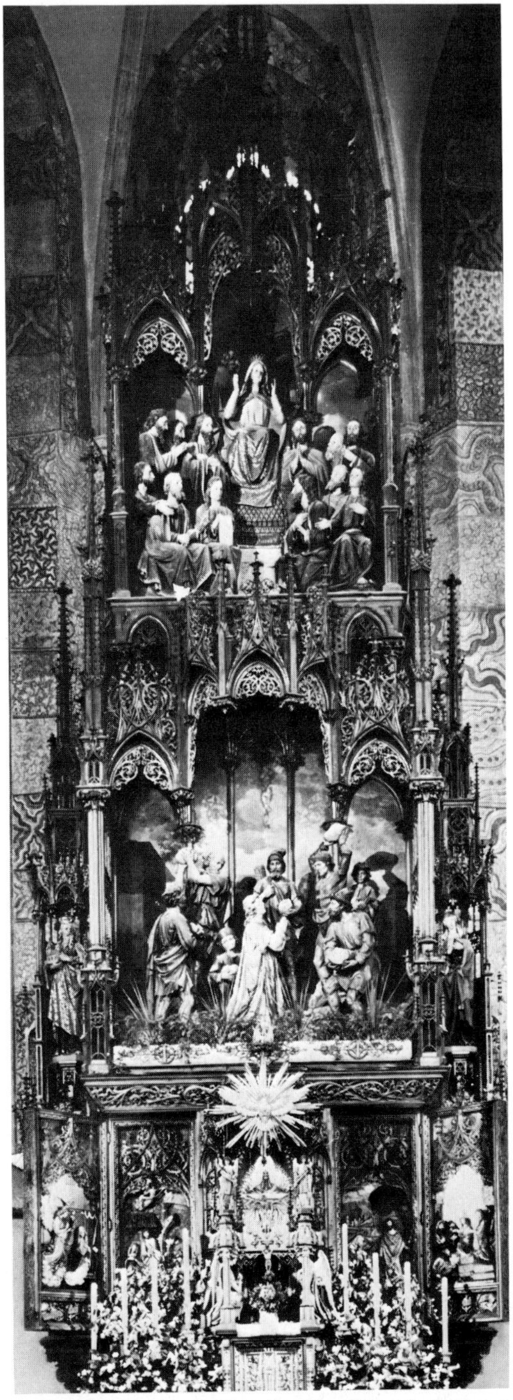

J. Keplinger: Hochaltar in der Pfarrkirche von Eggenburg (Niederösterreich); 1894

A. Rivalta: Grabmal des Giulio Drago († 1880); Cimitero di Staglieno, Genua ▶

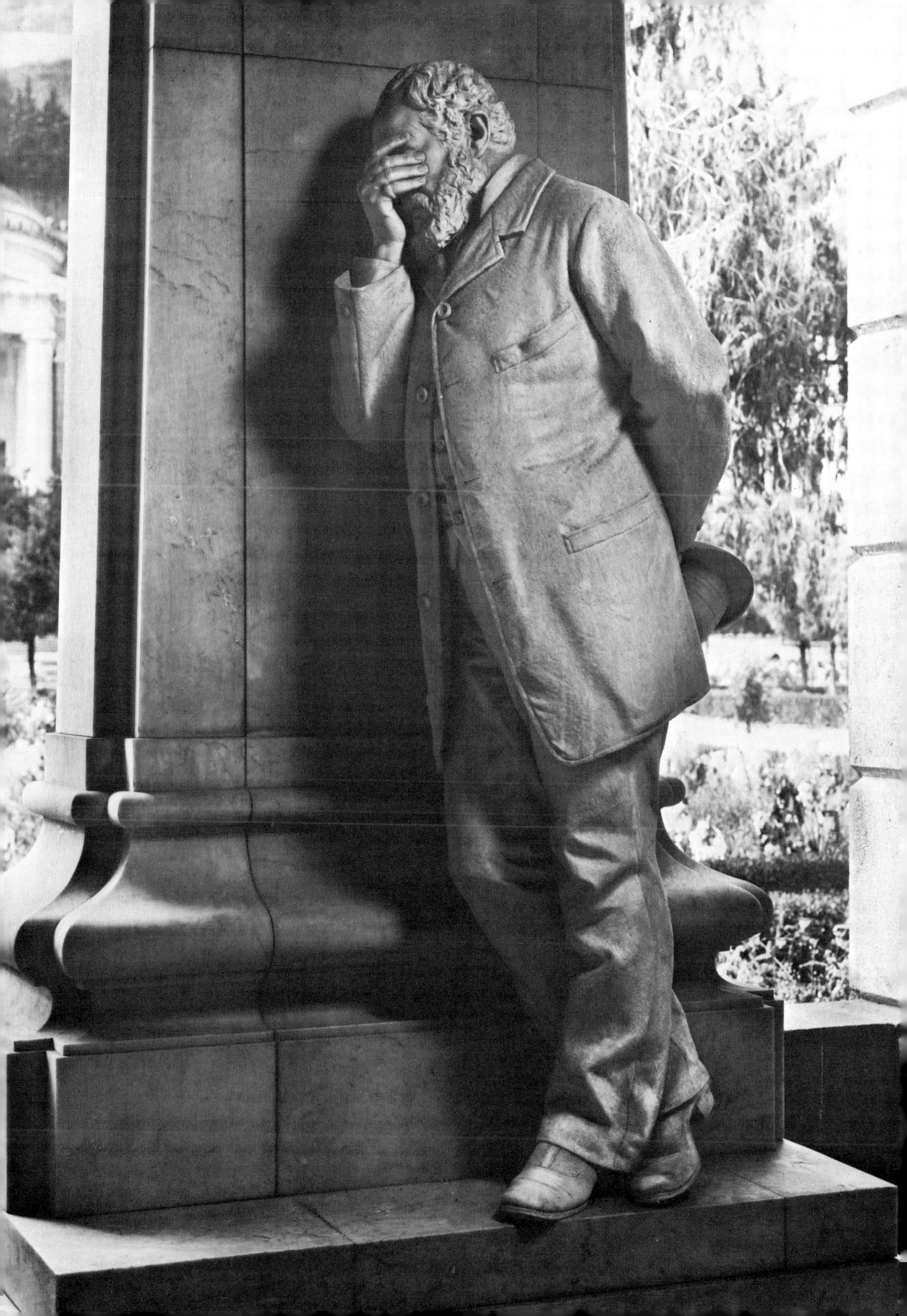

teidigen dürfen und sollen. Dann wird plötzlich die ganz offensichtliche Bemühung um äußerliche Größe, um den Aufwand an Kunstformen usf. in anderem Lichte erscheinen: dieses Sinngebilde will ebenso nachdrücklich ein Kunstwerk sein, als es tatsächlich nichts mehr mit Kunst zu tun hat. Es will ›Gotik‹ dramatisieren und in das Heroisch-Monumentale erheben; dies aber ist ein Widerspruch in sich. Man bedient sich dabei nicht der Bilder, sondern der Formeln. Der dekorative Rahmen, das Gesprenge, wird zum riesigen Theatervorhang. Die inhaltliche Charakterisierung ist nicht still nach innen, sondern agierend nach außen gewendet; Neugotik ist Antigotik. Deduktiv ist darin ein wesentlicher Charakterzug jenes echten fin de siècle* zu sehen; eine tragische Grundhaltung, aus der sich zahllose ›Formgelegenheiten‹ samt ihren Lösungen geradezu ableiten ließen. Selten aber ist eine Krise der Kunst und der aufwendige Versuch ihrer Maskierung eklatanter nacherlebbar als an diesem einzelnen Machwerk; das ›primäre‹ Mißverständnis heutiger Betrachter, solches überhaupt als Kunstwerk aburteilen zu wollen, macht dieses Sinngebilde zu einem echten Denkmal von kultureller Bedeutung« (F. Eppel: Zur Qualitätsfrage der Neugotik; in: Österr. Zeitsch. für Kunst u. Denkmalspflege, Bd. 16, 1962, S. 81f.).

11. Aufbruch der Avantgarde zum 20. Jahrhundert

Claude Monet: Die Kathedrale von Rouen (1893)

1. Die Malerei der flüchtigen Impressionen

2. Vom Einzelbild zur Bildserie

3. Auflösung der konstanten Dinge in flüchtige Erscheinungen – der Spiegelungsvorgang wird wichtiger als das Gespiegelte

4. Übersetzung, nicht Abschrift der Natur als Aufgabe des Künstlers

Claude Monet (* 1840 in Paris, † 1926 in Giverny) studierte an der Pariser Ecole des Beaux-Arts, dort Freundschaft mit SISLEY und RENOIR; mit diesen ab 1864 konsequente Freilichtmalerei; war treibende Kraft bei der Gruppenausstellung 1874, auf der sein Gemälde »Impression – Sonnenaufgang«, der neuen malerischen Richtung den Spottnamen IMPRESSIONISMUS* eintrug. Ab 1890 ging er dazu über, Serien von Ansichten desselben Motivs bei unterschiedlicher Beleuchtung zu malen (18mal einen Heuhaufen, 50mal die Kathedrale von Rouen, Seerosenbilder). Die Objekte wurde ihm zu unwichtig-gegenständlichen Anlässen für Farbbeobachtungen. CÉZANNE sagte von ihm: »Er war nur Auge, aber was für ein Auge!«

1. Die Malerei der flüchtigen Impressionen. »Monet ist der Impressionist par excellence, denn es ist ihm gelungen, flüchtige Impressionen festzuhalten, welche die Maler, seine Vorläufer, vernachlässigten, oder von denen sie angenommen hatten, es sei unmöglich, sie mit dem Pinsel wiederzugeben. Die tausend Nuancen, die das Wasser des Meeres und der

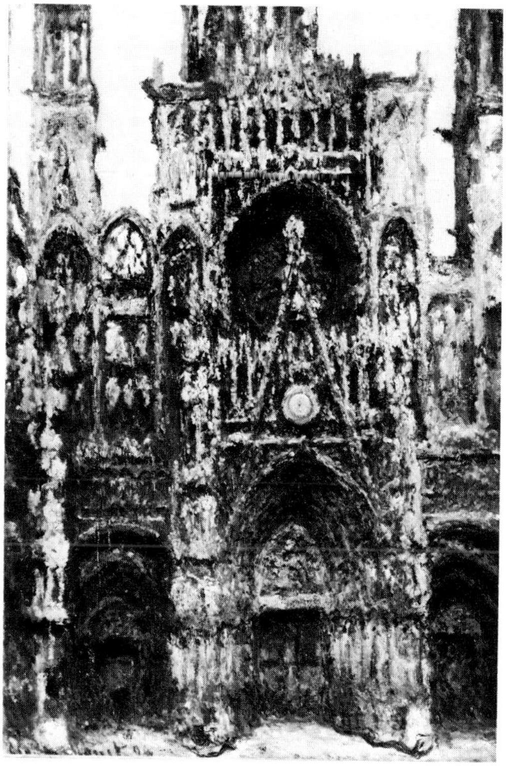

C. Monet: Die Kathedrale von Rouen (Harmonie brune); 1894, Öl/Lwd., 107 × 73 cm, Louvre, Paris (Vgl. die Farbtafel auf S. 176!)

Flüsse annimmt, das Spiel des Lichtes in den Wolken, das vibrierende Kolorit der Blumen und die durchsichtigen Reflexe des Laubes unter den Strahlen einer brennenden Sonne wurden von ihm in ihrer ganzen Wahrheit erfaßt. Indem er die Landschaft nicht nur in ihrem unveränderlichen und permanenten Zustand, sondern auch unter den flüchtigen Aspekten, die ihr die Zufälle der Atmosphäre verleihen, malt, vermittelt Monet von der geschauten Szene eine erstaunlich lebendige und packende Vorstellung. Seine Bilder vermitteln sehr reale Impressionen. Man kann sagen, daß seine Schneemotive einem kalt machen und daß seine Bilder in vollem Licht wärmen und sonnen« (Th. Duret: Die impressionistischen Maler. 1878; nach H. Graber: Picasso, Sisley, Monet. Basel 1943, S. 218).

»Beobachten wir Claude Monet ... beim Malen. Zu diesem Zweck muß man mit ihm durch die Felder ziehen, der Hitze, der vollen Sonne trotzen, oder mit den Füßen im Schnee verharren, da er, wenn er das Haus verlassen hat, bei jeder Jahreszeit direkt unter dem Himmelsgewölbe arbeitet. Auf seine Staffelei stellt er eine weiße Leinwand und beginnt sie plötzlich mit Farbflecken zu bedecken, die den farbigen Flecken entsprechen, welche ihm die geschaute Naturszene vermittelt. Oft konnte er während der ersten Sitzung nur eine Skizzierung erreichen. Am nächsten Tag, auf dem Schauplatz zurück, fügt er zur ersten Skizze hinzu, und die Details akzentuieren, die Konturen präzisieren sich. So geht er mehr oder weniger lange zu Wege, bis ihn das Bild befriedigt. Durch dieses System direkten Malens angesichts der geschauten Szene wurde Monet ganz natürlich dazu geführt, Wirkungen Rechnung zu tragen, die von seinen Vorgängern vernachlässigt worden waren. Die flüchtigen Impressionen ... sind für Künstler faßbar geworden« (Th. Duret: Katalogvorwort zur Monet-Ausstellung in Paris 1880).

2. Vom Einzelbild zur Bildserie. Monets Arbeitstechnik, wie sie der Journalist DURET, ein engagierter Verteidiger der Impressionisten, aus unmittelbarer Anschauung schilderte, hatte sich Schritt für Schritt entwickelt: »Bald geht Monet systematisch vor. Er malt sein Landschaftsmotiv zu einer bestimmten Tageszeit, malt deren besondere Licht-, Luft- und Farbenstimmung, malt sie in ihrer ganzen Momentaneität. Wird er an einem Tag nicht fertig, so arbeitet er am nächsten Tag, respektive am nächsten Tage mit dem gleichen Wetter, zur selben Zeit weiter. Ja, er malt mehrere Stimmungen des gleichen Motivs und Tages, malt an ihnen an den folgenden Tagen zu denselben Stunden, bis zur Fertigstellung. So entstanden seine Serienbilder« (H. Graber, a. a. O., S. 219).

»Monets berühmte Serie der Kathedrale von Rouen in verschiedener Beleuchtung wurde in den Wintermonaten von 1892/93 von einem Fenster [eines] Hauses ... gegenüber der Fassade begonnen und in Giverny vollendet. Seine Ausstellung bei DURAND-RUEL im Jahr 1895 zeigte zwanzig von den insgesamt fünfzig Bildern der Kathedrale; die achtzehn Vorderansichten zogen im besonderen sowohl übertriebenes Lob wie übertriebene Angriffe auf sich. Indem er ständig die Leinwand dem Licht entsprechend wechselte, folgte Monet den Stunden des Tages vom frühen Morgen an, wenn dunstig blaue Schatten die Fassade einhüllten, zum Nachmittag, wenn sie vom Sonnenlicht überflutet ist, und dann zum Ende des Tages, wenn die Sonne hinter den Häusern der Stadt verschwindet und das Abendlicht das verwitterte Gemäuer in ein seltsames Gewebe aus braunem Orange und Blau verwandelt ... ›Der Maler vermittelt uns das Gefühl‹, schreibt [ein Freund Monets anläßlich der Ausstellung], ›daß er fünfzig, hundert, tausend dieser Bilder hätte malen können, so wie sein Leben Sekunden zählt‹« (W. C. Seitz: Monet. New York 1960, S. 192).

Es handelt sich jedoch um mehr als eine Folge von Einzelbildern; die Veränderung selbst ist das Thema seines ›gemalten Farbfilms‹. »Es war 1895 bei DURAND-RUEL ein seltener Eindruck, alle diese Fassaden zusammen zu sehen. Die einen schienen in glitzerndem Schnee zu stecken, andere waren aus Edelsteinen gebaut, wieder andere mit glühender Lava übergossen, und die Wiederholung der großen Form unter den verschiedenartigen Harmonien gab ein phantastisches Ganzes ... Dann sah man bei CAMONDO und in anderen Sammlungen die einzelnen Bilder, getrennt von den anderen, wieder und suchte vergeblich nach dem Zauber« (J. Meier-Graefe: Entwicklungsgeschichte der modernen Kunst. München [2]1914, S. 411).

Diese Bemerkungen eines Augenzeugen, der die Bildserie noch im Zusammenhang sehen konnte, machen klar, daß ihre Wirkung und damit das Ziel ihrer Darstellung tatsächlich als ein übergeordnetes »Ganzes« aus dem Nebeneinander der Einzelgemälde hervorging. Dieses Ziel, die Veränderungen einer Szenerie in ihrer optischen Erscheinung sichtbar zu machen und so zum Bewußtsein zu bringen, war nicht gänzlich neu. Ein Vorläufer der impressionistischen Gemälde-Serien war das Diorama. Es »wurde Anfang der zwanziger Jahre des 19. Jahrhunderts von zwei Malern, DAGUERRE [dem Erfinder der Daguerreotypie] und BOUTON, entwickelt und 1822 erstmalig dem Pariser Publikum vorgestellt ... Jedes Dioramabild ... hatte eine Höhe von 22 Meter und eine Breite von 14 Meter. Als Farbträger diente transparente Leinwand, die nach einem von Daguerre entwickelten Verfahren je nach dem gewünschten Effekt deckend oder durchscheinend bemalt wurde. Das Licht fiel teils durch ein Oberlicht vor dem Bild und teils durch Fenster in der Rückseite des Gebäudes ein, wobei die Lichtmenge durch mehrere, verschiedenfarbige Blenden reguliert werden konnte. Die Zuschauer befanden sich in einem theaterähnlichen Raum ... in dem fast völlige Dunkelheit herrschte ... Daguerres Bild [eine Gebirgslandschaft] zeigte den Zuschauern wallende Nebel, ziehende Wolken, sprühende Wasserfälle, ein aufziehendes und sich entladendes Gewitter und schließlich die Lichtveränderungen vom Morgen zum Abend ... Daguerre und Bouton muß es ... gelungen sein, die verschiedenen Effekte, wobei es sich in erster Linie um Lichtveränderungen handelte, stufenlos ineinander übergehen zu lassen« (H. Buddemeier: Panorama – Diorama – Photographie. München 1970, S. 25f.).

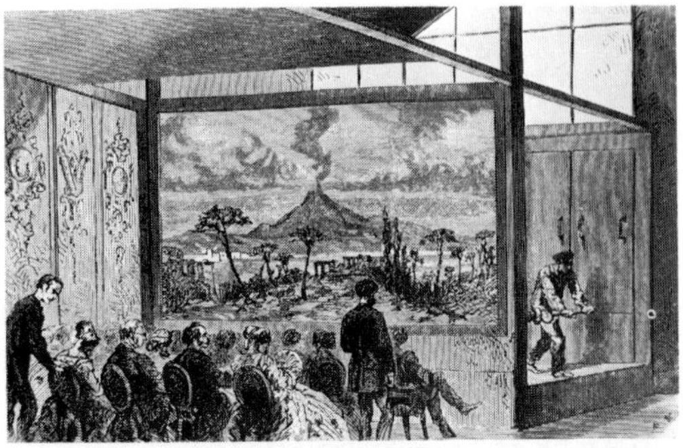

L. J. M. Daguerres Diorama auf verschiebbarer Leinwand; Paris 1822

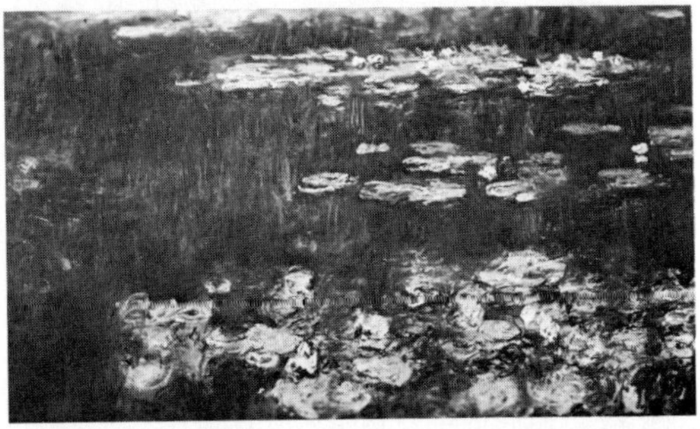

C. Monet: Saal II der Seerosen, Komposition 4 (Detail); 1916–23, Öl/Lwd., Orangerie in den Tuilerien, Paris

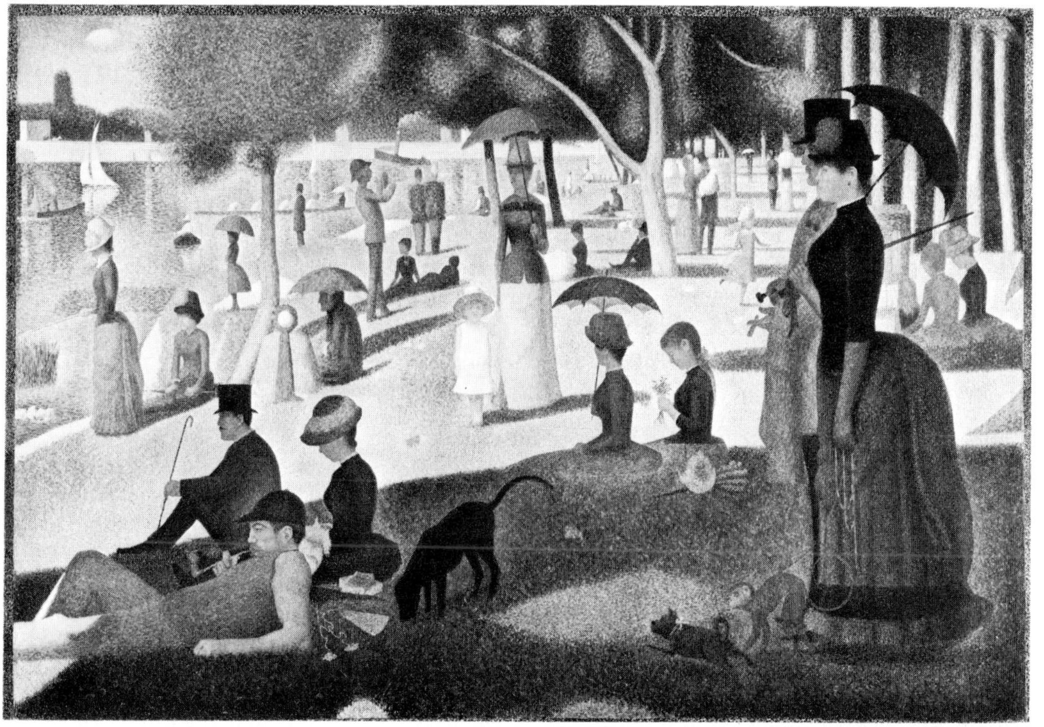

G. Seurat: La Grande Jatte; 1884–86, Öl/Lwd., 206,5 × 305,5 cm, The Art Institute of Chicago

3. Auflösung der konstanten Dinge in flüchtige Erscheinungen – der Spiegelungsvorgang wird wichtiger als das Gespiegelte. Gegenüber ›Jahrmarktsattraktionen‹ wie dem Diorama und den anderen Erscheinungsformen des ›romantischen Subjektivismus‹ repräsentiert der Impressionismus in der Malerei bereits eine fortgeschrittene Phase der naturwissenschaftlichen Einsichten in die Natur der menschlichen Wahrnehmungstätigkeit:

»Der Impressionist ... abstrahiert von den Dingen, sieht von vornherein nur das Bild, jene farbige Impression, die grade er hier und in diesem Augenblick hat, das Mosaik, das in seinem, des Künstlers Auge auf der Netzhaut sich bildet. Daß er statt des Weltbildes nur ein Augenbild geben will, ist der Unterschied [zur älteren Malerei]. Die Impressionisten suchen keineswegs die ungewöhnlichen Situationen und zufälligen Besonderheiten des Naturdaseins so wie noch TURNER ... für den sich Landschaft in flimmernden Dünsten zu einem traumhaften Schemen auflöst, oder wie BLECHEN. Jene Maler des älteren 19. Jahrhunderts waren aus tiefer Skepsis zu einer Auflösung [des] ... Festen und Gesetzhaften gekommen ... Den Impressionisten ist diese Auflösung bereits etwas Selbstverständliches und schon als solche Gesetz. Für sie liegt die Brechung, die Spaltung von Licht und Farbe bereits im Wesen des Sonnenlichtes beschlossen ...

Die farbige Sichtbarkeit besteht für den späteren Monet aus Elementarteilchen, freilich nicht mehr stofflicher, sondern optischer Natur ... Der Impressionist ... atomisiert und individualisiert aus Prinzip, indem er vor unserm Auge überall besondere Farb- und Lichtdifferenzen erscheinen läßt ... Die objektiven Zusammenhänge treten hinter den subjektiven, nur für das Bild gültigen, von Farbton zu Farbton, völlig zurück. Jetzt gilt die momentane Impression an Stelle der bleibenden Tatsächlichkeit. Bezeichnend ist, daß er z. B. von ›derselben Landschaft‹ methodisch zu verschiedenen Tagesstunden, unter verschiedenen Beleuchtungen, Stimmungen, die allerverschiedensten Bilder gemalt hat. – Die Auflösung der alten objektiven Zusammenhänge des Naturerlebens hatte schon im älteren 19. Jahrhundert begonnen. Im Impressionismus vollenden sich auf besondere Weise bestimmte Entwicklungen, die als solche unausweichlich geworden waren ... Das impressionistische Naturbild ist zwar immer noch Spiegel der Wirklichkeit; aber die Natur des Spiegelungsvorganges ist wichtiger genommen als die des Gespiegelten selber« (H. Beenken: Das Neunzehnte Jahrhundert in der Dten. Kunst. München 1944, S. 215–217).

4. Übersetzung, nicht Abschrift der Natur als Aufgabe des Künstlers. Die Wahrnehmung war nicht nur für Maler wie Monet ein Problem, sondern auch für die zeitgenössischen Naturwissenschaftler – so zum Beispiel den Physiker HERMANN VON HELMHOLTZ: »In den Gemälden herrscht in der Regel nicht volles Gleichgewicht zwischen den verschiedenen Farben, sondern eine derselben überwiegt bis zu einem gewissen Grade, indem sie der Farbe der herrschenden Beleuchtung entspricht. Das wird zunächst schon durch die naturgetreue Nachahmung der physikalischen Verhältnisse bedingt ... Auch die Skala der Lichtstärke, wie sie uns an wirklichen Objekten entgegentritt, [muß] auf dem Gemälde in eine total, zuweilen um das Hundertfache abweichende Skala verwandelt werden ... Dabei [darf] keineswegs die Körperfarbe der Gegenstände einfach durch die Körperfarbe des Farbengemisches nachgeahmt werden ... sondern [es werden] vielmehr einflußreiche Änderungen in der Verteilung von Licht und Dunkel, von gelblichen und bläulichen Farbtönen nötig ...

Der Künstler kann die Natur nicht abschreiben, er muß sie übersetzen; dennoch kann diese Übersetzung uns einen im höchsten Grade anschaulichen und eindringlichen Eindruck nicht bloß der dargestellten Gegenstände, sondern selbst der im höchsten Grade veränderten Lichtstärken geben, unter denen wir sie sehen. Ja, die veränderte Skala der Lichtstärken erweist sich in vielen Fällen sogar als vorteilhaft, indem sie alles beseitigt, was an den wirklichen Gegenständen zu blendend und zu ermüdend für das Auge wirkt. So ist die Nachahmung der Natur im Gemälde zugleich eine Veredelung des Sinneseindruckes. Wir können auch in dieser Beziehung der Betrachtung des Kunstwerkes ruhiger und dauernder nachhängen, als wir dies der Wirklichkeit gegenüber in der Regel tun können ... So sind in der Tat die Eigentümlichkeiten der künstlerischen Technik, auf welche uns die physiologisch-optische Untersuchung führte, mit den höchsten Aufgaben der Kunst eng verknüpft« (H. von Helmholtz: Optisches über Malerei. 1871–73; in: Vorträge und Reden. Berlin ⁵1903, S. 132–135).

Während Monet es beharrlich ablehnte, sich mit Theorie zu befassen, haben die Neo-Impressionisten* versucht, zeitgenössische Wahrnehmungstheorien in die Praxis umzusetzen – der »Pointillismus«, das systematische Zusammensetzen des Bildes aus »Farbatomen«, war das Resultat (vgl. Abb. Seurat).

Auguste Rodin: Balzac (1891–98)

1. Überwindung traditioneller Darstellungsweisen im Persönlichkeitsdenkmal

2. Neue Ästhetik mit Hilfe neuer formaler Mittel

Auguste Rodin (* 1840 in Paris, † 1917 in Meudon) scheiterte nach dem Besuch der Pariser Gewerbeschule mehrmals bei der Aufnahmeprüfung zur Kunstakademie; Arbeit als Steinmetz, Gießer, Bauplastiker; geprägt durch intensives Naturstudium, Studium grie-

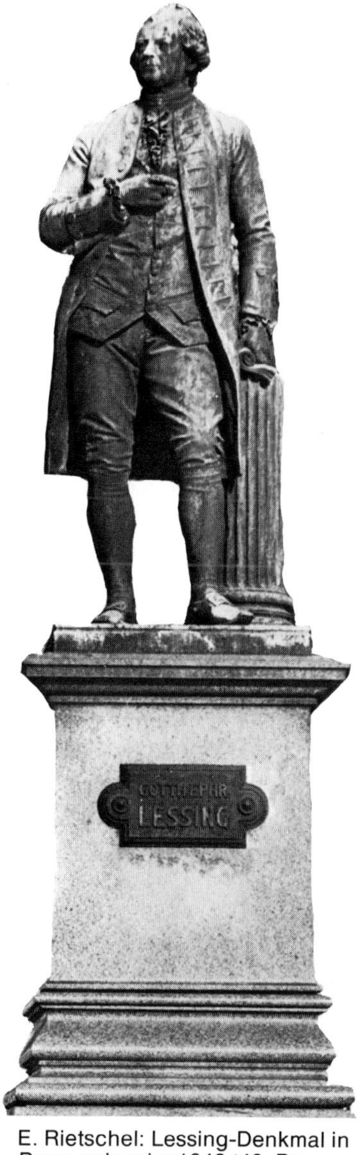

E. Rietschel: Lessing-Denkmal in Braunschweig; 1848/49, Bronze

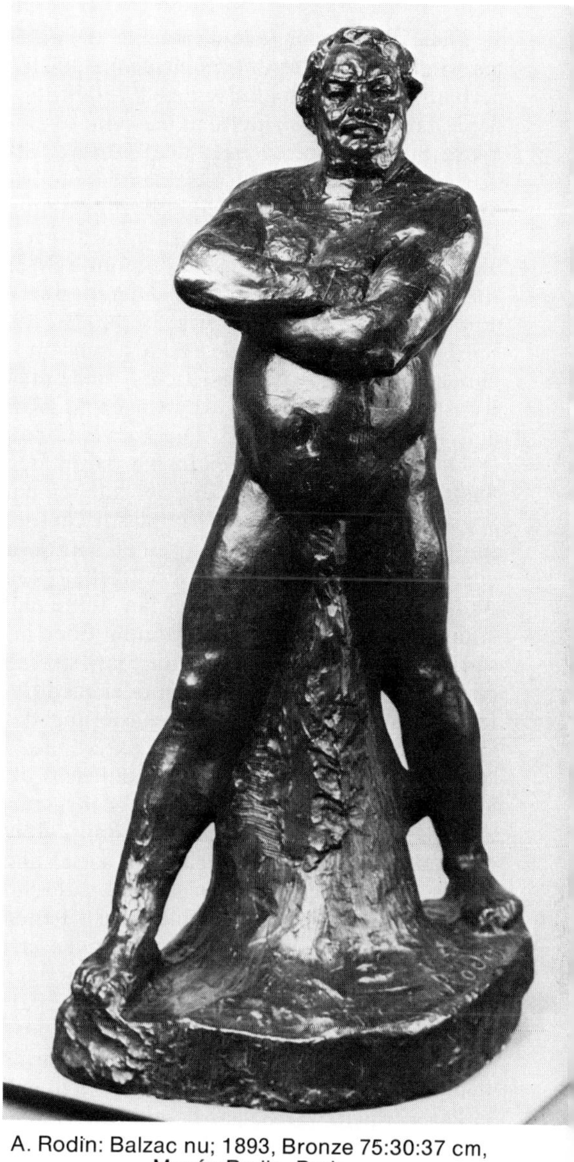

A. Rodin: Balzac nu; 1893, Bronze 75:30:37 cm, Musée Rodin, Paris

chischer und gotischer Skulpturen sowie DONATELLOS und MICHELANGELOS; erste aufsehenerregende, skandalerregende Plastik »Das Eherne Zeitalter« (gezeigt 1876 im Salon*); ab 1880 große, z. T. öffentliche Aufträge: Höllenpforte (1880–1917), Bürger von Calais (1884–86), Künstlerdenkmäler (u. a. Victor Hugo, Balzac) und zahlreiche Büsten. – Im Mittelpunkt seines umfangreichen Œuvres steht eine psychologisierende Deutung des Menschen, verbunden mit symbolistischen Inhalten. Er bedient sich einer Reihe neuer formaler und inhaltlicher Mittel, die erst im 20. Jahrhundert zur vollen Ausbildung kommen, so zum Beispiel der Torsobildung, Vervielfältigung und Montage von Figuren und Gruppen, aufgebrochener Oberfläche, erotischer Thematik.

1. Die Überwindung traditioneller Darstellungsweisen im Persönlichkeitsdenkmal. Innerhalb des Denkmalkults des 19. Jahrhunderts nahm das Künstlerdenkmal eine exponierte Stellung ein, da man den Künstler als Vorbild der Gesellschaft ansah und ihm besondere Bedeutung beimaß. Glorifizierende Denkmäler sollten seine Leistung würdigen und zugleich dem Ruhm und moralischem Anspruch der Nation dienen. Dieser gesellschaftliche Bezug verlor sich Ende des 19. Jahrhunderts zugunsten des Bildes vom autonomen, außerhalb der Gesellschaft stehenden Künstler – eine der Voraussetzungen für Rodins Balzac-Interpretation. Die konventionelle Denkmalsgestaltung zeigte bis dahin den Künstler in einer Porträtbüste auf einem Sockel, im Relief oder als Vollplastik, ausgestattet mit den Werkzeugen seiner Tätigkeit oder seinem Hauptwerk und umgeben von Assistenzfiguren, z. B. Musen. Man stellte den Künstler in antikischer Verbrämung oder historisch genauer Rekonstruktion dar, sitzend oder stehend, in der Inspiration oder meditierend, immer aber um eine Idealisierung des Genies bemüht, wie z. B. bei ERNST RIETSCHELS Lessing-Denkmal in Braunschweig von 1848/49. Mit einem Denkmal geehrt wurden in Deutschland bevorzugt Lessing, Goethe und Schiller, in Frankreich der sozial und politisch engagierte Victor Hugo, während Honoré de Balzac wegen seiner umstrittenen politischen und religiösen Anschauungen erst Ende des 19. Jahrhunderts die seinem riesigen Romanzyklus gebührende monumentale Würdigung erfuhr.

Als Rodin 1891 von der Société des Gens de Lettres den Auftrag für ein Balzac-Denkmal in Paris erhielt, war Balzac bereits seit 41 Jahren tot. Rodin, der gewöhnlich nach der Natur arbeitete, stand somit vor dem Problem der physischen Rekonstruktion Balzacs nach Beschreibungen und Bildquellen, um der zeitgenössischen Forderung nach idealisierter Ähnlichkeit nachzukommen. Er mußte die Schwierigkeit der auffallenden Häßlichkeit Balzacs bewältigen, der als klein, dick, mit unregelmäßigen aber expressiven Gesichtszügen beschrieben wurde, und trotzdem eine Formel monumentaler Würde finden. Darüber hinaus wollte er Balzac mit einer Kutte ausstatten, weil der Überlieferung nach der Dichter nachts in einer solchen vorzugsweise gearbeitet hatte. Er löste diese Aufgabe bis 1898 in mehreren Schritten mit über 50 Entwürfen. Zunächst bemühte er sich um das authentische Bild Balzacs, indem er nach fast jedem der überlieferten Porträts und einem Balzac ähnlichen Modell Studien anfertigte. Anschließend löste er sich von den physiognomischen Details, um in Aktstudien an einem vitalen alten Mann die schöpferische Kraft Balzacs symbolisch darzustellen. Mit diesen Studien verband er das Motiv der Kutte, die den Körper verdeckte und das Visionäre des Dichters unterstrich. Zu diesem Zweck hatte sich Rodin eigens einen Mantel anfertigen lassen, mit dem er die Drapierung der Aktfigur ausprobierte, um diese schließlich als Modell einzugipsen. Diese Konzeption, verbunden mit einer Steigerung von Kopfhaltung und Gesichtsausdruck ins Drastische und Tragische, führte zu der endgültigen Realisierung.

Als sie 1898 im Salon* in Gips vorgestellt wurde, provozierte sie einen Skandal von bislang unbekannter Heftigkeit, der in die Öffentlichkeit übergriff und politische Ausmaße annahm. Das Land spaltete sich in Rodinisten und Anti-Rodinisten, der Ruf »Das Vaterland ist in Gefahr« ertönte. Kritiker attackierten die Statue als Schneemann, Dolmen, Eule oder heidnischen Gott. Diese Reaktion war wohl weniger auf die antiakademische Haltung und Form der Skulptur als auf den Eindruck totaler Mißachtung konventioneller Werte und der Meinung der Gesellschaft zurückzuführen. Rodin, der sich zunehmend mit dem Dargestellten identifiziert hatte, beugte sich der Kritik nicht, obwohl es ihm den Auftrag kostete. Er bekannte sich zu dem Weg, den er beschritten hatte: zu der Suche nach innerer Wahrheit fort von der konventionellen photographisch-ähnlichen Plastik.

»... mit welchem Recht werfen sie mir den Schlafrock mit den herunterfallenden Ärmeln vor? Ist ein inspirierter Schriftsteller anders gekleidet, wenn er nachts fieberhaft in seiner Wohnung auf und ab geht, seine inneren Visionen verfolgend? Das gab es noch nie. Eine Statue auf einem öffentlichen Platz muß einen großen Mann in theatralischer Pose darstellen und seine Verehrung bei der Nachwelt bewir-

A. Rodin: Balzac; 1891–98; Bronze (Guß 1930, endgültige Aufstellung 1939), 300:120:120 cm, Paris ▸

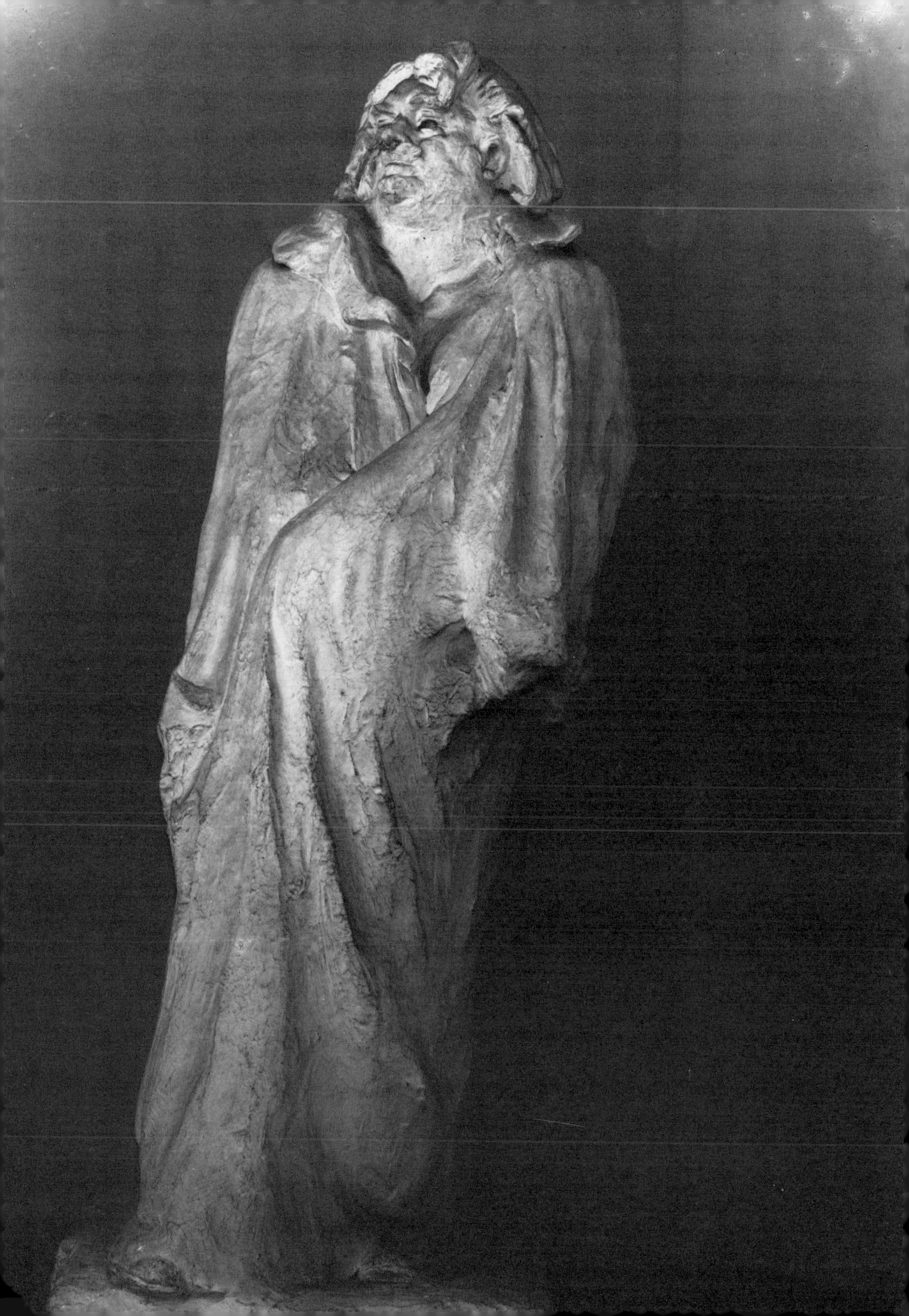

ken! Aber solche Überlegungen sind absurd. Ich jedenfalls behaupte, daß es nur eine Möglichkeit gab, meine Aufgabe zu verlebendigen: ich mußte Balzac in seinem Arbeitszimmer nach Atem ringend, das Haar in Unordnung, die Augen in Träumen verloren zeigen, ein Genius, der in seinem kleinen Raum Stück für Stück eine ganze Gesellschaft rekonstruiert, um sie für seine Zeitgenossen und zukünftige Generationen in turbulentes Leben zu versetzen; einen wahrhaft heroischen Balzac, der sich keinen Augenblick der Ruhe gönnt, der die Nacht zum Tag macht, der sich vergeblich bemüht, das Loch, das durch seine Schulden entstanden ist, zu stopfen, der sich vor allem opfert, um ein unvergängliches Denkmal zu errichten, der aufgewühlt von Leidenschaft ist, der ungestüm seinen Körper vergewaltigt und der die Anzeichen der Herzkrankheit mißachtet, an der er bald sterben wird. Mir scheint, daß so ein Balzac sogar auf einem öffentlichen Platz größer und der Bewunderung würdiger sei als irgendein Schriftsteller, der auf einem Stuhl sitzt oder stolz für eine begeisterte Menge posiert. Zusammengefaßt, es gibt nichts Schöneres als die absolute Wahrheit oder die reale Existenz« (L'Art et les Artistes. Rodin, L'homme et l'œuvre. Paris April 1914, Nr. 109).

Erst 1930 wurde die Statue in Bronze gegossen und neun Jahre danach in Paris an der Kreuzung von Boulevard Raspail und Montparnasse aufgestellt.

2. Neue Ästhetik mit Hilfe neuer formaler Mittel. Rodins Bemühen um einen neuen Wahrheitsgehalt bedingte neue Gestaltungsprinzipien, mit denen er sich gegen die Glätte des »Salon*-Idealismus« stellte. In dreifacher Hinsicht erweiterte er die Grenzen der Plastik entscheidend: 1. indem er das Ideal-Schöne in seiner Begrenztheit erkannte und das Häßliche in seine Gestaltungsprinzipien einbezog; 2. indem er das Entstehen der Materie aus dem Chaos, aus dem Ungeformten, dem Fragmentarischen deutlich machte; 3. indem er die Bewegtheit des Kosmos gleichnishaft durch bewegte, ruhelose Figuren wiedergab. Hinter all dem stand, wie er selbst bekannte, das Bemühen um den wahrhaften Ausdruck:

»So ist denn in der Kunst tatsächlich einzig und allein das schön, was ›Charakter‹ hat. ›Charakter‹ heißt die große innere Wahrheit eines jeden schönen oder häßlichen Naturschauspiels: ja, man könnte hier sogar von einer ›doppelten Wahrheit‹ sprechen, denn es handelt sich um eine innere, die durch eine äußere zum Ausdruck gebracht wird. Seele, Gefühl, Ideen gelangen durch die Gesichtszüge, Gebärden und Handlungen eines Menschen, durch die Färbungen eines Himmels, die Linie eines Horizontes zum Ausdruck. Dem großen Künstler verrät also in der Natur alles einen Charakter: denn die unerbittliche Schärfe seiner Beobachtung dringt in den geheimsten Sinn aller Dinge. Was in der Natur für häßlich gilt, zeigt oft mehr ›Charakter‹ als das, was man für schön hält, weil in dem nervösen Spiel einer krankhaften Physiognomie, in den tiefen Spuren einer lasterhaften Maske, in jeglicher Mißbildung, in jedem Brandmal die innere Wahrheit leichter aufblitzt, als auf regelmäßigen und gesunden Zügen. Und da einzig die Macht des ›Charakters‹ die künstlerische Schönheit bedingt, so geschieht es häufig, daß ein in der Natur äußerst häßliches Wesen in der Kunst um so schöner wird. Häßlich ist in der Kunst das, was keinen Charakter, das heißt weder eine äußere noch eine innere Wahrheit besitzt, ferner das, was falsch und künstlich ist, anstatt ausdrucksvoll zu sein, einnehmend oder schön sein möchte, was gekünstelt und gesucht ist, was ohne Grund lächelt, was ohne Ursache sich aufdrängt und sich spreizt, alles, was ohne Seele und Wahrheit ist, was sich nur mit Schönheit oder Anmut brüstet, alles, was lügt . . .

Wenn ich sage, daß ein Bildhauer sich darauf beschränken kann, lebendige, zuckende Körper darzustellen, ohne dabei einem bestimmten Vorwurf zu folgen, so heißt das nicht, daß ich den Gedanken von seiner Arbeit ausschließe; wenn ich erkläre, daß er sich des Suchens nach Symbolen enthalten kann, so heißt das nicht, ich sei Anhänger einer Kunst, die jeglichen geistigen Gedankens beraubt ist. In Wahrheit jedoch ist alles Idee, alles Symbol. So verraten die Formen und Haltungen eines menschlichen Wesens notwendigerweise die Regungen der Seele« (A. Rodin: Die Kunst. Gespräche des Meisters gesammelt von Paul Gsell. München 1925, S. 28f.).

Kühnste Verwirklichung von Rodins künstlerischem Konzept war sein Balzac, den er selbst als exemplarisch in Modellierung und Fragmentierung empfand. Mit seiner »impressionistischen« Arbeitsweise, die auf sorgfältige Durchbildung der Einzelheiten zugunsten der Gesamtwirkung verzichtete und mit der Auflösung der Formen in »Buckel und Höhlungen« Licht und Schatten integrierte, war ihm eine Ausdruckssteigerung gelungen, die einen wichtigen Schritt zum Expressionismus* hin darstellt. Noch war der Körper in die deutlich erkennbare Kutte gehüllt, doch verfestigte sie sich bereits derartig zu einem Block, daß sie wie ein abstrahierendes Gestaltungsmittel erschien, wie ein Sockel, auf dem der expressive Kopf ruhte. CONSTANTIN BRANCUSI, der erste abstrakt arbeitende Bildhauer Anfang des 20. Jahrhunderts, charakterisierte dementsprechend den Balzac als erstes plastisches Werk auf dem Weg in die Moderne. Mit ihm war das Bildnis durch ein visionäres Symbol abgelöst worden.

Weiterführende Literatur

allgemein

W. HOFMANN: Das irdische Paradies. München [4]1974

W. HOFMANN: Bruchlinien – Aufsätze zur Kunst des 19. Jahrhunderts. München 1979

N. PEVSNER: Architektur und Design. München 1976

N. PEVSNER: A History of Building Types. London 1976

H. SEDLMAYR: Verlust der Mitte. Frankfurt a. M. 1955

Arbeiterwohnungen

E. HEINRICH: Der Hobrechtplan; in: Jahrbücher für brandenburgische Landesgeschichte, Bd. 13, Berlin 1962, S. 42ff.

M. HECKEL: Die Berliner Mietskaserne; in: Die deutsche Stadt im 19. Jahrhundert, Studien zur Kunst des 19. Jahrhunderts, Bd. 24, München 1974, S. 273ff.

Böcklin

Ausstellungskatalog Arnold Böcklin. Basel 1977

R. ANDREE: Arnold Böcklin – die Gemälde. Basel/München 1977

Courbet

W. NERDINGER: Zur Entstehung des Realismus-Begriffs in Frankreich und zu seiner Anwendung im Bereich der ungegenständlichen Kunst, in: Städel-Jahrbuch N. F. Band 5, 1975, S. 227–246

Daguerre

W. BAIER: Geschichte der Photographie. Neudruck München 1978

Daumier

K. SCHRENK (Hrsg.): Honoré Daumier – das graphische Werk, 2 Bde. München 1977

Dutert

R. BANHAM: Die Revolution der Architektur. Reinbek 1964 (Rowohlts deutsche Enzyklopädie, Bd. 209/210)

K. H. WITTEK: Die Entwicklung des Stahlhochhaus von den Anfängen (1800) bis zum Dreigelenkbogen (1870). Düsseldorf 1964

Erdmannsdorff

H. KELLER: Goethe, Palladio und England; in: Bayerische Akademie der Wissenschaften. Sitzungsberichte der Philosophisch-Historischen Klasse 1971, Heft 6. München 1971

H. F. CLARK: The English Landscape Gardens. London 1948

Ferstel

G. GERMAN: Neugotik. Geschichte ihrer Architektur-Theorie. Stuttgart 1974

N. WIBIRAL und R. MIKULA: Heinrich Ferstel; in: Die Wiener Ringstraße – Bild einer Epoche. Wiesbaden 1974

Friedrich

J. CHR. JENSEN: Caspar David Friedrich. Köln 1974

Garnier

Ch. Garnier et l'Opéra. Ausstellungskatalog der Bibliothèque de l'Opéra. Paris 1961

Gärtner

W. HAGER und N. KNOPP (Hrsg.): Beiträge zum Problem des Stilpluralismus; in: Studien zur Kunst des 19. Jahrhunderts, Bd. 38. München 1977

K. DÖHMER: In welchem Style sollen wir bauen? Architekturtheorie zwischen Klassizismus und Jugendstil; in: Studien zur Kunst des 19. Jahrhunderts. München 1976

Géricault

D. AIMÉ-AZAN: Géricault. München 1967

Goya

JUTTA HELD: Francisco de Goya. Reinbek bei Hamburg 1980

Haussmann

W. WAETZOLD: Paris. Die Neugestaltung des Stadtbildes durch Baron Haussmann. Leipzig 1943

D. H. PINKNEY: Napoleon III. and the Rebuilding of Paris. Princeton N. J. 1972

Hildebrand

H. BOCK: Problematische Formtheorie. Adolf von Hildebrand – Konrad Fiedler; in: Theorie der Künste, hrsg. von Helmut Koopmann und J.-A. Schmoll gen. Eisenwerth. Düsseldorf o. J., S. 230–237

J. WITTSTOCK: Adolf Hildebrands Hauptwerk. Der Wittelsbacher Brunnen in München; in: Oberbayerisches Archiv, Band 100. München 1977

Klenze

L. ETTLINGER: Bemerkungen zu Leo von Klenzes Walhalla; in: Festschrift für H. v. Einem. Berlin 1965, S. 60ff.

TH. NIPPERDEY: Kirchen als Nationaldenkmal; in: Festschrift für O. von Simson, hrsg. von L. Grisebach und K. Renger. Berlin 1977, S. 412ff.

Meunier

J. A. SCHMOLL GEN. EISENWERTH: Denkmäler der Arbeit – Entwürfe und Planungen; in: Denkmäler im 19. Jahrhundert, hrsg. von H.-E. Mittig und V. Plagemann. München 1972, S. 253ff.

Monet

J. REWALD: The History of Impressionism. New York [4]1972

Paxton

G. F. CHADWICK: The Works of Joseph Paxton. London 1961

S. GIEDION: Raum, Zeit und Architektur. Ravensburg 1965

G. KOHLMAIER und B. v. SARTORY: Das Glashaus – ein Bautyp des 19. Jahrhunderts; in: Studien zur Kunst des 19. Jahrhunderts, Bd. 43. München 1980

Rauch

J. VON SIMSON: Das Berliner Denkmal für Friedrich den Großen. Die Entwürfe als Spiegelung des preußischen Selbstverständnisses. Frankfurt/Berlin/Wien 1976

Rodin

B. CHAMPIGNEULLE: Rodin. Gütersloh o. J.

R. DESCHARNES und J.-F. CHABRUN: Auguste Rodin. Paris/Genf 1967

J. A. SCHMOLL GEN. EISENWERTH: Auguste Rodin. Herrsching 1978

Rude

Th. W. GAETHGENS: Napoleons Arc de Triomphe. Göttingen 1974 (zur Architektur!)

Runge

J. LANGNER: Ph. O. Runge in der Hamburger Kunsthalle. Hamburg 1963

J. TRAEGER: Ph. O. Runge. München 1975

Schadow

H. MACKOWSKI: Die Bildwerke Gottfried Schadows. Berlin 1951

W. KURTH: Das Grabmal des Grafen von der Mark von Gottfried Schadow. In: Der Kunstbrief. Berlin o. J.

P. GERLACH: Schadows Polyklet (1834). Die Bedeutung der Vermessung antiker Statuen für die Proportionslehre. In: Beiträge zur Theorie der Künste im 19. Jahrhundert, Bd. 1, hrsg. von H. Koopmann und J. A. Schmoll gen. Eisenwerth. Frankfurt a. M. 1971, S. 161ff.

Schinkel (Friedrich Werdersche Kirche)

L. GIESE: Schinkels architektonisches Schaffen. Entwürfe und Ausführungen, Bd. 1: Die Friedrichs-Werdersche Kirche zu Berlin. Berlin 1921

P. O. RAVE: K. F. Schinkel, Berlin 1. Teil: Bauten für die Kunst, Kirchen, Denkmalpflege. Berlin 1971, S. 254ff.

H.-J. KUNST: Bemerkungen zu Schinkels Entwürfen für die Friedrich-Werdersche Kirche in Berlin; in: Marburger Jahrbuch für Kunstwissenschaft, Bd. 19, 1974, S. 241ff.

Schinkel (Bauakademie)

P. O. RAVE: K. F. Schinkel, Berlin 3. Teil: Bauten für Wissenschaft, Verwaltung, Heer, Wohnbau und Denkmäler. Berlin 1962

H. RICKEN: Der Architekt – Geschichte eines Berufes. Berlin (Ost) 1977

Schwanthaler

F. OTTEN: Die Bavaria; in: Denkmäler im 19. Jahrhundert, hrsg. von H.-E. Mittig und V. Plagemann. München 1972, S. 107ff.

M. TRACHTENBERG: The Statue of Liberty. London 1976

Semper

B. CARL: Klassizismus 1770 bis 1860. Die Architektur der Schweiz. Zürich 1963

M. FRÖHLICH: Zürcher Bauten Gottfried Sempers. Basel 1976

Speeth

I. HAUG: Peter Speeth, Architekt 1772–1831. Diss. Bonn 1969

H. ROSENAU (Hrsg.): Boullées Treatise on Architecture. London 1953

E. KAUFMANN: Architecture in the Age of Reason. Cambridge Mass. 1955

Ausstellungskatalog Revolutionsarchitektur: Boullée, Ledoux, Lequeu. 1970

Trivialkunst

H. DE LA MOTTE-HABER (Hrsg.): Das Triviale in Literatur, Musik und Kunst. Studien zur Philosophie und Literatur des 19. Jahrhunderts Bd. 18. Frankfurt a. M. 1972

Wallot

P. WALLOT: Das Reichstagsgebäude in Berlin. Leipzig 1897

H. RAACK: Das Reichstagsgebäude in Berlin. Berlin 1978

Fachwortverzeichnis

Abakus Deckplatte, oberer Abschluß des antiken → Kapitells.

abstrahieren Absondern des Wesentlichen vom Zufälligen, des Allgemeinen vom Einzelnen.

Ädikula 1) Umrahmung von Fenstern, Nischen u. ä. mit Säulen, Dach und Giebel; 2) Nische für Standbilder; 3) kleiner antiker Tempel oder altchristliche Kapelle.

Akt künstlerische Darstellung des nackten menschlichen Körpers.

Allegorie bildliche Wiedergabe eines Begriffs, z. B. der Gerechtigkeit als Frau mit verbundenen Augen sowie mit Waage und Schwert in Händen.

Archivolte 1) bandartige Stirn- und Innenseite eines Rundbogens; 2) Bogenlauf im romanischen und gotischen Gewändeportal.

Arkatur Abfolge von säulen- oder pfeilergestützten Bogen.

l'art pour l'art (franz. »Kunst um der Kunst willen«) Postulat der bedingungslosen Eigengesetzlichkeit der Kunst. Kunst darf danach keinem Zweck untergeordnet und nach keinen außerkünstlerischen Maßstäben – seien es moralische, politische oder gesellschaftliche – beurteilt werden.

Attika Mauerkranz über dem → Gesims eines Gebäudes, um den dahinterliegenden Dachstuhl zu verdecken.

Balustrade (Brüstung oder Geländer mit gedrungenen, dichtstehenden Säulchen *(Baluster)* als Stützen einer Deckplatte.

Basis Fuß einer Säule, eines Pfeilers oder eines → Pilasters; bei der ionischen Säule z. B. aus Wulst – Hohlkehle – Wulst bestehend.

Basrelief Flachrelief; → Relief.

Biedermeier Bezeichnung für bestimmte Erscheinungen in der Kunst des Vormärz (1815–1848). Der Geltungsbereich des B. ist weitgehend auf Möbel und Innenausstattungen beschränkt: schlichte, freundliche, helle Materialien (Blumenmuster; meist spitz zulaufende Tisch-, Stuhl- und Sofa-Füße). In der Malerei wird mit B. insbesondere der Inhalt, die gemütliche, stille bürgerliche Welt, umschrieben.

Bosse Rohform eines plastischen Werkes vor der weiteren Ausarbeitung; *Bossenquaderung* Schichtung grob behauener Steinquader.

Carton → Kartonmalerei.

Chor der meist erhöhte, nach Osten die Kirche abschließende Raum mit Hochaltar und Chorgestühl.

Dekor Verzierung, Ausschmückung, künstlerische Schmuckform.

Dienst → Halbsäulenvorlage.

Eklektizismus keine Stilrichtung, obwohl manchmal synonym mit → Historismus verwendet. Bezeichnet eine Haltung oder eine künstlerische Schaffensweise, die aus historischen oder natürlichen Vorgaben auswählt, um daraus etwas Neues zu gestalten. Dieses Vorgehen wurde bereits in der Antike, besonders aber seit dem 18. Jahrhundert propagiert.

Empire Stilbezeichnung für die Innenarchitektur der Napoleonischen Kaiserzeit und die unmittelbar vorausgehenden und nachfolgenden Jahre (etwa 1800–1820). Als Sonderform des → Klassizismus griff es außer auf griechisch-römische Formen auch auf Formen der altägyptischen Kunst zurück. Es zeichnete sich durch gradlinige Strenge sowie betonte Flächigkeit und Feierlichkeit aus. In der Raumausstattung wurden die Farben Weiß, Gold und kühles Blau bevorzugt.

Expressionismus Stilrichtung in der Kunst in den ersten Jahrzehnten des 20. Jahrhunderts. Die Anfänge des E. in den 80er Jahren des 19. Jahrhunderts waren eine Reaktion auf den → Impressionismus. Das Geistige, Seelische, nicht die Oberfläche der Natur sollte erfaßt und ausgedrückt werden, teilweise geradezu unter Verzicht auf sachlich genaue Wiedergabe der Gegenstände. Die emotionalen Wirkungen reiner Farben, das Elementare, Ursprüngliche in Natur, Leben und Kunst wurden gesucht. Die expressionistischen Künstlervereinigungen: *Fauves* in Frankreich, *Blauer Reiter* und *Brücke* in Deutschland, sind bahnbrechend für die moderne Kunst.

Fensterädikula → Ädikula.

Fiale turmartige Bekrönung gotischer Strebepfeiler oder Flankierung eines → Wimpergs.

fin de siècle (franz. »Jahrhundertende«) im

übertragenen Sinn: Bezeichnung für den überfeinerten und übersättigten Kunstgeschmack am Ende des 19. Jahrhunderts.

Fresko Malerei, die auf dem noch nicht abgebundenen, frischen (ital. al fresco) Kalkmörtelputz einer Wand ausgeführt wird. Die Farben sind in Kalkwasser angeriebene Pigmente, die nach dem Trocknen (Abbinden) unlösbar mit dem Kalkputz verbunden sind. Es können deshalb Putz und Malerei nur stückweise aufgetragen werden. Da die Farben mit dem Trocknen der Putzschicht stark aufhellen, ist ihre genaue Abstimmung schwierig. Um Änderungen zu vermeiden, wird das Bild zunächst auf einem Karton (→ Kartonmalerei) in Originalgröße entworfen.

Froschperspektive Ansicht bzw. Darstellung eines Gegenstandes von einem sehr tief liegenden Gesichtspunkt aus.

Genre 1) Art, Gattung; 2) Kunstbereich, der sich mit der Darstellung des Alltagslebens oder bestimmter Stände befaßt *(Genrebilder, Sittengemälde).*

Gesims vorspringender, profilierter, waagrechter Mauerstreifen als oberer Abschluß von Fassaden oder Wänden; kann an Fassaden auch zur optischen Gliederung der Geschosse dienen.

Gesprenge schlank aufstrebendes, architekturartiges Schnitzwerk über dem Mittelschrein spätgotischer Flügelaltäre.

große Ordnung → Serliana.

Gründerjahre → Gründerzeit.

Gründerzeit die Jahre etwa zwischen 1860 und 1880, die durch einen hektischen wirtschaftlichen Aufschwung und eine große Bautätigkeit gekennzeichnet sind. Die G. bevorzugte eine aufwendige, prunkende, historisierende Fassadengestaltung und Innenausstattung.

Grundfarbe unter den körperhaften Farben *(Pigmentfarben)* bezeichnet man Gelb, Rot und Blau als *Grund-* oder *Primärfarben,* da sie sich nicht durch Mischen anderer Farben herstellen lassen, selbst aber Grundlage für alle anderen Farben sind, die man durch Mischen in den verschiedensten Verhältnissen erzielen kann.

Halbsäulenvorlage Wandgliederung durch Davorsetzen vertikal halbierter Säulen *(Dienste)* mit → Basis und → Kapitell.

Historismus allgemeiner Stilbegriff für die Kunst etwa zwischen 1830 und 1910. Bezeichnet wird damit der Rückgriff auf historische Stilrichtungen. Kennzeichnend ist der sogenannte Stilpluralismus, d. h. das Auswählen aus mehreren Stilen. Der Stil selbst wird häufig zur Charakterisierung der Funktion oder allgemein als Erinnerung an eine bestimmte Epoche verwendet, z. B. Kirchenbau, gotisch als »Evokation« des Mittelalters.

Holzschnitt Hochdruckverfahren, bei dem als Druckstock eine Holzplatte verwendet wird. Der Entwurf wird auf die Platte spiegelbildlich übertragen; die druckenden Teile bleiben stehen, während die nichtdruckenden weggeschnitten werden. Der fertige Schnitt wird eingeschwärzt, dann darauf das Druckpapier gelegt, schließlich gedruckt.

Idealisierung das Absehen vom Unvollkommenen in der Wirklichkeit, die Verklärung der Wirklichkeit.

Ikonographie Deutung des Sinngehalts von Werken der bildenden Kunst aus der Bildtradition.

Ikonologie im Unterschied zur → Ikonographie die Deutung eines Kunstwerks aus einer Zusammenschau aller wirkenden Kräfte der Zeit.

Impressionismus Richtung in der neueren Malerei, die sich etwa um 1870 in Frankreich entwickelte und zu Beginn des 20. Jahrhunderts ausklang. Die Impressionisten wandten sich gegen die Akademien sowie die zu ihrer Zeit vorherrschende Atelier-, Historien- und Genremalerei. Die Natur wurde als farbige Erscheinung genommen, deren flüchtige, farbige Eindrücke auf der Netzhaut des Auges wiedergegeben werden sollte. Die Palette hellte sich auf, lineare Zeichnung und Inhalt traten zurück. Um die vielfältigen Phänomene des Lichts einzufangen, wurden fast unvermischte, helle Farben in kurzen Pinselstrichen unvermittelt nebeneinandergesetzt. Die Wahl des Bildausschnitts hatte oft den Charakter des Zufälligen, Gegenstände wurden angeschnitten, inhaltlich Nebensächliches ins Blickfeld gerückt.

Intercolumnien Säulenzwischenräume.

Isokephalie (»gleiche Kopfhöhe«) Kompositionsweise, bei der die dargestellten Figuren gleiche Kopfhöhe haben. Sie ergibt meist eine klare, strenge Reihung, weshalb sie in der Hochrenaissance und besonders im Barock vermieden wurde.

Jugendstil (franz. *Art nouveau)* Stilrichtung der europäischen Kunst zwischen 1890 und 1910, vor allem auf dem Gebiet des Kunstgewerbes. Der J. wandte sich gegen die Nachahmung historischer Formen. Er bediente sich besonders pflanzlicher (floraler J.) oder geometrisierender Formen, unter weitgehendem Verzicht auf Raumillusion.

Kämpfer meist würfelförmiges Bauglied, das über dem → Kapitell einer Säule liegt und dem darüber aufsteigenden Bogen- oder Gewölbeansatz als Auflager dient.

Kämpfergesims gesimsartig (→ Gesims) hervortretender → Kämpfer.

Kanneluren senkrechte, nach oben zu schmaler werdende Auskehlungen an Säulen. Bei der ionischen und korinthischen Säule befinden sich Stege zwischen den Auskehlungen.

Kapitell Kopfstück einer Säule, das besonders betont und oft mit figürlichem oder pflanzlichem Schmuck versehen ist.

Karikatur übertreibende Herausarbeitung bestimmter menschlicher Züge sowie politischer Ereignisse oder gesellschaftlicher Zustände.

Kartonmalerei auf starkem Papier ausgeführte Vorzeichnungen zu großformatigen Darstellungen, vor allem Fresken. Der Karton hat die gleiche Größe wie das auszuführende Bild, um die Übertragung zu vereinfachen und nachträgliche Korrekturen zu vermeiden. Im → Klassizismus wird der Karton oft zum vollständig durchgearbeiteten Kunstwerk.

Kenotaph Grabmal zum ehrenden Gedächtnis eines Toten, der dort allerdings nicht bestattet ist.

Klassizismus 1) Stilrichtung der europäischen Baukunst, die von Palladio ausgehend (→ Palladianismus) als Nebenströmung zum Barock das 17. und 18. Jahrhundert durchzieht. 2) Gegenbewegung zu Barock und Rokoko zwischen etwa 1770 und 1830. Ihre Hauptkennzeichen sind: Neuentdeckung und Neubewertung der antiken Kunst, Hinwendung zu klaren, einfachen antikisierenden Formen. Die geistigen Wegbereiter des K. in Deutschland sind Winckelmann und Lessing.

kleine Ordnung → Serliana.

Kolossalordnung → Palladianismus.

Kolossalplastik Bildhauerarbeit von riesigen, das menschliche Maß weit übersteigenden Größenverhältnissen.

Komplementärfarbe Farbe, die eine gegebene Farbe um die in dieser nicht vorhandenen → Grundfarbe(n) ergänzt, z. B. Violett (= Rot + Blau) ist die K. zu Gelb, Rot ist die K. zu Grün (= Gelb + Blau).

Konsole aus der Wand auskragendes, als Auflager dienendes Bauglied.

Kontrapost *in der Bildhauerei:* durch belastetes Standbein und entlastetes Spielbein bedingter Ausgleich in der Haltung des menschlichen Körpers; der K. schafft eine Harmonie zwischen Anspannung und Gelöstheit.

Kontur Umriß, Umrißlinie.

korinthische Ordnung eine um 400 v. Chr. angeblich in Korinth aufkommende Säulen- und Gebälkform des griechischen Tempels. Ihre Hauptbesonderheit ist das kelchförmige → Kapitell, um das stilisierte Akanthusblätter herumgeführt werden. An Pflanzenstengel erinnernde, diagonal ausgestellte → Voluten stützen die konkav geschwungene Platte des → Abakus.

l'art pour l'art siehe unter A!

Lasieren Auftrag nichtdeckender Farben, die den Untergrund durchscheinen lassen.

Lichtgaden (auch *Obergaden)* Fensterregion des überhöhten Mittelschiffes einer Basilika.

Lisene → Pilaster.

Lithographie Flachdruckverfahren, bei dem eine eben geschliffene Kalkschieferplatte als Druckstock verwendet wird. Der Künstler zeichnet mit fetthaltiger Lithokreide oder Lithotusche spiegelbildlich auf die Platte und überzieht diese dann mit säureversetztem Gummiarabikum. Dadurch werden die zeichnungsfreien Stellen geätzt und wasseraufnahmefähig gemacht. Die Platte wird schließlich mit Wasser angefeuchtet. Da sich Wasser und Fett gegenseitig abstoßen, haften die fettigen Druckfarben nur an der Zeichnung.

Loggia ein- oder mehrseitig offene, von Säulen oder Pfeilern getragene Bogenhalle; oft an ein anderes Gebäude angebaut.

Lokalfarbe → Lokalkolorit.

Lokalkolorit Eigenfarbigkeit eines Gegenstandes, die als solche belassen und nicht durch tonige Angleichung an andere Farben im Bild oder an einen Gesamtton verändert worden ist.

Lukasbrüder → Nazarener.

Lünette halbkreis- oder kreissegmentförmiges Feld über Türen, Fenstern oder allgemein oberer abgerundeter Abschluß eines Rechtecks.

Manierismus 1) Stilbegriff für die Epoche zwischen Renaissance und Barock (etwa 1530–1600). Formale Kennzeichen des M. sind: Sprengung von Tradition und Regeln durch Eigenwilligkeit und Einfallsreichtum, spannungsgeladene Gegensätze (Gegenüberstellung sehr großer und sehr kleiner Figuren, vollkommen Durchgestaltetes neben skizzenhaft Angedeutetem, malerisch-weich Dargestelltes neben harter zentralperspektivischer Räumlichkeit), Übertreibungen, Erregtheit und gelegentlich sogar Verzerrungen (übertrieben gestreckte und gedrehte Figuren, beredte Gestik, extreme Froschperspektive), theatralische Licht- und Farbeffekte (Schlagschatten, mehrere Lichtquellen); 2) gekünstelte Nachahmung eines Stils.

Medaillon architektonische Verzierung, bestehend aus einer runden oder ovalen, durch Wulst, Rankenwerk, Muschelformen o. dgl. umrahmten Fläche.

Mezzanin Halb- oder niedriges Zwischengeschoß (im Palastbau meist Wohnräume für die Dienerschaft).

Missale Buch mit den liturgischen Texten für die katholische Meßfeier; im Mittelalter zuweilen reich illustriert.

Modus (lat. »Maß«, »Art und Weise«) von der bildenden Kunst aus Grammatik bzw. Rhetorik übernommener Begriff. Er besagt, daß sich ein Künstler – entsprechend Aufgabe, Typus, Thema oder Inhalt seines jeweiligen Werkes – auf verschiedene Weise (Modi) ausdrücken kann, ohne seine individuelle Handschrift aufzugeben, oder den Stil, dem er zugehört, zu verlassen. Vgl. S. 78ff.

Monochromie Einfarbigkeit.

Motiv *in der bildenden Kunst:* der Gegenstand der Darstellung.

Naturalismus Während in der Literaturwissenschaft mit N. eine eindeutige Stilstufe beschrieben werden kann, empfiehlt es sich, den Begriff in der Kunstgeschichte zur Beschreibung einer Haltung, die auf möglichst genaue Wiedergabe des Vorbildes ausgerichtet ist, zu begrenzen. So verstanden kann N. (naturalistisch) zu den verschiedensten Zeiten vorkommen. Der Begriff N. wird meist nicht klar geschieden von dem Begriff → Realismus.

Nazarener (auch **Lukasbrüder** genannt). Eine 1809 in Wien von Friedrich Overbeck und Franz Pforr gegründete »Malerbruderschaft«, der sich bald weitere junge, in Wien studierende Künstler anschlossen. Sie wandten sich gegen den vorherrschenden akademisch gewordenen → Klassizismus und huldigten unter dem Druck der Napoleonischen Fremdherrschaft einer romantischen Deutschtümelei. Im folgenden Jahr übersiedelten sie in das säkularisierte Kloster Sant' Isidoro in Rom. Sie beriefen sich auf die alte heilige Kunst des Mittelalters, der sie im stillen nacharbeiten wollten (Overbeck). Ihre Vorbilder waren Dürer und die italienischen Maler des 15. Jahrhunderts; ihr Ziel war eine »neudeutsche-religiöse-patriotische« Kunst, eine Malerei der edlen gläubigen Gesinnung. Sie wandten sich mit ihrer einfältig-schlichten Formensprache und ihrem an Dürer geschulten Zeichenstil gegen die Pinselfertigkeit und Oberflächlichkeit der Akademien. Die Farbe wurde abgewertet und hatte nicht teil an der Entwicklung der Form. Als → Lokalfarbe war sie keinem Gesamtton verpflichtet, sondern gleichsam nachträglich hinzugefügt. Weitere bedeutende Nazarener: Peter von Cornelius, Julius Schnorr von Carolsfeld.

Neoimpressionismus Strömung in der Malerei gegen Ende des 19. Jahrhunderts. Das von den Impressionisten angewandte Verfahren, verhältnismäßig reine Farben in kurzen Strichen aufzutragen, wurde besonders von Georges Seurat konsequent weiterentwickelt. Er setzte helle, unvermischte Farben in gleich großen Punkten (franz. *point*) dicht nebeneinander. Die Mischung der Farben zu einem einheitlichen Farbton vollzieht sich dann erst im Auge des Betrachters *(optische Mischung)* – vorausgesetzt, daß die Farbpunkte entsprechend klein und dicht gesetzt sind und der Abstand zwischen Bild und Betrachter genügend groß ist. Diese nach naturwissenschaftlichen Erkenntnissen arbeitende Methode von der Zerlegung der Farben wird auch *Divisionismus* (Zerlegung) oder *Pointillismus* genannt.

Nimbus Heiligenschein.

Nobilitierung Veredelung, Überhöhung; Gegenbegriff zu *Säkularisierung*, d. h. Verweltlichung. Das Begriffspaar kennzeichnet einen für das 19. Jahrhundert wichtigen Prozeß:

christliche Bildthemen werden häufig säkularisiert, profane nobilitiert.

oculi verhältnismäßig kleine Fenster oder Öffnungen in runder oder ovaler Form.

Oktogon Gebäude mit achteckigem Grundriß.

Palladianismus Sonderform der Barockarchitektur, die sich in den Niederlanden, in Frankreich, vor allem aber in England und dessen nordamerikanischen Kolonien durchsetzte. In Nachfolge des venezianischen Baumeisters Andrea Palladio (1508–1580) begnügte sich der P. mit sparsamerem → Dekor und lehnte sich überhaupt enger an die Antike an als der römische Barock. Seine wichtigsten Kennzeichen sind eine klare Gliederung der Bauteile, die *Kolossalordnung* (Säulen oder Pilaster durchlaufen mehrere Geschoßhöhen), das *Palladio-Motiv* (→ Serliana) und die Hervorhebung des Fassadenmittelteils, oft durch einen Vorbau in der Art griechischer Tempelfronten *(Portikus)*. In Nordamerika wurden sogar repräsentative Bürgerhäuser mit einem Portikus versehen.

Peristyl von Säulen umstandener Hof.

Pigmentfarbe → Grundfarbe.

Pilaster aus der Wand hervortretender Pfeiler mit → Basis und → Kapitell. Wandpfeiler ohne Basis und Kapitell werden als *Lisenen* bezeichnet.

Pleinairismus Freilichtmalerei im Gegensatz zur *Ateliermalerei.* Sie setzte in England zu Anfang des 19. Jahrhundeerts ein (J. Constable, R. P. Bonington). In Frankreich bildete sich um 1830 eine ganze Gruppe von Freilichtmalern, die nach ihrem Haupttreffpunkt als »Schule von Barbizon« (bedeutendster Vertreter C. Corot) bezeichnet wird. Die Frische und Helligkeit ihrer Bilder wurde wegweisend für den → Impressionismus.

Pointillismus → Neoimpressionismus.

Polychromie Vielfarbigkeit.

Portikus → Palladianismus.

Präraffaeliten Ein 1848 in England gegründeter Künstlerbund, der in Nachfolge der → Nazarener stand. Gleich diesen besannen sich die P. auf die italienische Malerei vor Raffael zurück, insbesondere auf Botticelli, und strebten eine ungekünstelte Naturnähe an. Ihre Themen nahmen sie aus Literatur, Geschichte und Sagenwelt; gelegentlich auch sentimentale Hinwendung zu einfachen Volksschichten und zur Arbeitswelt. Mit Festigkeit und Genauigkeit der → Kontur, gleichmäßiger Ausleuchtung und Vereinheitlichung des Bildganzen durch Zierformen wiesen sie auf den → Jugendstil voraus. Wie bei den Nazarenern war die Farbe, die vorzugsweise als → Lokalfarbe verwendet wurde, der Linie untergeordnet.

Primärfarbe → Grundfarbe.

Realismus 1) Stilrichtung der europäischen Kunst zwischen etwa 1850 und 1880. Ihre Hauptkennzeichen sind: Auseinandersetzung mit der Wirklichkeit, Deutung der Lebenswelt und Ablehnung jeder Art von Idealisierung. Der Begriff R. wird meist nicht klar geschieden vom Begriff → Naturalismus. 2) Allgemeinbegriff zur Kennzeichnung jeder nichtidealisierenden Kunst (ähnlich wie → Naturalismus).

Relief Werk der Bildhauerkunst, dessen Figuren an eine Fläche gebunden sind. Im allgemeinen unterscheidet man das *Flachrelief (Basrelief),* bei dem sich die Figuren nur wenig vom Grund abheben, vom *Hochrelief (Hautrelief),* dessen Figuren stark hervortreten.

Risalit ein aus der Hauptfluchtlinie eines Baukörpers in dessen ganzer Höhe vorspringender Gebäudeteil.

Romantik bezeichnet eine europäische Geistesströmung, keine definierbare Stilrichtung. Sie setzt um 1780/90 ein und klingt gegen Mitte des 19. Jahrhunderts aus. Ihre charakteristischen Merkmale sind: die Betonung von Gefühlswelt, Naturerleben, subjektivem Eindruck sowie die Rückwendung zu Volk und Brauchtum (Märchen, Sage, Volkslied). Während die deutsche R. (C. D. Friedrich, Ph. O. Runge) zur Verinnerlichung und poetischen Überhöhung des Alltags neigt, ist die französische R. (E. Delacroix) von Dramatik, leidenschaftlicher Wirklichkeitserfassung und subjektiver Parteinahme gekennzeichnet.

Rustika Mauerwerk aus Naturstein-Quadern, deren Vorderseite einheitlich roh behandelt ist; nur die Ränder sind geglättet, so daß die Fugen stark profiliert erscheinen.

Salon vom späten 17. bis zum Beginn des 20. Jahrhunderts alljährlich im Mai in der Galerie des Louvre stattfindende Kunstausstellung. Sie wurde von der Pariser Akademie der schönen Künste (gegr. 1663) veranstaltet, die durch eine Jury die Auswahl der Ausstellungsobjekte vornahm. Dadurch wurden die

Künstler zum Wetteifer angespornt und der Öffentlichkeit regelmäßig Gelegenheit gegeben, die neuesten und besten Kunstwerke nebeneinander zu sehen.

Segmentgiebel Fensterbedachung durch einen Giebel in Form eines Kreissegments.

Serliana (auch *Palladio-Motiv)* Fensterform, bei der zwei schmale Rechtecköffnungen eine breitere mittige Bogenöffnung flankieren *(kleine Ordnung).* Diese sogenannte kleine Ordnung wird von einem Gebälk in Höhe des Bogenscheitels und seitlichen Säulen umrahmt *(große Ordnung).*

Silhouette Schattenriß.

Sims → Gesims.

Sittenbild → Genre.

Sujet Gegenstand, Stoff, Vorwurf künstlerischer Gestaltung.

Symbolismus Stilrichtung in Literatur und Malerei, die um 1885 in Frankreich einsetzte und sich gegen → Realismus und → Impressionismus wandte. Der S. versuchte, Inhalte durch Symbole auszudrücken und neigte zum Mystischen und Dekorativen. Hauptvertreter: die Franzosen Gustave Moreau und Odilon Redon sowie der Belgier James Ensor.

Symmetrie Spiegelungsgleichheit.

Tektonisierung das Zusammenfügen starrer Teile, wodurch ein architektonischer Raum entstehen kann.

Tumba sargartiger Überbau eines Grabes.

Tympanon 1) dreieckiges Giebelfeld des griechischen Tempels; 2) Bogenfeld über Portalen.

Vestibül Eingangshalle.

Volute spiralförmig eingerolltes Bauornament.

Wandpilaster → Pilaster.

Wimperg in der gotischen Architektur Ziergiebel über Portalen und Fenstern, oft flankiert von → Fialen.

Zitat *im kunsthistorischen Sinn:* mehr oder weniger getreue Übernahme eines → Motivs, wodurch auf eine bestimmte Zeit, ein bestimmtes Kunstwerk o. dgl. angespielt wird.

Bildquellennachweis

(Dieser Nachweis berücksichtigt nur die Bildquellen, die nicht bereits in den Legenden angeführt sind. Auch Abbildungen, deren Vorlagen aus dem Archiv des Verlags stammen, sind nicht berücksichtigt.) 7, Mitte Bildarchiv Preuß. Kulturbesitz, Berlin – 7, unten Photo-Gundermann, Würzburg – 11 Bibliothèque Nationale, Paris – 12, oben TU München, Architektursammlung – 12, unten cliché des Musées Nationaux, Paris – 14 cliché des Musées Nationaux, Paris – 15 cliché des Musées Nationaux, Paris – 16, rechts A.C.L., Brüssel – 17 cliché des Musées Nationaux, Paris – 18 Gift of Mr. and Mrs. Bert L. Smokler and Mr. and Mrs. Lawrence A. Fleischman, by Courtesy of The Detroit Institute of Arts, Detroit, Mich. USA, Acc. No. 55.5 – 19, links by Courtesy of The Detroit Institute of Arts, Detroit, Mich. USA – 27 (2) Alinari (Anderson), Florenz – 31, links Bildarchiv Foto Marburg – 31, rechts Hirmer Verlag, München – 34 Photo-Gundermann, Würzburg – 39, links Hamburger Kunsthalle – 43, links oben Bildarchiv Preuß. Kulturbesitz, Berlin – 43, unten Deutsche Fotothek Dresden (Möbius) – 47, links unten cliché des Musées Nationaux, Paris – 50, links oben cliché des Musées Nationaux, Paris – 52, oben cliché des Musées Nationaux, Paris – 55 (3) TU München, Architektursammlung – 57 Bildarchiv Foto Marburg – 58, oben Institut für Denkmalpflege, Abteilung Meßbildarchiv, Berlin (Ost) – 58, Mitte by Courtesy of the Royal Commission on Historical Monuments, National Monuments Record, Fortress House, 23 Savile Row, London W1X 1AB – 59 TU München, Architektursammlung – 60 Bildarchiv Preuß. Kulturbesitz, Berlin – 64 Landeshauptstadt München (Stadtbildstelle) – 68 clichée des Musées Nationaux, Paris – 72 S.A. Studio Lourmel 77, Photo Routier, Paris – 73 (2), Photographie Giraudon, Paris – 76 Bilbliothèque Nationale, Paris – 77, oben Bibliothèque Nationale, Paris – 80 Alinari, Florenz – 81 Gerhard Weiß, München – 85, links The Medici Society Ltd., London – 88, unten Staatliche Kunsthalle, Karlsruhe – 90, links Landeshauptstadt München (Stadtbildstelle) – 90, rechts United States Department of the Interior, National Park Service, Washington (Jack Boucher) – 92, oben Landeshauptstadt München (Stadtbildstelle/Photo: E. Wasow) – 93 Landesbildstelle Berlin – 96, links Deutsche Fotothek Dresden – 96, rechts cliché des Musées Nationaux, Paris – 97 (2) clichés des Musées Nationaux, Paris – 100, oben Bildarchiv Foto Marburg – 101, oben Bildarchiv Foto Marburg – 101, unten A.C.L., Brüssel – 108 Bild-Archiv der Österreichischen Nationalbibliothek, Wien – 109, oben Archives Photographiques Paris/S.P.A.D.E.M. – 109, unten Rheinisches Bildarchiv – 110 A. F. Kersting, London – 112, oben u. Mitte ETH Zürich, Institut für Geschichte und Theorie der Architektur, Semper-Archiv – 112, unten Bildarchiv Foto Marburg – 114 Bibliothèque Nationale, Paris – 115 Lauros-Giraudon, Paris – 117 Bibliothéque Nationale, Paris – 119, links cliché des Musées Nationaux, Paris – 121, oben cliché des Musées Nationaux, Paris – 121, Mitte Alinari, Florenz – 121, unten cliché des Musées Nationaux, Paris – 124, oben J. E. Bulloz, Paris – 124, unten links Bildarchiv Foto Marburg – 124, unten rechts TU München, Architektursammlung – 125, oben Bildarchiv Foto Marburg – 125, Mitte Archives Photographiques Paris/S.P.A.D.E.M. – 125, unten Alinari, Florenz – 128 TU München, Architektursammlung – 129 Lauros-Giraudon, Paris – 132 TU München, Architektursammlung – 133 Ullstein Bilderdienst, Berlin – 137, unten Bildarchiv Preuß. Kulturbesitz, Berlin – 141, links oben cliché des Musées Nationaux, Paris – 141, links unten Akademie der Künste der DDR, Berlin – 141, rechts A.C.L., Brüssel – 144 Sammlung Kellner Nr. 4343 im Badischen Generallandesarchiv, Karlsruhe – 145 (2) by Courtesy of Department of Education & Science, National Railway Museum, York (Crown Copyright) – 147 Giraudon, Paris – 148 (2) TU München, Architektursammlung – 151, links Kunstmuseum Basel (Eidgenössische Gottfried Keller-Stiftung) – 151, rechts Bayerische Staatsgemäldesammlungen, Neue Pinakothek, München – 156, oben Bildarchiv Preuß. Kulturbesitz (Kunstbibliothek), Berlin – 156, unten A.C.L., Brüssel – 159, rechts Landeshauptstadt München Stadtbildstelle/Photo: Max Prugger) – 161 cliché des Musées Nationaux, Paris – 162 Gift of Mr. and Mrs. Bert L. Smokler and Mr. and Mrs. Lawrence A. Fleischman, by Courtesy of The Detroit Institute of Arts, Detroit, Mich., Acc. No. 55.5 – 163 Ektachrome: J. Blauel, Gauting – 164 Ektachrome: Ralph Kleinhempel, Hamburg – 165 Bildarchiv Preuß. Kulturbesitz, Berlin – 167 cliché des Musées Nationaux, Paris – 168 cliché des Musées Nationaux, Paris – 169 Gerhard Weiß, München – 170 Deutsche Fotothek Dresden – 173 cliché des Musées Nationaux, Paris – 174 Bildarchiv Preuß. Kulturbesitz, Berlin – 175 Kunstmuseum Basel (Eidgenössische Gottfried Keller-Stiftung), Ektachrome: Colorphoto Hinz SWB,

CH-4123 Allschwil 2 – 176, rechts oben Arthur G. Tompkins Residuary Fund 24.6, by Courtesy of Museum of Fine Arts, Boston – 176, links unten National Gallery of Art (Chester Dale Collection), Washington – 176, rechts unten cliché des Musées Nationaux, Paris/S.P.A.D.E.M. – 178 Deutsche Fotothek Dresden (Walther) – 179, links Deutsche Fotothek Dresden (Walther) – 183, oben Bayerisches Nationalmuseum, München – 183, unten links Reproduktion nach Aron Scharf: Art and Photography. N.Y. 1968 – 186 Verlag St. Peter, Salzburg – 187 Alinari, Florenz – 189 cliché des Musées Nationaux, Paris/S.P.A.D.E.M. – 190, oben TU München, Architektursammlung – 191 Helen Birch Bartlett Mem. Collection, 26.224, by Courtesy of The Art Institute of Chicago – 193, links Stadt Braunschweig – 193, rechts Archives Photographiques Paris/S.P.A.D.E.M. – 195 Bildarchiv Foto Marburg